· 教育部人文社会科学规划项目（20YJAZH058）

· 教育部哲学社会科学研究后期资助项目（20JHQ028）

· 厦门大学“双一流”重点学科“马克思主义理论”项目

· 国家社会科学基金后期资助项目（21FZXB005）

每个人的自由发展

德国古典哲学中关于自由、法权和伦理的研究

[美] 艾伦·W·伍德／著
李仙飞／译

人民出版社

责任编辑:刘　伟
责任校对:吕　飞

图书在版编目(CIP)数据

每个人的自由发展:德国古典哲学中关于自由、法权和伦理的研究/(美)艾伦·W. 伍德(Allen W. Wood)著;李仙飞 译. —北京:人民出版社,2022.2

ISBN 978-7-01-023345-1

Ⅰ.①每…　Ⅱ.①艾…②李…　Ⅲ.①德国古典哲学-研究　Ⅳ.①B516.3

中国版本图书馆 CIP 数据核字(2021)第 231726 号

每个人的自由发展:德国古典哲学中关于自由、法权和伦理的研究

MEI GE REN DE ZIYOU FAZHAN DEGUO GUDIAN ZHEXUE ZHONG GUANYU ZIYOU FAQUAN HE LUNLI DE YANJIU

[美]艾伦·W. 伍德　著　李仙飞　译

人民出版社 出版发行

(100706　北京市东城区隆福寺街 99 号)

北京中科印刷有限公司印刷　新华书店经销

2022 年 2 月第 1 版　2022 年 2 月北京第 1 次印刷

开本:710 毫米×1000 毫米 1/16　印张:23.75

字数:351 千字　印数:0,001-3,000 册

ISBN 978-7-01-023345-1　定价:69.00 元

邮购地址　100706　北京市东城区隆福寺街 99 号

人民东方图书销售中心　电话　(010)65250042　65289539

原版说明

牛津大学出版社
英国牛津 OX2 6DP 大克拉伦登街

牛津大学出版社是牛津大学的一个部门。

通过在世界范围内出版,它发扬光大了牛津大学在科研和教育方面的卓越目标。

牛津是牛津大学出版社在英国和其他一些国家的注册商标。

2014 年第一版
第一次印刷

地址:美国纽约麦迪逊大道 198 号　邮编:10016
大英图书馆出版资料编目
可用数据
国会图书馆编号:2013952007
ISBN 978-0-19-968553-0

英国克里登 CRO4YY,CPI 集团(英国)有限公司印刷装订

致　谢

第二章是《康德论实践理性》一文的修订版[Allen W.Wood,"Kant on Practical Reason,"in Sorin Baiasu and MarkTimmons(eds.),*Kant on Practical Justification:Interpretive Essays*,Oxford:Oxford University Press,2012]。

第三章引用了《权利与伦理:亚瑟·李普斯坦的强力与自由》一文中的部分内容[Allen W. Wood,"Right and Ethics:Arthur Ripstein's Force and Freedom,"in Sari Kisilevsky and Martin Stone(eds.),*Freedom and Force:Essays on Kant's Legal Philosophy*,Oxford:Hart Publishing,2018]。

第四章的较为简略版本最初是以《康德的公开性原则》为题出现的[Allen W.Wood,"Kant's Principles of Publicity,"in Paul Formosa,Avery Goldman,and Tatiana Patrone(eds.),*Politics and Teleologyin Kant*,Cardiff:University of Wales Press,2014]。

第五章是《赫尔德和康德论历史:他们的启蒙信仰》一文的修订版[Allen W.Wood,Herder and Kant on History:Their Enlightenment Faith,"in Lawrence Jorgensen and Samuel Newlands(eds.),*Metaphysics and the Good:Themes from the Philosophy of Robert Merrihew Adams*,Oxford:Oxford University Press,2009]。

第七章是对《费希特的绝对自由》一文的略微修正[Allen W.Wood,"Fichte's Absolute Freedom,"in Fred Rush(ed.),*Year book for German Idealism*,Berlin:Walter deGruyter,Volume IX,Autumn,2013]。

第八章是《费希特主体间性之自我》一文的修订版[Allen W.Wood,"Fichte's Intersubjective I,"*Inquiry*,Vol.49,No.1,2006,pp.62-79.http://www.tandfonline.com/[Article DOI](accessed June 20,2013)]。

第九章是《黑格尔的承认辩证法中的费希特式主题》一文的修订版[Allen W. Wood, "Fichtean Themes in Hegel's Dialectic of Recognition," in Carlos Rendòn (ed.), *Figure and Experience: Lessons about Hegel's Phenomenology of Mind*, Medellin, forthcoming. OR in Allen Wood, *Fichte's Ethical Thought*, Oxford: Oxford University Press, 2016]。

第十章是《黑格尔论行动的责任》一文的修订版[Allen W. Wood, "Hegel on Responsibility for Actions," in ArtoLaitinnen and Konstantin Sandis (eds.), *Hegel on Action*, Houndmills: Palgrave Macmillan, 2010]。

第十二章是《强制、操纵、剥削》一文的修订版[Allen W. Wood, "Coercion, Manipulation, Exploita-tion," in Michael Weber (ed.), *Manipulation: Moral and Political Issues*. Oxford: Oxford University Press, 2014]。

目　　录

缩略语表

康德的作品

Ak =《康德全集》

Immanuel Kants Schriften.Ausgabe der königlich preussischen Akademie der Wissenschaften(Berlin:W.de Gruyter,1902).

这一版本引用时标注了卷数:页码。

Anth =《实用人类学》

Anthropologie in pragmatischer Hinsicht(1798),Ak 7

Anthropology from a Pragmatic Point of View,Ca *Anthropology History and Education*

CA =《伊曼努尔·康德著作选(剑桥版)》

Cambridge Edition of the Writings of Immanuel Kant

(New York:Cambridge University Press,1992)

这一版本引用时使用边码形式"《全集》卷数:页码。"

EF =《永久和平论:一项哲学规划》(中文已有出版物通译为《永久和平论》)

Zum ewigen Frieden:Ein philosophischer Entwurf(1795),Ak 8

Toward Perpetual Peace:A Philosophical Project,Ca *Practical Philosophy*

G =《道德形而上学原理》

Grundlegung zur Metaphysik der Sitten(1785),Ak 4

Groundwork of the Metaphysics of Morals,Ca *Practical Philosophy*

I =《世界公民观点之下的普遍历史观念》

Idee zu einer allgemeinen Geschichte in weltbürgerlicher Absicht(1784),Ak 8

Idea toward a Universal History wiTha Cosmopolitan Aim, Ca *Anthropology History and Education*

KpV =《实践理性批判》

Kritik der praktischen Vernunft(1788), Ak 5

Critique of Practical Reason, Ca *Practical Philosophy*

KrV =《纯粹理性批判》

Kritik der reinen Vernunft(1781,1787).引用时以 A/B 形式标示。

Critique of Pure Reason, Ca *Critique of Pure Reason*

KU =《判断力批判》

Kritik der Urteilskraft(1790), Ak 5

Critique of the Power of Judgment, Ca *Critique of the Power of Judgment*

MS =《道德形而上学》

Metaphysik der Sitten(1797-1798), Ak 6

Metaphysics of Morals, Ca *Practical Philosophy*

OD =《朝向思想意味着什么?》

Was heißt:sich im Denken orientiren? Ak 8

What does it Mean to Orient Oneself in Thinking? Ca *Religion and Rational Theology*

R =《纯然理性界限内的宗教》

Religion innerhalb der Grenzen der bloßen Vernunft (1794), Ak 6 *Religion within the Boundaries of Mere Reason*, Ca *Religion and Rational Theology*

Refl =《法哲学沉思录》

Reflexionen, Ak 15

RH =《评赫尔德〈人类历史哲学的观念〉》

Rezensionen von Herders Ideen, Ak 8

Reviews of Herder's Ideas, Ca *Anthropology, History and Education Theology*

TP =《论通常的说法:这在理论上可能是正确的,但在实践上是行不通的》

Über denGemeinspruch:Das mag in der Theorie richtig sein,taugt aber nicht für die Praxis(1793),Ak 8

On the Common Saying:That may be Correct in Theory but it is of No Use in practice,Ca *Practical Philosophy*

VE=《伦理学讲义》

Vorlesungen über Ethik,Ak 27

Lectures on Ethics,Ca *Lectures on Ethics*

VL=《逻辑学讲义》

Vorlesungen über Logik,ed.Jäsche,Ak 9

Lectures on Logic,Ca *Lectures on Logic*

VRL=《论出自人类之爱而说谎的所谓法权》

Über ein vermeintes Recht aus Menschenliebe zu lügen,Ak 8

On a Supposed Right to Lie from Philanthropy,Ca *Practical Philosophy*

赫尔德的作品

Herder Suphan=《赫尔德全集(祖普汉版)》

Werke,ed.Bernard Suphan.Berlin:Weidmann,1877-1913.

引用时以“卷数:页码”形式标注

Herder Gaier=《赫尔德全集(盖尔版)》

Werke,ed.Ulrich Gaier.Frankfurt am Main:Deutscher Klassiker Verlag,1985.

引用时以“卷数:页码”形式标注

PW=《赫尔德:哲学著作集》

Herder:*Philosophical Writings*,ed.Michael Forster.

Cambridge:Cambridge University Press,2002.

引用时标注了页码

费希特的作品

EW=《费希特:早期作品集》

Daniel Breazeale(ed.)*Fichte:Early Writings*.Ithaca:Cornell University Press,1988.引用时标注了页码

FGA=《费希特著作选集》

(*1962*) *J.G.Fichte-Gesamtausgabe*.Eds Reinhard LauThand Hans Gliwitzky.Stuttgart-Bad Cannstatt:Friedrich Frommann.

引用时以"卷/册:页码"形式标注或者以罗马数字 III 等标示

IW=《费希特的〈全部知识学的基础〉及其他作品引介》

Daniel Breazeale(ed.andtr.) *Introductions to the Wissenschaftslehre and Other Writings*.Indianapolis:Hackett,1994

SW=《费希特全集》

(*1970*) *Fichtes Sämmtliche Werke*,ed.Immanuel Hermann Fichte. Berlin:Walter deGruyter.引用时以"卷:页码"形式标注

费希特著作单行本

ARD=《关于宗教和自然神论的格言》

Aphorisms on Religion and Deism,SW 5

BHW=《论激励和提高对于真理的纯粹兴趣》

On Stimulating and Increasing the Pure Interest in Truth(1795), SW 8,EW

BWL=《论知识学或所谓哲学的概念》

On the Concept of a Wissenschaftslehre(1793),SW 1,EW

EE=《知识学新说》

First Introduction to the Wissenschaftslehre(1797),SW 1,IW

GEW=《略论知识学的特征》

Outline of the Distinctive Character of the Wissenschaftslehre(1795)SW 1,EW

GGW=《论我们信仰上帝统治世界的根据》

On the Basis of our Belief in a Divine Governance of the World(1798),SW 8,IW

GH=《锁闭的商业国》

Der geschlossene Handelstaat(1800),SW 3

GWL=《全部知识学的基础》

Foundation of the Entire Doctrine of Science(1794),SW 1

NR=《自然法权基础》

Foundations of Natural Right (*1796*), SW 3, ed. F. Neuhouser, tr. Michael Baur.Cambridge:Cambridge University Press,2000

SL=《以知识学为原则的伦理学体系》

System of Ethics(*1798*),SW 4,tr.Daniel Breazeale and Günther Zöller.Cambridge:Cambridge University Press,2006

VBG=《关于学者使命的若干演讲》

Some Lectures Concerning the Scholar's Vocation(*1794*),SW 6,EW

ZE=《再论知识学》

Second Introduction to the Wissenschaftslehre(*1797*),SW 1,IW

黑格尔的作品

Werke=《黑格尔全集》

G.W.F.Hegel,*Werke.Theorie Werkausgabe*.Frankfurt:Suhrkamp,1970.引用时以卷册标示

EG=《精神现象学》

G. W. F. Hegel, *Philosophy of Spirit*, tr. William Wallace and A. V. Miller. Oxford:Oxford University Press,1977.

引用时以段落符号(§)标示

Werke 12

EL=《逻辑学(哲学全书·第一部分)》

G.W.F.Hegel,*The Encyclopedia Logic*,tr.Theodore F.Geraets,Wahl Suchting, and H.S.Harris.Indianapolis:Hackett,1991.

引用时以段落符号(§)标示

Werke 10

NP=《纽伦堡讲稿概论》

Nürnberger Propädeutik,Werke 4

PhG=《精神现象学》

G.W.F.Hegel, Phenomenology of Spirit, tr.A.V.Miller.

Oxford: Oxford University Press, 1975.

这一译本引用时以段落符号(¶)标示

Werke 3

PR=《法哲学原理》

G.W.F.Hegel, *Elements of the Philosophy of Righ*t, ed.Allen W.Wood, tr.H.B. Nisbet.Cambridge: Cambridge University Press, 1991.引用时以段落符号(§)标示,这一译本的序言以页码标注

Werke 7

VG=《世界史哲学讲演录》

Die Vernunftin der Geschichte, ed. J. Hoffmeister. Hamburg: Meiner Verlag, 1955.*Lectures on the Philosophy of World History*: *Introduction*, tr.H.B.Nisbet.Cambridge: Cambridge University Press, 1975

VPR=《法哲学讲演录》

Vorlesungen über Rechtsphilosophie, ed.Karl-Heinz Ilting.

Stuttgart: Frommann Verlag, 1974.引用时以"卷数:页码"形式标注

VPR17=《法哲学:瓦色尔曼(海德堡 1817—1818)和霍迈尔(柏林, 1818—1819)的课堂笔记》

Die Philosophie des Rechts: *Die Mitschrift en Wannemann* (*Heidelberg1817-1818*) *und Homeyer* (*Berlin 1818-1819*), ed. Karl-Heinz Ilting. Stuttgart: Klett-Kotta, 1983

VPR19=《法哲学:系列讲座》(1819/1820)

Philosophie des Rechts: *Die Vorlesung von 1819/1820*, ed. Dieter Henrich, Frankfurt: Suhrkamp, 1983

马克思的作品

Capital=《资本论》

Marx, *Capital*. tr. Ben Fowkes and David Fernbach. New York: Vintage, 1977-1981.引用时以"卷数:页码"形式标注

CW =《马克思恩格斯文集》

Marx Engels Collected Works. New York: International Publishers, 1975.引用时以"卷数:页码"形式标注

导　言

本书中的各章多半是在 2005 年至 2012 年间，为各种各样的场合而完成的。完成这一著述主要有两个方面的缘由。首先，它的主题跨越了 18 世纪末和 19 世纪德国哲学史上最令我感兴趣的时期和那个时期最令我感到着迷的思想家们：康德、赫尔德、费希特、黑格尔、马克思。其次，主题是自由——这是那个时期，远远超过任何一种，德国哲学的最首要的主题。尽管这些章节或多或少是按时间顺序呈现的，但在其中并非试图追溯自由主题或任何其他主题随时间而发生的任何体系式发展。然而，在关注历史的讨论中，却产生了一种聚焦自由主题的哲学观点。这种哲学观点将众多思想家的观点汇聚一处，成为一体。所以，介绍这些章节的最好方法就是对其进行详尽的阐述。我很少以争论的方式这样做。希望各个章节能使这一哲学观点得到更多的澄清和辩护。本着这一导言的精神，在结语中介绍了一些它的用途。

把德国古典哲学传统中的思想家看作某种基本观点的共同承载者，但并不否认他们之间存在的分歧。事实上，我试图展示费希特关于绝对自由的概念如何与康德的概念有着微妙的不同，以及费希特如何将主体间性的主题推向一个新的、创造性的方向。还试图说明康德和赫尔德在正确理解人性、文化差异和历史的方式上有何不同，以及黑格尔的可归责理论与康德的有何不同，并如何对后者进行了深化。当然，要强调的是，马克思处理法权相关主题的方式，与德国古典哲学传统的早期思想家处理这些主题的方式，有着根本的不同。

同时，在对待我感兴趣的这一时期的德国哲学家时，总是倾向于强调连续性和一致性，而不是争论和分歧。如果我们以一种非此即彼的方式看待他们之间的关系，并将此视为根本问题，比如，我们究竟是应该选择黑格尔还是倚重于康德，抑或是应该保卫康德而反对黑格尔，或者甚至是拥护马克思而反对整个德国唯心主义传统，试图证明他已经使整个德国古典哲学传统变得过时（一种教条主义的宗派主义态度，现在不像过去那么流行了），那么我们就是短视的和错误的。相反，我认为，尽管这一传统内部存在各式各样的理论纷争，但当涉及自由、法权、伦理、人性、社会和历史等主题时，它有着某种内在统一且至关重要的东西，使得德国古典哲学传统有别于现代哲学的其他思想流派。

我也决不会声称从这些思想家那里推导而得的观点——特别是关于当今道德和政治问题的结论——已然直接存在于所有这些思想家的理论之中。尽管如此，我确实认为，仔细研究这一传统，并将其洞见应用于当今的道德和政治现实，可以证明这种聚焦自由主题的哲学观点是正确的。即使是最伟大的哲学家，也常常不愿从自己的见解中得出结论，尤其是当这些结论在他们看来过于激进或过于背离他们所看到的周遭的风俗习惯和思维方式时。洞见的真正含义，或其对社会现实的正确和一致的应用，往往需要岁月的沉淀才能变得更为澄澈透明。合规律性的思考常常遭到抵制，即使是最令人憎恶的社会看法和做法，即使是那些清晰的思想已经揭示了这些看法和做法是如此地站不住脚，对它们的粉饰和辩护也会持续好几代人。这就是我对这些历史哲学家（可能不同于我想从他们那里得出的道德和政治结论）的各种方式的阐释。

在这些章节中，我的第一个职责就是用他们自己的术语准确地解释这些哲学家，主要论及他们自己时代的问题。这就是在这篇导言中主要阐述了以下论题的核心观点及其在当代道德和政治中的应用的缘由，并且在结语中（更为尖锐地）强调了这些核心观点。它们主要是如下四个关于自由的论题：

一、自由与理性主体

自由是理性地管理自我的能力，

是作为一个理性主体成为自我身份的终极基础的能力

费希特论及绝对自由,他认为自由是他整个哲学体系的基础。“绝对自由”是第七章的重点,它包括某种具身化的主体,作为一种与其他主体的本质相关联的实体,处于物质和社会的世界之中。绝对自由本质上也是建立在时间之上的——这样的自由意味着拥有某种开放的未来,由实质性选择权组成,人们可以在其间理性地作出选择。解决每个人的绝对自由所带来的问题,使自己成为一位与绝对自由相称的主体,这是人类的天职。对费希特来说,实现这一使命同样是每个人的任务,认识到这是我们的使命是现代的成就。事实上,费希特认为这是人类生活在世界上的一个全新的方式。正如他在一次演讲中所说:

> 随着这一哲学的发现,人类物种历史上一个全新的时代已然开始,或者,如果人们愿意的话,一个全新的、不同的人类物种已然出现,对于这个时代来说,地球上所有先前的物种及其活动的形式都只是作为某种准备阶段,如果它们有任何价值的话。这就是我们这个时代召唤我们每个人的哲学,只要我们有这样做的愿望,就都可以为这一全新的事业添砖加瓦(GA II 3:335)。

康德论出于义务而行动。然而,费希特认为自己所述的某种自治的理性主体的概念是从康德那里得到的。第一章和第二章探讨了这一康德式的概念。实践理性概念是基于康德传统的所有实践哲学的基础。在第二章中,考察了康德在《道德形而上学原理》的第二部分中对这一概念所作的主旨性论述并试图使其成为一套关于理性规范及其对行动的适用性的单一的、连贯的和自洽的学说。自由作为理性自治的概念,是一种把自由从根本上包含在理性能力之中的概念,即自我约束、*出于义务而行动*,正如康德在《道德形而上学原理》第一部分的开篇中所说的那样。对康德来说,人类的道德状况是非常矛盾和令人不安的。我试图在第一章中,深有同感地提出他对这一点的看法。

我一直认为,这个著名的论题被严重误解,不仅是康德的批评者,他们通常把它变成一个很容易被忽视的漫画,甚至是大多数康德的拥护者和同情者,他们(在我看来)错过了这一论题最主要的方面。这一方面和道德的重要性有关——与道德在人类生活中的作用有关——也与我们人类面临的困境有关,更与道德理性要求我们去完成的难题有关。因此,道德之成为道德,不是当它对我们而言显得那么自然而然、易如反掌之时,而是当它难以付之于行时,只有当它需要人类的自我克服时,我们的行动才预示了最大的自由。

这是早期接受康德伦理学时的一个争议点,尤其是以席勒式的抱怨(在黑格尔早期的神学著作中也有回响,并经常地重复),即真正的自由和真正的道德美德将涉及倾向于理性的和谐,而不是出于对自然欲望的抵抗而自我约束[康德及其几位追随者和批评者最近对这一主题的讨论,可在斯特恩(Stern,2012)的书中找到]。康德认为,道德及其所代表的自由主要是关于义务的(关于理性的自我强制和自我约束),而不是关于实践原则的规范性力量的。他承认"神圣"的存在可以遵循理性原则而不需要约束。但对于人性及其道德,康德的论点则相对悲观一些,他认为我们的人性以及道德在人类生活中必须扮演的角色,是我们有缺陷或堕落的社会本性的结果。席勒所倡导的更为乐观的道德废弃论者的愿景,也许有一天会适用于一个比我们置身其中的世界更为美好的世界。但至少在我看来,就我们现在的社会而言,康德是对的。

基于自身而自由行动。从概念上讲,*行动*是有*理由*的。它也总是为了一个*目的*而开展的事务——根据它的概念,一个行动是为了在世界上产生某种结果或后果而作出的选择。但是,对事态作为行动可能结果的评价应当取决于对确定目标的行动的评价,而不是相反。影响行动评估的原因是多样和异质的。有些与后果的可取性有关,但另一些则与应遵循的原则有关,或与行动者自我概念的确立有关。第六章以费希特和亚里士多德为例,论证了实践价值的义务论概念,即优先选择行为本身,而不是选择行为作为外在目的的手段。后果论推理在决定做什么的时候有其适当的用途,但这个用途是次要的,并由行为本身的价值高低所决定的。

行动和可归责性。作为自由主体,我们关心行动的后果,因为它们属于我们,或者用传统的术语来说,因为它们可能被*归责于*我们。康德有一个可归责的理论,但我相信,黑格尔发展了一个更深层次的理论。人们习惯上认为,黑格尔把“道德”仅仅看作康德式（或康德—费希特式）道德哲学的一个昵称，将其与黑格尔自己以“伦理生活”（*Sittlichkeit*）为名的观点进行对比。但我认为，这种看待问题的惯常方式根本上是错误的。在第十章中，我认为，康德关于理性自治的自由主体的概念并不是德国古典哲学传统中唯一的版本：它已经被费希特显著地修改了，并在黑格尔的道德主体性概念中以更深刻的形式出现。我相信，黑格尔有一个独特的、积极的*道德主体性*（黑格尔的术语）概念，这是不同于康德的，能够被视为一个有价值的纠正，甚至是一个“友好的修正”。

二、自由与共同体

个体主体的自由是以与其他自由主体的关系为超越基础的，

是建立在自由主体之间独特的共同体形式之上的。

道德不应被视为一种强制或操纵手段，通过这种手段，社会控制其成员，迫使他们遵守它强加给他们的要求。然而，说到这一点，我并不反对尼采（Nietzsche）、弗洛伊德（Freud）或福柯（Foucault）的心理学和社会学。他们用这些令人讨厌的术语，令人信服地描绘了道德的历史现实。他们也许是对的。在许多地方，甚至在所有地方，“道德”实际上一直——即使现在也仍然如此。相反，这不是什么道德原则、义务或理性，因为我们身处其中，当我们像理性的人那样去做的时候——就像我们应该那样去生活——其“*所是*”与其“*所应是*”。道德，尽管它涉及约束（基于理性的自我约束），事实上，仅仅因为它涉及这些，它切切实实地关乎*自由*。

自由作为理性的个体自治的概念，以及一种使这种自由成为人类生命之价值核心的观点，似乎会导致某种形式的“个人主义”。在某些方面确实如此，例如，在处理可归责性问题时坚持个人责任，或在法权的范围内捍卫个人自由的主张（这将在我的第三个主要论点的标题下讨论）。但是，如果把“个人主义”理解为迥然有别于“人类社会是人类生活中重要和有价值事物的中心”的论点，那么，作为理性自治的自由就不是个人主义的。据我所知，对德国古典哲学传统的洞见来说，个体自由的价值并不与共同体相关的价值相抵牾。恰恰相反，*那些把个体自由的价值和共同体的价值看作处于紧张状态的人不能正确理解这两种价值。如果一个社会将这些价值观视为对立物，或者认为必须放弃其中一种价值观，才能为另一种价值观腾出一席之地，那么它永远无法完全实现其中任何一种价值观。*这是贯穿于德国古典哲学传统的一个永恒的主题。它在费希特的理性自给自足观、黑格尔的伦理生活观、马克思的社会个性观中以不同的方式得以持续呈现。

自我的主体间性。在德国古典哲学传统中，个体自由和人类共同体价值观的统一奠基于一种关于心灵、理性和自我之本质的本体论或先验命题。也就是说，它们是由个体思维和主体之间的关系构成的。在康德（我的第二个主题已经预测了这一层面：康德重视使理性的存在成为可能的自由交流）或以康德的方式看来，站在他人的角度思考对于独立思考是不可或缺的。关于康德的理性理论对这些思想的预期方式，我们在第二章的结尾将对此作简要的讨论。

然而，正是费希特采取了决定性的一步，认为主体间性是一个超越条件，有可能成就一个自由的自我。费希特的这一论点，以及它如何克服心灵哲学中的笛卡儿传统，是第八章的重点。人类的思想绝不仅仅是某种个人的产物，而是发生在社会交往的过程之中，或者至少是在这个过程的准备之中，抑或是在这个过程的后果之中。忽视这一点，是心灵哲学孤陋寡闻地自封为“唯物主义”或“自然主义”的原因。这些观点认为自己是反笛卡儿主义的，但事实上，总是依然屈从于笛卡儿主义的错误，甚至比它们赖以栖居的心物二元论更为基本。因为拒绝心物二元论仍然让大多数哲学家和神经学家相信笛卡儿的观点，即如果思想不能隐喻地“在我们内心之中”——一个非空间的、非物质的、内在的地方——那么，它们可能仍然在我们的*体内*，在我们的头脑中，作为我们大脑中的状态或过程而存在。这只是重复了更深层次的笛卡儿式失误。

无疑，没有人脑，我们就不能思考，就像没有人类神经系统，我们就既不能投票，也无法表演莎士比亚的戏剧，更不能打棒球。但是由此推断这些活动中的任何一个都只存在于我们头骨内，就好像我们不需要投票机、剧院、棒球钻石，而且——最重要的是——*其他人*来参与这些活动一样，这是一个根本的错误。费希特的论点是，自我意识思维和其他社会活动同样如此。这也需要自由存在之间的相互联系，如果它们能够出场的话。而且，如果要正确地理解它们，还得假定绝对自由。因此，我在第一篇论文中所讨论的自由、自我管理的个性的先验可能性，是以人类社会的基本形式——人类交往为基础的。人类个体作为理性的行动者，只有与他人生活在一个共同体中才有可能。我们必须通过交往，被抚育或教育（*erzogen*）成理性的个体。这一过程的基本要素，是费希特所称的自由行动的可能方式“召唤”（*Auff orderung*）——通过另一个理性存在与一个理性存在沟通的表征，它第一次为我们提供了行动的依据或理由。意识、思考、理性的行动，所有这些只有在自由的人类自我中才有可能，其主体性体现在与其他自由的理性主体、富有内涵的思想者的相互沟通之中。

哲学社会学家兰德尔·柯林斯（Randall Collins）对费希特关于精神主体间性的立场的要点，作了一个相当容易理解的陈述：

> 人们自然不会在模拟大脑的机械或电脑中找到想法……思想根本不是一种实存之物，除非我们用写在纸等材料上的符号来表达思想。思想原本是一切交流的第一要素，也就是说，是人体之间的相互作用。存入物质性的大脑（或计算机内部）恰恰是理解思想的错误方式；因为思想存在于一位思想者和另一位思想者之间的交流过程之中，我们只有通过与人交流才能感知他者的想法。对自己也是一样的：只有在一个人处于交流模式的情况下，他才能感知自己的想法。除了作为某种交流的后果或准备之外，没有任何遗世独立的思想（Collins，1998，p.2）。

个人主义和集体主义。正如我已经提到的，自由个性与共同体结合的最激进的形式是在马克思的哲学中发现的。第十一章讨论了马克思思想中的个人主义与集体主义的统一，这是他认识未来无阶级社会中人类解放可能性的基础。然而，马克思对这样一个社会尚未有确定不移的概念。把这些问题留给了他所认为的工人阶级运动。这在形成过程中仍然非常重要，对此他抱有很高的期望。然而,马克思毕生的事业主要是研究真实存在的资本主义,尽管马克思写作《资本论》的时代已经远去,但他对资本主义的理解可能比任何人的理解都要来得深刻些。

自由和共同体,被认为是相互需要的。这种让马克思深有感触的基本价值观早期出现在传统中,以赫尔德的*人性*(*Humanität*)概念的形式出现。这是赫尔德对更人性化的历史性未来的理性希望的焦点。尽管他也像康德、费希特,尤其是马克思一样,对这样一个社会的具体面貌尚未有明确的概念。所有人都只有一个原则性的希望,一个循序渐进的行动基础。第五章探讨了这些希望和与之相关的理性信念。

三、正当自由

自由、自治的人类主体存在的基本社会条件是法权(Recht):只要所有人根据普遍规律平等地享有外在自由时,才有不受他人意志约束的自由。

所有真正的人类社会的基础是相互承认每一个人都是一位自由和平等的人。康德对此的提法是在他的*法权*的概念中找到的。第三章的重点是阐明为什么我们必须无条件地重视康德所说的*法权状态*(*Rechtzustand*)——一种"法权状态"(或条件)。我认为,这些理由完全独立于*伦理*——康德式的绝对命令,它的功能是作为理性主体支配自己生活的标准。对于康德来说,实现、维护和完善一个由法律管辖的公民社会或政治国家的基本职能是实现、维护和完善某种法权条件,在这种条件下,每个人的外在自由程度达到了每个人的自由与所有其他人依据普遍法则而享有的类似自由相兼容的程度。

外在自由和承认。费希特是从成为一个理性的、自治的人类个体的基本条件中衍生出外在自由的概念。个体性只能通过*相互承认*(*Anerkennung*)的过程才得以产生,构成"法权关系"(NR 3:41-56)。黑格尔以其著名的"主奴"辩证法捍卫和创造性地发展了同样的基本思想。费希特和黑格尔为本质上相同的(根本上是康德的)理论发展了不同的、互补的论点,也就是说,承认、人格、外在自由只能在承认是对等的范围内存在。简而言之,没有人可以获得真正的自由,除非所有人都是自由的。正如费希特曾经说过的:“唯一自由的人就是希望解放他周围的所有人和那些人的人。我是说……确实如此”(VBG 6:309)。第九章探讨了黑格尔认识论的费希特背景和黑格尔认识论思想在这一问题上所体现的基本连续性。

外在自由,康德或费希特的法权(以及黑格尔的抽象法权)所要求的那种自由,是为自己作出选择的自由,不受任何他人意志的约束。从本质上讲,这是一种社会关系,它不是毫无障碍地去做自己想做的事情的情况下,而是在没有某种外在决定因素的情况下。也就是说,外在的另一个,它可能会限制、压倒或颠覆自己作出的选择。这是一种自由,它不仅与我们在某些方面被强求是一致的,而且甚至要求这是一个条件,即其他人可能拥有同样的自由。

对他人的合法权力。对于康德和费希特来说,执行保护合法自由所需的强制行为是政治国家的职能。对于康德而言,政治生活中的强制需要*合法的权威*——命令他人做或不做某些行为的权力,以及强迫服从这些命令的权力。在他看来,这种权力本身可以被正当行使,也可以被滥用,在后一种情况下,其正当行使的条件是不够充分的。因为康德认为,这些权力关系的等级制度必须在最高统帅的意志中结束,而且因为他自己一直生活在一个专制的君主政体中,在这个政体中没有任何限制最高统帅的权力的想法——康德认为,行使政治权力的人应该受到法权原则的*道义上的*约束(自我约束),即使没有人能够通过外在强制来执行这些原则,这一点也很重要。这些都是“道德政治家”——符合正当行使政治权力的必要条件的政治家——必须对自己的行为施加的约束。如果他们不这样做,那么合法的条件将被化约为一种专制。

康德对这些约束的最充分的描述可以在《永久和平论》的附录中找到,其形式是两个“公开性原则”,他认为,政治权力的持有者可能知道他们的行为是否与法权一致。在第四章中,我试图解释这些原则和康德的论点,并为康德的政治权力的正当边界理论提供有限的辩护。虽然康德所生活的时代和当地的政治生活,在某种程度上与我们的在形式上有很大的不同,但我们仍然可以从康德对政治权威的正当约束的描述中得到一些有益的启示。

康德的法权概念是一种可以合法地对自由的人实施的强制,是按照普遍法则维护自由的条件。正如我们在第三章末尾所看到的,这些强制必须包括限制富人和有权势者的行为,以保护那些财富和权力较少的人的自由。康德在这个问题上的思想,正如我们在这一章的结尾所看到的,在某些方面是强大有力的,其中指出经济再分配是维护正当自由的必要手段。但在其他方面,他们受到了当时政治条件的限制。费希特在这方面更富有远见,他很清楚:保护所有人的合法自由不仅需要社会政治结构的彻底改变,还需要社会经济关系的彻底改变。

更激进的是马克思,他认为真正的自由与任何社会制度都是不相容的,任何社会制度都是根据正当的强制而被构想的。或者说,实际上,任何正义、平等或其他基于法权的概念,他认为它们都是某种本质上属于资产阶级的概念,在实践中是服务于资产阶级利益的。第十一章探讨了马克思对这一问题的看法,并将其与德国古典哲学传统中早期思想家的观点进行了对比,但并未试图解决这些观点之间的张力所带来的问题。实际上,要做到这一点,就需要确定现代人类社会前进的基本方向,以及法权概念能否在更完善的未来中占有一席之地。我希望读者可以原谅我的谦虚,不假装能够决定这些问题。如果我像现在这样宣称,本书所讨论的哲学家们的思想对于我们理解他们,以及在理论或实践中回答他们提出的任何问题都是至关重要的,那就太不谦虚了。

四、自由与强制

自由和强制并不总是对立的。

“自由”是一个有很多用法的词,但通常是指一些值得珍视的事物。自由有两层含义:其一,自由,一个是个人恰如其分的理性自治;其二,自由,是每个人都享有正当的自由,即独立于他人的专断权力而生活的社会条件。如果自由意味着这两层含义之一,那么我们可以看到,有一些很好的理由怀疑强制总是有悖于自由的。恰恰相反的是,有时它甚至是自由的一部分。

如果康德(如我在第一章和第二章中所介绍的)是正确的,那么个体理性主体的自治自由实际上部分地基于某种形式的强制,即出于义务的自我约束。

此外，即使是强制似乎最直接地反对的那种自由——即不受他人意志约束的外在自由，这种自由的保护据称包含在一个法权体系中——自身也需要强制，一个公正的政治国家的强制，如果它得以存在的话。因此，强制概念对阐明本书主题的重要性促使我在十二章时开始落下帷幕。在第十二章中，我的目标不是历史性的，而是哲学上的澄清。其中，我提出了强制概念的一种解读，并将其与另外两种与我们对自由的理解密切相关的概念联系起来——操纵和剥削。

当涉及自我强制和正当的国家强制时，自由的敌人决不是这两种类型的强制，而是*失当的*强制或与理性相反的强制。关于自由的问题决不应该仅仅是强制是否存在，或者自由是否受到强制。它们关乎*谁*被强制，*由谁*来扩大或限制自由，扩大或限制了*谁的*自由，以及所获得或受到限制的自由是否是*正当的*自由的问题。

当然，自由的爱好者也是宽容和放任的广大爱好者。宽容和放任，尤其是对他人，但有时对自己也是美德。但作为美德，宽容和放任总是有限度的，总是有不可容忍和不可允许的。*漫无边际的*宽容和放任不是美德，最终，它们甚至是自由的敌人。因此，自由并不完全反对强制。自由甚至部分地包括某种强制。道德自治包括理性的自我强制、*正当的*外在（社会或国家）强制中的公民自由。

由于错误地认为自由和强制总是对立的，因此产生了许多荒谬的、看似合理的和错误的概念。一种是对卢梭式或康德式洞见的抵制，或说是原则性地拒绝。卢梭式或康德式洞见认为，对于我们这样的人来说，真正的内心自由并不在于没有任何强制（自主地控制我们的冲动、倾向、习惯、意见和各种奇思怪想），而在于自我强制和理性自治。对于像我们这样的理性的、社会性的人来说，我们总是自欺欺人地希望达到一种状态（也许被认为是真正的德性或美德）。在这种状态下，自我约束将是多余的。第二种可悲的倾向是，当理性的论据指向你时，你可能就把它视为一种不正当的外在强制，侵犯了你的自由。因为它可能会迫使你（通过自我强制）改变自己的观点（以与论据相一致），或者改变你的行为（可能是以不再纵容你那敝帚自珍的种种冲动、习惯和突发奇想为代价）。

然而，另一个错误是有些人把正当的国家强制视为自由的敌人，因此认为国家本身必然是错误和邪恶的。当然，那些这样做的人不会想到国家强制利于保护他们、他们的特权和财产。但他们认为，这种强制不要限制他们的自由，而只针对“异类”（“犯罪分子”“下层阶级”或具有异族血统、肤色比自己深的人，或最新一波移民）。只有在国家的强制妨碍到那些人自由地利用权力、财富和特权来压迫这些“异类”之时，那些人才会觉得它是邪恶和不公正的。那么，我们必须反对这种强制，以保护“自由”——即“*我们的*”自由，或我们视之为理所当然的富人和特权阶层的自由——甚至常常以牺牲我们自己的利益或自由为代价。

西方资本主义社会，尤其是我自己生活其中的美国社会，是一个以巨大的不平等为特征的社会。在任何这样的社会中，根据事例的性质，对正当自由的最大威胁总是来自于特权阶层的财富和权力。国家在保护人类自由方面的首要任务，应该始终是利用正当的国家强制来约束这些钱权人士的自由，免得他们随意地侵犯弱势群体和不利群体的正当自由。现代世界的政治斗争通常从根本上来说，是关于国家权力究竟是用来保护所有人的正当自由，还是用来保护富人、有权势者和特权者的错误自由的斗争。广泛的社会不平等必然表明，这些斗争的结果是不尽如人意的，因为特权阶层的不公正和压迫性自由与多数人的正当自由相抵触。马克思清楚地看到，在以阶级划分和阶级压迫为特征的社会中，国家强制主要是以这种方式使用，而且很少或永远不会代表那些最需要国家强制的人。事实上，马克思倾向于认为，“法权”和“正义”的概念在实践中只适用于与阶级压迫相协调的国家权力的使用。因此，人类的自由将站在以革命推翻现有国家权力的一边，而不是站在利用国家权力保护“法权”和“正义”的立场上，也不是站在占统治地位的财富和特权的立场上。自由和强制只是相对的概念，未来的自由社会将是一个没有（或无须）强制的社会，无论是内在的还是外在的。但马克思自己认识到（与巴枯宁和无政府主义相反），无产阶级革命不可能涉及国家的立即废除，在共产主义的早期阶段，“资产阶级法权的狭隘视野”不能立即被超越。相反，必须有一种合理分配消费手段的制度（尽管马克思认为，这种制度总会受到某些缺陷和约束的困扰）（CW 24:86-7）。马克思似乎追随费希特的思想，认为在遥远的历史未来的某个时刻，“国家会逐渐丧失其立法和强制的权力”（SL 4:253）。

这里提出的问题是，人类社会生活是否可以没有正当的强制，甚至是否应该尝试这样做。如果自由最终不是反对强制，而是部分地包含在正确类型的强制之中，那么，即使完全不受强制地追求自由，也会被误导。然而，这仍然是一个*哲学意义上的*问题。无论是在个人自治的情况下，还是在尊重其成员正当自由的社会中，任何理性的人都不会认为，完全没有强制的自由在现在是*可能的*。

本书特别是在它的前面章节（关于康德）中所采取的方法，假设我们从现有文化现实的角度提出关于自由和强制（国家外在强制和道德自我约束）的问题。因此，我们在第一章首先考虑康德《道德形而上学原理》开篇中的关键思想（经常被误解）：德性，为了自由，也必须从根本上是*理性的自我约束*。

第一章　道德价值、功绩和出于义务而行动

许多了解康德道德哲学的人对其基本持否定态度,其他许多人只是带着严肃的和保留的态度敬重它。这些态度大部分可以追溯到人们对熟悉的《道德形而上学原理》开篇几页的反应。其中,康德声称只有出于义务,行动才具有道德价值。长期以来,我一直认为,这一论断的含义被广泛误解,不仅是康德的批评者,而且(至少在一定程度上)被他的大多数支持者和辩护者所误解。康德自己可能对这些误解负有部分责任,因为他没有像他应该做的那样预料和阻止这些误解。然而,大多数误解都源于读者们对康德的讨论,导致他们将他所没有的一套态度和他从未打算提出的主张归因于他。在我看来,这些错误是由于他在讨论的例子中引入了过多的道德心理学,以及他对这些例子的描述。

如果道德心理学是反康德的,这是灾难性的。但即使是读者们过多地引用*康德的*道德心理学,也是有害的,因为这会让我们偏离康德在《道德形而上学原理》开篇几页所阐述的观点。我相信,即使是康德学派,也倾向于把太多的道德心理学解读成例证,尤其是把讨厌的心理学解读成不是出于义务而行动的例证。他们这么做,第一,是因为他们往往认为(错误地,在我看来),当康德说一个行动若不是出于义务就缺乏"道德价值"(或它的格言"道德内容")时,他旨在将这种行动与出于义务而行动(具有"道德价值"及其道德内容准则)进行比较,从而对其进行批判。第二,因为他们想把这些例子看作康德关于道德倾向、美德或出于义务动机的职责等各种观点的阐释。我认为,这些都不是康德在《道德形而上学原理》第一部分讨论这些例子时主要关注的。

第一节　现代伦理学与古代伦理学：作为一种独特价值类型的道德观

让我们从“道德价值”的概念开始。这个概念依赖于这样一种思想：尽管有许多东西是值得我们重视的，甚至从道德的角度去关注，但其中一个特殊的地方却被道德本身所占据。这是一种思想，认为道德本身有一种特殊的价值，不同于其他一切。康德不仅接受了这一思想，而且认为它对道德和道德哲学的历史发展至关重要。康德认为，这种思想与古人是不相干的，对他们来说，伦理学是研究理想的最好的生活方式——在这种生活方式中，道德与肉体的善、德性与幸福的思想被融合（或混淆），因为那些（在康德看来，不那么无辜）为良心的审慎而受到责备的人，他们的态度也是败坏的（VE 27：248-9，251）。康德认为，基督教理想具有超自然的纯粹性，使人们认识到没有人能够实现理想，因此，所有的理想体系在实践中都是不纯的，从而它们的美德观念适应的是人类的软弱和堕落。他认为，道德上的完美不是一种可以实现的理想，而是我们对待自己的一种原则，一种我们必须遵守的原则（VE 27：251-2；29：260-1）。

这样一个现代的道德观念，即作为原则而不是作为理想，反过来又导致康德坚持道德价值与所有其他价值的分离。这一现象最初是以一种观念的形式发生的，即人类对道德价值的感知或感觉，不同于对快乐或幸福的感知，它涉及“对法则的内在崇敬”。康德在沙夫茨伯里伯爵（Shaftesbury）和哈奇森（Hutcheson）的哲学中发现了这一点（VE 27：253；29：625-6）。他认为，道德意识理论家错误地认为道德价值是通过感觉而不是理性来认识的，但在他的道德心理学中，他将道德情感视为道德理性对我们感官的一种影响，因而始终为它保留一个重要的位置（G 4：401n，442，KpV 5：72-8，MS6：399-402）。这一点很少为读者所欣赏，因为他们对《道德形而上学原理》开篇几页作出了消极的反应。他们认为，当康德否认同情行为的道德价值时，他就否认了情感在道德行为或动机中扮演的任何角色。但事实并非如此。

康德将“善”与“福”，或“德善”与“物善”或“自然善”区别开来时，就已在道德善与非道德善之间作出了区分（KpV 5：59－62，112，122；TP 8：282；AnTh7：276－80）。他最具特色的学说是，自然善的真正善是以其与道德善的结合为条件的，或者用约翰·罗尔斯所用的术语来说，道德善和自然善是“按词汇顺序排列的”（G 4：393－4；KPV 5：115－19）。这一学说表明，从道德的角度来看，两者都被认为是好的或是可取的，道德善是无条件的，非道德善是有条件地与道德善相结合的。因此，具有属于道德本身的特殊价值的东西，决不是唯一应当从道德的立场加以评价的东西。

第二节　道德价值和道德观的其他概念

然而，道德善也以各种形式表现出来。其中，在《道德形而上学原理》早期就得到论述的有两个。它们分别是善良意志的无限善（G 4：393）和“品格的价值，这种价值是一切价值中最高的、无可比拟的价值”（G 4：398－9）。这两者都不应与第三种道德价值的表现形式相混淆，而后者很快成为康德讨论的焦点，即附属于出于义务而行动的“道德价值”（*moralische Wert*）。通过和它关联的义务（*aus Pflicht*）概念，康德介绍了这种道德价值的概念。他将其描述为“在一定的主观限制和阻碍下，善良意志自我表现的方式。然而，这一概念远没有隐藏（善良意志的特殊价值）并使之无法辨认，而是通过对比来提升它，让它更加闪耀”（G 4：397）。

康德道德观的一个重要特征是，他认为最核心的价值只有在逆境中才会闪耀出最耀眼的光芒。在逆境中，主观因素往往会给我们带来阻碍，阻碍我们做正确的事情。从这个意义上讲，康德的道德观可以被称为“反自然主义”。我的意思并不是说*自然*与超自然对立，或与自然科学的对象相一致，而是说自然等同于听天由命，与自然相反的是奋起抗争的，更确切地说，在这个意义上，自然之物同舒适之物、本能之物、健康之物、天真之物是一样的，而*自然之物*的反面是不自在之物、被迫之物或人为之干预之物。正如我们现在将看到的，康德的核心主张，指的是当它不是“自然的”之时，道德本身才最真实。也就是说，当它是困难的、紧张的甚至是人造的之时。因为它是我们理性本性的一个功能，依据他从卢梭那里得到的灵感，是我们自己作为一个败坏的、悲惨的、靠个人奋斗成功的社会人的活动的产物。

康德用“道德价值”一词来表征道德的核心价值。这是由他经常附加到“道德价值”一词的修饰语所表明的：他说行动的道德价值是“内在的”“真实的”或“真实的”道德价值（G 4：398）。康德在《道德形而上学原理》第一节中的策略是通过从道德最核心的价值出发，推导出他的第一个道德法则公式，即普遍法则公式（FUL）。他试图通过援引“共同的理性道德认知”来证实他的主张，即这种核心的道德价值是行动的真实的、可靠的或内在的价值，是出于义务而行动所具有的价值。

在考虑真正的道德价值只属于这些行动的说法之前，有必要停下来讨论这种价值的概念，因为我认为，康德的读者已经表明自己容易受到许多关于这个概念的错误理解的影响。其中一些错误是很难避免的，也可能导致对《道德形而上学原理》前几页的其他常见误解。道德价值概念的一个显著特征：它是特定*类型*的价值概念，而不是一种有比较程度的价值概念。在运用这个概念时，康德从不说一个行动比另一个行动有*更多或更大的*道德价值。他说，相反，只有出于义务而行动才*确实具有*（真实的、内在的、可靠的）道德价值，而不是出于义务而行动*不具有*道德价值，或者*没有*任何道德价值。这里要避免的错误，不仅是康德认为不是出于义务的职责性行动在道德上*毫无价值的*（甚至是不道德的）极其常见的一种思想——只要我们假定*服从义务本身*就是一种道德价值，这种思想就会自相矛盾，而且要避免的是，当马西娅·巴伦（Marcia Baron）将“在某些重要的方面，出于意向的行动*不如*出于义务而行动好——*不如*出于义务而行动有道德价值”这一观点归因于康德时，她犯下的更为微妙的错误（Baron，2002，p.94）。康德认为，从值得称赞的意向中采取的行动，如同情或爱荣誉，不具有道德价值，这并*不是*说他们的道德价值*低于*出于义务而采取的类似行动。更确切地说，他们*完全缺乏*后者所具有的特殊*类型*的价值。尽管如此，从道德的观点来看，他们可能是很有价值的；当康德明确肯定这样的行为值得赞扬和鼓励时，他也说了同样的话。

第三节　道德价值与功绩的差异

康德也许犯了一个错误,没有把注意力集中在“真正的道德价值”这个概念的特殊性上。相反,他把注意力集中它所引发的理论兴趣上,也就是说,它在推导道德法则的第一个公式中所起到的作用上。康德没有强调的道德价值概念的第二个特征是道德主体没有理由在考虑他们的行动时使用这个概念。我认为,这也导致了许多对康德在《道德形而上学原理》开篇时的讨论的误解,因为读者常常认为,道德价值的概念比《道德形而上学原理》更为我们所熟悉。熟悉以善的最大化为目的的伦理学理论的读者甚至往往认为,道德价值必须是康德认为我们应该追求的东西,甚至是在行动中试图最大化的东西。这个错误理解的一个后果是,他们默认康德认为道德价值与一些完全不同的概念属于家族相似性概念,这些概念表达了独特的道德价值。我认为,最常被未经反思地选择来扮演这一角色的概念是康德在“道德功绩”(*meritum*,*Verdienst*)标题下所处理的概念(See Johnson,1996,pp.313-37)。

例如,我们倾向于认为,康德比较了两类人:第一类是从意向中获益的仁慈的友人;第二类悲伤盖过了他的意向,他必须出于义务而行动的人。由此,康德的观点是,在第二种情况下的人比在第一种情况下的更值得称赞,他的行为有更大的价值。康德可能会考虑这个例子,但这不是他讨论的重点。认为只有在第二种情况下的行动才具有*真正的道德价值*的,也绝不是他的观点。考察康德的道德功绩概念,应该有助于我们认识到这一点。

康德论及功绩始于在法律中使用的一个概念,其中,功绩意指“配得上、应得”的概念,与“应受惩罚”的概念极为相反。在法律中,具有某种负道德价值(=-a)的行动应当受到惩罚(*poena*),而与之相反的正道德价值(=+a)的行动应当得到奖励(*praemium*)(MS 6:227-8)。在这一背景下,康德的功绩理论属于他的行动和后果的可归责性理论。在该理论中,违反义务的行动的邪恶后果归责于主体,而其良好后果(如果有的话)则不归责于主体。仅仅是感恩的行动的后果不应归责于主体(无论其是好的还是坏的)。而在一个有功绩的行动的后果中，只有好的后果，而不是坏的后果，才可以归责（归功）于主体（MS 6:223,227-8）。在道德或伦理领域，违反义务的行动应受到谴责或非难，而具有*道德功绩的*行为则应得到赞扬或荣誉（cf.MS 6:384;R 6:22n）。举个例子，在有益于某个人的道德善行的例子中，康德说，有功绩的行动使受益人有感激施动者的义务（MS 6:448）。但是，一般来说，功绩概念在康德的伦理义务理论中起着重要作用。由于它与康德的如下区分相关，即宽泛的或不完全的义务与狭窄的或感恩的义务之分，前者也被视为有功绩的义务。

与道德价值不同的是，功绩是承认程度或层级的。康德认为，有几个不同的因素倾向于使一个行动更有功绩。第一，如果一项行动所产生的效果超过了预期要求的（或在法律案件中，是强令的），那么它就具有更大的功绩（MS 6:227）。第二，一项行动难度越大，尤其是当其执行需要克服主观障碍（抗拒顽固的倾向、非道德的原因或其他动机上的障碍），它的功绩越大（MS 6:228）。第三，显然与第二点有关，如果一个行动是在对主体作出更大的自我牺牲的情况下进行的，那么它就具有更大的功绩。第四，也许基于第一点，严格的义务对主体的要求甚少，尽管如此，主体却有更多的意愿付诸行动，因此，这一道德上值得称赞的行动获得更大的功绩。在这方面，义务和功绩是两个形成*鲜明对比或成反比例的*概念：义务要求的越多，行动的功绩就越少，反之亦然。在无须负法律或道义义务的情况下，一个人待另一个人甚好，仅仅是因为他想这样做，那么行为的义务就会越小，功绩越大（VE 27:568;cf.MS 6:228）。正如约翰逊在他的文章中敏锐地观察到的那样，康德对宽泛的义务与狭窄的义务的区分，应该被视为一个程度或层级问题：一些宽泛的义务比其他义务更宽，为立功行动提供了更大的空间。

这最后一点，使我们在功绩的概念和行动的道德价值概念之间作出明确的区分。后者在康德《道德形而上学原理》开篇业已论及。在几个不同的维度上，功绩是一个*程度或层级*的问题，而道德价值（正如我已经说过的）只指定了一种特殊*类型*的价值。因此，我怀疑，当巴伦把出于义务而行动比出于意向的行动*更具有*道德价值的观点归于康德时，她正从道德价值概念滑向更为熟悉的功绩概念。然而，事实上，这是另一个重要的区别点。对康德来说，一个行动的功绩在很大程度上是独立于是否履行义务的问题的。

当然，至少有两个理由可以让人认为，出于义务而行动在某种程度上*也是*有功绩的。第一，康德认为出于义务而行动本身也可以是一种义务，这是一种宽的或有功绩的义务（MS 6:391）。换句话说，不管动机如何，出于义务而行动已经完成了道德所要求的一切；但是，如果主体从义务中履行义务，这就超出了所要求的范围，因此是有功绩的。保罗·迪特里森（Paul Dietrichson，1962）在很久以前就提出了这一观点，但对于那些陷入对康德的粗略误读中的人来说，这一点必然会被忽略。这些粗略的误读者认为，康德严格要求有义务出于义务而行动，因此，不是出于义务的任何行动都是错误的或应受谴责的。第二，正如我们稍后将看到的，康德的出于义务而行动的概念，正如它在早期的《道德形而上学原理》中所运用的那样，只适用于有某种冲动、意向或动机而导致与出于义务而行动相悖的情况。这意味着出于义务而行动可能在主观上是困难的，要求主体克服主观障碍来履行义务。正如我们所看到的，这种自我克服的斗争是功绩的另一个来源。

然而，重要的是要认识到，即使行动不是出于义务而进行的，它们也很可能是有功绩的，甚至是有很高的功绩的。对康德而言，对行动的义务要求越不严格，它的功绩越多；在其履行过程中所涉及的主观困难和自我牺牲越大，行动的功绩也就越大：无论行动是否出于义务，都是如此。康德说，对人性本身的爱总是有功绩的，因为我们对它的义务是宽泛的或不完全的（VE 27:669）。因此，如果读到《道德形而上学原理》开篇的读者贬低它，并认为，对康德而言，出于爱的善行与出于义务动机所履行的责任相比价值更少，那么他们就*恰恰完全错误地*理解了他的观点。《道德形而上学原理》里的观点认为，出于同情、爱或意向而帮助他人，却牺牲自我的行善者，其行动远比出于义务而帮助他人，但只付出很少代价的人更有价值。当然，这两种行动都比另一种行动更有功绩，后者的主体出于义务而履行职责的，但丝毫不愿在义务范围之外提供给他人哪怕多一丁点的帮助。如果后一种行为有任何功绩，可能只是由于履行严格义务所偶然涉及的自我牺牲。

康德说："一个人自己必须克服困难，却支持一个需要帮助的人，其功绩超过了一个富人，或一个按时偿还欠款的人；因为行善与其说是一种义务，还不如说是由他人的权利所产生的法律债务，即使在债务人有困难的时候也是如此”（VE 27:567-8）。当一个贫穷但慷慨且自我牺牲的人出于爱或其他仁慈的意向而采取行动，而不是出于义务感而采取行动时，这善行同样是真的，甚至可能是更大程度的真善。越是照章行事，其功绩越差。然而，就《道德形而上学原理》开篇时至关重要的道德价值概念而言，自我牺牲的行动者从慷慨的爱中作出的值得高度赞扬的善行，*没有*真正的道德价值，而出于义务而行动者在不牺牲自己的情况下，偿还一笔小额债务却*确实*具有真正的道德价值。此外，我认为我们（还有康德）会把一种出于意愿而做的行为，*以及*——远远超过了当事者的亏欠——作出巨大自我牺牲却造福了许多人的行为，视为从道德角度来看比那个出于义务而行动却只付出一点微不足道代价的当事者的行为，具有更大的价值。但就《道德形而上学原理》开篇所勾勒的道德价值的概念而言，与后者的行为有关的那一*类型*的价值是真正的道德价值，而前一个行为者的非常值得称道的行为却不是。我怀疑，许多《道德形而上学原理》的读者认为，由于康德否定了前一种行动的道德价值，但又同意后一种行动的道德价值，所以他不同意这样一种判断，即道德价值更看重从意向中作出的有功绩行动，而不是出于义务而作出的无功绩行动。我希望他们现在能明白，这是对他的立场的严重误解。因此，如果认为在那个出于义务而行动的哀痛忧伤之人的例子中，康德认为他的善行比他根据意愿行事更有功绩，那就错了。我希望他们现在能看到，无论康德是否会对相关的功绩作出判断，这并不是他在这一探讨中想要表达的。

第四节　与敬重相异的道德赞扬

康德说，由同情或荣誉之爱等意向所激发的尽职行为“值得赞扬和鼓励，但不值得敬重”（G 4:398）。康德认为*敬重*是一种不同于*赞扬*的态度，这种态度适合于具有道德价值的行为所具有的特殊*类型*的价值。敬重是指向一种*更高*类型的（因为是更合乎道德的）价值，而不是指向*更大*的价值。换句话说,敬重不是一种*更大程度的*赞扬或认可。它是一种道德价值的态度,与任何适合于值得赞扬的功绩行为的态度不同。因此,康德在谈到具有道德价值的行为时说,它的价值是“无可比拟地最高的”,道德价值是一种*更高类型的*价值,比任何一个不是出于义务而行动所能具有的价值都要高。具有真正的道德价值的出于义务而行动的行为*所享有的*赞颂和认可并不会在某个数值上大于那个非出于义务而行动的行为。后一种行为,无论多么值得赞扬和多么有功绩,却缺乏真正的道德价值。

因此,在康德看来,从道德的角度来看,一个具有道德价值的行为总是比一个缺乏道德价值的行为*更有价值*,这也是不正确的。从道德的角度来看,只有当所有具有道德价值的行为被置于所有缺乏道德价值的行为之前,如词汇排序那样,这才是真的。但是,康德从来没有说过这样的话。我们反思一下,根据给出的例子,这样的主张似乎也是极其不可信的。这也将直接与康德的功绩理论相矛盾。如前所述,我们认为,完成一项小小的出于义务但苛守边界的行动,并不比一项出于慷慨的意愿、对其他人有很大的好处的、自我牺牲的行动更有功绩。这里要避免的主要错误是,用一个肤浅的、简单的、一维的道德价值概念来解释康德的陈述,而不是认识到解释道德价值所需的一整套概念的复杂性。

第五节 “出于义务”:康德的题中应有之义与言外之意

我相信,只有当我们转向康德讨论中另一个主要的被误读对象,即他对“出于义务”而行动的概念时,我们才能充分理解这种复杂性。在我看来,这种概念也经常被严重误读。误读最常见的来源是自然但错误的假设,即当康德谈论出于义务而行动时,他已经胸有成竹,即主体的行动(如人们所说)是“动机上多因素决定的”——换句话说,至少有两个动机来激励相同的行动,而问题(道德心理学)是哪一个“真正激励他”。“看一看康德的例子,仔细注意他所说的关于它们的话,就足以使这种假设失去信誉。”

康德的第一个例子是，商人童叟无欺，坚持不向没有经验的顾客收取过高的价格，而向所有顾客收取同样诚实的价格。据推测，商人对这一诚实政策有道德动机，但康德说，商人意识到这也是最谨慎的政策，并*直接*得出结论，*仅凭此*，商人的诚实行为并非出于义务，而是出于一个自私自利的目的。如果康德在"动机多因素决定"的情况下对主体的"真实动机"的心理问题感兴趣，他可能至少要考虑商人是出于义务行事的可能性，即使商人也有谨慎的动机，而且康德应该提及这种可能性。但他没有。相反，他只是从基于商人童叟无欺的行动*有*一个强有力的利己原因这一事实上，立即推断出他的行动*并非*出于义务。

这与康德所举的所有其他例子类似。在这些例子中，主体被假定不应该有谨慎的理由，而应该有立即采取尽职行动的倾向（这些例子是那些保护一个人的生命，帮助其他需要帮助的人，履行间接的义务来为自己提供幸福的人）。在每一种情况下，如果问题是关于主体的"真正动机"，康德需要考虑两种可能性：第一，主体是出于义务而行动；第二，主体是二话不说，立即行动的。但在所有这些情况下，*仅仅基于意向动机*，而没有任何关于主体的动机品性或优先权的进一步推测或规定，康德*直接*推断，尽职行为*不是*出于义务。*在任何情况下，康德都不认为一个人同时存在义务动机和其他动机的行动是一个有道德价值的行动。有道德价值的行动当且仅当出于义务动机。*

我认为，这是因为在任何可能有一个以上动机采取同样的尽职行动的情况下，他就*不会使用"出于义务"一词来指主体的"真正动机"*。相反，他只以这样一种方式使用"出于义务而行动"；在只有义务动机而没有其他动机时，主体才有可能"出于义务而行动"。

如果我们仔细研究康德后来提出的"第三个命题"，即"义务是出于对法则的敬重而采取行动的必要性"，我们就可以进一步证实这一点。诚然，这一主张的意义是不透明的。许多人认为，这只能意味着我们的义务是*必须*采取的行动，因为道德法则指引他们。这听起来确实有几分道理，许多人可能信以为真，甚至认为是不言而喻的。在某些情况下，这甚至可能是康德使用这些词所主张的。但仔细想想，这不可能是康德的本意。宽泛的义务，如康德刚才讨论的慈善义务,在道德上是没有必要或必须采取的行动。所以,如果这是为了说明康德的"第三个命题",这并不意味着义务是采取的行动。

在《道德形而上学原理》的前几页中,我认为康德的"第三个命题"最有意义。如果我们把它直接当作一个关于他刚刚讨论过的话题的主张,也就是一个关于*出于义务而行动*意味着什么的主张。康德说,*出于义务而行动*是出于对道德法则的敬重而迫使(强迫或约束)自己去做某事。这同样适用于严格的或应尽的义务(道德上必要或必须做的行动)和广泛的或有功绩的义务(这些是义务,但不是道德上必要或必须做的行动)。因为有可能出于对道德法则的敬重而*约束自己*去做一件有价值的事。这进一步与康德在"德性信条"一开始所说的义务相一致:"义务的概念本身就是遵循法则自由选择的强制性(约束)的概念……这可能是一种*自我约束*"(MS 6:379)。

有时,人们认为,康德拒绝考虑"动机多因素决定"行动具有道德价值,只是因为他认为在没有别的动机共存的情况下,道德价值*更为显著*。然而,这一建议没有得到文本的支持,甚至遭到文本的断然拒绝。康德确实提及出于义务而行动*善良意志*"更明亮地照耀出来"的情况(G 4:397),但他并*没有*说,没有别的动机共存的出于义务而行动具有更明显的*道德价值*。如果这是他想说的,那么他应该说,出于义务而行动,没有别的动机共存,是更明显地*显示*其道德价值的行动。但他没有这么说。相反,他说的是,*只有*当所有这些别的动机都被移除时,这些行动本身就*具有*道德价值(G 4:398-9)。

因此,出于义务而行动,就是简单地*以道德自我约束的方式行事*——让你自己去做一件事,因为那件事与道德法则有关(这种道德法则要么是一种狭窄的义务,要么是一种宽泛的义务),而且是出于对法则的敬重。但是,只有当没有其他足够的动机同时来激励行动时,自我约束才有可能实现。如果你有其他动机去做某件事,比如一时兴致,那么就没有出于义务而行动的必要;事实上,这甚至是不可能的。换句话说,你*不能*强迫自己做某件事,除非你*需要*强迫自己去做,如果要做的话。这就解释了为什么一个自私的动机的存在(商人)和一时兴致(在康德的三个例子的情况下)就足以保证行动不是出于义务——*在康德《道德形而上学原理》最初论及这一术语时所包含的意*

味之中。其中，康德提及的每一个例子，他只考虑主体摒弃一时的兴致之后，才会有出于义务而行动——因为这是唯一的可能性，如果行动要做，它必须做，因为行动者出于对道德法则的敬重而约束自己去做。

康德在早期的《道德形而上学原理》中提出的最有趣的主张是：一个行动具有道德价值——*这一类型的价值*位于德性的核心——只有当它是主体出于对道德法则的敬重而不得不让自己去采取行动时，它才具有道德价值。换言之，*德性*本质上是关于敬重道德法则的理性自我约束。尽管道德可能关心许多其他有价值的事情，但在道德的核心，道德只不过是敬重道德法则的理性自我约束。我觉得很遗憾的是，大多数《道德形而上学原理》的读者都被不相干的枝节和误读分散了注意力，以至于他们中很少有人能领悟到康德在前几页中所提出的基本思想的旨趣。当他们意识到这一点时，他们通常只是通过误解它，并将其与比它更容易被拒绝的不同主张混淆起来。

第六节　康德学派在这里通常是怎么出错的

即使是康德学派也倾向于误解这种讨论，因为他们试图把它看作是说明康德道德心理学的例证，而它的本意不在于此。例如，有一个康德学派认为在履行义务时，我们应该优先考虑道德动机而不是其他动机，我们应该鼓励自己养成这样做的理性习惯：根据康德的观点，理性习惯是美德或道德力量所包含的主要内容。康德《道德形而上学原理》（G 4：398－9）中确实说过，出于义务而得到恩惠的悲伤的人表现出善的品质（换句话说，美德）。但在这场讨论中，*康德对美德不感兴趣*，也就是说，他既不关心义务动机在与其他动机的斗争中的*习惯性*力量，也不关心我们是否应该优先考虑道德动机。相反，他感兴趣的是一种由一个需要自我约束的尽责的主体所表现出来的特殊*类型*的善（适当的或真正的道德上的善），与此形成鲜明对比的是另一种主体——就准则和行为而言，同样需要尽责——但不需要进行自我约束。

当我指出，精明的商人或仁慈、富有同情心的人类之友（就我们在这场讨论中所说的一切而言）有一个与履行义务的主体一样好的意愿时，康德学派的一个共同反应是,我仅仅把义务的动机视为一种"不在场的"或"后备的"的动机,因而会与康德的观点截然相反。事实上,我从来没有提出过这样的主张,甚至也没有暗示过这样的建议。我认为他们这么说是因为他们无法在这个特定的讨论中进入状态。*康德根本没有兴趣阐述关于美德本质或道德动机对于非道德动机的理性优先性的观点*。因此,谨慎的商人或富有同情心的人类之友与那些出于义务而行动的人之间的对比,根本不是为了阐明或援引康德学派的那些学说,或提出那些学说所涉及的问题。

第七节　出于义务而行动的责任

这些问题主要是与康德的说法有关。一方面,康德主张:"什么是道德上的善,仅仅符合道德法则是不够的,还必须*为了这一法则*而发生"(G 4:390);另一方面,康德认为,我们有出于义务而行动的责任(MS6:383,393,394-5)。这似乎是不言而喻的,这些主张必须与他声称只有出于义务而行动才具有道德价值的实质相同。康德本人甚至似乎把这两者联系起来,因为他区分了行动的*合法性*(它们符合道德法则的要求)和它们的*合乎德性*(它们"纯粹为了道德法则"而被完成)(KPV 5:81)。然而,一旦我们进一步研究康德出于义务而行动的内涵,这种联系就变得非常有问题。

康德把出于义务而行动的责任*作为一种美德的责任*,作为培养一个人道德完美的责任的一个方面(MS 6:393)。但有时也被描述为与"意志的道德决定中什么是正式的"或"准则中什么是正式的"相关的一种义务(MS 6:383,395)。让我们首先把责任看作美德的责任。当以这种方式考虑问题时,通过以某种特定的方式履行职责并不是一种义务,例如,选择通过一种可能的动机而不是另一种动机来激励自己去采取某一特定的行动。关于出于义务而行动的责任,康德说:

> 因此,这一责任——不仅通过合法性,而且还通过其德性(一个人的品性)来评估一个人的行动的价值——也只是一项*宽泛的*义务。法则没有规定心灵的这种内在活动,而是规定了行动的准则,即竭尽全力地去奋

斗，使仅从义务本身去思考义务成为一切出于义务而行动的充足动机（MS 6:393）。

出于义务而行动的责任在这里有两种描述：第一，以某种方式评估一个人的行动是一种责任；第二，*努力*使出于义务的思想成为每一种行动的*充足*动机是一种责任。一个人有责任评估自己的行动，不仅是通过他们的尽职，而且通过自己的品性。但是康德从来没有说过，一个人有责任根据自己的*道德价值*来评估自己的行为（根据《道德形而上学原理》中使用的这个短语）。只有我们（作为普通理性道德认知的代表，考虑到这些例子），才注意到真正有道德价值的行为与没有道德价值的尽责行为之间的区别。一个人也可以根据自己的品性，而不是仅仅根据他们对道德法则的外在遵从来评估自己的行动，即使在特定的情况下，在采取行动的过程中，没有事实证明一个人究竟是因为哪个动机而采取行动的。在各种动机发生冲突时，一个人力求让正确的品性的力量优先于其他相互竞争的动机，那么，就其本身而言，就已构成出于义务动机的值得称道的前提。它保证，义务动机不仅是一种"后备"动机，即使是在一个人出于一时兴致而不是出于义务而尽职尽责的情况下，因为一时兴致不需要约束自己出于义务而行动。

也要注意，一个人可以努力（即使竭尽全力）使义务的动机成为充足的动机，即使它实际上从来都不是充足的。这种出于义务而行动的责任不同于出于义务而行动本身所具有的道德价值，它也不是关注特定的义务行动，而是关注与一个人的动机状态相关的目的。一个人可以履行出于义务而行动的责任，即使在每个具体的尽责行为案例中都无法确认他究竟是出于义务的动机还是其他非道德的动机。此外，在这一段中，康德明确*否认*，出于义务而行动的责任是履行"心灵的内在行动"的义务，例如选择一种动机而不是另一种，在这种动机下，出于义务而行动。这就是为什么出于义务而行动的责任是广泛的，而不是狭窄的。因为宽泛的义务采取某种目的（在这种情况下，以义务动机成为充足条件而结束），而狭隘的义务顾此失彼（例如，当一个人对同一尽责的"外在"行为有两种不同的动机时，他选择为一种动机而不是另一种动机行事的"内部行为"）。

就在引用的段落之前,康德甚至提出了一个*论证*,否认出于义务而行动的责任是履行这种内在行为的狭窄的义务:

> 因为人不能洞察自己内心的深处,即使是*在单一的行动中*,也不能完全确定自己道德意图的纯洁性和品性的真诚,即使他对行动的合法性毫无疑问。我是说……在任何行动中,主体都不知道他的品性中有多少道德内涵(MS 6:392-3)。

据我所知,康德在这里的推理是:如果在每一个尽责行动中,都有一个狭窄或宽泛的义务去选择义务动机,而不是其他动机,那么就必须有一个可辨别的事实来证明是否有人这样做。但这里唯一的事实不是关于这种内在行为的事实,而是关于一个人的性格或*禀赋*的事实。这不是一项单一行动的事实,甚至是一个人不可能在单一行动中确定的事实。因此,出于义务而行动的责任不能包含一种狭窄或严格的义务,即只将义务动机凌驾于其他动机之上的内在行为(不存在这样一种狭窄或严格的义务)。相反,这种责任只能包含在完善一个人的美德的广泛义务中。这样,如果一个人的努力是完全成功的,那么即使在没有相宜的动机,实际上却有相反的动机要与之竞争的情况下,义务动机也足以履行责任。努力完善自己是有功绩的,即使这种努力没有达到它的目标。因此,需要道德激励来履行自己的义务——只要人们真的这么做了——不可能与义务相违背,*更不用说*,只有在特定情况下履行自己的义务才能激发严格的义务。因此,以后一种方式来理解出于义务而行动的义务,是对义务的误解。对义务采取这种意义上的理解,不仅使义务变得过分严格,而且甚至根本不可能得到完成。

换句话说,当我说"她不仅做了正确的事情(这次特定的尽责行动),而且她做这件事的理由也很正当",我的评价必须总是关于*她自身的*(她的性格和禀赋),而不能仅仅是关于这个*特定的行动*(或者由此而想象出来的动机心理学,完全无视她究竟是什么样的人)。可以肯定的是,一个邪恶的人有时可以做一件"与性格不符"的善事。但是,我认为如下说法没有意义:一个人的性格和道德倾向通常不好,但出于正确的动机(比如出于义务)也能作出这种特殊的尽责行动,即使她出于有别于义务的充分的动机,尽管她的品性决定了她不太会出于这种不可信的动机去做那种事。

假设 M 是一个商人，通常出于商业审慎的动机，不对孩子们加收欺骗性的费用，但是[不像康德在《道德形而上学原理》(G 4:397)中提及的商人]，如果她认为自己可以逃脱惩罚，就会(也出于自身利益)欺骗他们。假设，因为非常了解 M 的品性，有人说："她知道露茜的母亲在监视着她，所以她知道欺骗露茜是不明智的，但这次她是出于义务，而不是出于任何自私的动机"。我不仅无法确定这个人可能会根据什么证据，对这个特定的行动作出这样的声明，还怀疑这个人的声明是否诚实。如果这句话是一个故事的一部分，是 M 决心改变她的坏品性，而这个人试图告诉我，这个行动代表了这个过程中的一个阶段，那么，我可能会对这句话有一些理解。如果有人说，M 虽然总体而言是自私和不诚实的，但唯独这一次完全不是出于自私的动机——她这样做固然有很多自私的理由——却是出于义务而采取这一诚实的行动，因为在这一孤立的场合上，她选择了义务的动机而不是商业审慎的动机(再一次，完全出于品性)。那么，我认为这种说法本身就不诚实。

亨利·阿利森(Henry Allison)首先在他的《康德的自由理论》(Allison，1990)中，然后在《〈道德形而上学原理〉评论》(Allison，2011，pp.114-20)一书中，都有关于康德道德心理学的论述，都试图从以下两个方面解读康德"出于义务而行动"的主张。其一，义务本身。他选择一个人做尽责行动的动机的义务。其二，行动本身。他认为康德出于义务而行动有道德价值这一主张，旨在关注履行责任的行动。

这种解读基于阿利森所说的康德的"整合论"。我应该首先承认这一部分。如康德的《纯然理性界限内的宗教》一书中所述，"整合论"认为，没有任何动机可以决定人类选择权利的能力，除非主体将动机纳入他的准则(R 6:24)。"整合论"是对休谟之后的哲学家所普遍采取的行动观的否定，他们认为欲望可以直接导致行动。康德的相反观点是，只有当动机被整合进准则时，动机对意志的决定才与自由相容。我认为阿利森是对的。阿利森认为，《纯然理性界限内的宗教》(其中，"整合论"首次得到表述)中，这一理解体现得非常明显，此后也体现在康德早期的伦理著作中。后者更进一步，认为为了阐释人类意志中的邪恶念头,我们必须假设,人类行动者有一种意志倾向,其依据的准则是,自爱的动机优于(理性上优越的)道德动机。因此,至少在这个准则的情况下,可以有不止一种动机的整合,也可以有一个确定的顺序使准则更倾向于一种动机而不是另一种。

然而,从这些观点来看,阿利森似乎推断出了一个特别强烈的"整合论"版本。在我看来,它与《纯然理性界限内的宗教》中所述并不一致,而且它与康德的道德心理学更是不相容。阿利森认为,"整合论"要求,对于主体采纳的每一条准则,甚至对于每一个行动,都必须有某种明确的道德动机而不是非道德动机,反之亦然。换句话说,阿利森认为,康德的学说不仅是将动机作为行动的必要条件,而且是将动机纳入准则的必要条件;反过来说,每一个准则,每一个关于准则的行动,都必须包含这样一种整合。因此,主体所采用的每一项准则不仅必须包括对行动方式的选择,而且还必须包括对动机的选择。因此,更喜欢*这种*动机而不是其他动机的选择被整合到准则之中,并成了优先的选择。

在阿利森看来,人类对罪恶的倾向,以及与之斗争的道德倾向,不仅涉及道德和非道德动机的特定顺序的准则,而且每条准则和每项行动都涉及这样一种选择。在阿利森看来,一个人不可能基于不同的动机却采用相同的准则,或者遵循同样的准则行动,有时出于一种动机,有时却出于另一种动机。因为动机,以及激励之间的优先次序,将被纳入准则,而不同的动机或动机之间的不同优先次序将意味着完全不同的准则。

因此,阿利森认为康德在《道德形而上学原理》(G 4:397)中讨论的诚实商人的案例,有两种可能的变体。商人既可以出于谨慎的自身利益(而不是出于义务)诚实行事,也可以出于义务(而不是出于自身利益)诚实行事。而这些变种中的一种(而不是另一种),必须在每一种情况下保持不变。无论如何商人诚实行事不可能同时具有两类动机,即既有道德动机,也有非道德动机。阿利森拒绝了马西娅·巴伦的建议。巴伦认为,不可能存在这样的情况:拒绝遵照一种动机行动,选择不采取行动。然而,不采取行动本身就是遵照一种动机的行动方式(Allison,2011,pp.115 n.49,116-20)。相反,商人必须要么在义务激励下选择诚实交易，要么在私利激励（完全覆盖了义务激励）下选择诚实交易。

从阿利森的书中可以明显看出，除了各种义务，无论是宽泛的还是狭窄的，都要以某种方式行动（诚实地行事，保全自己的生命，仁义行事等）。还有一种严格的责任，即出于义务而行动，也就是将义务的动机纳入准则中，并把它优先于任何其他动机。这种出于义务而行动的责任，必须是狭窄的或严格的，因为如果一个人义务的动机纳入准则中，并同时把它优先于所有其他可能的动机，例如诚实、仁慈等，那么他就作出了一个邪恶的选择，一个直接违反道德法则的选择。

阿利森的叙述，不符合康德在《道德形而上学原理》中所说的各种例子。如果阿利森是正确的，康德应该明确地提出商人是出于义务还是出于谨慎，也许应该允许商人可能是出于义务，而不是直接得出结论，即他不是出于义务，而是出于自私自利的目的。其他例子亦如此。康德应该指出，如果（如他所说）我们中的大多数人大多数时间确实直接倾向于保护我们的生命，那么我们的行为是错误的，是可责怪的。那样，康德就不应该说人类之友出于同情帮助他人摆脱困境，他仁慈的行为是“尽职的、友善的、值得赞扬和鼓励的”。相反，根据阿利森的解释，康德应该谴责这位人类之友，丝毫不考虑他的仁慈，或应谴责他所选择的动机，既不赞扬也不鼓励他的行动，而是应该警告我们不要选择直接违反义务的动机。

阿利森对“整合论”的过度解读与康德的主张相左。康德认为出于义务而行动的责任是一种宽泛的责任，而不是执行一种内在行为的责任。但阿利森可能仍然声称，他所说的是出于义务而行动的责任，不是指美德的责任，而是与“意志的正式决定”或“正式的准则”有关的责任，他可能会说，这是指在道德和非道德之间的选择。根据他对康德“整合论”的理解，在每一条准则中都会出现动机。然而，这仍然与康德强调的主张相冲突，即出于义务而行动的责任是宽泛的责任而不是严格的责任，而且他明确否认履行“心灵的内在行动”是一种责任。

此外，没有迹象表明康德认为出于义务而行动的责任是“意志决定中的正式义务”,因而是某种*有别于*通过努力使义务思想成为充分的动机来促进道德完善的广泛或不完善的义务。更确切地说,后一种义务仅仅是一种促进自身品德的义务,正是这种品德表现在“意志的正式决定”或“准则的正式决定”中。康德通过说它“与美德的概念相对应”,将这种义务与“做什么是美德”联系起来(MS 6:394)。在考虑美德是一个还是多个问题时,康德对比了“美德倾向”,即可以被视为一个美德的统一体,是对应不同的美德目的或美德义务的多个更具体的美德的统一体(MS 6:383)。

如果出于义务而行动的责任实际上是一种宽泛的责任,使我们自己的某一品性或性格得到进一步发展,而不是除履行符合义务的外在行动之外,还履行某种特殊的内在(动机)行动的义务,那么我们可以看到,没有所谓的“倒退”[Ross,1930;Allison,1990,p.178;and Pippin(in Guyer ed.),2006,p.442 n.9]。康德认为我们有责任履行义务,即使考虑到它是“意志的正式决定”,出于义务而行动的责任也不被认为是在执行一项特定的义务行动时,头脑里的内部行动或对一种动机的选择。相反,它是主体的一般特征,即美德(作为善的准则的力量)或道德*意向*,可能在特定的行动中表现为“意志的正式决定”。履行出于义务而行动的责任,*从未*被认为是一种内心活动的表现,也不会在执行特定的义务行动时选择一种动机而不是另一种动机。因此,它*绝不可能*与某种特定的义务行动有关,而这可能构成该行动的“道德价值”。因此,在《道德形而上学原理》中讨论的问题和涉及出于义务而行动的责任之间,必须存在差距或不匹配,而不是不一致,只是在主题问题上有所不同。前者与特定行动是否具有道德价值有关。然而,出于义务而行动的责任绝不是涉及特定行动的责任。相反,它涉及主体的品性、性格或品德的培养,或根据这种品性对我们行动的评价。出于义务而行动的责任总是一项广泛的或有功绩的责任,而不是一项严格的责任,要求选择一种动机而不是另一种动机。

在康德的著作中,我没有发现任何地方提到同样的义务行动,必须选择义务而不是其他动机;我认为,他的道德心理学至少与拒绝承认这种行动曾经发生的观点一致。《纯然理性界限内的宗教》中所讨论的颠倒动机的道德秩序的邪恶*癖好*，并不是伴随我们外在行动的一种特定的内在意志行动，而是一种邪恶倾向，这种倾向是由邪恶行动作为他们所预设的自由选择的最终依据而推断出来的（R 6:20）；与这种倾向作斗争的相反的准则也不属于特定的行动，而是属于一种潜在的纯粹的*意向*，这种意向是主体在改变了的生活过程中表现出来的（R 6:46-7）。因此，无论看起来多么明显，"出于义务而行动"，在《道德形而上学原理》赋予特定行动道德价值的意义上，仅仅是履行出于义务而行动的责任的一个例子。出于义务而行动的道德价值与出于义务而行动的责任，是康德道德心理学的两个截然不同的主题；在阅读《道德形而上学原理》的开头几页时，人们的困惑是许多恶作剧的根源。

因此，当我说在《道德形而上学原理》的前几页中，一个人可以履行义务——甚至基于善良意志而行动——而无须受限于义务动机，这并不意味着我认为在这些论述中，义务动机只是道德行动的"不在场的"或"后备的"动机。相反，重点是区分他们的尽职行为，在哪些情况下体现了道德的核心和最恰当的内涵，而在哪些情况下则不是。甚至可能是在具有相同的善良意志或同样优良的道德品质，或同样致力于优先考虑道德动机而不是非道德动机的主体之间，这种区分也是重要的。这并不是一个涉及美德性质的区分，或一个道德动机优先于非道德动机的区分。我想说的是，如果把康德关于"道德价值"的论断解读扯入这些问题，或将其解读为康德对这些问题的惯常立场，那就*误解*了那些论断。当我们读康德学派的学说所援引的例子时，即使是一些重要的例子，它们并不是有意要涉及的，我们也会误解它们，就像我们阅读康德学派的学说时，会引入一种与康德学说格格不入的道德心理学一样。因此，当我就这一讨论的内容提出这一点时，并没有*否认*康德学派关于动机的正确优先性的学说。

我只是说，这些学说不是这里讨论的重点。而且，如果这些学说被用来要求我们在动机之间作出选择，那么它们就会被误解，尤其是在存在不止一种动机促使我们采取同样行动的情况下。《道德形而上学原理》研究的目的是揭示德性本身是什么，并描绘与德性相关事物的结构。

第八节　德性关注的价值结构

作为总结,我提出如下设想:德性可以被看作某种大小不等的圆,或者一系列套叠的圆。

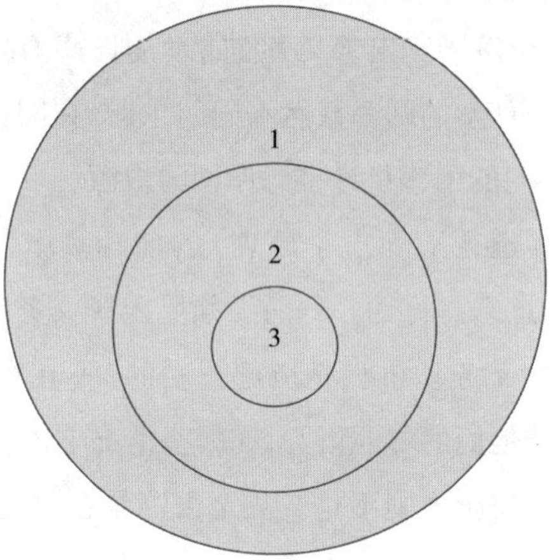

1.德性所关心的非道德价值。如人类健康、繁荣、福乐和幸福,以及促进人类目标的人类才能、精神素质和气质。这些属于福乐(*Wohl*)表征生命状态(*Zustand*)的价值(KpV 5:60)。道德把它作为一种美德的责任:一种我们义务的目的——他人的幸福(MS 6:385-8),或者因为道德主体的行动使主体自身配得上幸福(G 4:393)。

2.显示善良意志的价值观念。履行责任、道德功绩、道德动机,优先于非道德动机的品德、美德,以及特殊的美德,如慈善、诚实、对人性尊严的敬重等。这些被恰当地称为善(*Gut*),因为它们属于行动的善,或行动的方式,或行动者作为一个好人(KpV 5:60),这些构成了一个人的价值。所有这些或多或少都包含着善良意志的无限善意。但它们仍然没有那种真正属于德性核心的特殊价值。毕竟,上帝也有善良意志,但上帝不是一个有道德的存在。神的行动缺乏道德价值,因为神不能出于义务而行动。康德认为,德性最内在的本质,只存在于不完美的人(人类)身上,他们必须通过道德需要来约束自己。

3.*真正的道德价值——出于义务而行动*。这绝对是道德价值的核心，德性唯一真正拥有的特殊价值。这种价值属于善良意志，但严格地说，只是以它真正的、内在的或真实的道德形式存在；也就是说，在逆境中，“然而，它并没有隐藏善良意志，使之无法辨认，而是提升它，让它更加闪耀”（G 4:397）。康德希望从这一绝对核心的道德价值出发，在《道德形而上学原理》的第一部分中推导出道德法则。

圆中央坐落着康德认为最基本的价值的圆圈（3），即出于义务而行动的道德价值。围绕着这个中心圈的是（2），一个圈包含了一组更大的价值观念，这些价值观念显示了善良意志——履行责任、道德功绩、道德动机优先于非道德动机的品德、美德，以及特殊的美德，如慈善、诚实、对人性尊严的敬重等等。然后，更远离中心的是一个更大的圆圈（1），它包含了德性所关心的非道德价值，如人类健康、繁荣、福乐和幸福，以及促进人类目标的人类才能、精神素质和气质，从德性的角度来看，这些都是有益的。从道德的立场来看，当这些品质与道德善正确地结合在一起时，这些品质就是善的——例如，当天赋被置于为道德善的目的服务之时，当人们享受到他们的行为使他们获得应得的幸福之时。

然而，重要的是要认识到，尽管这组同心圆描述了德性所关心的那些有价值的事物的*结构*，但它并没有告诉我们，从道德的立场来看，在哪一具体情况下，何种价值被给予优先于其他价值的。正如已经指出的那样，道德可能会重视基于同情中采取的行动的功绩，因为同情比道德价值更有益于许多人，远甚于它所体现的出于义务而行动的行为的道德价值，这种行为仅仅卸下了一小撮使其得以免遭法律制裁的义务（如偿还一笔较小的债务）。如果一个道德主体致力于一个属于最外层圈子的有功绩的目的，例如，减轻许多人的痛苦，那么她自然会更关心这个最外层的圆圈，而较少关心她的一些行为是否有道德价值，因为它们是出于义务而行动。的确，康德的理论根本没有为道德主体此类关注辩护的味道，除非是她非得出于义务而行动才能遵照职责行事，对道德主体来说，重要的是责任感本身，而不是出于义务而行动或有道德价值的行为。

如前所述,《道德形而上学原理》研究开始的讨论,常常把道德价值当作主体有理由希望他们的行动具有的价值。但正如我说过的那样,这是一个完全错误的想法。在康德给出的任何例子中,出于义务而行动的主体都没有关心行动的道德价值。对康德来说,道德价值的兴趣纯粹是理论上的:理解道德价值的中心性有助于我们更好地理解德性。我们作为道德主体,固守这种价值观是不好的,不应视其为模范样本,但更不应该将其无限拔高。一个有道德良知的主体确实有理由希望出于义务而行动,因此也有理由成为这样一种人:当他们必须以道德理由约束自己去履行责任时,仍然会履行自己的责任。从这个意义上说,我们应该希望我们的行动具有道德价值,而如果我们要做一件尽责的事情,他们就必须具有道德价值。

但是,没有一个道德主体有任何理由处于这种不得不进行自我约束的境地之中。相反,我们都有理由希望做我们应该做的事轻松愉快。从这个意义上说,我们有充分的理由希望,虽然我们尽可能置身于有道德价值的境况之下。但如果我们能在不需要我们的行为有道德价值的情况下履行我们的责任,我们就没有必要希望我们的行动有道德价值。我们可以说,道德价值,就像没有善良意志限制的善一样,主要是一种"评估价值",而不是一种"主体价值"——不是道德主体在决定做什么的过程中所使用的价值。

我再说一遍,这样说并不是把义务仅仅当作一种"后备"动机,也不是否认我们应该从义务动机而不是从其他动机出发来履行我们的责任。只是说,《道德形而上学原理》(G 4:397-9)中关于义务和道德价值的讨论,*存在哪些容易被误读的问题*,因为对这些问题的误读,使我们忽略了康德在讨论中试图传达给我们的观点。

第九节　道德价值、善良意志和普遍法则

康德道德价值概念的主要理论目的,是将其与普遍法则公式的推导联系起来。这种联系非常直接。正如康德在《道德形而上学原理》(G 4:402)中所言,这个公式告诉我们,要限制自己只采用符合普遍法则的思想准则。

因此，它明显地遵循出于义务而行动的概念，因此采取有道德价值的行动。同样的观点也与《道德形而上学原理》讨论的出发点——善良意志的观点（更普遍地说，德性关乎意志）有关。意志是根据理性原则管理我们行为的能力（G 4:412）。因此，如果道德价值主要属于通过敬重法则（客观实践原则）进行自我约束的行动，那么道德显然与意愿有关，与*善良意志*有关——或者至少与某种类型的善良意志有关，这种善是通过道德自我约束来实现的。

然而，并非所有的善良意志都与德性有关。例如，神圣的意志，更普遍地说，至善的意志，太完美了，不需要自我约束，所以上帝或任何神圣的人的行动，从来没有*道德价值*（*不可能*有道德价值）。换句话说，德性不适用于有完美意志的人：它只适用于意志有缺陷的理性人。如果我们要按理性行事（出于对理性原则的敬重），往往需要*努力使*自己克服一些障碍。

恰恰因为如此，当我们发现做好事是如此易如反掌，就像呼吸一样自然而然，我们就离*德性*的核心甚远。哈奇森（Hutcheson）和休谟（Hume）的理论误入歧途，因为他们把道德行动的核心理解为自然而然地（简单地或自发地）行善。因此，他们把道德美德误认为是一种天真无邪的状态，或者是一种祥和的性情，一种令人舒适的境况，其中，人们做正确的事情是因为他们自发地喜欢这样做。康德的反证在某种程度上与他们一致：真正的道德或美德包括做正确的事情，因为你想做它，因为你珍视行动本身。正因为如此，康德认为，我们像这些道德感理论家一样，很难将具有真正道德价值的行动与我们自发的尽责行动区分开来（G 4:397-8）。我们认为，想做好事并珍视行动本身，等同于有一种自然的倾向去做（许多对康德的误解也源于这样一种假设：当他使用“倾向”这个词时，它可以与“欲望”互换——忘记倾向是经验性的欲望，而许多最重要的欲望，比如目的、谨慎以及德性，是*理性的*欲望）。

康德认为，轻而易举、随心所欲的尽责行为值得赞扬和鼓励。他们不应该得到敬重，而*敬重*是我们为*德性*核心而保留的特殊价值。在这里，重要的是要看到，道德价值只涉及出于义务而行动，它是一种比善良意志运用范围更窄的价值。上帝的行动不仅在没有道德价值的情况下表现出一种善良意志，遵循好的准则或原则的人类行动也是如此(因为意志是基于准则或原则的行动,善良意志是基于好的准则或原则的行为),但不需要道德的自我约束。不论是上帝和天使,还是出于谨慎而不是出于义务的、童叟无欺的商人,或者是出于同情而不是出于义务的、仁慈的人性之友,或者是多半情况下出于直接意向而保护自己的生活和幸福的大多数人,都是善良意志的例证,但不是出于义务而行动或有道德价值的范例。

上帝有善良意志,但根本不是一个*道德*主体(他远远超越了德性预设的人类缺陷)。严格地说,*德性*也不包括那些有同情心的人的善行,或那些出于谨慎或出于荣誉感而产生的善行。德性只有在失却无辜,做正确的事不再是自然的或容易的,做正确的事违背了我们的天性的地方才会出现。德性只有在自然、倾向和性情不再帮助理性,不再为我们应该做的痛苦的事情提供任何令人愉快的替代品的时候,才开始显现。

这就是真正的(内在的、真实的)道德价值只属于出于义务而行动的真正含义。道德价值只有在逆境中才能显现——在那里我们不再保护自己的生命,因为我们有这样做的自然本能;或者我们不再因为乐于助人而帮助他人;或者我们甚至不再为了促进自己的幸福而间接地履行责任,因为我们有这种自然的倾向。当我们发现自己处于悲惨的境地时,德性就出现了。我们必须直面自己的不完美,因为理性原则告诉我们要这么做,可能是为了避免道德上的指责,或者是为了获得道德功绩。

当它被认为对出于义务但不需要自我约束就能完成的行动持否定判断时,康德关于德性的核心是什么的观点就被误解了。人们误读了康德。例如,当他们认为他是*批评*诚实的商人因为虽然面对即使最没有经验的顾客,商人也能恪守公平交易的原则,但他不是通过自我约束的道德,而是因为意识到诚实是最稳健的、最有利于自己并且道德上正确的交易方式(G 4:397)。康德的读者倾向于认为,康德是在说这个商人根本就不是一个诚实的人:商人的准则不是诚实地处理问题,而是要表现得诚实;当他无法摆脱不诚实时,要表现得诚实。也许他们这样认为,是因为康德说商人的行动带有“自私的目的”。但对康德来说,为这样一个目标而行动并没有什么错,只要你的行动符合义务——正如商人的行动一样，正是因为他认为诚实地履行责任是明智的和自利的。

对康德思想的类似的失聪，导致人们认为他有点反对出于同情的人类之友，因为后者“为满足自己内心而播撒快乐”，因此，帮助其他人只是基于一时的兴致。当康德说这样的行为是“尽责的和友善的”，“值得赞扬和鼓励”时，一些读者想把它歪曲成只值得某种*非道德*的赞扬或仅仅是*工具性的鼓励*。他们认为，康德要么认为这是不道德的，要么认为它至少是没有德性价值的。德性关心的是另外一种情况，像康德所描述的那样，行善者的同情被自己的悲伤蒙上了阴影，他这样做是咬牙切齿的，是出于冷漠的义务。他们忽略了康德的主张，即作为一个行善的人“应将自己从致命的麻木中撕裂出来”。很明显，这与保持那种无感情、无情的状态完全相反。与善行的义务动机休戚相关的，无疑是康德所谓的“人类之爱”的理性情感（MS 6：400）。

或者，另一种解释是，人类之友和商人都有一种邪恶的倾向，康德称之为“瑕疵”，即一个人依赖于自爱的动机或照章办事的倾向，这包括在没有这些有益动机的情况对自己职责的曲解。因此，一个人只有在某件事受到意向或自身利益的动机性支持时，才会将其视为自己的责任（R 6：30）。但是，把这样一种令人憎恶的心理学解读成康德《道德形而上学原理》中的范例，这不仅是无中生有，或者让我们分心，甚至会遮蔽康德的真实意图。

康德认为，出于同情和意向的善行，就其本身而言，这是一件美好的事情——甚至常常是明显值得称赞的。那些从事公益事业的人渴望从同胞那里得到称赞，这也是无可指责的（G 4：398）。一般来说，任何人做正确而尽责的事情，因为他天生喜欢这样做，甚至因为这样做符合他的自身利益，没有什么不好的。意向和私利都不会“玷污”善行。康德唯一的观点是，这些行动并没有表现出德性的核心价值。这不是对审慎的、自然的、愉悦的或无辜的善良的*否定*。这是一个全然不同的观点：关于*德性*的本质——也就是说，*德性*的核心不在于这种善良，而是关于一种来之不易的美德，必须与我们人类的不完美作斗争。

第十节 无辜、堕落和德性在人类生活中的位置

康德所传达的信息是,德性不是关于人类的无辜或自然善。德性在我们的生活中起着至关重要的作用,因为我们根本就不是这样的无辜的或天生的好人,而是这样的人,我们的深层本性在于我们有能力通过理性约束自己,并遵照法则去尽己所能。虽然通常我们没有任何自然或天生的意向如此行事。这对于我们来说无疑是一件令人不安的事情,无论是关于德性还是关于我们自己,因为它侵犯了我们的自满,即告诉我们,作为道德存在的生活注定是一个本质上不自然的,不舒服的,充满冲突的生活。

美德对康德而言,总是意味着一种人格的力量,它是由它必须克服的阻力来衡量的(MS 6:379-80,384,405-9)。这种阻力由我们自己的道德缺陷和不完美构成的,最终是由我们作为人类(理性的和不合群的)带来的对邪恶的极端倾向造成的。我们的道德自由必须始终是自治的;不是绝对反对强制的自由,而是一种甚至部分由理性的自我强制组成的自由。美德永远不可能是我们可能获得或被给予的东西,无论是通过自然还是通过神灵的恩典;不可能是作为一种超道德的反道德状态的自发善良,使我们处于一种超越自我约束和自治的完全道德自由的状态。他认为这种美德不仅是错误的,而且是傲慢的,在道德上是危险的。他认为,要满足这样的幻想,"就像志愿者一样,带着自豪的自负,假定自己不为责任的想法而烦恼,并且,作为一个独立于命令的人,想要做我们认为自己不需要命令就能做的事"(KpV 5:82);恰恰相反,"义务,而不是功绩","必须对思想有最决定性的影响,而且是……最深刻的影响"(KpV 5:157)。

我认为,这就是康德的读者有强烈的动机抵制他的观点以及那些想把自己视为自然主义和健康思想的道德理论不愿接受它的原因。误读《道德形而上学原理》开头几页的常见方式,一定程度上是康德自己的错。众所周知,他是位不易读懂的作家,而且他似乎对这场讨论可能被误解的许多方面视而不见。但我并不认为康德对《道德形而上学原理》开篇几页被误解的古怪方式

负有全部责任。

不禁想到,这种误解有时也是可悲的、病态的人类倾向的例子,人类倾向于通过在想象中把某件事夸大到荒谬的地步,甚至把它扭曲成实际上与之完全相反的东西,从而将自己对某件事的厌恶合理化。因此,最近对我们的私人医疗保险行业进行的一次不温不火的改革,使其成为一种制度,使更少的人在生病时不得不死亡或面临破产,被反对者描述为政府在人们生活的各个方面强制推行暴政,直接导致强制安乐死、古拉格集中营和死亡集中营。康德认为道德不是自然同情的核心,而是理性的自我约束。这一论断常常被解释为对人类所有情感的病态仇恨,以及对所有自然慷慨行为的可怕的道德谴责。我怀疑,确切地说,这些解释者也有和上述反对者类似的自欺欺人的动机。

康德认为,与轻而易举就能完成正确的事相比,费尽千辛万苦才完成正确的事更能体现德性自身的价值。这一思想存在着深刻的悖论。而那些将德性的中心置于最容易和最自然而然获得善的地方的理论——例如,强调自然美德或同情的理论——则是根本错误的。我认为康德也意识到这是一个悖论,但他相信,如果能把它清楚地表述出来,他的读者就会同意。两个世纪以来,他要么高估了自己的信息对目标受众的吸引力,要么低估了读者错过它的能力。

然而,我确实在康德悖论中发现了一些非常令人信服的东西。我认为,它告诉我们一些关于现代文化的真实和重要的事情,我们最深刻的自我评价标准有时会让我们痛苦地与自己格格不入——特别是在德性最能体现其本质的那些情况下。我相信这需要一场重大的社会变革——其轮廓我们几乎无法想象——才能实现。

当人们以一种似乎“更健康”、更“自然”、更少被“二元论”和“约束”撕裂的德性之名反对康德时,我怀疑这些人过于自满地生活在现代资本主义文化中,他们本应感到无法忍受才对。他们应该向自己承认,我们的文化与他们所希望的更健康、更和谐的生活的可能性极不相容。最重要的是,他们不应该因为康德关于我们道德心理学的观点是正确的而指责他(他只是一个不受欢迎的信使)。他们也应该停止将困扰他们的康德道德哲学和道德心理学的特征归因于("两个世界")形而上学,从而分散他们对现实问题的注意力。在他们看来,这很奇怪,也很容易受到批评,只是因为他们荒诞地夸大了它在康德道德哲学中(实际上是边缘)的作用。相反,在这一点上,他们应该相信康德具有深刻的社会洞察力——连同他直接源自卢梭的深刻的社会不满。毫无疑问,让这点星星之火得以燎原,使我继续努力让人们理解康德在《道德形而上学原理》开篇所蕴含的要义。

第二章　康德论实践理性

康德主要在《道德形而上学原理》的第二部分探讨实践理性。康德提出，通过“遵循并清楚地展示理性的实践能力，从其普遍的决定规则到责任概念的起源”，来为道德的最高原则提供一个哲学推导(G 4:412)。既然康德在这里提出要考察实践理性的“普遍的决定规则”，我们就可以期待一个关于实践理性的完整论述。但康德在这里的主要兴趣在于*道德*理性，尤其是在推导道德的最高原则方面。这个较为狭窄的目标使他无法提供一个真正完整的“普遍的”理论，使他忽略了他自己对非道德类型的实践理性的处理，在某些层面过分强调它们与道德理性的共同之处，而且相比之下，在某些层面又夸大它们与道德理性之间的差异。因此，我们得到的是一份关于实践理性的报告，这份报告不仅不完整，而且还受到了报告所要服务的更狭隘目标的歪曲。

第一节　理性和理由

这一目标的一个结果是，因为他在《道德形而上学原理》中的道德理论始于道德上的*必需*(在反对顽固的倾向时的约束条件)的义务概念，康德所关心的实践理性主要是作为*自我约束的*能力——一种能力，我们通过它来指导我们的行为，甚至*要求*我们做某些事情(寻求理由)。因此，他并不是主要考虑那些简单又自然地出于理智而采取的行动，与经验欲望相协调的事例。相反，他关注的是需要明确的自我约束或反思性的理性自律的事例。

现在的一些哲学家将做某事的*临界的*(*pro tanto*)*理性*——相反的理由可能会抵消这些理由——与严格要求做某事的理由区别开来。哲学家们有时也会将做某事的*理由*[克里斯蒂娜·科尔斯加德(Christine Korsgaard)最近称之为"实质性的理由"(Korsgaard,2009)与"理性的要求"(或"理性的原则",如要想达到目的,就必须想办法)]区分开来。利用这一区分,他们有时认为(实质性的)理由并不基于原则,甚至质疑理性的要求本身是否必然为我们做任何事情提供任何实质性的理由(即使是*临界的*理性)(Broome,2005;Kolodny,2005)。

康德通过理性原则对必然性的关注,可能会使我们认为,他不能承认存在任何*临界的*理性,只有那些决定性地要求我们做某事的理由。这也可能使我们认为,除了原则(理性的要求)以外,他不允许任何理由,因此,因此,他坚持这样一种观点,即这些理性的要求总能为我们提供理由(事实上,这是唯一实用性的理由)。康德的目的影响他对实践理性的叙述的另一种方式在于因为他在寻找道德的最高原则,他没有把注意力集中在我们认为是实际理由(复数形式的)的各种真理上(事实或事务的各种样态),也不关注这些理由可能有什么共同点,使它们成为采取行动的理由,而是专注于这些各种理由背后的一般原则。这可能会导致我们今天的理性哲学家认为,他只对他们中的一些人所说的"理性的要求"感兴趣,而对人们做事情的实质性理由完全不感兴趣。

然而,仔细考察康德的论述,将使我们避免得出这样草率而错误的结论。康德确实认为(实质性的)理由依赖于原则,但他对这些原则的看法完全不同于现在一些哲学家关于"理性的要求"的看法。康德对理性原则的必然性的关注,使他很少有机会去注意当今哲学对实践理性的解释中所关注的一些问题,但我不认为他在这些问题上犯了什么错误或持什么可疑的立场。

第二节 理由与理性的辩护

然而,康德在《道德形而上学原理》所探讨的目标的第三个后果是,他似乎主要对我们可能称之为[继弗朗西斯·哈奇森(Francis Hutcheson)著名的区分之后]"激励的理由"(但哈奇森称它们为"激动人心的理由")而不是"辩护的理由”感兴趣（Hutcheson,1971,pp.217-18）。换言之,因为康德感兴趣的是某些理性原则可能会限制我们的行为,他关心的是行为的*合理的动机*,而不是如果被要求事后为他们所做的事情提供一个*理性的辩护*,行为者彼此之间（甚至是对他们自己）可能会说些什么。当然,在适当的条件下,这两种理由很可能是系统地相关的。如果理性地约束（和激励）我去做 A 的理由是 A 符合道德原则或义务,那么我可以通过援引原则和它的理性（道德上）的约束力来为 A 做辩护,至少对我自己是如此,也许对别人也是如此。

然而,一般来说,对某人来说,*辩护*终究总是辩护。由于人与人之间的关系,对一个人来说,为某一行为辩护所必须考虑的事,不一定适合于另一个人。例如,如果我采取了一项对你的利益有负面影响的行动,我可能会向你证明它没有侵犯你的任何权利,并在行动中对你的福利表示了应有的关心。但是,促使我采取这一行动的理由可能与你无关,考虑到你的权益可能对我向第三方证明这一行动的合理性不起任何作用。然而,如果我选择一个行动,因为自己知道有确定可依据的理由,激励我的事物至少应该是为*自己*的行动辩护的核心部分。

除康德以外的一些哲学家认为,一个人对另一个人的特定的“第二人称”的要求是道德理性不可缺少的。这已经得到了有力的论证,例如斯蒂芬·达尔沃尔（Stephen Darwall）,他也对康德在《道德形而上学原理》一书所作的论证作出了一些批判性的总结（Darwall,2006,pp.213-42）。达沃尔正确地引用了约翰·戈特利布·费希特（J.G.Fichte）的观点,他预见了他的大部分论点,并对第二人称理由的作用提供了深刻的见解,既体现在我们对人民权利的思考中,也体现在一般的道德理性中（Fichte,NR 3:29-52）。亚当·斯密（Adam Smith）是道德哲学界另一位伟大的人物（他的重要性与费希特一样,被大大低估了）,他实际上也主张,站在他者的立场上思考行为者采取某种行动的理由是道德上不可或缺的。在亚当·斯密看来,一个行为的“恰当性”取决于其他人对它的态度（或者是对它的具体关注,或者是从理性公正的立场来看待它）,以及对行为所激发的感情或情感的态度（Smith,2000:Part I）。比起亚当·斯密和费希特,康德的道德哲学得到了更好的研究。然而,关于*辩护*以及以*辩护性理由*的形式存在的实践理性的主题,我认为这两位伟大的哲学家提供了康德所没有的重要见解。因此,要想对这些问题作出满意的解释,就必须关注他们所理论化但被康德忽视的问题。然而,康德并非完全没有注意到这些问题。在这一章的结尾,我将反思康德哲学的方法,在某种程度上,考虑所有理性的辩护所必需的主体间性。

第三节　实践理性作为客观价值的自我约束

康德在《道德形而上学原理》中的目标是从一般的实践理性考虑出发,并向上(或向内)走向道德的最高原则,在他看来,这就是理性的最高用途。然而,就我们的目的而言,如果我们对康德关于实践理性的一般性论述感兴趣,那么最好不要把注意力集中在(甚至是主要考虑)道德理性上,除非我们不得不这样做。如果我们首先考虑康德对实践理性的其他种类和原则的看法,特别是康德对所有不同种类的实践理性的共同看法,我们就会犯更少的错误。

正如我们已经看到的,它们的主要共同点是,在于实践理性的一个主要功能——康德最感兴趣的功能——是*自律*。理性原则是理性自治的原则。这意味着,任何一种理性的驱动力都是理性本身的内在能力,以及它所依据的原则。它不是来自之外的东西,例如经验性的冲动或倾向。因此,理性的动机本身从来不是由经验性的冲动或倾向所提供的。只有当我们采纳准则或在此基础上设定目标,然后问自己这些目标和准则与他们的理性追求相关的问题时,这些经验性的冲动或倾向才变得与实践理性相关——例如,什么样的行动会有助于实现我们的目的,或者这些行动相对于其他目的应该具有什么样的理性优先权,或者(根据审慎的或道德的考虑)我们是否应该设定这些目标。经验性的欲望只有在其原则被纳入各种准则以及通过有目的的选择所追求的目标时,才与实践理性相关。

与此相关的另一点是,理性原则总是普遍有效的,对所有理性存在都同样有效。它们的最终有效性并不依赖于任何可以把一个理性存在与另一个理性存在区分开来的事物(例如偶然的欲望或目的的选择)。当然,任何理性原则的*适用性*（及其应用的具体后果）都将根据不同的理性存在的不同倾向、知识和不同的境况而有所不同。例如，对目标的意愿要求我决意采取某种必要手段，这一原则是否适用于我的这一行动取决于我是否碰巧已经意愿某些目标并需要约束自己采取必要的手段。同理，我应该遵守诺言的道德规则显然适用于这个行为，只要我已经作出了承诺，就必须采取行动来履行它。但是这些原则本身，以及遵循这些原则的合理依据，不会因人而异。康德认为，它们属于理性能力本身，而不是从这一能力赖于运作的经验材料中产生。这就是在康德的术语中它们是先天的缘由。

在康德的研究方法背后，有一些非常深刻的假设，这些假设无疑是有争议的，常常不被他的批判者所接受，甚至在没有意识到究竟发生了什么的情况下被他们含蓄地拒绝。在讨论中尽早明确其中一些问题可能是明智的。许多熟悉的（非康德的）理性概念，要么将欲望视为隐含的基本评价，要么视为某种简化的自然主义价值描述的起点。由此，实践理性理所当然地，至少假设在其他条件相同的情况下（*ceteris paribus*），认为经验性的欲望（康德称之为“倾向性”）是它的活动的基础。依据这一观点，实践理性的作用是帮助满足欲望，也就是说，通过管理欲望的经济，调整欲望对可用资源的追逐以满足欲望。对实践理性的自然主义解释认为，它仅仅是一套机制，已经进化来履行这一功能。

然而，康德在经验性的欲望（或“倾向性”）与基于理性的欲望（尤其是道德理性）之间进行了严格的区分（KpV 5:8n;MS 6:211-14）。当然，这种区别是众所周知的，批评家们常常把它归因于一种枯燥的理智主义，或者归因于一种对康德的自然的和感性的部分的病态憎恨。但这种常见的观点基于一个严重的误解。在这一点上，康德的观点是建立在一个丰富而有趣的人性理论之上的，这在很大程度上要归功于启蒙运动，至少可以追溯到托马斯·霍布斯，但也包括伯纳德·曼德维尔（Bernard Mandeville）、德尼·狄德罗（Denis Diderot）、亚当·斯密（Adam Smith），尤其是让-雅克·卢梭（Jean-Jacques Rousseau）。这一观点认为，人类从根本上是非理性竞争的生物，其竞争服务于发展自身能力的自然目的（参阅 Wood，1999，Chapters 6-9）。因此，它对我们的经验性的欲望(或倾向性)持怀疑态度,认为它不仅源自我们非理性的动物本性,而且源自我们绝对非理性的社会本性。

在此基础上,康德假定,经验性的欲望从来不会自动地提供某种行动的理性来满足它,它把批判性地评估所有的欲望和欲望的各种对象的任务分配给我们的理性能力,这是实践理性具有引导和激励功能的基础。这种评价的标准是一套从理性能力本身出发的原则(因此它们是先天的),一套不能简化为自然机制的原则。这种自然机制在一组无辜的自然欲望上运行,这些欲望被认为是既定的。因此,理性必须从根本上是可估价的(以纯粹理性的客观标准),并将其与倾向性(经验性的欲望)区分开来,后者不包含任何评价,或被严重地质疑为非理性和自欺欺人。从历史上看,理性能力是通过社会竞争的自然机制发展起来的,因此,它注定要与它赖以出现的人性条件背道而驰,像一位法官和某种约束性的权威那样,与经验性的欲望背道而驰。

这有助于解释康德对理性的批判性评价和自律功能的强调,这是至关重要的,因为康德的人性观不仅在道德理性中,而且在审慎理性甚至工具理性中都是如此。评价康德的启蒙人性理论,或者决定它关于理性与评价、欲望和动机的关系的假设在多大程度上可能比那些非康德的实践理性的假设更可取,这都超出了本章的范围。我的希望是,通过看到康德人性理论所展露的冰山一角,我们至少可以开始欣赏他对整个实践理性这一主题所采取的独特方法的真正依据。

但我认为,这里需要记住的最重要的一点是,康德接受了这样一种观点,即做或不做某些事情是有客观理由的,它们与欲望是不同的(尽管它们可能创造欲望,或为已经存在的欲望提供理性支持)。康德并不像有些人所认为的那样,认为仅仅对理性或实践原则的领悟就能或应该导致某种作为或不作为。他认为人类的行为总是以某些类型的欲望和情感为前提,而*理性地*激发这些欲望和情感的绝不仅仅是某种欲望。我认为康德在这一点上的观点与德里克·帕菲特(Derek Parfit,2011)在他的《论什么是重要的》(*What Matters*)一书中所阐述的观点有很多相似之处——事实上,这些相似之处比帕菲特自己所意识到的还要多(但在此进一步解释这句话将使我离题太远)。

第四节　基础性原则和中介原则

康德在阐述理性的实际运用时,每一个基础性原则都是建立在一种独特的实践理性之上的,而且存在着独立于这个基础性原则之外的中介原则,通过这些中介原则,基本原则必须得以应用。例如,“如果你想要达到目的,你必须决议采取必要的手段”这一原则必须通过“技术规则”来应用,具体地告诉你,对于一个给定的目标,什么是必不可少的手段(G 4:415)。同样地,道德原则也必须通过道德规则或义务来实施,康德把这作为第一部分的主题:美德论中的要素论(MS 6:417-74)。这些中介原则并不是由理性原则推导出来的,尽管正是理性原则赋予了它们实际意义——他们的激励(或约束)力量。

例如,治疗 D 型病人的唯一方法是给予药物 M,这可能是医疗技术的一种规则(cf.G 4:415)。这条规则在逻辑上独立于工具理性的原则,工具理性的原则告诉你,如果你想要达到目的,你就必须想办法。但是这个原则,加上医疗技术的规则,约束了一位想要用药物 M 治愈她的病人的疾病 D 的医生。同样地,鉴于人们需要他人的自愿参与才能获得幸福,康德认为,能把自己的幸福愿望普遍化的唯一方法是认识到自愿帮助他人的义务。道德法则告诉我们,我们只能以一种普遍的形式接受这种自爱的准则,因此它告诉我们,我们必须约束自己(我们有义务)自愿帮助需要帮助的人(MS 6:393,453)。我们马上就会看到(虽然康德本人有时似乎对其中的一些概念感到困惑),存在着类似的中介规则(“审慎的忠告”),它们与审慎理性的基础性原则有着类似的联系。

因为康德认为实践理性主要是一种自律的能力(或称“强制性”),所以他认为理性原则主要是*命令性的*。“一个客观原则的表象,就该原则对于一个意志是强制性的而言,就叫做一个(理性的)‘诫命’,这个诫命的公式就叫做一种命令式”(G 4:413)。我们可能认为“命令式(祈使语气)”首先是一个语法术语(表示某种句子的语法形式)。但康德的命令是实践理性哲学理论的一部分,因此它的含义既不是语法上的,也不是语言学上的。在他看来,命令式是指通过将我们的行为建立在理性的基础上来约束我们的行为。康德说命令由“应当”(*sollen*)来表达(G 4:413),但如果从语言学的角度来看,这显然也是不真切的。任何以这种方式使用的语言公式都是祈使句,无论它的语法形式如何。许多祈使句(在康德看来)通常最好用陈述句来表达,其中助动词“应该”完全不在场。我们将在后面看到,对于康德来说,祈使句(在他的意义上)最自然的语言形式是陈述句,它的主词是指某种行为的一个表达式,它的谓词是“……是(在事实上)好的”(cf.G 4:413,414)。

康德出色地区分了两种命令:假言命令和定言命令(绝对命令)。它们的区别在于,一种*假言命令*所表示的必然的行为,就其理性的必然性而言,是以设定某种目的为前提的,而这种目的是独立于命令之外的。一种*定言命令(绝对命令)的*理性必然性独立于任何预先设定的目的。然而,对于康德来说,所有的行为都包括设定一个由行为产生的目的,这是一个概念性的真理。事实上,一种*行为*,恰当地说,就是我们理性地认为是达到目的的一种手段的任何表现。至关重要的是,最后这句话既适用于定言命令(绝对命令)下的行动,也适用于假言命令下的行动。区别不在于一种行为是否旨在产生一种目的(康德认为所有的行为都是这样做的),而在于,就执行这种行为的理性要求而言,所讨论的目的是否已经独立于所考虑的理性命令而被给予理性。在假言命令的情况下,它是在定言命令(绝对命令)的情况下,命令本身涉及目的的设定,通过指定要设定的目的。

康德甚至认为,如果没有必然与定言命令(绝对命令)的概念相联系的目的(“目的在它们的概念义务中”),那么定言命令(绝对命令)本身就是不可能的(MS 6:384-5)。他认为,有两种目的可以产生,这两种目的是定言命令(绝对命令)所理性要求的,即我们自己的完美和他人的幸福。对于这些必要的道德目的,康德称之为“德行的义务”(MS 6:382-4,385-8)。然而,在假言命令的情况下,命令式总是以某种独立于命令式之外的目的为前提——或者是偶然的、随意的选择,或者是审慎的理性。

第五节　工具理性

康德区分了三种实践理性:(1)技术(或工具)理性,包括一个假言命令和一个偶然给定的目的;(2)实用(或审慎)理性,它包括一个必然给出但依赖于理性本身以外的某种事物的目的(也就是,幸福的目的);(3)道德理性,它以定言命令(绝对命令)的形式给了我们理性法则。让我们依次考虑每一个问题,尤其是前两个。这不仅是因为它们在康德自己的讨论中被淡化了,还因为(也许部分是因为这个理由)康德关于它们的一些说法是有问题的,甚至是令人困惑的。如果我们想要对这些实践理性有一个连贯的康德式的描述,那么我们需要解释、补充甚至修改他对这些理论的描述。

依据康德的观点,一个假言命令指定了达到一个偶然的或“任意的”目的的方法,被称为“不确定的”(或“技能的”)命令。康德最终拒绝了“不确定的命令”一词,认为在其最自然的解释中,这个词甚至包含了矛盾。在《判断力批判》中,他坚持用“技能的命令”一词来代替(KU 5:172-3,参阅《判断力批判》第一版导言,Ak 20:200n)。康德在介绍工具理性时引用了许多属于所有艺术和科学的“技能的命令”,父母们教育他们的孩子,希望工具理性可以使他们在以后的生活中实现他们可能选择的任何目标(G 4:415)。他的这些规则的例子来自医学和几何构图(G 4:415,418)。几乎所有的技能的规则(当然是医学规则,尽管不是几何规则)都是建立在因果关系的经验联系基础之上的,往往只在大多数情况下或在合理的概率内的联系。很少有这样的规则(如果有的话)规定达到目的的*唯一可能*的途径;因此,很少有人能把一项行为说成是实现这一目标所完全*必需的*。如果某种*命令式*是一种严格要求所有行为必须服从的理性命令的公式,而且是一种对所有理性存在普遍有效的先验命令,那么真实的技能规则实际上永远都不是命令式。因此,康德无法前后一致地说明“技能的命令 ”本身就是专门的命令的典型例子。事实上,某种技能规则的内容从来都是理论上的命题,即某种必然的结果是由某种确定类型的行为引起的(可能甚至仅仅是大部分)。与所有的实践理性都可以归结为工具理性的想法结合在一起,这一点是主要的论据,有时被用来假装为休谟悖论(既令人激动又不明事理)辩护,即根本不存在所谓的*实践*理性,若我有理性,那么它宁愿世界被毁灭,也不愿我的手指被抓伤:理性是而且应该只是激情的奴隶(Hume,1967,pp.413-16)。

理性的原则是普遍的,因为它们同样适用于所有理性的行为者。康德认为,即使是技能的规则也可以被认为是"普遍有效的",至少在某种意义上,它们打算告诉*对目标仍心存疑问的任何人*他们必须做些什么才可以实现它。然而,他的意图显然不是说技能的规则本身就是他所指意义上的假言命令,而是建议它们有赖于一个此类单一的命令作为它们的共同基础。托马斯·希尔(Thomas Hill)称这种普遍命令为"假言命令"(Hill,2002,pp.172-3)。康德有句名言:"无论谁意愿达到目的,也都会意愿(在理性对他的行为有决定性的影响的范围内)他所掌控的必要手段。"此外,康德认为这个命题不仅是先验的真命题,而且是*分析的*命题(G 4:417)。然而,技能的规则(即使是那些从数学中得出的,可以被认为是先验的)显然不是分析的:

> 因为在对象的意志中,我的因果律已经被认为是一个起作用的理由,即手段的使用,命令式则从这一目的意志的概念中提取为这一目的所必需的行动的概念(诚然,综合命题属于把手段本身确定为所提出的目的,但它们与根据无关,无法使意志的行为成为现实,而是与如何使对象成为现实有关)。为了把一条线分成相等的部分,依据某种稳当的原则,我必须从它的端点画两条弧——这种数学显然只能通过综合命题来讲授;但是,如果我知道特定的效果只能通过这样一种行为才能出现,我也会意愿它所需要的行为——这是一个分析命题;通过我以某种方式将某物表现为一种可能的效果,就它而言,以那样的方式来表现我自己——它们是完全相同的(G 4:417)。

如果我们认为技能的命令(甚至一般的假言命令)中所涉及的实践理性原则是一种理论命题,即事物的某种状态可能以某种方式引起,那么我们已经从根本上误解了*实践*理性对这种情况起作用方式。实践理性不是用来逐步了解我为了达到一个目的而必须采取什么行动的(那纯粹是*理论*理性的问题)。*当我已经知道了*在我的能力范围内达到目的的必要手段这一*理论真理*时,要约束自己去做那件事,*实践*理性是相当必要的(如果我们认为行使这种激励功能不是理性的职责,而是理性的无动机的欲望、情感或激情的功能,那么,我们就走上了荒唐的道路,说出了这样的胡言乱语,即理性是而且应该只是激情的奴隶)。

假设我为自己设定了一个目标——例如,为了在新工作的第一天给人留下一个好印象,我必须准时上班。再假设我知道这样一个理论真理:为了做到这一点,我必须在闹钟一响就起床。它不是实践理性的职责,以假言命令的形式,向我提供这种认知。那属于理论认识。实践理性的工作,与其说是约束我,在认知的烛照之下,使我按时起床,还不如说是通过理性克服我怠惰的赖床倾向。

然而,如果这一点被误解了,它可能会导致一个新的尝试,把实践理性归结为理论理性——这一次,归结为一套关于我的心理学的理论主张。关于工具理性,人们常说,你可以避免理性批判,或者采取必要的行动来达到目的,或者可以放弃目的。这种论证认为,它可能是分析的,如果我要达到目的,我就要采取行动,这是一种不可或缺的手段,但这个分析命题同样适用,不管我采取行动还是放弃目的。因此,有人声称,这里真正的问题仍然只是一个理论问题:换句话说,我是否真的有一个目的(在工作的第一天就给人留下一个好印象)。如果我在床上多待半个小时,然后迟到,那只表明(按照这种说法)我并没有真正拥有我自以为拥有的目的;如果我真的起来了,那么我就会发现自己终究是有目的的——我采取了必要的手段来实现这一理论真理。在这两种情况下,这里似乎根本没有涉及"实践理性"的独特主张,无论如何,只有一些关于我的心理学的理论主张。

然而,这个论点完全错误地解释了工具*理性*。首先,它误解了康德认为是分析的命题的性质。这不是一个理论命题,而是一个实践命题。这并不是说,(真真切切地)想要达到某种目的的人实际上也想要某种手段,而是一个实践的命题,即在执行理性行为时设定目标。因此,我将自己置于实际的规范之下,即我*应当*意愿必要的手段。这就给了我这样做的*实践*(工具)*理性*。

这里的错误可能来自经验主义的假设,动机完全是某种状态的问题(欲望、情感、激情)。对此,我们是被动的。但是,设定一个目标并不是简单*碰巧*发生在你身上的事情(如同被一种理性的、没有动机的欲望抓住)。这是你*做*的事——是理性的行为,是自由的行为(MS 6:381)。它的直接后果不是因果关系,而是规范性的。

在康德看来,非理性动物既不能设定目标,也不能为目标策划各种手段;他认为,对他们来说,这一切都是由本能机械地决定的,也许会被经验性训练所修正(MA 8:11-12)。他相信,有了理性的行为者,事情就不一样了。设定目标是一种意志行为,而意志是一种规范性活动,既可以创造(主观)规范(准则),也可以服从(客观)规范(工具理性和审慎理性的实践原则或道德法则)。目标的概念包含一个作为某种手段来执行的行动的概念,因此制定你应该执行那个行动的主观规范——进而,这样的主观规范基于假言命令,后者是客观的(分析的)规范,即你应该采取一切力所能及的行动,作为达到目的之必要手段。

T.M.斯坎伦(T.M.Scanlon)在这里追随了布鲁姆(Broome)和科洛德尼(Kolodny),得出了一个被误导的结论,即所谓的"理性的要求"——包括那些工具理性的要求——确切地说,它完全不是规范性的(Scanlon,forthcoming;cf. Broome,2005;Kolodny,2005)。他认为,当我选择采取为达到我的目的之必要手段的行动时,我的*理性*不是假言命令(或类似的东西),而仅仅是我追求目的的理由。而且,斯坎伦认为,我的行为是否合理取决于是否*存在着*一个真正的或很好的理由来追求目标;我*想到*一个是不够的。在我看来,所有这些说法都是错误的。作为一个理性的行为者,我有某种*理由*遵从假言命令,而这个理由(至少在某些时候和某些方面)不同于我设定的使假言命令适用于我的目的的理性。我之所以要在上班第一天就给人留下好印象,完全不同于我之所以要起床做这件事。反其道而行之,斯坎伦被这样一种想法所打动:如果我有某种充足的理由去设定目标的念头本身就是错误的,那么,我最终没有理由(或者至少是一个*真实的或好的*理由)去做一件为了我的目的而必须做的事。如果我们所说的"好的"或"真实的"理由意味着某种类似于"考虑到所有事情的决定性理由”，那么他可能是对的。然而，我认为我们至少应该说，只要我*想到*有一个很好的理由去追求这个目标，这就已经给了我一个很好的或真实的临界的(pro tanto)理性去采取必要的手段。基于那个临界的(pro tanto)理性，工具理性与我现在的行为是相关的。

无论如何，康德非常清楚，*工具*理性并不要求目的必须是好的，“在这里的问题不是目的是否合理和有益，而是一个人必须做些什么才能达到目的”(G 4:415)。因此，放弃我的目的不是一种*遵循*工具理性的要求的方法，而只是一种使它们变得*不切题的方法*(对我来说，目前，关于为了一个目的而必须采取的行动，结果证明我并没有这样做)。放弃目标而不是采取必要的手段是避免理性批评的另一种方式。只有采取必要的手段才与我是否符合*工具*理性的要求相关。至于前者，我是否有某种*理由*放弃我的目标，显然不取决于这样一个事实：我有某种不采取理性所要求的行动的倾向。例如，我喜欢赖床(简单地说，就是躺在床上)，这*根本不能成为*我在上班第一天就放弃给人留下好印象的*理由*(甚至不是一个边界的理由)。它可以成为这样一种理由，但只能置之于更大的背景下——比如，出于审慎的理由，我决定，与保住一份工作相比，早上嗜睡更有利于我的长期健康；或者出于道德上的理由，我下定决心，通过拖拖延延来辞掉这份不像样的工作反而将是我履行职责的一种表现。考虑到自己的整体目标，即使我想躺在床上的愿望最终变成这样一种理由，它仍然和*工具*理性的要求没有任何关系，因为我的目的是通过准时给人留下好印象。

因为康德的注意力集中在理性约束上，而且非道德实践理性的使用与道德理性中义务的概念最相似，他对工具理性的描述在范围上比看起来更为有限，甚至从他所说的关于工具理性的精神来看也是如此。例如，康德的假言命令只告诉我们，我们必须采取任何行动，而这些行动是达到我们所设定目标的绝对必要的手段。显然，工具性理性需要比这更广泛的东西——尽管在康德《道德形而上学原理》所允许的简要空间里，要表述清楚显然远非易事。设定一个目标并不仅仅是制定一个规范，即你应该避免做任何会完全妨碍你达到目标的事情。它还包括一些更积极的规范，大意是你应该假定其他条件不变

(*ceteris paribus*),为达到目的而制订计划,要么采取属于计划的可行步骤,要么在过程中修改计划,只要继续心怀某种目标,你就会坚持不懈地为实现它而努力。并采取切实可行的措施,属于计划,或者修改计划,以结束工作持续实现只要你继续拥有它。但这只是一个粗略的公式,很难更精确,而且只有在非常特定的情况下,它才能对你的行为产生精确的约束:“你一定要这样做”。如果我们认为康德关于工具理性的概念必须排除这种更模糊的规定,代之以更灵活的行动理由,那么我们肯定是低估了康德。他在《道德形而上学原理》中对工具理性的讨论非常有限,只是旨在引出一些基本观点,尤其是那些与富有启发性的道德理性相似的观点,而道德理性的基本原则是他唯一关心的。

第六节　审慎理性

康德所区分的第二种实践理性是“实用的”理性,它的命令约束我们追求自身的幸福。我认为康德关于工具理性的论述,如果沿着刚才提出的思路去理解,就会构成一个一致且令人信服的论述。显然,对于他关于审慎理性的言论,情况就不一样了。即使它们想要达到一个哪怕是最低程度的连贯的故事,他的言论也需要一些谨慎的——甚至是选择性的——解读。

康德意识到在过去的伦理学理论中有一种强大的趋势,那就是把道德理性简化为审慎理性。他决心抵制这种趋势,因此,在其《道德形而上学原理》中,他被激励着尽可能清晰地区分审慎理性和道德理性。因此,我认为他有时可能会夸大这种区别,即使他自己也这么认为。这一点,加上他在讨论审慎理性时所提供的非常有限的空间(同样,在他的主要论题,即道德理性的讨论过程中),给任何试图在这一简短讨论的基础上发展出一种可辩护的康德式的实践理性的人造成了严重的困难。康德关于人类幸福及其追求本身的观点使情况进一步复杂化。从经验心理学或人类学的角度来看,这些观点蕴含着深刻而耐人寻味的困惑与悖论,包括某些假设,即人类对幸福的渴望本身可能不是完全理性的,甚至是内在地不合逻辑的。这些观点,正是因其对自身利益的关注,以及对传统观点造成的挑战,必然会使康德所提出的任何审慎理性理论进一步复杂化。

简单地说，康德面临着一个困境：一方面，存在着将审慎理性与道德理性（并将其与工具理性对齐）割裂开来的危险，以至于它不再是一种独特的实践理性；另一方面，认识到它的独特性的危险在于，它可能会为审慎理性的重要问题打开大门，而康德的正式解释没有（或没有提供明确的）答案。对于《道德形而上学原理》的读者来说，如果他对发展康德式的审慎理性本身有兴趣，那么解决这个困境就是一项不可避免的任务。这不是康德《道德形而上学原理》中为自己设定的任务，他在那篇文章中作出的明确表述显然还是不够的。

康德关于审慎理性以幸福为目标的论述，主要体现在以下三点：

现实性的主张：幸福，因为有别于一切其他经验性的目的，可以无一例外先天地假定为每一个有限理性存在的一种*真实的*目的，一种“属于他的本质”的目的（G 4：415-16；cf.KpV 5：25；Anth 7：326）。

整体性的主张：幸福是一种思想，由每个人的理性和想象所构成，即最大程度地满足个人的所有倾向（GMA 4：418；cf.G 4：393，399；KpV 5：124；KU 5：430）。

不确定性的主张：没有一个人的幸福观念是确定的，或者最终是连贯的；它随时间变化而变化，常常是反复无常的，甚至在任何特定的时刻，根据他自身的幸福这一标题，没有一个人能对自己的愿望和意志形成一个精确而一致的概念（G 4：417-19；cf.KU 5：430-1；Anth 7：233-5）。

康德从不确定性中得出的一个重要结论是，严格地说，没有审慎的命令式。对于所有理性存在而言，没有什么行动是幸福所必需的。最多，有“忠告（*consilia*）”的规则，如果循此而行，一般来说，并在大多数情况下（但不是没有例外）会为大多数人带来幸福（G 4：418-19）。“审慎的命令式”这一层级必然是空洞的。

然而，康德试图将审慎融入他的实践理性概念，这一尝试似乎始于现实性的要求：幸福不仅是一种可能的目的（如技能的规则所包含的目的），而且是一种可以假定为对所有人都是如同他们的本质一样真实的目的（G 4：416；cf.MS 6：387）。因此，关于它的假言命令是一个先行词，可以说，这个先行词总是成立的。这使得审慎的命令式是“断定的”,而不仅仅是“不确定的”(或技术上的),但还不是“无可置疑的”(或绝对的),因为它们仍然依赖于预先给定的目的(幸福的目的)(G 4:415)。

从这最后一点开始,康德似乎得出了这样的结论:审慎的命令式(如果有的话)将仅仅是假言命令,审慎的理性纯属工具理性,但区别在于,待定的目的实际上总是真实的(而不是偶然的或任意的)。

然而,当我们提出哪怕是几个简单的问题,并考虑到康德自己对这些问题的明确回答时,这种正式的描述就不连贯了。① 人类有许多经验性的欲望,并有许多基于这些欲望的不同目的。在任何给定的时间,这些目的中的一些,甚至其中的一个,是优先于其他的,并采取行动。现实性的要求是否仅限于说,对于每一个人而言,幸福实际上总是这样一种优先的目的?当然,除了幸福之外,还有其他目的也属于每个人的目的——充足的食物和睡眠、舒适的环境温度,以及其他许多目的。这些目的之间的优先次序——以及它们相对于其他目的的优先性,可任意决定的目的(不是所有人都有的目的),在不同的时间和不同的人之间有很大的差异。如果所有的现实性的要求加总起来表明幸福是我们所有人都有的一个目的,那么它就不认为幸福在人类的目的中有什么特殊的地位,因此,现实性的要求无法证明“断定的”(实用主义的或审慎的)命令式究竟与许多其他假言命令有何区别。因此,这种接受现实性要求的方式,与审慎理性是一种独特的实践理性的观点是不相容的。它涉及要么审慎理性消融在工具理性里,要么将审慎理性与许多其他可能的(或虚假的)“类别各异”的实践理性相提并论——诸如我们所称的“滋养理性”,涉及(总是真实的)人类有足够食物的目的,或者“安眠理性”,涉及(总是真实的)获得充足睡眠的人类目的,诸如此类。

因此,谨慎理性的重要和与众不同的品质似乎只有在现实性的要求被理

---

① 帕特里克·凯恩(Patrick Kain)在2003年的著作中,对这种正式描述进行了详尽的阐释。但他最后承认(Kain,2003:250-1),这种描述是“不完整的”。我认为,这个相当天真的词低估了正式描述的问题。在我看来,正式描述似乎面临着不可救药的不连贯的威胁,除非按照我在这里建议的方式加以修改。

解为也包括我们所称的*唯一优先权*要求时才能被挽回:在行为人的经验性目的中,幸福享有一种独特的优先权——也许这就是康德所说的“幸福属于(每个人的)本质”。基于康德的整体性主张,人们可能认为,作为经验满足的最大总和,幸福是一种绝对优先于所有其他经验性目的的目的,在发生冲突的情况下,其他各方都必须为之让步的目的,甚至是唯一的目的,为那些想要和解的倾向提供了一种独特的(审慎的)理性。例如,出于审慎的理性,我们可能会暂时推迟吃饭或睡觉,如果我们认为这样做能最好地提升我们的整体幸福感。康德说,“就我们的本性作为感性的存在物而言,如果不是根据短暂的感觉,而是根据这种不确定事件对我们整个存在的影响和对它的满意来评价它,作为理性的特别要求,那么最重要的是我们的*幸福*;当然,从整个实践理性的角度来看,幸福不是唯一重要的东西”,然而,这只是因为它的重要性可以被德性所覆盖(KpV 5:61)。

然而,唯一优先权要求本身可能有两种含义。首先,它可以被理解为:

经验的优先权要求:事实上,人类总是把自己的幸福置于所有的倾向或其他经验性的欲望之上。

或者,第二,它可以被理解为:

理性的(或规范的)优先权要求:实践理性要求他们给它这个独特的优先权,并且——至少就审慎而言(抛开德性的要求)——实践理性下令,他们总是更喜欢自己的幸福,相较于那些只是瞬间的快乐或可能会与幸福产生冲突的片面的经验利益。

康德对现实性要求的表述似乎仅仅是关于人性的一个事实,而这一事实可以被假定为所有理性存在的前提。这似乎更倾向于现实性要求的经验的优先权版本,而不是理性优先权版本。约翰·洛克也有类似的观点,他说:

其他一切美好的事物,无论在现实中或外表上多么美妙,激起的不是一个人的欲望,他就不把它当作当前所思并借以满足自己的幸福的一部分。按照这种观点,每个人都在不断地追求幸福,并渴望成为幸福的一部分:其他的事物,如果被认为是好的,他可以不带欲望地看待;擦肩而过,无愧于心(Locke,1975:II.XXI. § 43,p.259)。

然而,经验现实性要求的问题在于,这种关于经验性的人类心理学的要求显然是*错误的*。人们经常吃得过多,睡过头,或沉溺于对他们有害的快乐中,他们知道这些方式与他们的幸福背道而驰。洛克漏掉了这一点,因为他的注意力被一种思想所吸引,那就是我们可以把事情想得很美妙,但不一定要渴求它们(这是真实的)。但这不是真的,无论我们渴求什么,我们渴求的只是我们幸福的一部分。而且,康德本人也很清楚这一点,甚至还根据他的不确定性的要求,对这一点作出了解释:

> 幸福的戒律在很大程度上是这样构成的:它极大地侵犯了某些倾向,而人类却不能以"幸福"的名义,对所有这些倾向的满足的总和给出任何确定和可靠的概念;因此,毫不奇怪,一种单一的倾向会压倒一种动摇不定的思想,这种倾向决定于它所许诺的东西和获得满足的时机;而且人类,比如某个痛风患者,可以选择享受美好的滋味并且忍受必须忍受的痛苦,因为根据他的估计,也许是毫无根据的,在这里他至少没有因为期望健康这类的幸福而牺牲当下的享受。因此,在这种情况下……总体的幸福倾向并不限定他的意志(G 4:399)。

因此,我们实际上并不总是始终如一地追求我们的幸福,或者总是喜欢它而不是满足特定的欲望。就像洛克所说的那样,只有当我们明白自己的倾向是指向我们的幸福时,才能有效地促使我们行动起来。我们的倾向往往是强烈的欲望,与我们幸福的目的无关,甚至是直接对立的。

因此,如果幸福的目的是要有一个唯一的优先权,足以将审慎理性与工具理性明确区分开来,那么,现实性的要求就必须作为*理性的优先权要求*被*规范地*理解。康德至少默认接受这个意义上的优先权要求,刚才引用的一段话也说明了这一点。他说,关于我们明智的欲望,"重要的是我们的幸福"。他补充说,如果幸福不是被理解为短暂的满足而是对我们"整个生存"的经验性满足的总和,这就是"理性的特别要求"(KpV 5:61)。

然而,如果审慎理性是建立在理性的优先权要求之上的,那么这就会产生一些直接的后果,这些后果似乎不可能与康德的其他观点相一致。这也提出了一些他没有回答的关于审慎理性的重要问题（而且不清楚他将如何回答）。因为到那时就会很清楚，审慎理性的基本问题不是如何约束自己采取手段达到某种既定目的；问题在于一个人的各种目的之间的合理性，它们之间的优先权。例如，康德的鲁莽的痛风患者（G 4:399）完全知道怎样打开酒柜（*手段*），得到他想要的白兰地，也非常清楚怎样防止他的痛风发作（*手段*）——也就是，不去管酒柜，不喝白兰地。他需要运用谨慎的理性来约束自己，优先考虑幸福（对生存整体的满足）的目的，而不是满足一时冲动的短暂目的，沉溺一时冲动之后会使他更痛苦。所以，像康德那样，把审慎理性重点集中于合适的假言命令大体上是错误的，这一假言命令与追求一个人的幸福目的相关。

康德之所以没有注意到这些，不仅是因为他急于将审慎理性和工具理性放在同一个标题之下（假言命令的标题之下而不是定言命令的标题之下），而且因为他看到了技能规则和审慎忠告之间的相似性。审慎忠告意味着“饮食、节俭、礼貌、克制”的戒律，经验告诉我们，这些戒律在一般情况下最能促进福利（G 4:418）。总体看来，因为这些规则看起来会引导你去执行那些通向幸福（无论你的幸福是什么）的行动，同样的道理，属于某种技能规则的行为会促进其所属的科学或艺术的偶然目的。康德在技巧规则和审慎忠告之间的主要对比，似乎是基于他关于幸福的不确定性要求，这使他得出结论，严格地说，没有断定的命令，只有“忠告”，它告诉我们，平均而言，是什么促进了大多数人的幸福（但允许许多例外）。在这里，他似乎不仅将理性的命令（工具理性和审慎理性）与经验规则结合在一起，而且还极大地夸大了技能规则与审慎忠告之间的区别。也许艺术和科学的目的是明确的，而幸福的目的对我们人类来说是不可能的（尽管这对许多艺术来说也是个问题）。但是，无论一门艺术的目的有多么明确，因为实际上总是有不止一种方法可以达到任何目的，很少有技能规则是必要的并且适用于所有情况，所以，技能规则在这方面和审慎的忠告是一样的。

我们已经看到，在工具理性的情况下，实践理性的真正的命令式不与技能规则相联系，而是和一个更基本的、普遍的和先验的原则相联系［托马斯·希尔（Thomas Hill）的假言命令］。这一原则合理地约束了我们，我们一旦确定了一个目标,就要采取必要的手段去实现它。如果我们试图为审慎理性制定一个类似的原则,它将根本不涉及手段—目的之间的关系,而是优先考虑幸福的理性目的与基于倾向或经验欲望的所有其他偶然目的之间的关系。痛风患者注意饮食的审慎之处在于,它将幸福的目的置于从轻率放纵中获得的短暂满足之前;你遵守以礼待人这一忠告的审慎之处,并不在于你选择了正确的方法来达到既定的目的,而是谨慎地将自己的长期利益置于与之竞争一时冲动的目的之前。这个一时冲动的目的使你对某个可能与你为敌,并接二连三地伤害你的人进行脱口而出的辱骂。

在他的讲演中,康德区分了审慎理性的两个任务:确定目的(幸福)和确定达到目的的手段(VE 27:246)[我非常感谢格兰特·罗泽博姆(Grant Rozeboom)提醒我注意这一段,以及康德的审慎理性概念中"确定目的"这一任务所扮演的角色]。

第一个任务显示了对康德来说,幸福的概念本身在某种程度上是双重的:这是我们的倾向最大程度整体地得到满足的概念,它在一般的层次上对每个人都是一样的,它也是某种更具体的特定目的的概念。我以这些特殊的目的,来组成*对我而言*最好的整体满足。确定目的的任务,就是从对每个人都有效的一般概念,过渡到对我有效的更具体的概念,进而得以对某种手段的理性选择(第二个任务)。这里自然就产生了一个问题,康德所理解这个"整体"是否包括了我所有的倾向,或者,我是否可以出于正当的理由,决定把我对幸福的理解限制在只满足自己的某些倾向上——把别人的满足排除在我的幸福观念之外,即使满足别人的倾向继续包含在我的倾向之中。我认为,在这两种备选方案中,康德显然选择了第二种。因为他认为幸福是我为自己创造的一种观念(理性或想象)的名称,所以,我对这种观念的构建决定了我幸福的内容——它并不完全由我的倾向所决定。在阐述我对幸福的看法时,不仅要考虑我各种倾向的力量,还要考虑满足这些倾向的资源。康德意识到,有些我们认为是幸福之组成部分的目的,可能会带来我们未曾料到的不幸后果,因此,我们本可以更审慎地把这些因素排除在我们对幸福的看法之外,决定不去满足它们,或者至少在资源允许的情况下,或者在不会产生不良后果的情况下,才考虑满足它们(G 4:418-19)。此外,正如康德的不确定性要求所明确指出的,他并不认为我们关于幸福的观念在任何时候在这些方面都是完全具有决定性的,它还可能涉及各种错误、假象或不连贯性,甚至可能存在谨慎理性的规则或准则。大意是,我们对幸福的看法应该是一致的,它应该包括对欲望的满足。而我们知道,这种挫折感会使我们痛苦,它不应包括那些我们根本没有希望获得手段来满足的倾向。康德从未提出过这些准则,尽管这样做似乎并不违背他审慎理性概念的精神。然而,刚刚提到的准则必须是有条件的或假定其他各种条件不变的(*ceteris paribus*),因为对我们许多人来说,它们可能并不都是可以共同满足的。

审慎的理性原则首先与幸福的一般概念相联系,使之成为追求幸福的理性规则(无论何时这都不会与义务相互冲突)。但因此它也要求我们的概念更具有确定性,从而成为一种实践追求的目标(尽管,按照他的不确定性要求,康德认为我们永远不可能最终,或完全,或甚至可能完全一致地做到这一点)。只有当(并且只要)"我的幸福"这一概念已被确定时,才会出现选择正确的手段的问题(也许是通过一种假言命令或技术上的命令)。

因此,审慎理性的基础性原则,不可能是告诉我们如何以最佳手段达到幸福的原则。康德认为,正如我们所看到的,由于这种不确定性的要求,就没有审慎的命令式,而只有"忠告"。但是,可能有某种基础的*审慎原则*,大致可以被表述如下:"运用你的理性、理解力和想象力,为自己形成一个更明确的观念,即对自己的倾向最可获得的、最佳整体满足(名之为'幸福');在你所有的非道德目的中,给予幸福第一优先权,当它与其他非道德目的发生冲突时,始终优先考虑幸福。"但现在我们需要询问这样一个问题[就像康德对假言命令和定言命令(绝对命令)所做的那样]:"这种审慎原则怎么可能呢?"现在还不清楚康德究竟将如何回答这个问题。因为我们现在看到,审慎理性的基础性原则并不是一种假言命令,它告诉我们如何达到一种已经预设的目的;它是一个理性地引导我们形成某种目的的原则,并在所有竞争的经验性的目的中给予它独特的理性优先权。这种原则显然不是分析的,如同康德认为假言命令是分析的。

有时，康德建议我们形成幸福的概念，是为了将我们的条件作为一个整体与他人的条件进行比较，目的是判断我们是否优于他人（R 6:27）（G 4:430；MS 6:387-8，393-4）。然而，傲慢和自负看上去不像是审慎的合理可信的基础。当然，道德原则也说，我们有某种义务使他人的幸福成为我们的目的，这是基于将人性本身作为一种目的（G 4:430；MS 6:387-8，393-4）（MS 6:388）。我们没有*直接的*道德义务使自己的幸福成为一种目的，但这只是因为康德认为我们无须直接的道德约束来使幸福成为一种目的（MS 6:388）[康德在这一点上是否完全自我一致还不清楚。因为他说，我们有义务完善我们的技能，基于这样一个事实，即自我完善使我们“配得上我们的人性”，尽管我们“技术上的实践的理性也劝告”我们发展那些必需的技能（MS 6:387）。他可能还会说，除了审慎理性之外，道德理性可能会命令我们审慎行事——比如，避免不良饮食——作为一种尊重人性的方式。这将是一种追求幸福的直接责任，而不仅仅是一种间接义务，就像我们追求自我完善的义务一样]。

使我们把幸福置于其他倾向之上的理性之*审慎的*约束，可能被它置于这样一种事实的基础之上，即我们理性地认为我们自己的存在本身就是一种目的，而且审慎构成了对人性的理性尊重，就像促进他人幸福的义务构成了对人性的道德尊重一样。但这种关于审慎的理性基础的论述，在康德那里是找不到的。尽管康德的某些观点认为，审慎，甚至工具理性都依赖于道德理性，但这似乎并不是康德明确立场的一部分。如果答案是肯定的，那么康德的伦理学就会比他所希望的更接近幸福论。克莉丝汀·科斯佳（Christine Korsgaard）提出了对康德的一种解释。在这种解释中，工具理性的独立性受到了质疑，除了其道德理性的基础之外，工具理性本身被认为是不可理解的（Korsgaard，2007，pp.215-54）。我在1999年的著述中也有过类似的想法（Wood，1999，pp. 55-70），而且刚刚关于审慎理性的论述又重申了这一想法，但我认为，康德实际上并没有提出任何诸如此类的主张。我不认为他对三种实践理性主张之间的某种不平衡状态（*Ungleichheit*）的坚持（在不平等地位的意义上，甚至是词序上），直接使他认为工具理性或审慎理性的规范性必须建立在道德理性的规范性之上。相反，它会更早地把他推向颠倒原有次序的方向。

实际上，康德对审慎理性的论述似乎明显地被混淆了，而且这种混淆是由于他在假言命令的标题下匆忙地将其与工具理性结合起来而偶然引起的，使他曲解了审慎理性的本质，甚至阻止他提出他必须问的问题，以便给审慎的理性基础一个站得住脚的解释。

第七节　道德理性

康德在谈到实用理性的三个原则——工具性、审慎性和道德性——时表示，它们“在意志的必要性之中的某种差异（*Ungleichheit*）而被辨别出来”（G 4:416）。差异（*Ungleichheit*）一词在这里也可以译为“不平等”（在德语中，这个词明确意味着某种相互比较的东西，而不仅仅是非同一性）。也就是说，我们可以将康德的观点理解为审慎理性战胜或凌驾于工具理性之上，道德理性战胜或凌驾于审慎理性之上。如果我们这样做，如果我们同时理解工具理性和审慎理性，就像我已经说过的，那么，我们就能得到一个完整连贯的康德式的实践理性。理性在其实际应用中涉及目的的设定和追求。在最基本的层面上，作为工具理性，它要求我们采取手段达到我们可能设定的任何目的。但它也对我们设定的目标施加了理性的约束，命令我们不要根据经验欲望设定与幸福目标相冲突的目的，而且当我们的幸福被道德义务覆盖时，甚至限制我们对幸福的追求。

然而，道德理性虽然不是建立在任何预先给定的目的之上，但它确实设定了某些目的，而这是我们的义务所在。这些义务就是我们自己的完善和他人的幸福。然而，康德的理论并不认为这些义务性目的允许求和或最大化：在我们设定的各种目的之中，它要求我们把各种各样的目的都囊括在“我们自己的完善”“和他人的幸福”这些一般化的概念之中，它禁止我们把自己的瑕疵或他人的不幸（或其中任何部分）作为目的（尽管在许多情况下，它可能容许我们造成他人的不幸，作为履行某些义务的一种获得准许的手段或副产品，甚至是我们获准追求自己幸福的一种手段或副产品）。但这并不要求我们把“最大的幸福”（任何个体的）或“一般的幸福”（整个感知世界的）放在我们的目的之中(事实上,它与如下想法是一致的,即认为这些表达是荒谬的或无所指的,因此,认为“最大的幸福”和“一般的幸福”是不可能的目的)。

第八节　实践善

当代许多关于实践理性的论述,不仅涉及理性原则或“理性的要求”,而且更多地涉及理性的本质,以及类似于临界的(*pro tanto*)理性的观念。康德在《道德形而上学原理》中的论述与这些概念无关,但我认为,如果认为康德以任何方式否认当代哲学家所使用的临界的(*pro tanto*)理性,那就错了。事实上,从我们所看到的,甚至可以开始发展一种康德式的对这种理性的阐述。

我认为,康德对“实践善”这一概念有趣的系统阐述,是发展这种论述的一个重要因素。“意志,”他说,“是一种能力,只选择那些不受倾向的影响理性,被认为是实践必需的,即是善”(G 4:412)。“然而,实践善是通过理性的表象来确定意志的事物,因此它不是来自主观的理由,而是来自客观的,也就是说,来自对每一个理性存在本身都有效的理由”(G 4:413)。我认为,康德关于“实践善”的概念在某种程度上是一个技术性的概念,它的适用范围比“善”一词在不那么精确的理论环境中通常使用的范围更窄(即使是康德本人)。我们把它当作目的来追求的客体或事物的状态,通常被视为善,而且康德自己是这样说的。例如,在讨论“最高的善”(至善)(*summum bonum*)(其中包括当我们觉得自己配得上它的时候,我们倾向的满足或我们的幸福)(KrV A810-12/B838,40,KpV 5:110-13;KU 5:448-50)之时。然而,在严格意义上,“实践善”仅指一种行为方式(KpV 5:60),即一种由客观的、对所有理性存在物本身都有效的理性表象所必需并以之为基础的行为方式。

当一个行为无论以何种方式被理性的某种命令式要求时——无论是工具理性、谨慎理性还是道德理性——实践善的概念就会出现,因为所有的命令式都被明确地表达为客观有效的原则。实践善是理性所要求的或依据的,与倾向无关。在这个意义上,一个行为的实践善是某种作为的理性,它值得去战胜不想有所作为的纯粹倾向。这同样适用于那些受工具理性、谨慎理性和道德理性影响的行为。然而，有人认为，康德将出于理性的行为视为与兴趣或欲望无关的行为。这种看法是*不真实的*。这是因为康德认为理性本身创造了对行为的兴趣和执行它们的（G 4:413n；KpV 5:9n；MS 6:211-13）。在托马斯·内格尔（Thomas Nagel）看来，这些欲望是“被激发的”（Nagel，1970，p.29）；在约翰·罗尔斯（John Rawls）看来，这些欲望是“依赖原则的”而不是“依赖客体的”（Rawls，2000，pp.45-8，151-2）。

*实践善*可以被视为任何实践理性的形式。一个事实构成了我的一个理性，如果根据理性的三个基本原则之一，这个事实使某一行为实际上对我有益。因此，如果我设定了一个目的Z，而实施行动H是我达到Z的一个不可或缺的手段，那么，我遵循的是工具理性的原则（假言命令），我被执行H的理性所约束。这使得H实际上对我有益（在这种情况下对我而言），并且构成了我执行H的一个理性。如果如我所建议的，我们允许一个更灵活和更广阔的工具理性的观点。因此，它不仅要求我们履行对我们的目的不可缺少的必要的行为，而且它把行为的执行建立在牢固的基础之上。这种行为以这样或那样的方式达到我们的目的。那么，H倾向于促进Z这一事实，也会使H在更宽松的意义上成为实践善，并且给我至少一个执行H的临界的（*pro tanto*）理性。同样，如果G是我的一个状态，属于我的幸福观念，然后根据审慎理性的原则，我至少有一个临界的（*pro tanto*）理性促成G，而且有一个执行G所要求的或利于促成G的任何动作H的临界的（*pro tanto*）理性。当然，所有由工具理性或谨慎理性所提供的理由，从某种意义上说，永远不会超出临界的（pro tanto）理性，因为在某种意义上，它们可以被道德理性所覆盖。

然而，即使是道德，也为我提供了一些临界的（*pro tanto*）理性。康德说，道德产生了许多各不相同的“义务的根据”或“义务的理性”（*Verpflichtungsgründe*，*rationes obligandi*），其中一些可能比另一些更强大（MS 6:224）。如果任何义务性的理性都可以被一个更强大的理性所覆盖，那么义务性的理性就永远是一个临界的（*pro tanto*）理性。道德要求我们以他人的幸福为目的，因此，也要求我们把每一个理性存在的幸福的所有要素都包括在我们的目的之内。这给了我一个临界的（*pro tanto*）理性去为任何人的幸福作贡献，或者为幸福的一部分作贡献。但是,当然,履行任何有助于他人幸福的行为的义务只是一种广泛的或值得称道的义务(除非特殊情况使其变得更为意味深长)。举例来说,如果你对我而言只是一个陌生人,而且不是特别需要我的帮助,那么在我的目的中,无须给你的幸福任何优先权,我选择只享受自己的一点幸福,也没有什么应受责备或违背天职的地方,除非我因此违反了对你完全的或严格的义务,比如法权的义务。

第九节 实践理性的“美德”理论

于是,康德认可道德促成不同的理性,甚至是临界的(*pro tanto*)理性。但他认为它们是一种单一的、独特的理性,基于某种理性原则。这种原则是最基本的,凌驾于我们可能不得不做任何事的所有其他理性之上。这种观点是有争议的。在这里,给它一个完整的辩护将超出这一章的范围。但将其与时尚的竞争对手相比可能会有所助益。例如,有许多关于实践理性的观点,根据这些观点,所有负责任的行为人在做他们在道德上应该做的事情(如康德所说,是为了履行他们的“义务”)时,并不存有确切的道德理性。其中一些观点,通常与霍布斯和休谟的名字联系在一起,认为所有的理性要么是理论的,要么仅仅是工具的。另一些人,甚至更接近真实的休谟,并与现在所谓的“美德伦理学”相联系,认为实践理性,尤其是那些与道德相联系的理性,基于行为人的性格[最近,基兰·塞提亚(Kieran Setiya)老练地阐述了这种观点(Kieran Setiya,2007)]。

在我看来,所有这些观点的主要问题在于,它们无法解释——甚至是始终如一地考虑——一个道德败坏的人,或者一个恰好没有设定任何道德目的的人,何以会有一个很好的、令人信服的理性去做正确的事情。如果我是这样一个人,我怎么能被期望去做正确的事情,或者因为没有做而受到指责呢? 也许这可以通过规范地应用美德的概念来实现——尽管为何一个人因为没有像有美德的人那样行事就应该受到*指责*,这一点仍然没有得到充分的解释。

这些理论认为,我们可以对道德不良的人采取消极态度,甚至指责他们道德败坏。但是，如果从他们自己的角度来看，这些人没有理由不做出不道德的行为，我们就不清楚他们如何能认为我们这样做是正当的。假设我是一个冷酷无情的人，对别人的权利和福利不屑一顾。如果你承认我没有理由不这样做，你凭什么责备我的这种行为，或者用各种各样的坏话（各种恶习的名称）辱骂我呢？如果你自己说我没有理由不表现得如此残忍无情，那么我如此行事的时候，为什么要在意你对我的恶言恶语呢？我做了你自己说我没有理由不做的事，那么你凭什么用你的粗话辱骂我？似乎，仅凭你自身的是非曲直，是你（非理性地滥用道德的人）而不是我（麻木不仁但完全合理的非道德者）才是有待批评的人。

此外，根据这一理论，什么是美德仅仅取决于我们对人的感觉："有德"之人只是这个人和其他人喜欢的那种人，那么没有理由（除了这些偶然的喜欢之外）让任何人羡慕这样的人，想要成为这样的人，或者表现得像这样的人。没有理由使人们应该钦佩这样的人，想要成为一个人，或者想要表现得像一个人。有些人碰巧喜欢和崇拜残忍和傲慢的人，他们拒绝尊重别人的权利，不关心别人的福利。在这个"美德"理论中，似乎如果有更多的人像他们一样，那么残忍和傲慢就是"美德"，没有理由善待或尊重他人的权利。

一些哲学家似乎发现这些后果是可以接受的；他们规劝我们要有智慧和诚实去承认，没有什么比人们偶然和经验上碰巧喜欢、赞同等等诸如此类的事物更合乎理性、合乎规范的了。它似乎是中肯的，我在他们的断言中发现的此类观点使我感到满是轻蔑和愤慨，因为他们认为我们没有客观的理由关心道德，似乎把所有的道德规劝都看作利用不合理的感情来胁迫或操纵他人的一种企图。它难道不应该恰好用它自己的方式来反对这种"美德"理论（以及它对种种理由、合理性等等的解释）吗？——因为它认为我们的情感反应是唯一的价值来源——我们中的许多人都不赞成甚至蔑视它的这种方式。

当今的美德理论家常常求助于亚里士多德，但如果他们这样做是为了刚才提到的观点，那么他们在一个重要的方面误解了他。在亚里士多德看来，如果你是一个有道德的人，那么你之所以有道德是*因为*你基于很好的理由来行事:正如他所说,你"遵循正确的理性";亚里士多德反复强调美德符合正确的理性,而*不是*相反(Aristotle,1999,pp.1103b31,1107a2,1115b12,1117a8,1119a20,1125b35,1138a10,b20-34,1144b2328,1147b3,b31,1151a12,a22;cf.*Eudemian Ethics*1220b19,1222a8,b5)。换句话说,正是你遵循正确的理性这一事实使你成为有道德的人;这并*不是*说因为你碰巧是一个有德之人,这或那成了(你的)某种理性。理性第一,美德第二。你必须用理性来解释何谓美德;你不能用美德来解释何谓理性。当自问应该如何行事时,你是在问自己是否有充分的理由如此行事,*这与你碰巧是什么类型的人无关*。很明显,在你自问应该如何行事,为做一件事而不做另一件事寻找理由的时候,你总是(直接或间接地)自问究竟应该成为什么样的人,有时也包括自问一个有道德的人究竟会是什么样的。理性促使你不得不如此作出决定,如果它们仅仅被视为美德理论的副产品,它们就不能令人满意地履行这一职责。

亚里士多德的"正确的理性",就像康德的"道德"或"义务"动机一样,可能以多种方式表现出来,但它似乎从根本上是统一的,并且(在亚里士多德看来)与灵魂的理性部分密切相关,而后者是人类的最高能力(Aristotle,1999,pp.1095a10,1098a3,1102b15,1111b12,1119b11,1147b1,1150b28,1169a1,a5,1170b12)。正是理性使我们意识到实践善,有别于纯粹的快乐。一个真正属于亚里士多德的"美德理论"所涉及的理性概念与康德的非常接近。

让我们总结一下。从我们所给出的描述中,可以看到,在康德的实践理性理论中,行为可以是实践善,因此我们有理由付诸行动,方式千差万别。倾向仅凭自身从来不是理性,但只要我们把它们的对象设定为目的,或者把它们的满足包含在我们对幸福的想法中,它们就能促成理性。关于如何达到我们的目的或他人的目的的各种事实,也是各种理性,有时只是工具理性,有时是审慎理性,有时甚至是道德理性。道德理性系统地优先于审慎理性,优先于关于如何达到纯粹偶然的目的假言命令,但是,由于某些道德义务是不完善的、广泛的或有功绩的,我们采取行动所拥有的道德理性常常只是临界的(*pro tanto*)理性,而这些理性常常被审慎理性或甚至是单纯的工具理性所覆盖。

第十节　理性的辩护

我们还得谈谈康德关于实践理性的论述与*理性的辩护*这一主题之间的关系。正如我之前所说的，理性的辩护总是对某人的辩护，即使只是针对行为需要被辩护的行为者自身。一种可能基于康德对实践理性的明确描述的理性辩护理论，可能会把行为者自己的观点作为首要观点，把对他人的正当性看作让他们从行为者的角度来看待问题，以及从这个角度来看它是如何被合理地辩护的。

当涉及的仅有的一种实践理性是关于我自己的目的或我自己的幸福的工具理性或审慎理性时，这种“第一人称”或自我导向的辩护似乎很有效。但通过让对方明白我的目的，明白我的行为是必要的，或者最好的，或者至少是合理可接受的方式；或者通过让别人把我的行为及其目的视为对我的幸福有所助益（依据我所定义的幸福观念），我还可以为自己的行为提供另一种理性的辩护。在这里，无论是对别人还是对我自己来说，理性的辩护都在于表明，根据假言命令或审慎理性的基本原则，行为是实践善。它甚至可以用于某些道德辩护，如履行对自己的义务，或甚至促进某些与他人有关但非个人的利益，如大众幸福的功利目的（假设这个概念有意义）。当人们共享某种目的并向彼此劝说各自为共同的目的作出贡献的最佳方式时，工具性理性也可能具有主体间性的功用。

如果我们能够构想出一个群体的集合幸福的概念，并优先促进它而不是其个别成员的局部幸福，审慎理性可能也会以同样的方式发挥作用。从康德的观点来看，功利主义似乎是一种误导，它试图将道德降低为是一种纯粹集合性的审慎理性。但在康德看来，即使从行为者的角度出发，理性辩护中也存在着主体间性的基本要素。首先，我们已经看到，康德把所有的理性原则（工具的、审慎的和道德的）都看作客观的原则，对所有理性行为者都是有效的。即使是对我的行为的理性辩护——朝向自己而且基于自己的实用性观点——也必须建立那些只有在某种程度上对其他人有效的才对我同等有效的原则之上。人类只有通过与他人交流,通过理解他们自己的表达来接纳他们的观点,人类才有能力把握普遍有效的事物。康德认为这是一个经验性的事实。

这就是康德认为"理性的存在依赖于(交流的)自由"(KrV:A738/B766)以及将他人的判断作为某种外在真理标准(*criterium veritatis externam*)(Anth 7:128)的缘由。由此,康德提出了启蒙运动的原则——"独立思考",即当一个人要接受一件事时,他要问自己,他是否能找到一种可行的方法,使他所接受的那件事成为一种普遍的理性原则(OD 8:146n)。转而,这就是为什么"独立思考"的原则必然会导致"站在别人的立场思考"的原则,而这只有通过与他人进行理性的交流才能做到(KU 5:294-5,cf.Anth 7:200,228;25:1480;VL 9:57;Refl 1486 15:715)。

基于工具理性和审慎理性的辩护,以及某些形式的道德理性,都是从行为者的立场出发,通过使他人接受这一立场而成为针对他人的辩护。然而,当问题是别人的权利、利益或对我的其他要求时,理性的辩护就不能以同样的方式起作用。于是,事情发生了逆转,我对自己的行为的理性辩护,在于我从受其影响的他人的角度来看待我的行为,并表明该行为如何可以尊重他人的权利或满足他人的合法要求或利益。甚至在我追求一个明显地非特指某人的善时,如公共利益或大众幸福。若只是从我的观点出发,辩护是不能奏效的,除非我们假设我有权利(独自)来确定这些目的的内容,犹如我有权为别人选择我们共同追求的目标。很明显,这不是思考目标的正确方式,这些目标是行为者共同体一致追求的目标。在康德看来,道德目标属于某种"目的的王国"。某种目的是理性的存在,必须为自己自由选择的客体:"我确实可以被别人约束去执行那些作为达到目的的手段的行为,但我永远不能被别人约束去拥有一个目的"(MS 6:381)。一个"王国"是理性存在所共有的种种目的的系统统一,被视为一个置身共同的道德规范之下的普遍共同体(G 4:433-4;cf.R 6:96-102)。在某个目的王国里,我要遵守的法则使我的目的与所有理性存在者共享的目的系统相协调。从这个意义上说,道德正当性,在道德法则的这一表述之后,总是隐含着对他人立场以及对行为者立场的同等考虑。

第十一节　相互承认和共同体

康德伦理学中,他人观点的首要地位,在我们讨论道德正当性时,就更明显了。这事关一个人的*法权*,或我们尊重他们的义务。我对别人的尊重,或者另一个人需要得到我的尊重(*observantia aliis praestanda*)。因而,这就意味着对他人尊严(*dignitas*)的承认(*Anerkennung*)。它是无价之宝,无法用某种可被估价的(*aestimii*)客体来等值交换(MS 6:462;cf.G 4:434-5)。

无独有偶,康德在这里使用了费希特(与此同时,但又是完全独立的)创造的同一术语"承认"(*Anerkennung*),来表述任何理性主体必须与其他理性主体之间的必不可少的互惠关系,这构成法权关系(Fichte,2000,pp.39-52)。但康德在阐述尊严和价格之间的区别时,有一些令人尴尬和模糊之处,如价格关注的是某物对个体行为者的价值(而且基于它自身的视角)。我们被告知,如果某物有可以被理性地交换的等价物,那么它就有价格。*尊严*(另一个人的,或道德法则,或以它们的价值为基础的某物)只能被消极地定义——因为它的价值不能用这种方法来估算。要确定某物的价格,就是要得到一些信息。这些信息可以用来理性地考虑你应该做些什么——与其他有价格的东西相比,在你的考虑中它的价值是多少。说某样东西有尊严,只是说它无法置身于*那些*类型的计算之中。康德关于尊严概念的一般解释认为,有尊严的事物在这样的计算中,可以说是具有*无限*价值的。人类的尊严将意味着,任何不把人视为具有无限价值的行为都将被禁止。这就引出了一个反对的观点,即这使得我们不可能将这种价值与其他的价值联系起来,并自然而然地导致了这样一种思想,即康德伦理学必须是一种严苛的道德规则体系,把所有基于比较不同备选方案之影响的精打细算都排除在外。

让我提议一种关于尊严的思考方式,它可能为更好地阐释开辟道路。价格是一种价值,它可以被实践理性用来决定做什么,从某些行为者的立场出发,与决策相关的因素可以被赋予价格,并通过工具理性或审慎理性来衡量。然而,尊严是这样一种类型的价值,它告诉行为者她决不能仅仅通过从计算价值这个角度来考虑一种决定,还需要把她的观点和其他人的观点结合起来,放弃(或至少限定)决定要做什么的整个程序。这一决定往往是通过从任意单一的立场来进行的权衡和精打细算。理性主体把尊严作为一种价值,就是要认识到有必要从为自己提供理性辩护(并通过让别人了解她的观点来传递它)的取向转向包括他人立场的取向,或者在作决定的过程中整合不同的观点。

这意味着,不仅要通过计算与要素相关的一组价值(价格)并权衡结果的总体效用来作出决定,而且包括在这一过程中被视为当事人的不同行为者之间的一系列合作关系——而且对所有人来说,它必须是得到理性辩护的,尽管它对他们中的任何一个而言都是合乎理性的。每一个理性存在的尊严的概念,也包含这样的论点:这些合作关系必须在所有人的基本平等和相互尊重的基础上进行。

我们有理由认为,康德关于尊严的概念的积极内容的这种解释,在康德自己对它的解释中已经存在——至少已经是含蓄地存在着。人格尊严对康德来说是属于自主性的价值,是自我立法的能力。康德的自主性概念可以被看作,而且经常被视为,根据实践理性的标准概念,给予*自身*的道德法则。但这并不是康德第一次介绍自主性时所描述的。相反,他将其描述为"这样一种观念:每一个理性存在的意志作为一种赋予普遍法则的意志"(G 4:431)。换句话说,我为自己立法的程度和我为所有其他理性存在者立法的程度完全一样,反过来,他们为我立法的方式和我为他们立法的方式也完全一样。我的意志可以被认为是自我立法的,在某种程度上,它是所有理性存在所共有的理性意志。在这个意义上,理性是理想的理性。自主的立法者不是作为个体行为者的自个儿,而是我们每一个人,合乎理想地为我们自身和所有其他人立法。但也许对这一理想立法的最佳思考方式是将立法者视为理性行动者的共同体,作为一个整体,通过其相互的理性互动为全体成员立法。如果我们这样想,就已经超越了从单一行为者的角度来考虑理性的观念,而且得以开始考虑把不同主体和不同立场之间的主体间关系视为理性的构成要素。

大多数传统的实践理性理论都站在单一行为者的立场上。即使是那些想要计算集合性利益的人,或者是那些想要作出与共同利益相关的决定的人,比如大众幸福,他们都是从单一行为者(无论是个体还是集体)的角度出发的。这个单一行为者只是简单地把这个共同利益作为自己的目的。行为者之间的沟通和合作的条款,被视为仅仅是为了实现个人的利益或某种共同利益的工具。这种共同利益是单一行为者(个人或集体)的目的。单一行为者应该计算效用和手段的价值,以期实现这种共同利益。从这个观点来看,理性的辩护总是对单一行为者自身观点的辩护,即为这个单一行为者实现它的任何目的进行辩护。就从它的观点来看,是为了达到它所采取的任何目的。康德在《道德形而上学原理》中提出的关于实践理性的正式理论,看起来就像这样一种理论,专门面向任何个体理性存在的立场。但如果我们采用我提出的康德关于尊严概念的解释,尤其是每一个理性存在者的人性本身就是目的这样一种观念,而且把每个人的尊严作为凌驾于任何价格之上的价值,那么,就将实践理性的整个的("第一人称""奉行个人主义的"或"单向的")概念推到了极限,甚至邀请我们去超越它们。

因此,康德可以被看作道德世界的摩西,他把我们引到实践理性的传统的(单向的)概念的边界,甚至指引我们看在这些边界之外可能存在的东西,但他自己却从来未曾踏足过那片乐土。

第三章　独立于伦理的法权

第一节　道德、法权和伦理

康德的《道德形而上学原理》将"道德"(*Sitten*)分为两部分:法权(*Recht*)和伦理(*Ethik*)。但康德并没有明确指出,法权与伦理如何相互联系,如何形成一个单一的整体。甚至还不清楚的是,在一个基本的方面,法权的范围如何能始终如一地在康德的术语中被构想出来。法权基于一系列的义务——法律义务或法义务(*Rechtspflicht*)。康德认为所有真正的义务都是建立在绝对命令(定言命令)的基础之上的(MS 6:222-3)。它是绝对命令(定言命令)的标志,然而,它所强加的义务必须完全依赖于一种纯粹理性的动机,这种动机对所有理性存在者本身都是有效(G 4:414-15,427-8)。但康德却将法权的立法与伦理的立法区分开来,他说,由于伦理职责,"法律使义务成为激励",然而,法权立法却"没有将义务的激励纳入法律,因而承认了除了义务本身之外的激励"(MS 6:218-19)。康德的意思是,与法权立法相关的激励通常不涉及纯粹的理性激励,而是涉及通过公共权威的外在强制提供的激励。由此可见,法权的义务根本不可能是(或有赖于)绝对命令。因此,严格地说,法权义务根本不算是义务。"法权义务"一词包含着某种悖论(*contradictio in adjecto*)。

与这个难题相联系,还有一个关于一般法权的依据问题,包括法权的普遍原则的依据:"任何行为,如果它能按照一个普遍法则与每个人的自由共存,或者根据它的准则,每个人的选择自由能与遵照一个普遍法则的每个人的自由共存,那么它就是正确的"(MS 6:230)。这里有一种很自然的解释康德的方式,就是假设法权原则以某种方式来源于道德的最高法则,因为这个法则是在《道德形而上学原理》中得到了阐述[See Guyer, in Timmons(ed.), 2002, pp. 23-64; Guyer, 2005, Ch.9; Bernd Ludwig, in Timmons(ed.), 2002, pp.159-84; 与此形成鲜明对比的观点,更接近于我自己的观点,请参阅 Markus Willaschek, in Timmons(ed.), 2002, pp.65-88 and Katrin Flikschuh, in Denis(ed.), 2010, pp.51-70]。但康德从未告诉我们,这样的推导是如何进行的。如果已经有人质疑法权立法究竟如何能建立在绝对命令的基础之上,那么同样值得怀疑的是,法权的义务或普遍的法权原则能否以道德法则为基础,道德法则被认为是一种绝对命令(在《道德形而上学原理》中,它甚至是从这种命令式的概念中衍生出来的)。

对这种自然解释的另一个反对意见是,经过仔细观察,法权原则甚至不直接命令我们去做正确的事情,或者限制我们的行为,而只是告诉我们哪些行为是"正确的"。如果除了这一法权原则之外,还有某种"法权法则"命令我们只做正确的事(MS 6:231),然后康德明确地说,这个法则"不期望,更不用说命令,我自己应该把我的自由限定在只是为了履行这一义务的那些条件之下;相反,它只是说自由受限于那些符合自由理念的条件,而且它也可能受到他人活动(tätlich)的限制;但是它说这是一个无法进一步证明的假设"(MS 6:231)。康德后来又补充说,法权原则是分析的,而伦理原则是综合的(MS 6:396)。目前还不清楚的是,一个分析的原则究竟是以何种方式,甚至如何可能,从综合的原则之中推导而出。如果法权原则"是一个无法进一步证明的假设",那么它似乎也排除了从道德法则衍生出来的可能性。

所有这些主张很可能被视为不仅要求否定绝对命令所规定的法权义务,而且要求否定法权原则或法权法则可以通过或基于任何更基本的原则而得到证明。然而,保罗·盖伊尔(Paul Guyer)已经详细地(而且令人信服地)论证过。联系上下文考虑,刚才引用的主张并不一定排除从一些更基本的东西中演绎出法权原则,甚至不一定排除可能从道德的原则本身演绎出法权原则(Guyer, 2005, pp.203-22)。然而,在《法权学说》的文本或康德的任何其他著作中,很明显,我们无法从道德原则中"演绎"出法权原则。即使是相信法权原则可以从"道德概念"中得到这样一种"演绎"的盖伊尔,也承认,"从严格意义上讲,康德关于权利的普遍原则并非源自绝对命令的说法……是正确的”(Guyer,2005,p.201)。然而,如果法权范围独立于道德原则或伦理义务的绝对命令之外,那么康德似乎也同样对这种独立的基础究竟是什么保持沉默。

第二节　仅基于外在自由的法权

在我看来,找到解决这些困难的方法的关键在于承认康德拒绝了常见的观点。这种常见的观点认为法权的范围,包括法律和政治哲学,仅仅是一般道德原则在法律或政治国家的具体情况下的应用。康德的法权理论是建立在一种简单而有力的思想基础之上的,这种思想把法权与保护康德所称的“外在自由”的条件联系起来——自由意味着不受他人选择约束的独立性(MS 6:237)。这一思想的梗概是这样的:*因为强制是对理性存在的外在自由的限制,所以只有在根据普遍法则必须保护其他理性存在的同样的外在自由时,强制才能被证明是正当的*。*因此,一个理性的存在被另一个理性的存在所强制,涉及在后者的行动中,强制者的选择代替了被强制者的选择,这永远不能被任何目的或任何伦理义务证明是正当的*。强制甚至不能被那些伦理义务或目的所证明。这些伦理义务或目的可以被认为是“自由的目的”(在这个词的某种更深或更丰富的意义上);也就是说,强制不能因为旨在促进道德自主,或美德,或理性存在对道德目标的坚持而被证明是正当的。只有保护理性存在的外在自由——它们甚至可以自由地以异质的和不道德的方式行事,违反自治的道德法则——才能被证明是正当的,只要他们不因此而侵犯他人同样的外在自由。

法权的确会*促成*某些目的的设定,具体地说,是为了确立和完善法权条件的目的。事实上,追求这些目的是政治国家和司法立法的唯一合法职能。但法权不是建立在任何目的之上的;它完全建立在这样的条件下,根据普遍法则,所有理性的人都可以有外在自由,免于强制。这意味着我们必须理解法权是*独立于*道德法则或理性自治的主张之外的。否认这一点的人试图以康德的文本或康德的学说作为他们的否定的基础,他们采用了各式各样的方法。

现在,我将简要地考虑其中的四个。

第一,康德说,法权学说从伦理学和道德命令中提取了义务的*概念*,通过道德命令我们认识了自由(MS 6:239)。然而,这一概念的推导并没有使法权的立法或法权的义务成为伦理的义务,也没有使它们处于道德命令之下。事实上,恰恰相反(MS 6:218-21)。

第二,受法权保护的外在自由只属于自由和理性的存在,因此只属于受道德法则支配的人。但它不包含在他们的道德能力(他们的个性)之中,而是在他们的*人性*之中——他们设定目标和选择行动作为手段的能力——只有在他们的人性中,自由的生命才有获得外在自由的天赋权利(MS 6:237)。

第三,我们将会看到,还有一种伦理激励,将一个人的行为限制在法权范围内,但这种激励所适用的义务不是伦理义务,至多是"间接的伦理义务"(MS 6:221)。这些法权义务的立法不属于伦理立法的范畴,道德原则既不能决定法权的内容,也不能解释为什么我们必须涉足法权的条件。

第四,法权也不能通过它使人们*实现*道德自由或理性能动性的方式而被证明是正当的[see Pippin (in Guyer, 2006, pp. 416 - 46); and Moyar (in Thorndike, 2011, pp.137-55)]。某种法权条件使人能够发展和锻炼自己的道德能力的方式,毋庸置疑地,确实为我们展示了一些在法权条件下获得的工具性的种种善行。从伦理学的角度来看,这些都是极好的善行。在康德关于人类历史使命的概念中,它们甚至可能构成人类的终极目的(KU 5:429-33, AnTh7:321-33);它们甚至可以被无可非议地称为"自由的实现"。从康德的观点来看,这一目的是极好的;在许多方面,它甚至比法权本身更为广博、更为重要。但我们不应让这一辉煌目的的耀眼光芒转移了我们对真正问题的注意力:"法权的基础是什么?法权义务仅仅是法权义务的约束力由何构成?是什么授权某人来强制它们得到履行呢?"法权的基础不在于某种法权的条件服务于任何目的,即使这是一个可以被称为"自由的实现"的目的。因为没有一个理性的存在可以被正当地强制去服务于他(或她)自身未曾选择的任何目的,无论这些多么伟大、高贵或重要;只有在为了保护他人的外在自由而必须采取某种行动时,强制才能被正当地施行。法权的唯一根据,仅仅是在普遍法则的统摄之下保护外在自由。

将人们根据普遍规律享有外在自由的条件与所有伦理立法和道德目的区分开来,将使我们理解法权如何成为一个独立的道德(*Sitten*)领域,完全独立于伦理范畴之外。这一道德领域基于实践理性,实践理性独立于绝对命令,而绝对命令恰恰以伦理义务为根基。尽管法权的基础与伦理的基础有一些共同之处,这使得两者都属于道德范畴。

外在自由是指一个人不受他人选择的限制而独立作出选择的自由。然而,让我的选择完全独立于他人的选择的唯一方法,就是让我对他们所有的选择拥有绝对的权力(剥夺他人所有的外在自由)。因此,任何一个人的外在自由都必须是有限的,否则任何人都不可能有任何外在自由。这正是法权的普遍原则的要点:它宣称外在自由,对于任何一个特定的人来说,只有当它能够根据普遍法则与其他所有人的自由共存时,才是*正当的*自由(MS 6:230)。

整个法权领域的基础在于,人类有充分的理由保护正当的自由。此外,这一理由必须独立于*伦理*价值,独立于以*伦理*义务为基础的道德原则。问题是要理解正当自由的这种独立基础,以及它如何独立于康德在《道德形而上学原理》中提出的基于道德绝对命令的价值。另一种看待这个问题的方式,是把它看作对康德关于正当的外在自由——不受他人选择约束的独立性——主张的解释和辩护。康德认为正当的外在自由是“每个人因其人性而具有的唯一的原始和天生的权利”(MS 6:237)。如果法权的范围要独立于伦理的范围,那么这种辩护就必须完全独立于这样一种*伦理*原则,即人性本身就是目的。

第三节　目的和行动的理性结构

我认为,解决这个问题的方法在于康德关于*行动*的基本理性结构的概念。对康德来说,所有的行动都基于设定一个*目的*——被促成的客体象或事态。设定各种目的是理性本性的本质特征:“理性本性自然将自己与其他区分开来因为它为自己设定了一个目的"（G 4:437）。一种*行动*，就其概念而言，总是处在行动者的能力范围之内，并被行动者选择作为达到某些目的的一种*手段*（G 4:417）。康德说：利于将意志作为自决的客观根据的，就是*目的*……与此相反，只包含行动之可能性基础而其结果就是目的的事物被称为*手段*（G 4:427）。

实践理性以多种方式应用于行动。首先，它适用于*工具性的*行动：技能规则告诉我们达到某一目的的最佳手段，而理性的技术命令，以这些规则的理性权威为基础，要求我们，违者以某种理性失败论处，采取我们力所能及的必要手段，实现我们所设定的任何目标（G 4:414-15）。其次，理性适用于审慎的行动：实用主义或谨慎的理性劝告我们形成一种幸福的观念，使它成为一种目的，并使它在倾向的所有其他目的中具有理性的优先地位（G 4:415-16）。再次，理性适用于*道德法则*形式的行动：所有伦理义务的一般基础是人性本身作为目的公式所提出的道德法则（FH）。某种目的本身并不是我们设定的一个目的，也不是我们要创造的某个客体，而是已经存在的事物，它具有某种价值。为了这种价值，我们必须采取某些行动或抑制某些行动（G 4:427-30）。作为伦理义务之基础的绝对命令，要求我们设定某些目标——我们自身的完善和他人的幸福（MS 6:385-8）。道德法则也严禁我们设定某些目的（例如，为了追求自身的利益而置他人于不幸的境地），而且道德律还进一步禁止我们为达到自己的目的而使用某些手段，因为这些手段与把我们自己或其他理性存在当作目的本身是不矛盾的。

所有的伦理职责、所有的绝对命令，都是如此依赖于从各种目的中产生的理性约束——各种目的自身之中，作为理性存在我们被要求把自身当作目的，或者被道德要求设定的、被实现了的目的。所有被伦理或绝对命令所要求或禁止的行动，都是出于某些目的而被要求或禁止的——归根到底，是我们在行动中必须尊重的人性本身作为目的这一客观价值。但是，道德命令之所以将行动视为必需的、被禁止的或有价值的，源于它们与义不容辞的目的之间的关系。这一义不容辞的目的，就是我们自身的完善和他人的幸福（MS 6:385-8）。例如，禁止嫉妒或恶意的行为，因为它们把一些人的苦恼变成目的；而那些能完善我们的技能或改善我们的品格的行为是值得称赞的，因为它们能进一步促成我们自身的完善;而且行善的行为是值得称道的,因为它们的目的是他人的幸福。

法权,与伦理学相比,不得不与一系列对各种行为的规定和禁例相关,这些规定和禁例完全独立于这种种行为的目的。权利"只得与选择的形式条件有关,这一选择的形式条件受到基于自由法则的外在联系的限制,不考虑任何目的(选择的问题)"(MS 6:375)。更具体地说,仅仅是在它们涉及他人自由选择他们自己的行动来促进其自由设定的目标时,法权才与行动相关,只要这些行为与他人自由选择自己的行为以促进他人自由设定的目的有关。设定目标是一种自由的行为。一个人不能被强令(或强制)去设定一个目的,但是一个人可以被强制去执行一些行为,这些行为是他人设定的目的的手段,而他人设定的目的却不是他自己的目的。"他人确实可以强制我做一些不是我的目的的事情(但只是达到他人目的的一种手段)但不是强制我把这些目的变成我自己的目的"(MS 6:381)。外在自由在于选择你所设定的达到目的的方式,而被迫以达到他人目的的方式行事则是外在自由的缺失或对外在自由的违背。*法权*存在于对我们行为的理性约束中,那些理性的约束与这些行为的目的无关而是与形式的条件有关。在这种形式条件下,你的行为与一般理性存在的外在自由相容,依据的是保证所有人享有相似的外在自由的普遍法则。

因此,法权的*基础*在于一个理性的根基,所有理性存在者都有这个根基,要求根据普遍法则保护所有人的外在自由。这样的根基是什么呢?这就是:作为一个理性存在者,我必须设定目标。这意味着一个理性的要求,即我可以自由选择追求这些目标的行动。某种目标不仅仅是我*渴求或希望获得*的一种对象;它本质上是我通过我的行动所追求的对象,是我为达到那个目标而设想的*手段*。人类——拥有实践理性的存在——并不是那些仅仅通过自然机制(例如,通过本能的机械运作)就能满足其欲望的存在,也不是仅仅通过除了他们自己之外的存在的善行来满足其欲望的存在——比如神,或者机器人。因为为了服务于人类的目的,即使是神也必须被祈祷,机器人必须被编程和指挥(如果只是通过远程控制设备);这些祈祷或命令的行为必须被自由地选择,作为达到人类自由设定的目的的手段。换句话说:人类有这样的特权,或者说,如果你愿意的话,他们受制于这样的符咒(康德认为这可以从两个方面来看待)——无论他们得到什么好处,无论他们享受什么幸福,都必须是他们自身劳作的结果:特权必须产生于他们设定一个目的而且选择或发明达到这个目的所必需的手段,然后通过人类将其视为手段而选择的行动来运用这种手段(cf.I 8:19-20;MA 8:111-12)。

因此,作为一个理性的人,我必然会尽可能(与其他理性要求一致)意愿我所采取的种种行动应该服务于我所设定的目标,而不是服务于他人所设定的不同的目标。这是理性能动性的必然要求,是它的基本结构的一部分。它也是一种要求,完全独立于我可能有的任何特定目的,甚至独立于我在道德上应该有的所有目的。此外,我认识到,其他理性存在者必然会提出与我相同的理性要求,来选择他们的行动,以促进他们自己自由选择的目的,而不是让他们的行动受到约束,以促成他人选择的目的。承认一个存在——无论是自己还是别人——是理性的行为者,就是将其视为存在于不可缺少的理性必然性之下,即它意愿自由,尽可能地,与其他理性要求相一致,追求自己的目的,而不是被迫让自己的行动服务于他人设定的目的,后者不需要自己自由地给予合作或同意。因此,我对外在自由的要求是由理性的需求所限定的,即其他人对外在自由有与我相同的理性要求。没有人的外在自由可以是无限的,因为无论何时其他人也都想要外在自由。这就是条件的根据:“与其他理性的要求相一致”。而这些要求必须加到每一个理性存在者所必须作出的对外在自由的理性要求中去。

道德的目的是客观的或有约束力的,因为我们认为无论个人的特定愿望、欲望、目的或利益是什么,这些目的都会是合理有效的。每个人的幸福对其他个人都有道义上的要求,因为它的价值是任何理性存在者都能认识到的。人类本身就是目的,因为他们有一种价值,这种价值不以任何人的经验性的愿望或欲望为条件,而是通过理性的运用,对我们提出的公正要求。我刚才所指出的另一种理性本性的基本必然性,也同样具有类似但又截然不同的性质,即它要求自由地选择促进它所设定的目的的行动,而不是强迫它的行动为它所不分享的目的服务①。

*强制*是对外在自由的一种限制:强制某人按照你的意愿而不是他们的意愿行事,让他们的行为为你设定的目的服务,而不是为他们设定的目的服务(在道德*自律*中,我们自己的*理性*意志支配着我们的行为,压倒了可能促使我们采取其他行动的单纯倾向)。康德的权利理论基于这样一种观点,即*外在的*强制能够被证明是正当的唯一方式就是以保护外在自由的名义——这种强制废除、侵犯或限制的恰恰就是这种自由。一个人不能因为随意的任何目的而被正当地强制:无论是他人的幸福,还是所有人的幸福,甚至是被强制者的幸福,都不能为强制一个自由而理性的存在者提供充分的理由。这样的理由只能包含这样一个事实,即为了保护总体上的理性行为者的外在自由,这里所说的强制才是必需的——*正当的*自由,基于普遍法则的外在自由。康德将其视为一种分析判断,认为保护正当自由的强制本身就与权利相一致(MS 6:231)。"法权和使用强制的授权因而是一回事"(MS 6:232)。法权只涉及外在自由,而不依赖于目的,这是法权义务可以被强制的根本原因。

然而,伦理义务是基于目的的——基于我们设定并追求某些同时也是义务的目的的理性要求——康德称之为"德性义务"(MS 6:382-5)。这些目的属于我们自己的完善和他人的幸福的范畴(MS 6:385-8)。因为一位理性存在者不可能被外在地强制去设定一个目的,所以伦理义务的履行也不可能被外在地强制:"德性义务不能简单地受制于外在的法,因为它们与目的有关,而目的(或拥有目的)也是一种义务。没有任何外在的法能够导致一个人为自己设定一个目的……尽管它可能规定一些行为,这些行为导致了一个人的目的,行为者无须将它变成自身的目的"(MS 6:239)。但是,通过强制行为者完成其没有设定的目标来强制其履行道德义务是错误的(与权利相抵牾)。伦理义务的履行必须始终通过内在的*自我约束*,而不是外在的约束或强制(MS 6:379)。因此,从道德的最高原则中得出法权义务的尝试必然会失败,因为

① 盖伊尔已经指出,康德留下了大量没有得到解决的问题,既有理论上的要求,也有实践的要求,其真理在这里是预先假定的(Guyer,2005,pp.223-30)。我同意他的看法,但现在不讨论这些问题,因为它们与现在的探究无关。

从这一原则中得出的唯一义务就是强制任何人去履行都是错误的（与权利相抵牾的）义务。

第四节　法权与普遍法则

我们应该自由地选择有助于实现自己目标的行动，这不仅是审慎理性的要求，更不仅仅是工具理性的要求。因为这个要求不仅适用于我们自利的行为，而且也适用于我们所有的行为。只要理性允许，我们就会意愿它们被选择来为我们的目的服务，而不是被迫为他人的目的服务。此外，当站在理性的立场上，不考虑对自己的一切偏爱时，我们也从这个角度看到，每一个理性存在者都同样要求他的自由不被毁灭、限制或被另一个选择所强夺。

而且，就像道德所要求我们的那样，我们设定了目标并选择了实现它们的方法，从理性的公正立场出发，遵照如同普遍法则一样奏效的准则行事，其时理性也要求我们承认，每个人在选择自己的行动时，都有平等的权利不受他人意志的约束。同等的自由这一理性要求存在于让每一个理性的选择在最大程度上不受外界干扰之中。依据普遍法则，与所有他者都享有类似的自由相一致。与法权相一致的强制取决于这样一种主张，即每个人的外在自由都必须受到限制，唯有如此，所有人方可都享有外在自由。任何人的外在自由都不应该仅仅因为某些目的而受到限制，不管是为了那个人还是其他人。但我们每个人的外在自由都必须受到限制，这样其他人才可能获得外在自由。在康德的理性行为理论中，这是法权的基础，是法权的最高原则，是法权的一切要求和义务的基础。无论是在伦理还是在法权之中，都存在着一种理性的约束，这种约束来自对他者的平等承认，或者，我们也可以说，来自要求我们的行为符合普遍法则的约束。这种形式的理性约束，要求我们承认他人与我们有同样的要求，并将可允许的行为限制在符合普遍法则的范围内，这是法权义务和伦理义务所共有的。这就是使这两个领域都成为“道德”（*Sitten*）领域的原因。

同样的观点，我们可以换一种说法：伦理义务和法权义务都不是基于自私的算计，即如果我以某种方式对待他人，他们也会以同样的方式对待我。善行的义务不是基于这样的想法:如果我在别人需要的时候帮助他们,那么他们就会(更有可能会?)在我需要的时候帮助我,或者相反,如果我不帮助他们,那么他们(可能?)也不会帮助我。同样,我的义务也没有如此要求自己:不要去侵犯他人的合法自由,因为我认为只有这样,他们才更有可能不去侵犯我的自由。准确地说,这两种情况都涉及一种基于普遍法则约束的公正的理性主张。

因此,这两个领域的共同之处在于它们都隶属于"绝对命令(定言命令)",而"绝对命令"仅确认了义务的性质:遵照可以作为普遍法则的准则行事(MS 6:225)。我推测,那些将法权解释为基于适用于伦理学的最高道德原则的人可能会这样做,因为他们认为道德法则只不过是可普遍化的要求。但这只是道德原则的一个方面——形式方面(以普遍法则或自然法则的准则为代表)——它需要为伦理提供其特有的目的和动机的准则来补充(人性本身就是目的的准则),而且这将伦理立法表征为一种将所有理性存在的目的并入一个系统的联合(自治的准则或目的的王国)(G 4:436)。伦理学纯粹形式的层面也确实存在于法权之中,但只是作为一种约束构成一般的职责概念,其在法权和伦理之中都有不同的应用。

基于他人自由的法权约束,以及适用于伦理的普遍法则的约束,因此都是类似的约束,基于表达仅仅是"职责概念"的绝对命令。但这些约束并不相同,因为(普遍法则的)职责概念在这两个领域的适用是不同的。这两个约束条件也不是这样的:一个约束可以从另一个约束派生出来或依赖于另一个约束。他人对我们的尊重和关心的伦理主张,取决于他们本身作为目的的价值,而他们的法权要求却并非如此。在大多数情况下,他人作为目的本身所具有的伦理价值将作为某些*伦理*主张的基础,即他们的法权对我们而言是某种道德的存在。它们绝不能基于一个人强制地或外在地约束另一个人尊重其法权的法权。最后一项主张,把外在自由的强制执行当作他人选择的独立性,是属于法权本身的主张。它不能从伦理中衍生出来,因为伦理的主张从来就没有被强制执行的法权。因此,法权完全取决于这样一种要求,即从公正的理性观点来看,任何人都有权自由地选择自己的行动来促进自己的目标,而不是被迫选择它们来服务于他人的目标。

法权的基础是对外在自由的保护，不管它是如何被使用的，因此它并不在个人可能设定的任何目的上。但是，在法权的条件中，依据普遍法则，所有人的外在自由都受到保护。这是我们所有人都可能被迫进入的一种条件（MS 6:256,312）。因此，保持和完善这种条件本身也可以被视为某种目的。这些是政治和民法唯一正当的目的，是某位统治者或政治家之类可以正当追求的唯一目的，而公共权力的一切行动只有在与这些目的有关的情况下才是正当的。但事实并非如此，强制可以被证明是正当的，仅仅因为它服务于某些有价值的目的。例如，人类的完善、幸福和繁荣是有价值的目标，但没有人会仅仅因为它们有价值而被迫去促进它们。并不是因为法权的条件——其确立或保存——可以被置于有价值目的的一般概念之下，我们才可能被强制进入这样的条件或被强制遵守其法则或履行法权义务。准确地说，只有因为它是根据普遍法则维护所有人的自由所必需的，强制才能被证明是正当的，而法权的条件不外乎是这种自由受到保护的条件。

外在强制从来不会以任何目的的名义被证明是正当的。伦理的义务总是有赖于目的。这就是为什么没有任何一种伦理义务，就其本身而论，能够自带有一种外在强制执行的法权：例如，强迫某人履行慈善义务本身就是对被强迫者法权的侵犯。即使法权义务的基础是绝对命令，它们也不能通过外在约束来实施。只有理性的主张，即每个人外在的自由都依附在其他人身上，才能构成法权义务的基础。因此，伦理义务和激励不属于这样的法权范畴。它们既不能解释为什么我们会有法权义务，也不能确定这些义务的内容。法权必须以某种方式从伦理中派生出来以及法权的普遍原则必须是绝对命令的一个版本，或从绝对命令之中派生而来。这一整个的想法涉及投射到康德身上的基本错误，即法哲学和政治哲学只不过是*伦理学*在法律和政治中的具体运用。这是一种与人类自由为敌的错误。

第五节　基于人性的法权

伦理主张涉及每个人自身作为目的的价值。这涉及一种伦理价值，在康德术语的技术意义上,它属于每个人的人性,即人性作为设定目标和选择手段的能力(G 4:429;KU 6:431;R 6:27;AnTh7:322-4,327)。人性本身作为目的,提供了伦理义务的目的或事项以及遵从伦理命令的动机(Bewegungsgrund)(G 4:426-9)。这个目的本身是一个*实存或自给自足的*目的(一个有价值的人,我们为他而行动),区别于被促成的目的,后者基于前者而可能被设为目的(例如,我们自己的完善或他人的幸福)。与生俱来的自由法权的基础,也是同样技术意义上的"人性"一词:也就是根据理性设定目标并选择行动作为实现目标的手段的能力。每个人都有与生俱来的自由法权(不受他人选择的束缚),只要它能与遵循普遍法则的其他所有人的自由一起存在,并且,这一自由法权因其人性而属于每个人(MS 6:237)。

然而,这一基础与人性本身作为目的的价值不同,后者通过提供服从一种绝对命令的动机来确立伦理义务。一方面,人性本身作为目的的价值只基于不可强制的(伦理)义务,而法权义务则受制于外在强制。同样,人性本身作为目的把义务置于某种*目的*(人性本身作为目的)的基础之上,而法权要求必须独立于行为的所有可能的目的。伦理对我们所接受的被促成的目的进行了内在的(或自我的)约束(要求我们把自身的完善和他人的幸福囊括其中);但是,法权把目的完全留给我们的自由选择,这要求我们限制自己的行为,使之与他人的外在自由相一致(MS 6:382)。承认一个人是有人性的,就是将行为的理性结构,理解为一种为达到行为者设定的目的而选择的手段,因此领会了理性的要求,即任何理性行为者在选择行为作为达到自己目的的手段时,其选择都是独立于另一理性行为者的约束意志的。在这个意义上理解,人性是法权的基础。那样的理性要求,思虑周正、一视同仁的(因此服从普遍法则),是法权的基础。

第六节　作为外在约束和作为义务的法权

甚至还有一种相当牢固的观念,在这种观念中,某种法权义务根本不会直接基于我的行为或克制。回想一下,法权的立法并没有将义务本身作为立法的动机。再次注意，康德所阐述的法权的普遍原则，并不是一个告诉我们该做什么的命题，而只是一个告诉我们哪些行为可以算作“法权”的命题。正如康德所言，它告诉我们，不是我们应该如何限制自己的行为，而是这些行为如何受到外在自由的限制，由此它们如何正当地受到他人的限制。根据法权标准，一项*正确的*行为不能被强制地阻止，然而根据这些同样的标准，一项*错误的*行为（*unrecht*）必须服从于强制性的防范。在法权立法下，我的法权义务不直接对*我*进行理性约束（只有在伦理规范的约束下，它们才能做到这一点）；相反，它们明确规定其他人可以对我正当地使用的强制力，正是那种对我施加的强制力构成了法权义务对我的约束。正是对我使用的强制力，构成了对我的法权义务的约束。在那个意义上，只有法权义务才属于某种绝对命令：它们这样做是为了一个理性存在者，这个理性存在者认为正确的行为不仅是我可能受到外在强制力（符合普遍法则下人人都应有的自由）限制的行为，而且也是我必须基于道德动机内在地限制自己的行为，即只采取那些符合具有普遍约束力的立法概念的行动。在这个意义上，“法权法则”可以被称为某种“绝对命令，就其本身而言，它只确定了何谓义务：按照一个可以被视为普遍法则的准则行事”（MS 6:225）。

康德认为，一个可以被视为普遍法则的准则的概念与义务的概念是相联系的，但其抽象程度超出了法权或伦理，而这一概念又以不同的方式适用于伦理义务和法权义务。在伦理学中，它适用于个体理性行为者通过义务动机和内在（或自我）约束来管理自己行为的准则。作为一个理性的道德行为者，如果各种准则不能与普遍法则相协调，我就应该以违背义务为由拒绝它们（G 4:421），而且应该把任何包含在同一理性意志之内的准则作为所有理性存在的一种普遍法则来接纳（G 4:440）。

然而，就法权而言，这一概念涉及的不是个人自治，而是理性存在者可能被一种具有强制力的命令意志外在地约束的条件。每一个理性存在者，作为一种设定目的并选择行为作为手段的存在，都希望尽可能地与其他理性的要求相一致，他的行为应该为他自己的目的服务，而不是被迫为他人的目的服务。作为一种遵循普遍法则的义务理念的理性存在者，他能够理性地为自己要求外在自由,其程度或范围仅与根据普遍法则为所有其他理性存在者相一致的类似自由相当。这决定了与法权相一致的外在自由的界限。符合普遍法则的义务概念的这两种应用是不同的,甚至是不相交的,因为伦理学的应用只涉及内在自治,而不是外在约束,而后者只关心哪些行为可能会、哪些不会受到外在的约束,而不是理性自治的规则。

因此,法权的普遍法则不可能建立在道德的最高原则之上或来自于道德的最高原则——即使康德所称的“法权的普遍法则”(MS 6:231)绝对地发令。这是因为绝对命令(定言命令)是一种内在的服从激励,而不是从别处借用来的激励(G 4:414)。这就是为什么掌管伦理的道德法则是一个内在自治的原则,而不是一个外在约束的原则。由于必须从其他地方借鉴的激励属于司法立法的概念,因此,任何这一类别的司法法则或法权义务都不能被视为绝对命令。事实上,如果遵守法权义务*也是*一种绝对命令(如康德所认为的,以“法权的普遍法则”的形式存在),那么这一定是因为*也*存在着一种遵守法权立法的*伦理*动机。因此,尽管有许多直接的伦理义务,但内在立法规定了它们余下的部分,全都(比如权利的义务)归于间接伦理(MS 6:220-1)。

换句话说,有一种独立于法权立法本身之外的伦理激励来遵守法权义务。法权义务不是伦理的;它们必须有独立于道德最高原则之外的基础。如果有某种绝对命令要求我们把行为限定在法权的范围内(根据法权普遍的原则),那么这是一个伦理问题,而不是一个法权问题。那一原则的基础,以及法权义务的基础,事实上,整个法权立法的基础,必须区别和独立于伦理学的绝对命令。法权立法也需要一个独立的基础,因为在一个重要的方面,法权的主张比任何正当性的伦理立法都要有力。具体来说,法权义务可以被强制执行,而强制执行伦理义务总是错误的——与法权相抵牾,因此(如果法权义务也对我们提出某种伦理要求)也与伦理和绝对命令相左。因此,法权需要一个完全独立于伦理的理性基础。它有一个基于刚才提出的推理思路。

唯有如此,康德的法权理论才有意义。唯有如此,才能将法权的义务视为可以正当地强制履行的义务。这是理解康德的主张的唯一途径,即伦理立法包括义务的激励，而司法立法则排除了履行义务的激励（允许这些激励由外在强制力量予以提供）。唯有如此，我们才能看到，法权和伦理如何能成为道德的两个独立部分，同时也共同受制于一般的义务概念——基于我们的准则必须符合普遍法则的条件。

第七节　康德式法权比自由意志主义者更易成为社会主义者

康德法权理论的基本观点是，外在自由——不受他人选择的限制，不被强迫为他人服务——是理性的无条件要求。它独立于伦理，而且独立于所有的伦理价值，包括他人的幸福，甚至自己的幸福。因此，国家的强制行为永远不能以任何人的福利或幸福，甚至是所有人的福利或幸福的名义被证明是正当的——例如，功利主义政治理论似乎致力于尝试如此行事。除非根据普遍法则，以外在自由的名义，包括那些被强制的人的自由，否则强制永远不能被证明是正当的。

康德法权理论的这一基本观点，如果直接而有力地加以阐述，听起来就像是自由意志主义者的口号。毫无疑问，这就是为什么康德的法权理论一度被玛丽·格莱格（Mary Gregor，1963）、罗伯特·诺齐克（Robert Nozick，1974）和F.A.哈耶克（F.A.Hayek，1976）等人视为他们的自由主义政治意识形态之佐证的原因。在B.莎朗·伯尔德和约阿希姆·赫鲁什卡（B.Sharon Byrd 和Joachim Hruschka，2010）的《评康德的法权学说》一书中，这种解读仍然非常盛行。

然而，自由意志主义者对康德法权理论的解读，在专业学者的队伍中显然只占少数。20世纪早期的康德的法权理论——例如，赫尔曼·科恩（Hermann Cohen）、保罗·纳托普（Paul Natorp）、卡尔·沃兰德（Karl Vorländer）、马克斯·阿德勒（Max Adler）和朱利叶斯·艾宾豪斯（Julius Ebbinghaus）的理论——以及更近一些的对康德式法权的共识——由沃尔夫冈·克尔斯丁（Wolfgang Kersting，1992）、艾伦·罗森（Allen Rosen，1993）、保罗·盖伊尔

(Paul Guyer,2000)、莱斯利·穆霍兰(Leslie Mulholland,1990)、亚历山大·考夫曼(Alexander Kaufman,1999)、亚瑟·瑞普斯坦(Arthur Ripstein,2009)和我(Wood,2008)——都为一套非常不同的结论辩护,认为康德的权利会更快地导致一个社会主义的民主国家,而不是一个自由意志主义者所赞颂的偏爱财富和特权的国家。

自由意志主义者常常主张——认为这种主张是良善的康德主义——任何人的自由都不可以为了他人的福利,甚至是所有人的福利而受到国家的限制。就这一说法而言,他们是对的。但在实践中,他们的意识形态只会促进财富积聚、资本和法人权限的利益。这是因为他们的思维方式拒绝承认,为了保护不那么富裕和不那么强大的人的外在自由,国家必须限制富人和权贵的外在自由,这一点同样重要。如果我必须面对贫困,或者只能按照你的条件为你工作,那么我无法自由选择我的生活方式。如果我没有东西吃,没有衣服穿,没有地方住,没有免受伤害或疾病的保护措施,那么我就极易受到他人的强制;我甚至连最基本的活命生活都没有。因此,联合体(国家)有责任保护每一个公民免于遭受这样的命运:不是以福利的名义,而是以自由的名义。这才是*真实的*良善的康德主义。

康德确实说过,公民的合法性平等,包括"每个人对其他每个人都有强制的权利",与"他们财产的数量和程度上的最大不均等"是相容的(TP 8:291)。因此,他并不以任何平等的理由反对经济上的不均等。但他认为,每个人的合法自由主要在于能够"以对自己有利的方式寻求幸福,只要他不侵犯他人争取相同目标的自由,这种目标可以按照一种可能的普遍法则与每个人的自由共处(意即不侵犯另一个人的权利)"(TP 8:290)。因此,康德还坚持认为,公民的正当的独立性取决于他们拥有足够的财产,每个人都是"自己的主人"(*suiiuris*);任何人都不应被强制仅依靠"允许他人使用他的权力"来生活——因此,从严格意义上讲,他不为任何人而只为联合体服务(以保护所有人的正当自由)(TP 8:295)。卢梭甚至在更早的时候就已提出了这样的基本观点,他认为平等是必要的,因为自由需要它:"就财富而言,任何公民都不应富到可以购买别人的地步,也不应穷到不得不出售自己的地步"(1997,II.11)。因此，在康德看来，财产不平等与其说是侵犯了公民的正当*平等*，不如说是侵犯了公民的正当*自由*和*独立*。正是在这一点上，自由意志主义的意识形态系统地（故意地）充耳不闻、视而不见。

康德认为，权利义务并不要求一个对其负有义务的可指定的个体。他认为，对暴君的反抗对*他*（暴君）而言是罪有应得——因为暴君的统治是不公正的，所以已经丧失了不被推翻的权利——但这种反抗侵犯了法权，用纯粹的武力统治取代了法治的公民社会（尽管是一个不完善的社会）（EF 8:382）。他同样认为发表虚假声明是错误的——在要求诚实作为一种法权义务的情况下所作的声明——即使是对那些行为不当而丧失了被告知真相法权的人［这是康德晚期论文《论说谎的法权》中的论题，它使康德有别于本杰明·贡斯当（Benjamin Constant）］（VRL 8:426）。

相反，康德认为一个人的法权是可以被侵犯的，即使是没有可指定的个人侵犯了它。因此，如果某个特定的人对我的法权的侵犯可以被称为"特定的不公"，那么也可能存在涉及对我的法权的侵犯的"普遍的不公"，即没有可指定的个人对我的不公。例如，一系列的经济交易，其中任何一项都没有特别涉及侵犯任何人的法权，却会导致某些人处于一种被剥夺了应有的法权的地位。在这种情况下，一个法治的公民社会有责任作出部署来纠正这种普遍的不公。

某个个体可能涉足普遍的不公，即使根据法律和制度他没有作出任何不公的举措。现在，如果某个个体对一个处境不利的人表现出仁慈，那么他就并非平白无故给予后者任何东西，而只是给予了他先前在普遍的不公中从后者那里得到的东西。因为如果没有人比别人夺走更多的东西，就不会有富人和穷人（VE 27:416）。

康德认为，富人是这种不公的受益者，他们应该为纠正这种不公付出代价。当政府没有要求他们这样做的时候，那些人所认为的慈善就配不上这个称呼：

> 在很大程度上，某些人通过不公正的政府而得到了恩惠，他们就有了资源去实践这种依赖于命运的恩赐的善行。正是政府的不公导致了财富的不均等，使得一些人需要某些人的善行。在这种情况下，一个富人对穷

人的帮助,他很乐于自豪地认为是功德无量的,但它真的配得上称为慈善吗?(MS 6:454)。

康德认为,如果一个能够以所有人的名义行事的而且既能纠正一般的不公又能纠正特定的不公的国家权力机关,正当的自由就不可能得到任何保护。一个人不可能是自由的——他们的选择不受他人错误目的的约束——除非他们有一种能够维持这种独立性的生活方式。对康德来说,福利或幸福是一种伦理价值,与法权毫无关系。人们应该在道德的基础上把他人的幸福作为一种目的,但不能强制人们去促进这种目的。但正当的自由是所有人的法权;富人、有权有势的人或任何其他人都一样拥有正当的自由。即使拥有财富和权力,也没有特权能剥夺他人正当的自由。当社会或经济制度产生利用权势剥夺他人正当的自由这种结果时,它就犯下了一种普遍的不公,而纠正这种不公是市民社会的责任。

联合国的《世界人权宣言》(1950 年)第 25 条规定:"人人有权享受为维持他本人和家属的健康和福利所需的生活水准,包括食物、衣着、住房、医疗和必要的社会服务;在遭到失业、疾病、残废、守寡、衰老或在其他不可控的情况下丧失谋生能力时,有权获得安全保障。"

这些法权的存在常常被自由意志主义者所否认,而自由意志主义者和功利主义者往往以"福利"为标题来代表这些法权。然而,在我看来,这些法权作为个人自由和独立的必要条件是最合乎情理的,因为它们是由康德的法权理论所证明的。它们受到违反有时可能由于特定的不公而发生,但最经常的情况是缘于社会习俗的普遍不公——几乎所有文化中对待妇女的方式,或者所谓的"自由"市场的普遍不公(它经常被当权者操纵,甚至连自由意志主义者都假装反对——尽管这些方法似乎永远不足以使他们摆脱对"自由"市场虔诚的尊崇)。像我们这样的一个社会不能恰恰因为富人和权贵有权剥夺他人应有的自由就称自己为自由社会,因为它通过普遍的不公剥夺了千百万公民的自由生活,由于经济脆弱性,千百万公民受制于他人武断的选择。相反,它更接近于,用康德的术语来说,一个野蛮时期的社会:以武力统治,大多数人被剥夺了正当的自由(AnTh7:331)。我们社会中可怕的、仍在增长的经济不平等,不仅得到自由意志主义理论家和政治家的赞扬,而且还被无情地无限制地扩大,现在有可能使绝大多数人沦为富人和企业的奴隶。①

既然《世界人权宣言》第 25 条里提及的人权被证明是自由生活的必要条件,那么,那些财富和权力威胁到这些法权的人,并未被视为缺乏“同情心”或缺乏某种美德的人——如果他们有这种美德会挺好,但至少他们缺乏这种美德是可以接受的。然而,他们被揭示了真实面目:错误的受益者,以他人的尊严和自由为代价捍卫自己的特权。他们无法站在被他们统治和剥削的人的立场上看待世界,他们的无能只有当它在自我欺骗中起作用时才有意义。通过这种自我欺骗,他们把对自己不公正权力的所有限制,都描述为对正当自由的侵犯。例如,一些反对同性恋权利的政客,只有当他们发现自己的儿子或女儿是同性恋时,才有能力在这个问题上“演进”——这一发现,显然使他们能够首次从一个新的角度看待世界。在他们看来,从亲密的私人相识中产生的同情心,似乎是抽象思维的唯一可行的替代品,而抽象思想是他们完全缺乏的能力,至少在涉及他人的基本人权时是这样。

那些要求得到应得的东西的人,并不是乞求施舍的乞丐。他们所要求的只不过是属于他们自己的东西,作为人类和一个公正的市民社会的公民,其中,所有人都有权仅仅因为他们的人性而享有正当的自由。康德清楚地看到了这一点:并在 18 世纪 60 年代两个令人难忘的未发表的片段中雄辩地表达了这一点:许多人以行善为乐,但因此不愿承担对他人的义务。若有人一味地顺服他们,他们就无所不为,他们不想使自己服从于人民的法权,而只是把人民当作显示自身宽宏大量的对象。事情并不都是并不全是在什么法权下我得到一些东西。真正属于我的东西,绝不能仅仅作为我所乞求的东西而被给予(Ak 19:145)。

在我们目前的情况下,一旦普遍的不公根深蒂固,地位低下的人的自然法

---

① 弗里德里希·奥古斯特·冯·哈耶克(F.A.Hayek)《通往奴役之路》一书原本意指中央集权国家的经济计划,特别是东欧社会主义国家。不管这是不是对它们的准确描述,这本书的标题是对哈耶克自己的自由意志主义经济学和政治哲学更准确的描述(尽管这是无意的)——因此,对该书本身所倡导的哲学进行了准确的描述(关于这一点,请阅 Satz,2010,pp.174-9)。

权就终止了。因此,他们只是债务人,优胜者却不欠他们任何东西。因此,这些优胜者被称为“仁慈的主人”。除了正义之外,人们谁也不需要从这些优胜者那里得到什么。这样的人无须偿还什么债务,也无须顺从优胜者(Ak 20:140-1)。

然而,值得注意的是,这些引语都来自未发表的笔记和演讲稿(除了来自《美德论》中诡辩问题的那一篇——在这一背景下的评论意在激发读者的反思和实践判断;它们不一定是康德自己深思熟虑的观点的表达)。因为当康德开始考虑周围的实际经济关系时,他在很大程度上接受了现存的不平等,甚至接受了它们在18世纪的政治后果,而这些后果在今天很少有人能够忍受。

康德认为,富人应该被征税以支持穷人。这是一种严格的法权义务,是强制的,而不是自愿的捐款(MS 6:326)。因为富人的存在要归功于他们对国家的服从,而且只有通过服从公意,他们的财产权才成为决定性的和强制性的法权(MS 6:256-7,312-13)。因此,如何防止或纠正普遍的不公,就取决于公意的决定。这至少允许国家向富人征税,以满足穷人的基本需要。出于同样的考虑,很容易证明向富人征税以提供自由生活所必需的其他服务是合理的:不仅限于“他们最必要的自然需求”(MS 6:326),而是联合国《世界人权宣言》第25条承认的所有权利,即“食物、衣着、住房、医疗和必要的社会服务;在遭到失业、疾病、残废、守寡、衰老或在其他不可控的情况下丧失谋生能力时,有权获得安全保障”。然而,更广泛地说,这似乎要求国家将财富的不平等限制在必要的程度,以确保每位公民的自主性(*sui iuris*),确保他们都能依靠自己的财产自由地生活,而不是依赖于他人的意志。

康德愿意接受某种服务合同(固定的奴畜)——与雇佣劳动有关,就像在他周围发现的那样(MS 6:285),他甚至认为,逃跑的家仆可以被强制送回(MS 6:283)。他还为职业和财产资格辩护。这些资格后来附属于投票权和积极参与政治的权利,因为那些经济上受人恩惠者将无法自主行动,因为他们将蒙恩于经济上的赞助者。在这个基础上,他把所有的差役、农民、工薪劳动者(当然还有所有的妇女)都归为“被动的公民”,国家必须保护他们的权利,但他们没有权利主动地参与政治事务(MS 6:313-15)。他对“被动公民”的概念可能“与公民本身的概念相矛盾”这一论点持开放态度，但他认为，只要每个公民（当然，他指的只是男性公民）至少都有机会努力成为主动的公民，这也就足够了（MS 6：314）。

然而，我们可以承认这一论点中所提出的洞见，但用法不同，而且从每一个成年人都有权成为主动公民这一事实中可以推断出，在任何存在严重的财富不平等以及由此对许多人的政治选择造成限制的社会（比如我们自己的社会）中，这一权利正在被剥夺，因为总有一部分成年人在经济上不得不依赖他人。我们甚至可以得出这样的结论：雇佣劳动本身，以资本主义社会实际存在的形式，包含了对自由的剥夺。

在这一点上，费希特更有远见，因为他坚持国家应该采取激进的再分配措施和对经济实行严格监管，以确保每个公民不仅就业而且拥有一份“固定财产”。这可能是在经济上独立于他人私人意志的生活基础（NR 3210-215；SL 4：293-8，GH 3：397-421）。康德和费希特之间的这种对比最近被大卫·詹姆斯注意到了，并得到很好的探讨（David James，2011，Chapter 3；cf. also Wood，2008，Chapter 11）。然而，最重要的一点是，这些有关再分配和经济监管的论点，并非基于对福利的考虑，而仅仅是基于正当的外在自由的考虑。

第四章　道德政治家

第一节　康德时代和我们时代的政治

康德并不十分熟悉我们现在所理解的“政治”这个词。[①] 我们认为，政治家是那些把自己的权力归功于选举（或者在某些情况下，是让其他人当选）的人，因此他们有动力获得足够多选民的认可，以保住自己（或他们建议和支持的人）的职位。康德主张代议制政府，他知道其他国家的共和政体的选举制度，比如荷兰。但他本人却一直生活在世袭专制制度下，在这种制度下，高级公职是留给世袭贵族的——康德认为这种安排与原始契约的理念相悖，因此从本质上讲是不公正的（TP 8:297）。可以肯定的是，正如康德所知道的那样，政客们需要获得足够多的民众的支持，以确保其统治的稳定，他们还需要与其他有权势的人打交道，这些人的反对可能会威胁到他们的目标，甚至在极端情况下，威胁到他们的连任。但他们不需要参加选举，也不需要讨好某些选民，所以他们不像我们认为的政客那样需要一个独特的政治“意识形态”或公

① 在本书中，当谈到“我们”和“我们的”制度时，我自然是指美国的政治制度（无论任何时候只要一提到“美洲”这个称呼，北美和南美的其他地方都可以完全放心地忽略）。我们美国人习惯于理所当然地认为，世界上的每个人都必须知道并关心我们的政治，而我们有权（通常是这样）傲慢地保持对其他人的无知。这就是我们自豪地称之为“美国例外论”的东西。我们认为自己［用罗纳德·里根（Ronald Reagan）的话来说］是“山巅闪光之城”，是全世界人民唯一的“自由灯塔”。还自以为经验可以表明，任何不那么乐于同意我们的观点的人迟早会后悔。因为我们在军事上的花费比世界上其他所有国家的总和还要多，所以，我们的军事力量比世界上所有曾经存在过的国家的军事力量总和还要强大。这就是为什么我们可以自信地期待我们过分的自我祝贺永远不会被反驳，我们对世界的统治会被整个地球赞赏和感激地接受——至少在我们如此令人钦佩的生活方式，使这个星球不适合每个人居住之前（也许不再那么遥远了）是这样——我们总是极其不愿改变或改革，除非朝着倒退的方向。

关部门，因为他们不需要，像我们的政治家通常做的那样，诉诸我们所说的“政治基础”。

然而，这并不意味着康德关于政治的论述，对于就我们所知的“政治”而言必然是过时的。与个人和团体打交道以达到你的目的的艺术或技巧（康德所使用的“审慎”一词的含义之一）自他那个时代以来并没有发生太大的变化。此外，我们的政治在某些方面太像康德时代的政治了，即使在我们的爱国和沾沾自喜的情绪中，我们乐于假装它不是。一个正派的人有很多理由哀叹这样一个事实：我们的政客与其说是“人民”的仆人，不如说是富有的私人或法人（公司）的仆人，他们资助他们的竞选活动，通常或多或少地以此直接换取他们提供的服务。这与系统性的贪污和贿赂无异，不过，即使是对这一制度持批评态度的人，通常也不屑于用这些词来谈论它。我们乐于称之为“民主”的东西在很大程度上只是表面现象。在冠冕堂皇的规则的装饰下，选举制度主要是通过操纵来运作的，媒体被支付政客薪水的既得利益集团所控制，操纵某些选民的愚蠢和奴性的恐惧、仇恨和偏见（文化、种族、地区），他们被操纵来系统地反对自己的权益，也反对绝大多数人的权益。与康德时代的政治统治特权不同，我们的制度中的特权不再采取世袭贵族的形式，但其内容和固有的制度上的不公正却基本保持不变。这意味着，我们的政治家必须在康德所意识到的那些技巧和策略上取得根本性的成功。因此，康德自封的任务，向政治家们讲述他们职业的道德责任——正如他在《永久和平论》（EF 8：370-86）的附录最显著的地方所述的那样——对此，我们有着比人们所能想到的——或可能希望的——更大的持久兴趣。

第二节　康德与政治现实主义

康德在附录中将他对政治的讨论框定为“政治”——被视为一套政治的审慎原则——与“道德”（被视为某种无条件地或绝对地约束我们的法律体系一套无条件或无条件约束我们的法律体系）之间可能存在的冲突（EF 8：370）。这与他在两年前的一篇文章中，在“理论”和“实践”的标题下所讨论的冲突本质上是一样的，即*论通常的说法（俗语）："这在理论上可能是正确的，但在实践上是行不通的。"*在那里，"理论"被描述为"一组具有一定总括性（*Allgemeinheit*）的原则"，而"实践"则是"某种目的的实现。这一目的被认为是遵守某些表现在它们的总括性之中的程序原则"（TP 8:275）。如果我们假定上述目的是由政治家的目的和持续行使权力所提供的，那么政治的审慎就可以算作一种"实践"，而"道德"则可以算作与其并列的"理论"。我们可以在理论与实践文章的第二部分看到这种并置，理论与实践可能发生冲突的领域是政治权利（TP 8:289-307）。

康德承认，在*主观上*（"在人类自我寻求的倾向中"），权利与政治之间可能存在冲突（他甚至一度称之为"二律背反"）；但他坚称，*客观上*或"理论上"不可能存在任何冲突（EF 8:379）。理性无条件地发出道德命令，而关于自由裁量目的之采用的审慎忠告总是条件性的。对于*诚实是最好的政治*这个命题，康德认为它代表了一种在实践中经常自相矛盾的理论。与之并置还有一个同样的理论命题"*诚实胜过一切政治*"。这一原则"被无限地提升到所有异议之上，并且确实是所有政治的不可或缺的条件"（EF 8:370）。因此，康德设想了政治家处理政治的审慎与道德（可能是对立的）之间关系的两种方式。*道德政治家*"以某种方式将政治审慎的原则与道德共存"，而*政治的道德家*"构建的是某种符合政治家利益的道德"（EF 8:372）。后者的"道德"注定是谬误和诡辩的，只有*道德政治家*（康德对此很坚定）找到了调和政治审慎与道德的正确方法。

那些自认为是政治"现实主义者"的人习惯于屈尊接受康德的观点。他们指出，政客们和政治家们所面临的问题远比私人所面临的更大、更严重。他们推断，在日常生活事务中适用于普通人的"道德"标准不适用于政治家——就像他们认为康德所做的那样。例如，卡尔·施密特（Carl Schmitt）认为，政治或公共领域有自己的标准，不应该被那些可以追溯到道德善恶的概念所束缚（Schmitt，1996）。施密特似乎得出的结论是，政客们永远不应该被任何纯粹的"道德"约束所束缚，这与他们在追求政治目标时必须与之打交道的其他人的有效权力所施加的实际约束是不同的。

马克斯·韦伯(Max Weber,1958)提出了一个更为复杂的观点。他认为,两种伦理之间存在着根本的区别:一种倾向伦理学或终极目的伦理学(*Gesinnungsethik*)和一种责任伦理学(*Verantwortungsethik*)。一种倾向伦理学是建立在原则和最终目的的基础上的,而个人只有在严格地追求这些原则并"确保纯粹意图的火焰不被熄灭"的情况下才感到有责任;相比之下,责任伦理学主要受到工具理性的约束,对实际行动的后果负责,并没有试图"回避这样一个事实,即在许多情况下,为了达到'好'的目的,人们必须愿意为使用道德上可疑的或至少是危险的手段而付出代价"(Weber,1958,p.121)。韦伯认为,政治家的世界不是一个以康德伦理学为例的倾向伦理学可以享有完全或唯一权威的世界。政治与圣人无关,也与吹毛求疵的道德家无关。政治家的世界不仅充满了冲突,而且充满了非理性和荒谬。在政治上,一意孤行地执着于一种呆板的倾向伦理,将不可避免地在现代价值多元主义的礁石上遇难。政治家们必须掌舵的是一条四面八方都有边界的航线,它的四周都是各种肆无忌惮的行动者,以及有着不可调和的冲突价值观的个人和团体。如果他们想要获得最好的结果(或者,更常见的情况是,仅仅为了避免最糟糕的结果),他们就需要进行战略性思考,随机应变,作出妥协。对于韦伯来说,政治职业并不要求完全放弃道德的倾向,因为政治家本身就把他们自己的道德目标带进了他们的职业。但是,政治确实需要把政治家的倾向伦理和与之根本对立的某种责任伦理结合起来。政治家必须在坚强意志的指引下,以压倒一切的责任感(这是政治使命所必须具备的),将两者强行结合起来。"决定性的是,在观察生活的现实中,训练出的不屈不挠的态度,以及面对这些现实并从内心去衡量的能力……一个人不能向任何人规定他究竟应该遵循的是倾向伦理还是责任伦理,也不能规定究竟何时应该遵循这一个,而何时又得遵循那一个"(Weber,1958,pp.126-7)。

第三节　法权与伦理学

然而,当这些观点的支持者考虑康德伦理学时,他们通常只考虑一个非常简单的概念。他们很少意识到,康德在将适用于政治的标准与适用于私人生活的标准区分开来时,实际上在多大程度上同意他们的观点。更重要的是,他们很少看到他最不同意他们的地方,也不明白不同意的缘由。在康德看来,"道德"(*Moral* or *Sitten*)分为两个根本不同的分支:法权(*Recht*)和伦理(*Ethik*)。两者都涉及理性的绝对命令——必须无条件履行的义务——超越所有审慎的原则,而且超越所有自由裁量的目的。然而,*伦理学*提供了一种"道德"的学说,因为它普遍适用于所有人的私人生活。它关系到个人的善良性情和他们对目标的选择。法权只与以下条件有关:在这些条件下,所有人的外在自由(他们不受他人意志强制的独立性)可以依据普遍法则共存。创造、维护和完善法权条件是市民社会的终极目标,也是政治家们唯一合法的终极目标(他们的其他政治目标应该总是直接或间接地服务于这个目标)。但是,法权不涉足促进普通公民的目的,也不规定他们的任何目的。它只涉及在何种情况下,人们可以自由地追求他们自己的目标,同时也与他人的某种类似的合法自由相一致(MS 6:382)。

然而,正因为如此,只有在法权的问题上,而决不是在伦理的问题上,外在强制才是要求遵守义务或原则的一种获得准许的手段。一种"法权条件"的创造——在这种条件下,一大批人的外在自由受到普遍法则的保护——是一个政治国家合法性的唯一基础,因此也是任何当权者、政府官员或政治家可能拥有的唯一基础。这就是康德所说的"道德"命题"诚实优于一切政治"是"一切政治的条件"的含义。没有法权,就不可能有稳定的共和政治秩序,也不可能有合法的政治权威。

在《永久和平论》的附录中,当康德提到"道德"时,他指的只是法权,而决不是伦理。他反复强调这一点——在15页的讨论中至少强调了10次[EF 8:370,374(2次),377(2次),378,379,381,383,384,386]——所以,真正值得注意的是,批评家们习惯性地忽视了这一点,他们通常只从康德在《道德形而上学原理》和其他不涉法权的文本中对私人伦理的论述来描绘康德的立场。当康德在附录中有机会提到伦理时,他仔细地强调了它与法权的不同之处:他的主要观点始终是,政治家之为*政客*只在法权意义上受道德的影响,而不是在伦理意义上(EF 8:381,386)。换句话说,当康德谈论适用于政治的"道德"原则时,他并不是在讨论个人道德或美德的标准,或任何基于施密特所说的

"善恶的道德概念"的东西。康德也*不是*在讨论个体对道德原则和终极目的的承诺,这也是韦伯的"倾向伦理学"的特点。他的所指*仅限于*那些属于一个*政治*国家职权的*强制权力*的*正当*行使的原则和义务。正如我在前一章中所论证的,康德甚至*否定了*这些标准是"道德"的观点,因为它们属于或源自*伦理*。与此同时,康德在附录中的主要观点是,这些法权标准并*不*局限于政治审慎或工具理性的标准——即韦伯的"责任伦理学"的标准。

然而,康德确实同意现实主义者的观点,即政治家应对政治审慎的标准负责,而这些标准控制着他们对政治目标的追求。他赞扬将政治审慎与正确的道德标准结合起来的"道德政治家",但批评"专横的道德家",后者因为在道德热情的驱使下寻求过早和轻率地实施好的措施而"在实践中犯错"(EF 8:373)[我很感谢雅各布·温里布(Jacob Weinrib)提醒我注意这一点]。所以,康德认为政治家至少在一定程度上对某种责任伦理学(*Verantwortungsethik*)负责。法权标准优先于审慎,因为符合这些标准是公共强制力正当行使于他人的一个条件。

由此我们可以看出,康德所认为的适用于政治家的法权标准,在某些特定的方面,与韦伯的终极目的伦理学(*Gesinnungsethik*)以及那些责任伦理学(*Verantwortungsethik*)的标准是截然不同的。它们完全是依据政治家在何种情况下可以合法行使其作为政治家所拥有的权力和权威而得出的。

第四节　政治上的不当行为

如今,当我们指责我们的政客行为不端时,如果可以的话,我们喜欢指责的是他们的*非法行为*。我们想抓住他们的*违法行为*(他们中的一些人做得非常明目张胆)。[①] 当我们不能证明他们的行为是非法的,我们仍然可以指责他

---

① 例如,当一个政府秘密地藐视国会对支持叛乱运动的明确限制(这种支持的资金来源是向一个被视为我们敌人之一的国家秘密出售武器),或在未经授权的情况下对公民进行大规模秘密监视,或实施非法拘留、酷刑或暗杀,违反宪法的限制或违反具有法律效力的条约,或犯普通罪行,如盗窃(例如,当政府纵容对敌对党派的总部进行入室盗窃,或对其视为敌人的机密医疗记录进行盗窃),或作伪证(就像一位总统对实习生的个人不当行为宣誓撒谎一样)。

们的行为是不道德的。这种指责有时可以在舆论的法庭上站住脚,有时甚至会导致他的辞职,因为这一政客发现媒体的风暴无法平息。但这是一个非常偶然的问题。一些政客发现他们可以坚持到底,另一些人则发现他们做不到,而且无法预知究竟是哪种情况。但是,对不道德行为的指控更多地与个人行为(尤其是性行为不当)有关,而不是具体的政治不当行为。

康德在思考政客的错误行为时所使用的法权标准,在重要的方面,既有别于非法性的指控又有别于不道德的指控。康德对以道德标准来判断政客是好人还是坏人(善良的还是邪恶的)一点也不感兴趣。这些标准只适用于政客的私生活,与*政治意义上的*不当行为无关。在康德的时代,*非法性*的问题在很大程度上也不适用于专制君主政体中的国家元首,在专制君主政体中,以自身名义行事的君主和官员理所当然地凌驾于法律之上。①

康德的*道德政治家们*所处的道德约束完全是*权利*原则。在为所有实在法的基本合法性提供理性基础的同时,它们同样超出了伦理和实在法的合法性的标准。在康德看来,即使是专制的君主,对他的臣民和(在外交事务上)与他打交道的其他国家也都负有一定的法权义务。君主可以不公正地对待他人,尽管不涉及违法行为——例如,毫无理由地监禁一个臣民,或没收臣民的财产,或偏袒一个臣民而侵犯另一个臣民的法权。在康德看来,当它使一个人成为另一个人的奴隶,或禁止某人获得他的才能、勤勉和好运可能会带给他的职位,或剥夺任何人作为自己主人(*sui iuris*)的自由地位时,实在法本身可能已经是不公正的(TP 8:292-5;EF 8:379;cf.MS 6:241,31415,324)。在这种

① 在我们这个时代,对总统(或者,在最近扩大的版本中,更常见的是一般行政部门)免于此类指控的无条件要求通常采取诉诸"行政特权"的形式,或者(用最极端的方式)直言不讳、无耻地断言:"总统这么做,就意味着它不违法。"1977年4月6日,理查德·尼克松(Richard Nixon)在接受大卫·弗罗斯特(David Frost)的采访时发表了著名的(也是备受非议)言论,声称,从"定义上"理解,总统的行为就不可能是非法的。2009年4月30日,康多莉扎·赖斯(Condoleezza Rice)在斯坦福大学为小布什政府犯下的一系列非法罪行辩护时,也重申了这一点。在乔治·沃克·布什(George W.Bush)政府时期,援引行政特权变得越来越普遍。行政特权被不断扩大,目的是确保几乎所有可能对政府的非法活动进行报告的人保持沉默。就行政权而言,认为总统"按定义"合法行事的思想,可以被视为对康德所生活的那种专横的专制主义毫无羞耻的回归。

情况下,合法性并不能成为对错误或不公正(*unrecht*)指控的辩护——尽管康德对于不公正的法律的态度一般不是说它们应该被蔑视(除非他们对你的要求与你的良心正好相反),而是说在改革之前,必须容忍它们。

依照法权标准,国家元首也不得违反其与另一国家缔结的条约的条款,或攻击另一国家以吞并该国(EF 8:35-7,383-4;MS 6:346)。依据具有绝对或无条件约束力的法权原则,即使某个政客或国务活动家的行为并没有违反任何个人道德标准,而只是审慎地保护自己的权力并促成自己的私利,他的所作所为也是在犯错(*unrecht*)。它们为任何统治者、国务活动家或政客合法地宣称要行使的权力奠定了基础。

第五节　不公正的统治者能被正当地强制吗?

众所周知(或备受非议)的是,康德否认国家元首可以通过正当手段被强制履行这些法权义务。原则上,法权是可以通过强制被执行的,但康德认为某些法权不适合被强制执行,因为在某些情况下,任何权力都不能正当地进行这种强制。在私权领域,康德认为,这适用于*衡平法*[康德认为衡平法或衡平法院超出了司法权威的合法界限(MS 6:234-5)];它也适用于紧急*避险*权。在这种情况下,因为威胁性惩罚无法阻止侵犯某项法权的行为,因而对后者进行惩罚是不公正的(MS 6:235-6)。康德还认为它适用于国家元首的不当行为,因为"如果他可以被强制,他就不会是国家元首,而且臣属的序列将被追溯到无限"(TP 8:291;cf.MS 6:318-23)。因此,康德反对霍布斯的立场,即国家元首不能对他的臣民做任何错事,但他也反对戈特弗里德·阿亨瓦尔(Gottfried Achenwall)和其他人的立场,即反抗或暴力推翻一个不公正对待臣民的统治者是公正的(TP 8:301)。康德认为,在正当权威的问题上,必须有一个最高指挥官或国家元首作为强制力的最终持有者。在他看来,如果假定这种权威可能受到合法的强制,那将要么是一种恶性的倒退,要么就是使任何有效的法权制度无效。

我们大多数人都不同意康德的这一观点。我们相信,在某些情况下,深思熟虑的非暴力反抗是一种可以被允许的政治策略。我们大多数人甚至认为有一种革命的权利,用以反对一位非常不公正的统治者。但是,当我们在这一点上把我们的即时直觉(或情感)与康德对立起来时,我们应该承认,很难提供一个有根有据的理论来说明什么时候并解释为什么不守法或对合法权威(尽管是不公正和滥用的)的反叛是合理的。我不会试图在此重新提起围绕这个问题的所有争议。但是,简要地指出康德立场中一些容易被忽视的特点可能是有用的,这些特点使这些问题不像人们通常认为的那样简单。

首先,那些谴责康德否定革命法权的人很少理解他在《论理论与实践》一文中首次提出自己立场的政治背景。1793 年,康德的大多数听众必然会把"理论"一词用来指启蒙运动哲学家时而激进的观点,而把"实践"一词用来指社会传统中公认的智慧,后者往往理论所反对的。康德的论点是,理论上正确的东西在实践中也必须成立,这必然会被许多人认为是拥护雅各宾派(法国大革命时代的激进民主主义者)的政治原则,并为他们当时在法国造成的破坏致歉。康德坚持认为,理性的法权原则不允许强行推翻既定的政治秩序。这是为了强调他的立场的特定方面,使那些总是担心康德的立场会煽动叛乱、社会混乱、恐怖和独裁的人安心。

其次,有几位学者指出,康德的观点确实允许在不仅是专制主义,而且是*野蛮主义*的情况下,强行推翻一个假装行使合法权威的统治者。在野蛮的情况下,使用武力者根本无视法权的存在;我们需要的不是一个合法的(虽然不公平的)统治者的轮番更换,而是在没有任何法权的地方*确立*某种法权条件。一个拥有强制力的统治者声称自己是一个合法的国家元首,这一事实并不足以使其成为事实;如果在现实中所使用武力不符合任何法律条件,那么在康德的基础上推翻野蛮的权力不仅是允许的,而且是*法权所要求的*(MS 6:312)。这种区分的文本基础可以在康德的《人类学》中找到,康德在其中区分:(1)无政府状态(法律和没有武力的自由);(2)野蛮状态(没有自由和法律的武力);(3)专制(没有自由的法律和武力)的状态,在这种状态下法权是缺乏的;(4)共和的状态(有自由和法律的武力),只有此中才有某种真正的公民宪法(AnTh7:330－1)(See Joerden, 1995; Bernstein, 2008, pp. 57－100; Ripstein,

2009,Chapter 11:瑞普斯坦用一些经验主义的细节讨论了纳粹德国的情况,证明它确实是一种野蛮状态,这正是康德的术语的意义)。

再次,康德关于服从合法权威的义务的观点认可如下这一点,即当服从与"内在道德"或良心冲突时,不服从是被允许的(甚至是被要求的)(MS 6:371)。这一点更不为人们所理解。但在康德看来,良心并不一定是客观地正确的,即使它不是客观的,我们也必须遵循它的判断(MS 6:401,437-44)。如果有人认为他被良心要求去反抗现有的国家元首——即使这种信念在客观上是错误的,康德自己显然会坚持认为良心的要求必须得到遵从——那么,康德伦理学显然免除了他服从的义务,正如它将证明某人拒绝为无辜的人作伪证是正当的,即使由国家元首命令他作伪证,也可以予以拒绝(关于康德对这一拒绝的热情赞扬,请参阅 KpV 5:30,155-6)。

最后,康德认为,国家元首不可能受到规章或法律的处罚,因为这样做只会导致更高权威的恶性无限倒退。[①] 但在这里,他表现出了一定程度的政治想象力的匮乏,甚至在应用自己的原则时也是如此。他显然没有考虑到这样一种可能性,即宪法可能规定通过弹劾和定罪程序或由选民罢免的方式,合法罢免任何政治职务,甚至是行政长官。这当然是一种宪法可以考虑康德如下主张的方式:"人是需要主人的动物"——以及他从中得出的与构建公民宪法有关的直接推论:无论谁被放在指挥者的位置上,他也一样地是一种需要主人的动物(I 8:23)。这样的法律程序不会是反叛;相反,它们将涉及使用合法和正当的强制手段,迫使统治者公正行事(至少是合法行事)。因此,它们将构成一种反例——显然,可以坚定地依据康德自己的原则——来反驳他的主张,即国家行政首脑不能被强制履行法权义务。

---

① 康德可能会似是而非地宣称,如果我们想象出超越*主权*或终极立法权威("公意")的诉求,就会出现这样的倒退。在像康德(或卢梭)这样的体系中,它更应该被看作整个政治秩序的一个系统特征,而不是其中的一个特定官员或主体。但是,国家元首是行政当局。正如康德所设想的那样,运用法律的权力没有理由不能这样安排,即没有哪个行使这些权力的官员是这些权力的唯一最终执行者,不受法律的审判。

第六节　公开性原则

康德对政治与道德关系的主要论述,出现在《永久和平论》的附录(1795)中。康德无意详尽地叙述政治家所应尽的法权义务、他们可能会犯错(*unrecht*)、处事不公的方式(当然是无限多的和各不相同的),其中一些在前文已论及。但他确实提出了两个原则,一个是消极的,一个是积极的。通过这两个原则,一个政治家应该能够知道一个政治准则或政策是否符合或违反了法权原则。康德称这些原则为公开性原则。

公开性的第一(或消极的)原则:"如果他们的准则与公开性不相容,那么一切涉及他人法权的行为都是错误的(unrecht)"(EF 8:381)。康德解释道:

> 这是一条我不能透露的准则,否则就会破坏我的目的,如果它要成功,就必须绝对保密,而且我不能公开承认,但不可避免地会引起大家对我的计划的反对。它能推导出这种必要的、普遍的,因而是先验可预见的阻力,因为它预示着不公的凶兆(EF 8:381)。

康德的标准是,既然政治家在实施之前就可能预测到某个政治准则或政策的公开将引起公众的强烈反对,从而使政策的目标落空,那么,这样的政治准则或政策就是非正义的。

在这一原则背后的是,公共法权包括对构成特定市民社会的民众的共同意志的执行(或者,在国际情况下,由条约或国际协定所代表的共同意志的执行)。政治共同体的共同意志,在康德和卢梭看来,都不是多数人的意志,而是代表全体公民统一意志的意志:这是一种共同意志,根据原初契约的观念,可以表示为缔约双方的一致意志。即使是私有法权(个人财产的权利),作为一种绝对法权,也依赖于全体当事人的同意,即国家的公共机关必须能够代表全体公民给予的全方位同意(MS 6:258-9,263-4)。因此,公共机关必须代表所有公民的共同意志。"人民的共同意志已经联合起来,形成了一个让它永远得以维持的社会"(MS 6:326)。"公共法权是一个民族的法律制度……因为他们相互影响,所以需要一个将他们联合起来的合法条件"(MS 6:311)。

因此,在公共法权中,法律和政策的理念有一个基本的位置,这些法律和政策倾向于将所有公民的目的集中或联合起来,以实现一个共同的目的。

当康德说自我失败是“先验”可预见的之时,我们不能假定他指的是绝对先验的(就像纯数、形而上学或权利与伦理的基本原则的命题一样)。在某种意义上,一个人通过经验可能会先验地知道,如果他挖掘房子的墙脚,那么它就会倒塌。康德是在这个意义上使用“先验”一词的;这是一种先验的认知,因为他在它倒塌之前就已预见将会发生的情况,无须等到真的倒塌才得以认知(KrV B2)。在某些情况下,康德认为,一种政策可以被预先看作一种违背公意的政策,并将引起广泛的反对。这表明了一点,就像挖自己墙脚一样,结合物理定律来证明房子会倒塌这一先验结论。一些政策,如果公开了,将是弄巧成拙的,因为对它们的广泛反对表明它们违背了大众的意愿,也就是违背了法权,不管还有什么有利于它们的说法。还有一些政策,如果公开了,可能不受欢迎或由于其他原因难以执行,但根据公开的消极原则,这些政策并不是不公正的(关于这一点,我们以后还会说得更多)。

公开性的第二(或积极的)原则:“一切需要公开性的准则(为了不使它们的目的落空)与法权和政治的合二为一相协调”(EF 8:386)。康德认为,这些政策是道德与政治之间寻求和谐的例证。他再次给出了解释:“如果只有通过公开才能达到这一目的(即相关的政策),也就是说,通过消除对政治准则的所有不信任,那么这些准则也必须与公众的法权相一致,因为只有这样才能把一切可能的目的联合起来”(EF 8:386)。同样,关键的问题是政策如何与共同体赖以确立的共同意志相关联。如果它的成功取决于它代表共同意志而争取到人民的支持,那么它的政策就与共同意志相一致,因此是公正的。公开性的积极原则应以此为基础。

康德并没有假装他的两个原则可以决定某个政策(对于任何政策,不管是什么政策)是与法权相一致还是与法权相悖。既然否定原则只给政策的不公正提供了一种充分的条件,而肯定原则只给政策的公正提供了一种充分的条件,那么公开原则就为许多政策留下了空间,包括公正的和不公正的,这些政策需要根据其他理由来决定。在这一层面,公开性原则在政治法权领域的作用,可以看作是康德的普遍法则和自然法则的公式在伦理学领域的作用(G 4:421-4)。在这两种情况下,它们都不能为特定的义务提供依据——这是用人性的准则来为伦理服务的(G 4:429-30);在政治法权问题上,它们是由公共法权构成的,或者是"为了创造合法的条件而需要颁布的那些法律的总和"(MS 6:311)。伦理学上的可普遍化公式甚至没有为任何政策或准则提供一种可容许性测试;它们仅被用于那些被视为旨在证明已被认可的义务的例外的准则(对这些问题更进一步的讨论,请参阅 Wood,2008,pp.69-74)。在某种程度上,公开性的积极原则比《道德形而上学原理》中的普适性测试强一些,因为公开性的积极原则可以用来表明某种政策是公正的,而康德《道德形而上学原理》中的普适性标准仅用于说明某些准则是不允许的;通过这些测试显然只是可容许性的必要条件,而不是充分条件。

第七节　异议和"反例"

尽管对它们所能显示的东西有这些限制,康德对他的两个公开性原则的主张是非常强烈的。他认为它们是"认知的手段",教会我们识别哪些政策与法权是相一致的;哪些政策与法权是不一致的;但是,但他并不认为它们仅仅是启发性的辅助手段,或是那些只有在总体上和通常情况下才被视为正确的原则。他甚至称它们为"公开法权的先验公式",并声称它们"像公理一样,不证自明"(EF 8:381,386)。这些关于公开性原则的主张可能显得过于夸张,而一个具有批判精神的人对这些主张的第一反应,往往是自信地认为,它很容易就能举出一个或两个公开性原则的反例。

某个群体可能会同意——甚至是热情地同意——各种各样不明智或不公正的政策;正义所要求的却引起争议的政策可能不受欢迎。许多明智的、公正的、必要的政策,或者至少是政府的行动,如果想要奏效,也可能需要被隐藏起来。因此,我们很自然地会反对康德所示的公开性的消极原则:第一,许多公正的政策可能因为太有争议而无法通过消极性原则的检测。第二,许多不公正的政策却可能通过消极性原则的检测;例如,不公正地迫害人口中不受欢迎的少数民族的政策常常是不需要隐藏的。第三,一些这样不公正的政策甚至可能通过积极性原则的测试,因为它们可能会得到广泛的支持。第四,我们可能会担心,消极性原则会排除对恐怖组织进行秘密监控的可能性,或者排除为执行法律而采取的其他警务活动。

按交错法的顺序处理这些反对意见:只有在警察秘密行动的原因是公众普遍反对的情况下,根据消极的公开性原则,涉及这些行动的政策才是不公正的。如果一项政策公之于世,罪犯或恐怖主义分子可能会逍遥法外,但这不能成为根据这一原则认为该政策不公正的理由。此外,在这里我们需要区分一般政策(适用于原则)和特殊政策(不适用原则)。毫无疑问,如果一个政府事先宣布它打算突袭某一非法行动(贩卖赃物、走私等)或突击检查某一工厂不安全、不合法的工作条件,或者违反法律在产品中掺假,那么,它必然会弄巧成拙。然而,根据康德的原则,这种政府行为并不是不公正的。因为如果政府公开宣布其意图使用未经宣布的突袭或视察来执行这些法律,这不会因为民众的普遍反对而弄巧成拙。未经宣布的工厂检查政策甚至可以仅根据公开性的积极原则来显示,因为公开它可能是必要的,以实现其直接目标,即给予工厂主不违法的激励。因此,只要管理国家机密的一般政策能够公之于众,某些国家机密案件显然符合康德的原则。[①] [在所有这些方面,我要感谢霍华德·威廉姆斯(Howard Williams)帮助我形成了对康德的公开性原则的理解]。

我们必须清楚,公开性的消极原则只规定了一项政策是否公正的必要条件或必要条件,或(相反地)规定了其不公正的充分条件。因此,康德并不是说(似乎以第二和第三种反对意见为前提),任何受欢迎的政策,或仅仅不是公众有效反对的对象的政策,必须依其本身(*eo ipso*)是公正的,或符合法权的。这将使那些肆无忌惮地操纵大众的无知和偏见的人,或能够恐吓人民的暴君,很容易使道德和政治相安无事。正如康德自己所指出的:"反过来,我们也不能得出这样的结论,即与公开性相一致的准则在这方面也同样是公正

① 然而,康德的原则确实谴责了,例如,小布什政府的政策,即未经授权的窃听和秘密监视,而这些恰恰是为了避免预期的公众抗议而保密的——当他们最终被揭露时,实际上发生了强烈的抗议。这并不是康德原则的反例,而恰恰是对其正确性的明确佐证。

的，因为一个具有决定性的优势力量的人没有必要隐藏他的目标”（EF 8：385）。例如，对不受欢迎的少数人进行不公正的迫害的政策，即使得到多数人的支持，仍可在其他方面被视为是违反法权的。在这里，公开它无论如何都不是它成功的必要条件。这是积极原则对政策公正的要求。康德关于积极原则的观点是，如果一项政策需要公开才能获得成功，那么这一定是因为它自发地与所有的普遍目的相协调，而且它的公开是为了争取民众的支持。①

最后，正如公开性的积极原则不必满足于流行的政策，消极原则也未必会被有争议的政策所违犯。有许多政策，包括公正的和不公正的，如果它们保持秘密状态，将更容易落实。公众对一项政策的强烈反对，并不一定表明它违反了共同意志，尽管康德认为，反对意见如此广泛，以致可以事先保证该政策一旦公开就会弄巧成拙。有时，一项公正的政策如果公布了，就很难实施，因为它会引起一部分强大但不公正或被误导的反对共同意志的民众的反对。康德显然不打算用他的原则来排除这些政策［托马斯·赫尔卡（Thomas Hurka）曾表示，如果较为富裕的加拿大人完全意识到单一支付方医疗体系的再分配后果，那么反对它的政治声音会比现在更大。这也许是对的，但这并不意味着加拿大的医疗体系违反了康德所称的公开性的消极原则］。

此外，一项政策如果公开，是否可以事先知道是弄巧成拙的，抑或如果不向公众公开，是否可以事先知道会更易于落实，这二者是不一样的问题。政治家在应用公开性的消极原则时所提出的问题是前者，而不是后者。运用康德的原则要求政治家不仅要判断政策公开是否会事与愿违，还要判断政策的适得其反是由于违背了共同意志还是另有缘由。后一种判断不是琐碎小事，可能需要洞察力和判断力。但是，不能指望一项旨在解决棘手问题的道德原则能在棘手的情况下驾轻就熟地得到应用。道德哲学不能提出这样一些原则，以使那些即使是判断力和品行不好的人也很容易据此作出决定。在这里，就像在康德伦理学的其他地方一样，良好的判断（不能归结为任何一般规则）是

① 在这里，我们只需要想想美国亚利桑那州和亚拉巴马州通过的关于非法移民的不光彩和不公正的法律。

正确应用道德原则所必需的(MS 6:411;AnTh7:199-201)。

在这一点上,我们也可以认为,康德的公开性原则的全部工作,是由一种政策是否符合共同意志的决定,而不是由它公之于众是否会弄巧成拙的问题来完成的。当然,在某种意义上,这必须是真实的,因为对康德来说,每项法律或政策的最终法权标准是它是否符合共同意志。但我认为,康德相信这个问题如果被抽象地理解对政治家来说就可能很难回答(或者甚至是难于理清头绪),而政策公之于众的后果,以及公众的反应将如何影响政策的成败,可能是一个更简单的、让他们对政策与共同意志的关系提出疑问的方法。康德的公开原则旨在为政治家们提供一个机会,让他们更深入地思考,他们的政策如何与以他们的权力合法性为基础的共同意志相关联。

然而,正如我们现在从康德对消极原则的一些应用中所看到的那样,他认为,消极原则主要适用于这样的情况:一项政策利用了各方在相互交往中都认为理所当然的相互理解,但这种相互理解却被政策所破坏或削弱。这种共同谅解的条款是共同意志的明显例证。在这种情况下,如果政策被公开,作为其他人对他们习以为常的背叛的反应的结果,它的弄巧成拙可能是预先预料到的。在遵循这一模式的情况下,应用该原则的方式不需要任何可疑或不可思议之处。[①] 考虑到公开性的积极原则,它为一个公正的政策所规定的充分条件,不只是为了达到目的而需要公开性,而且,这种有目的的联系通过建立公众对政府的信心,或消除公众对它的不信任来运作,以上这一点也是至关重要的。这一原则支持旨在实现所有目的的联合(换言之,实现共同意志)的政策。人们很容易想象出一些明目张胆的不公正政策,它们通过公开性来达到错误的目的,不是用来促进信任和团结,而是用来制造不信任、恐惧和分裂。暴君可能为了恐吓人民而公开不公正的镇压政策;一个不择手段的政客,通过公开煽动一部分人反对另一部分人,可能会更有效地运用“分而治之”(*Divide et impera*)的准则,康德认为这是一种明显不公正的政策。这些准则显然不只

① 非常感谢阿曼达·格林(Amanda Greene)和保罗·福尔摩沙(Paul Formosa)在这些问题上对我施加压力。

是依据公开性的积极原则。同样,我们也不难设想,在类似的情况下,公开声明可以用来推进康德关于不公正准则的其他例子:“先行动,再找借口”(*Fac et excusa*),以及“即使你做了,也要否认它”(*Si fecisti*,*nega*),或者甚至发现这些准则实际上在我们那些更现实的政治家的保留曲目(全部技能)中都得到了体现(EF 8:374-5)。

最后两条准则当然也涉及公共欺骗——也许,不是关于政策本身,但至少是关于政治家追随它的意图,或事关用来判断权利的标准,或者关于已经发生和没有发生的事情,或者种种诸如此类的其他未尽事宜。然而,康德的公开性的积极原则显然不应被理解为“面子”准则,因为它们只是通过对公众撒谎来达到其目的。在这里,康德再次呼吁人们理解相互信任的方式,一个合理的政治秩序的合法性必须建立在相互信任的基础上。

第八节 实 例

康德没有给我们提供任何可以证明政策正确的例子,或者仅仅通过公开性来获得成功的例子,他说“必须把对这一原则的进一步阐述和讨论留给另一个场合”(EF 8:386)。他确实提供了几个应用消极原则的例子的讨论。并不是所有这些讨论都同样令人满意,但对它们的简要回顾,可能有助于我们更好地理解消极原则。

国家的法权:叛乱的准则。康德关于国家法权的准则的例子并不涉及拥有权威性政治权力的那些人的行为,而是涉及渴望这样做的那些人的行为。这是一种将人民从暴虐或暴虐的统治者手中解放出来的公民叛乱的准则。康德承认,如果统治者是不公正的,那么通过罢免他不会意味着对他有任何不妥。但他坚持认为叛乱是一种达到其目的的不公正手段,这可以通过其违反公开性的消极原则来体现:“因此,叛乱的不法性是很明显的:叛乱的准则,如果一个人公开承认它是自己的准则,那他自己的目的就不可能实现了”(EF 8:382)。

然而,这远非不言自明。毫无疑问,可以预先知道,公开叛乱的准则会使暴君奋起自卫;但是,同样可以预先知道,以任何可能的*正当*手段罢免他都会使暴君奋起自卫。这也不会涉及由于公众普遍反对某政策而导致的适得其反——或者只有在现有(专制)政权比革命事业拥有更广泛的民众支持时才会这样做。但在这种情况下,叛乱将仅仅是不受欢迎的政变(*coup d' état*)或起义,这很可能恰恰与法权相左,即使反对的是暴君。《共产党宣言》在其结尾处写道:

> 共产党人不屑于隐瞒自己的观点和意图。他们公开宣布:他们的目的用暴力推翻全部现存的社会制度才能达到。让统治阶级在共产主义革命面前发抖吧。无产者在这个革命中失去的只是锁链,他们获得的将是整个世界(Marx and Engels,CW 6:518)。

马克思和恩格斯为这本最伟大的革命小册子寻求尽可能广泛地出版。的确,马克思在发表这些言论后不久,就被迫离开欧洲大陆,在英国度过了一生,而且常常是痛苦的旅居生活。但是,马克思能够事先知道这一点吗?《共产党宣言》的公开发表是否直接挫败了马克思和恩格斯出版它的政治目的?对于这两个问题,显而易见的答案是:“不”。

对于康德的论证来说,其他的实例甚至更糟。很难看出康德的观点如何适用于真正的民众起义,比如最近突尼斯反对本·阿里(Ben Ali)或埃及反对穆巴拉克(Mubarak)的“起义”。甚至可以说,为了推翻本·阿里和穆巴拉克政权,这些叛乱甚至需要公开宣扬。在这种情况下,根据康德的公开性的积极原则,这些叛乱政策显然是公正的。

欧内斯特·温里布(Ernest Weinrib)在讨论中向我提议,我们可以用以下方式解释康德的论点。在已设立的某种民事裁定中,法律和行政权可被推定为已经得到共同意志的支持。因此,可以事先料到,试图推翻法律和行政权的政策所激起的反对声音表明这个政策违背了共同意志。据此,康德认为,依据公开性的消极原则,这个政策是不公正的。这样的论点似乎是基于这样一种观念,即在任何现存的政治秩序中,人们一般认为必须顺从于现存政权,而叛乱准则试图利用这种理解来推翻或违抗现存政权。但这也引发了这样一种观点:有时它似乎真的发生了——就像在突尼斯和埃及那样——一个现存的政治政权失去了共同意志的支持,也不再被视为它的化身。在这种情况下,一般的理解——从公众示威的范围来看,这是显而易见的——可能具有完全相反的含义。康德可能对叛乱的法权有令人生畏的反驳;这种从公开性的消极原则出发的论证并不在其中。

各个国家的法权:康德关于国际法权的三个例子,显然是援引克里斯蒂安·加夫(Christian Garve)在《论道德与政治的结合》一文中的论述(1788)(EF 8:385n)。康德优雅地称赞加夫是一位学者(这是他谈论加夫的习惯),但他显然认为加夫对这些准则的宽容态度(关于这些准则,他不愿作出任何判断)过于宽容。

康德认为,政治家可以审慎考虑的关于国家对外关系的策略有三种,但(根据康德的观点)可以用公开性的消极原则来证明这三种策略是违反法权的。

a)某个国家违背了国际协议

康德设想某个国家的元首向另一个国家承诺了一些东西(一些服务,或割让领土,或补贴,等等)。国家元首打算背弃这份国际协议,理由是,如果他是作为一种最高权力作出承诺,他自己的国家可以置身度外,那么,作为国家的官员或仆人,他可以从承诺中解脱出来,因为他对国家的义务凌驾于他对另一个国家的义务之上。康德认为,如果这一策略被公之于众,其他国家将不会信任他,甚至可能联合起来反对他的目的,从而使这一策略功败垂成。

b)小国联合起来,与一个更强大的邻国打一场预防性的战争

较小的国家知道较大的国家有实力压迫它们,它们担心它也会有这样做的意愿,即使它没有伤害到任何国家。它们一起攻击它,甚至在威胁本身还未有机会出现就先发制人。康德认为,如果它们公开了自己的意图,就会激起它们所害怕的镇压行为,因此,这种公开政策将是事与愿违的。

c)为了自身的领土更安全,一个较大的国家吞并一个较小的国家

一个小国家的领土将较大国家的领土分隔开来,较大国家认为如果它永久地占有所有的领土,那么自身的领土就会更安全。它强行征服较小的国家,并认为这样做是正当的,基于自我保存的理由。康德认为,如果将这一准则公布于众,小国就会与其他邻国结成防御同盟,不仅会剥夺大国的领土,甚至会增加大国想要防范的危险。

在我看来，康德关于这些国际法权案例的论述，不同于关于公民叛乱的论述，在我看来颇有道理，也很好地说明了消极的原则。在 a 和 c 中给出的准则是明显的诡辩，试图将明显不公正的行为合理化。预防性战争 b 一般被认为是对国际法权的侵犯。①

第九节　正当的自由和有益的后果

需要注意的是，康德并不是在宣称那些通过公开性的积极和消极原则测试的政策就一定是最明智或是最好的政策，或是那些最有利于人民福祉或幸福的政策，抑或是明智的政治家最希望看到采取的政策。康德（Kantian）的法权原则将禁止政客们以牺牲国家赖以生存的目的的并集为代价来实现所谓最好的结果。假设社会的全部财富只有以这样一种方式分配才能实现最大化，即有些人处于赤贫状态，缺乏生活的手段，或者缺乏自由和独立生活所必需的财产（TP 8:295）。这些赤贫者不能理性地同意这种分配，因为它违反了提供正义标准的原始契约的理念（TP 8:296-7，304-5；MS 6:340-1）。在这种情况下，政客们将被正义要求向富人征税以支持穷人（MS 6:326），即使这意味着整个社会的财富比原本可能的要少。此外，这种财富的重新分配将是一个法权问题，而不是施舍或慈善，因为慈善的义务只是道德义务，不应强制执行（EF 8:385；MS 6:454）。

可能发生的情况是，对所有人都有最好结果的政策会遭到人民的抵制，原因是他们的愚蠢或误入歧途。那么，康德的道德政治家会试图说服他们相信

① 小布什政府的一些代表为 2003 年美国入侵伊拉克辩护，认为禁止预防性战争是不现实的。然而，在这种情况下，小布什政府显然没有隐藏自己的意图，因为在战争前夕，在美国国内和在国际上都有许多大规模的示威活动，抗议入侵伊拉克计划并敦促小布什政府不采取这种不明智的和非法的举措。无论如何，说这是一场预防性战争显然是错误的。事实上，伊拉克对美国没有任何威胁：美国声称伊拉克实际或即将拥有“大规模杀伤性武器”（表面上是针对美国的），并引用所谓的“情报”来支持这些说法，这些都是明显的谎言，或者充其量是严重的自欺。真正的目的是为了西方企业（小布什政府的支持者）的利益，发动一场征服战争，夺取伊拉克的石油储备。因此，以预防性战争理论为基础来保卫入侵伊拉克是双重的诡辩：首先，禁止预防性战争的国际法律原则是相当有效的，其原因正是康德关于例子 b）的论证所引用的理由；其次，入侵伊拉克根本不是一场预防性战争，而是一个明显非法的侵略和征服的案例，就像例子 c）。

这些政策的益处;如果他们不相信这一点,那么产生最佳效果的政策只能秘密地实施——例如,由陀思妥耶夫斯基(Dostoevsky)仁慈的大审判官,或由一群精英的功利主义社会工程师,在必要时,即使违背大众的意愿,他们也能使大众的幸福最大化。然而,在这种情况下,这些政策将违反公开性的消极原则。康德认为,政治家不应该试图执行它们。

在康德看来,政治统治者的首要任务——实际上也是他们唯一的基本任务——是维持法权或正义的状态,在这种状态中,每个人都保留着自由(他人意志的独立性),这种自由与普遍法则所规定的人人享有的类似自由是相容的。在康德看来,正义往往会导致幸福,而实现正义的最佳途径也往往是使人幸福,至少,当事情达到那种幸运的状态时,人们认为会使那些他们想象为幸福的事物变成实际上使他们幸福的事物。但康德认为,家长式政府是"可以想象的最伟大的专制主义",它为其臣民决定他们的幸福是什么,然后违背他们的意愿(通过武力或欺骗)把幸福强加给他们(TP 8:291)。那些坚持用一切可能的手段(甚至通过秘密、欺骗或侵犯公民法权)创造最佳结果的政客们,如果他们只是管理一些生物,比如驯养的动物,这些生物没有能力通过自由选择来管理自己的生活,那么这些生物既没有法权也没有尊严,那么他们是不会犯错的,他们永远不应该被给予凌驾于人类之上的政治权威。

在这一点上,任何像我刚才那样争论的人,毫无疑问会看到所谓的历史例子,在这些例子中,公正的约束似乎要求政治家放弃某种行动方案,一种据称是实现某些重要好处或防止某些灾难的唯一途径的行动方案。结论将是,康德的原则显然过于拘束。① 在评估这些反对意见时,重要的是要认识到,这种

---

① 威廉·谢尔曼(William Scheuermann)给我举的例子是富兰克林·罗斯福(Franklin Roosevelt)在1940年的宣言,他永远不会让美国人死在海外战争中。这似乎是一个谎言,但也许是一个必要的谎言,让美国人民最终接受战争是不可避免的,是击败轴心国的唯一途径。有人可能会说,如果没有这样的谎言,纳粹可能已经在欧洲取得了胜利。如果康德的原则要求我们允许这样一种灾难发生的话,我们可以说,那么这些原则显然是灾难性的错误。然而,对这个例子的一个可能的回答是,罗斯福在1940年可能没有撒谎,因为美国参战是否可以避免仍然是未知的。他可能一直在尽最大努力如实报告他的希望和意图,只有回过头来看——考虑到后来发生的他当时不可能事先知道的事——我们才能认为他显然在撒谎。这是除了我在书中将要讨论的两种方法之外的第三种方法——诉诸后见之明,可能会严重扭曲我们的道德视野。

后见之明严重扭曲了我们的道德愿景，而且不止在一个方面。

第一，在历史的回顾中，显然有许多后果令人高兴的不正当行为。我们不能仅仅因为这种行为的后果是受欢迎的，就改变我们对其不法性的看法。相反，我们应该对这一行动深感矛盾，继续谴责它，同时区别性对待它的有益后果。康德的整个历史哲学都是基于这样一种观点，即人类的竞争性——不合群的社会性，极端的恶的倾向——是自然发展人类能力的手段，包括使我们能够认识并与这种倾向作斗争的道德理性（I 8:18–22）。因此，承认这种矛盾心理是非常康德式的。第二，回顾过去常常会使人觉得不正当的行为是取得进步或避免灾难的唯一可能的方法。但在这种情况下，我们永远不可能知道所有可能的反事实的真相。实现同样结果的正当方法可能是由更明智的政治家发现或发明的。第三，我们更不能声称知道一些尚未作出的决定，其成功或失败，以及其不可预见的好或坏的结果，仍然取决于偶然的未来。

正如我们所看到的，康德确实认为，政治家的目标应该是取得有益的后果。从政治审慎的角度来看，他认为他们应该始终以韦伯式的“责任伦理”精神来看待其政策的后果。他只是坚持认为法权要求是优先的，因为符合这些法权要求是合法拥有任何权力的条件，而这些权力是为了实现其目的。因此，康德提出的调和政治与道德的解决方案认为，政治家的任务始终是找到一种方法来实现与法权要求保持一致的好结果（或避免坏结果）。永远不可能事先知道这是不可能的。[1] 政治家们可能会抗议说，康德的法权原则使他们的任务更加困难，切断了通向他们（高尚）目标的最简单和最确定的道路。但法权并非旨在让政治家的生活变得轻松；而是使所有人在普遍法则下享有自由的条件成为可能。这是政治家所拥有的任何合法权力的唯一根据。对政治家来说，最轻松的生活就是不受法权约束的暴君生活。我们越不理会那样的生活，政客们就越难达到他们的目的，不管这些目的是好是坏。

政客们为自己的错误行为所能提供的最差劲、最可怜的理由，不过是一种

① 我非常感谢桑德拉·沙普希（Sandra Shapshay）对目前的异议提出的这个答复，这显然是唯一真实的康德主义的答复，而且（我相信）也完全令人信服。

一厢情愿的臆测:尽管大多数人现在谴责他们的行为,但总有一天,这些行为将“被历史的裁决证明是正确的”①。当然,未来的人是否会作出这样的判断是永远无法知道的。即使他们这么做了,这也不能成为他们行事失当的理由。在许多事情上,历史的结论,可能是不公正的,谴责正当的行为却赞扬错误的行为。一个未来时代的结论可能总是被后来的修正主义历史学家或公众舆论所推翻(不论好坏)。但所有这些都是无关紧要的,因为任何真正错误的行为都不可能仅仅因为其历史后果而被证明是正当的。任何“历史的裁决”能够真正为这种行为正名的唯一方法,就是未来的人们正确地认定——基于与这次行动的后果无关的理由基于与这次行动的结果无关的理由——它所违反的道德原则是一个错误的原则。

第十节　康德论说谎——以及政治谎言

康德的公开性原则所提出的真正的哲学问题在于,政治家和政治家应该公开他们的政策并说出有关政策的真相,这是否确属正义的要求。这一要求当然与康德的法权理论的精神相一致。康德的法权理论基于这样一种主张,即根据普遍法则,只要有可能,法权标准是用来保护外在自由(即每个人的意志不受他人选择的约束)。因为伪造和隐瞒某人的意图——当这阻止了另一个人在获得必要信息的情况下自由地行使自己的选择时——显然,就是前者的选择有效地限制后者的自由的一种方式,前者的选择有效地限制了后者的自由。如果一个联邦国家的臣民和与其缔结条约和协定的其他国家都不能免于这种伪造和隐瞒,他们的自由就受到不公正的侵犯。

康德的公开性原则与他在那篇著名的(因为被误解而备受非议的)关于说谎法权的文章中所主张的是一致的,即政治家的公开声明在某种意义上是关于法权的*宣言*。这里不是一个充分讨论这个问题的地方(我已经在别处讨

① 这种合理化是如此普遍和如此恶心,以至于得为它配上一个特别的称呼——“将来完成时态的自我祝贺”。例如,乔治・沃克・布什(George Walker Bushand)的崇拜者们为他在2003年作出的入侵伊拉克的邪恶而灾难性的决定,作出了这种蹩脚的致歉。

论过了:Wood,2008,Chapter 14,especially pp.240-6,249-51)。但是,对于当前的目的来说,对该讨论的以下总结似乎是必要和充分的。

康德关于不说谎的道德义务的主张(至少乍一看,似乎是极其严格的)(MS 6:429-31),与政治环境毫无关系——或者,实际上,与著名的说谎法权论文的语境毫无关系。混淆这两者,恰恰是*现实主义政治家*(*Realpolitiker*)所犯的错误,他们认为康德关于政治家职责的观点来自"私德"或*心志伦理*(*Gesinnungsethik*)。

康德关于法权问题的真实性(这是与适用于政治的"道德"相关的一切)的立场是,禁止作出虚假的声明(VRL 8:426)。在康德将法权视为权利的理论中,"声明"声明(*Aussage*, *Deklaration*, Lat.*declaratio*)是一个技术术语,涉及他人有权(*befugt*)陈述其真实性的任何陈述,等于信赖(cf.KpV 5:44;MS 6:254,258,272,304,366)。在这种情况下,说假话就是剥夺别人应有的法权,剥夺他们应有的自由,使他们在本来属于说谎者自由选择的事情上受到说谎者的不公正对待。声明的典范例证可以是法庭上的宣誓声明,也可以是合同中包含的一份保证书。在法庭上,当你的证词被认为可以作为证据时,却给出虚假证词,这是剥夺了法官、陪审团和他们工作所需要的整个体系的法权(see KpV 5:44)。伪造合同上的声明,或者为了满足你知道你不会满足的条件而签订合同,都是剥夺了那些与你签订合同的人在决定与你交易或者不与你交易时的自由选择权(MS 6:272)。

对康德来说,谎言(*Lüge*, *mendacium*)是一个技术术语,意思是一种故意犯错的陈述,违反了某种法权义务。在康德看来,伪造非声明性的陈述,即在没有人有权依赖其真实性的情况下所作的陈述,不存在对法权的侵犯。当一个人"只是向他们传达他的想法,告诉他们或承诺一些事情"时,就会发生这种情况,不管他说的是真实的和真诚的,抑或是不真实和不诚恳的(*veriloquium aut falsiloquium*);因为他们愿不愿意相信他,完全取决于他"(MS 6:238)。例如,如果你说将给予某人某物,而不考虑对方的感受,如果你不给予,也不会给对方带来预期的损失,那就不是在声明。如果你不遵守这样的诺言,也不会出现侵犯法权的情况。人类交往的语境(出于必要的简便,实在法的术语)必须判定某人所说的是否算作一种声明。

政治家的公开声明,他们对政策的宣告,以及他们为支持这些政策而提供的事实陈述,都被康德视为宣言。因此,在这种情况下,政客在公共权利问题上说假话,是与法权相悖的。这是康德和本杰明·贡斯当(Benjamin Constant)在关于说谎权的争论中的真正问题。康德予以回应的贡斯当的文章《政治反应》的标题就清楚地说明了这一点(Constant,1964,pp.63-71;cf.VRL 8:429)。与康德相反——但这与我们的现实主义政治家通常对道德家想要应用于政治的标准所做的假设是一致的——贡斯当认为,这些标准源自私德。与现实主义者相反,贡斯当的立场是,道德义务可以应用于政治,但(他认为)只是有条件地。他的例子是,讲真话的义务只适用于这样一种情况:与之交谈的人有“了解真相的权利”(VRL 8:425)。

康德的反对立场是:第一,政治家作为政治家的义务是法权义务,与道德义务(或“私德”)完全分离。在诚实义务的情况下,法权义务不包括一般的陈述,而只包括声明,甚至进一步包括任何声明本身。康德的反对立场是:第一,政治家作为政治家的义务是法权义务,与道德义务(或“私德”)完全分离。在诚实义务的情况下,法权义务不包括一般的陈述,而只包括声明,甚至进一步包括任何声明本身。即使你所预设的那个人没有权利知道真相,这一义务仍然存在,因而对*那个人而言,说出*真相并不是可以转让的义务。例如,一个人可能因为自己不公正的行为或意图而丧失了这种法权。然而,即使在这种情况下,康德也认为,出于人类的一般法权,你也不应伪造声明。这就是康德将其应用于“一个人出现在你门前,意图杀人”实例的方式。这种不公正的意图可能会剥夺*他*要求你的真实性的任何法权,但如果你对他的陈述是在一种声明的背景下作出的,那么你就伪造了你的声明,对人类犯下了错误。你在这里的陈述被认为是一个*声明*,这是康德对这个例子所作的一个非常重要的假设,为了便于讨论,为了引出他自己和贡斯当之间的争论。在讨论康德关于说谎法权的立场时,几乎所有观点都忽略了康德所作的这种假设(可以说是非常别扭和令人难以置信的),这些观点通常会对这个例子作出被认为是理所当然的不同(无疑是更自然的)假设。康德的重点在于,公众,一般的人类,有权利指望声明的真实性,因为它们关乎人们的法权。①

这里的关键主张是,政治家和国务活动家家的公开陈述就是*声明*。这是因为人们正确的政治选择(例如,他们支持什么样的政策或政治家)必须依赖于政治家的信仰、他们支持的原则、他们支持的政策等方面的真实信息。寄希望于那些在公共论坛上讨论政治和政治人物的人,或者在选举中根据政治家的言论投赞成票或反对票却不把这些言论当作声明的人,就如同期望法官和陪审团把证词当作证据,同时却又认为证人可以随意撒谎。

在《永久和平论》的附录中,康德进一步扩展了政治言论包括声明的基本观点,即公开性是政治法权的一般条件。康德的公开性原则扩展了这一要求,不仅声称政治家如果作出虚假陈述就会作出不公正的行为,还声称他们的政策必须能够被公开宣布,而不会因此而弄巧成拙,进而认为其政策正确或公正的充分条件是,它们需要公之于众才能有效。康德并没有说政治家必须公开他们的政策,只是说政策本身必须*有能力*公开,能够承受得住预料中的自我挫败。

第十一节　法权及其政治实践

毫无疑问,指望法庭上的政客或证人在诚实方面总是履行他们的法权义务是天真的。康德对此一点也不抱有天真的想法。相反,他的观点是,如果我

---

① 康德在这里声称,对于一个没有可让渡"真理权"的人所作的声明,你错待于他的并非是你的虚假声明,而是你所违反的某个法权原则。这与我们先前看到的康德的论断类似,即用武力推翻暴君并不会侵犯他的法权,但这仍然是一桩错事或某种不公正。康德的一般原则是,有人施行不义之事(即使对你不公正)并不意味着你也可以对他们举止不恭。他争辩说,如果允许这样做,就会使所有正义原则失效:"当一个国家破坏和平时,另一个国家不能报复,因为如果允许这样做,那么和平就没有保障。虽然对欺诈者或恶意的人说谎可能不会侵犯他的特殊法权,它依旧是一个谎言(从虚假声明的意义上说),违背了人类的法权"(VE Vigilantius 27:447)。同样的观点的另一个可能的应用(虽然不是康德专门讨论的),可能是关于酷刑的问题。如果酷刑代表一种失当的行为(比如侵犯人权),那么,即使被折磨的人被剥夺了使自己不受折磨的可让渡法权,它仍然是不公正的行为。比如说,他自己就是一个施虐者、一个恐怖分子,或者其他一些极端不公正的行凶者。在这种情况下,根据康德的原则,重要的不是被折磨者的具体法权,而是折磨行为本身的不法性。

们不承认在这两种情况下都存在着真正的法权义务,那么我们就不再有任何一种真正的法权制度,有的只是一件赝品或装模作样的法权制度。如果我们只是漫不经心地纵容政客或证人习惯性地违反这些义务,就等于根本不把他们所违反的义务当作真正的义务(结果是,为了证人或政客的个人道德感或政治目的,在许多考虑中,对真实言论的渴求可能只是其中一个可以被正当地不予理会的考虑),那么,我们就不能在实践中认识到这些义务,从而制造了这样一件赝品。当然,在现实世界中,我们经常会遇到这种情况。但我们也赋予政治和司法程序一种权威,这种权威与将其视为不受法权约束的强制和操纵的舞台是不相容的。康德还很有理有据地假设,从长远来看,如果人们普遍认为政治制度是后一种方式,那么就不可能存在稳定的共和政治秩序。

在这一点上没有一致的"妥协"。如果政治家的行为不受法权的限制,那么,如果我们始终如一,我们就必须剥夺所有政治家以公众的名义自我谋利的权力(这将使法权的条件化为泡影)。我们接受这样一个有效的假设,即我们是在一个法权体系中运行,但随后,我们将这个体系中的义务视为独立的合理例外,由政治家自行决定,只有一个条件,就是他们发现自己可以不受惩罚地违反这些义务,那么我们只是在自欺欺人。我们的*现实主义政治家*抱怨道,道德家会把自身的个人价值观强加于政治;然而他们强加给我们的要糟糕得多:以"责任"为幌子的傲慢任性。韦伯将其描述为一个成熟男人的坚强果断,他用自负的想法为自己滥用权力找借口却还认为自己肩负着沉重的责任:"相当感人的是一个成熟的人……对自己的行为所造成的后果负有责任,并真心实意地感受到这种责任"(Weber,1958,p.127)。然而,在现实生活中,这样的人最后听起来总是像1992年电影《好人寥寥》(*A Few Good Men*)中海军陆战队指挥官内森·杰塞普(Nathan Jessep)[由杰克·尼克尔森(Jack Nicholson)饰演]那样:

> 你想知道真相?你不能*操纵真相*!我的责任比你想象的要大得多。你有幸不知道我所知道的。你不想知道真相,因为在你内心深处,你从来不愿在大庭广众之下示人之处,你却*想要*而且一定要让我张榜公告。我们使用"荣誉""准则""忠诚"等词。我们用这些词作为一生中捍卫某事

> 的支柱。你把他们当作*笑料*！我既没有时间，也不想向一个在我提供的自由的毯子下起床和睡觉，然后质疑我提供自由的方式的人解释我自己！我宁愿你只是说"谢谢你"，然后继续你的生活。否则，我建议你拿起武器，而且抵制某种公告。不管怎样，我才不*在乎*你认为你有权得到什么！

随心所欲混淆视听：这不过是傲慢、错误地滥用权力。在这些不法分子的口中，"荣誉"和"责任"这样的字眼比"笑料"更糟糕——它们是不堪入耳的。我们不*需要*，也不应该*想要*这些人——不要寄希望于他们的巧舌如簧：它们总是对我们的自由构成某种*威胁*。从它们那里，我们总是*有权*得到*真相*：我们是否能够"泰然承受"，这与它们毫不相干。

这里的重点不在于有一套绝不能被违反的"绝对"规则，也不是没有时不时存在着的悲剧性的两难境地，其中，行为者要么处处犯错，或者从来没有必要作出一些令人极度反感的行为。准确地说，要害在于那些急于相信所有这些事情都在他们的生活中发生过的人，他们相信自己是必须承担责任的人——正是这些人永远不应该拥有政治权力，或者永远不应享有他人法权。内森·杰塞普说："你有幸不知道我所知道的。"杰赛普声称自己"知道"，可怕的行动是必要的，那些坚持人权的人太神经质了，他们是"懦夫"——为了打败他们，我们必须堕落到坏人的水平。这种"知识"使他们感到强大，超越了让他们得以施展权力的普通人的命运，当然，总是自豪地意识到随之而来的"责任"。

"太过轻易地认为'除了这件可怕的事情，我什么也做不了，没有其他的事情可以做'是邪恶的标志，是一种残缺的性格"（Hursthouse，1999，p.87）。这是一种恶行，任何被这种性格困扰的人都绝对没有资格对他人行使政治权威。很明显，它使杰赛普和他在现实世界中的所有副本都失去了资格。对他们而言，最可怕和最荒谬的行为——酷刑，有针对性的暗杀，未经指控或审判的无限期拘留——不只是极端情况下允许的例外，而是成为常规的国家政策。因此，到最后，只有他们的沙文主义，或他们的种族和民族偏见，才能使他们把自己与"极权主义者"和"恐怖分子"区分开来，即使是在他们自己的思想里，正是这些"极权主义者"和"恐怖分子"诱使他们玷污了他们的人性。他们的职业生涯会不会以不光彩的结局告终呢?丹尼尔·卡菲上尉(Lt. Daniel Kaffee)[由汤姆·克鲁斯(Tom Cruise)饰演]对杰塞普说的最后一句话:“你被捕了,你这个恶棍。”①

第十二节　道德家对务实的政治家的言说

康德因其关于宗教的著述和教义而受到教育部长约翰·克里斯托福·冯·沃尔纳(Johann Christoph von Wöllner)[代表国王弗里德里希·威廉二世(King Friedrich Wilhelm II)]的批评,不久后创作了《永久和平论》。在这一著作中,他不仅特意赞扬了新成立的法兰西共和国(刚与普鲁士交战不久,而且很快又和它开战了)的宪法形式,还冒昧地建议,一个已将其宪法提高到共和国形式的国家,可以作为其他国家在建立联邦以维护国际领域永久的公正与和平的某种合宜的聚集点。这些观点在普鲁士统治者中的受欢迎程度,大致不会高于今天在美国国会的共和党领导人面前提倡医疗改革,对富人征收累进税,或起诉华尔街银行家欺诈。

康德在这一点上也不抱任何幻想。他知道,他是在告诫那些对他的意见毫不在乎的人,根本不指望他们会注意他的话。他真正的目标听众只能是那些会无意中听到他对普鲁士强权的道德抱怨,可能会和他一样反对普鲁士强权的人,无论这些人是在普鲁士之内还是之外。康德不相信革命,甚至不相信非暴力反抗;一年前,他听从国王的命令,不教也不写任何有关宗教的东西,并

① 《好人寥寥》中描述的事件是基于1986年发生的一个真实的军事法庭案件。现实生活中,丹尼尔·卡菲上尉(Lt.Daniel Kaffee)的对应人物是后来的新墨西哥州联邦检察官大卫·伊格莱西亚斯(David Iglesias),他是2006年被当即解雇的8名联邦检察官之一,他们拒绝起诉那些毫无价值的“选民欺诈”案件。这是小布什政府压制年轻人、穷人和少数族裔选民投票计划的一部分,为的是共和党可以保持选举优势,即使它的政策侵犯了权利,直接违背了绝大多数美国人的利益。在民权时代之前,他们经常延续、模仿或革新民主党在美国南部各州的类似做法。还有一些努力正在进行中,以修正美国长期过时的选举团制度——但只是在某些州——以便更有可能选出一位只有少数选民投票的总统。这些努力显然是由这样一个事实引起的:在这之前的那次总统选举中,大多数投票给胜利者的人中只有不到40%的白人,其中,许多人显然认为自己是美国唯一真正合法的选民。

承诺遵守国王的命令。他想成为普鲁士国王的臣民。但他也不相信在他可以对权力说真话的时候却应该保持沉默。在为自己的立场辩护之后,他才作出了服从的承诺。然而不到两年之后,弗里德里希·威廉二世(Friedrich Wilhelm II)的去世(在他看来)解除了对他的皇家命令和他自己的承诺,他又重新开始了关于宗教的写作。正如保罗·福尔摩沙(Paul Formosa)所指出的那样,康德否定了对合法但不公正的权力进行绝对的或主动(暴力的)反抗的法权,但他在原则上和行动上都肯定了通过公开抗议的方式进行"消极反抗"的法权甚至义务(Formosa,2008)。他甚至认为,如果一个民族盲目地接受"政府提出的每一项要求",那么这个民族就是"腐化的"(MS 6:322)。

康德甚至似乎乐于接受自己作为"不切实际的"理论家或道德哲学家的角色,他无礼地(尽管也可能无能为力地)告诫注重实利的政治家们注意自己的义务。他总是希望那些掌权的人会听他的话,但从来没有指望他们会听他的(参看 EF 8:368-9)。毫无疑问,在一个不以统治者需要倾听理性、尊重法律或关注臣民意见为掩饰的国家里,保持这种态度是比较容易的。尽管在我们的时代当权者需要这样的掩饰,但严重滥用政治权力的人对法律或公众几乎无所畏惧——除非他们对大富豪或大公司的利益表现出敌意——然后情况就会发生变化,即使是为了追求正义、合法性和公众利益,也会把政客们置于危险之中。最让人难以接受的是,赤裸裸的不公正仍然主宰着我们的政治,以至于我们的处境与康德的处境别无二致。

第五章　赫尔德和康德论历史：他们的启蒙信仰

第一节　赫尔德与启蒙运动

康德最缺乏吸引力的一点在于，如果他的学生、追随者和门徒背离了他所认为的批判哲学的中心原则，那么他就会认为他们是对他不忠的。康德表现出了这种缺乏雅量的特质，尤其是对两位男性——约翰·戈特利布·费希特（Johann Gottlieb Fichte）和约翰·戈特弗里德·赫尔德（Johann Gottfried Herder）——通过他们，康德哲学得到了极大的丰富，其影响远远超出了原本的范围。他们都是伟大而又有独创性的哲学家，但也都是敏感的、执拗的、不可理喻的人物，在与人打交道时远比康德更令人敬畏。费希特是批判哲学的更有力朋友，这一点康德从未意识到。然而，费希特常常从康德的原则中得出结论，其结果远比康德自己得出的结论更为恰当。而赫尔德的思想与康德的思想一道推动了人性和历史研究的革命。在这两种情况下，个人冲突导致人们想象出比我所能想象的更为深层的哲学分歧。

赫尔德是康德的学生，我们所知道的康德在 1762 年到 1764 年间关于形而上学和伦理学的讲座的大部分内容都来自于赫尔德手中的讲座录音文字稿。1771 年，赫尔德因其《论语言的起源》一书在柏林普鲁士皇家科学院获奖而声名鹊起，但他对历史哲学最重要的贡献是小短篇《关于人类教育的另一种历史哲学》（1774）和厚重的篇章《人类历史哲学的观念》（1784—1791）。因此，赫尔德对人类学和历史哲学的贡献要早于康德，这两位思想家之间的相互影响显然比人们通常认为的还要重大得多。康德与赫尔德的个人关系是复杂的。康德对赫尔德的《人类历史哲学的观念》一书的评论表面上是赞美之词，但却带有侮辱性的优越感。赫尔德的最后两部作品《纯粹理性批判之元批判》（1799）和《卡利贡涅》（1800）都是反对康德的论战。然而，在 18 世纪 90 年代末，赫尔德在《论人性进步的信件》中对康德进行了意味深长的赞颂，刘易斯·怀特·贝克（Lewis White Beck）曾在他翻译的康德著作的序言部分"人生与作品"的结束语中引用了这一赞颂。①

许多关于赫尔德的论述主要将他视为一位康德反启蒙运动的古怪朋友哈曼的追随者以及康德哲学的敌人。赫尔德被描述为一位狂飙运动（*Sturm und Drang*）的人物、反启蒙主义的思想家、一位民族主义者而不是一位世界主义者、一位恐法者和亲德者、一位感性和直觉哲学家而不是理性哲学家、一位文化相对主义者和一位道德普遍主义的反对者。但这些影像最多只能呈现一半的事实。在我看来，弗雷德里克·贝塞尔（Fred Beiser）把赫尔德的哲学描述为哈曼（Hamann）和康德双重影响的斗争的结果时，他似乎更接近事实，而且当他得出结论说，如果赫尔德的老师中有一位可以说赢得了这场斗争，那么他就是康德（Beiser，1992，Chapter 8）。我认为，弗雷德里克·贝塞尔的结论也更接近事实。

毫无疑问，赫尔德和康德在哲学上有许多分歧。迈克尔·福斯特（Michael Forster）提出了一个有趣的论点：赫尔德的主要哲学观点来自康德——然而是来自 18 世纪 60 年代前批判时期的康德，而不是 1781 年及之后的批判时期康德，他与后面这一时期的康德之间存在着深刻的分歧。在福斯特看来（PW：pp. xi－xiv），赫尔德接受康德的早期［哈奇森（Hutchesonian）］的道德意识或（正如福斯特时序错置的描述，"非认知主义者"）伦理观点，他的"（受绝对怀疑主义影响的）形而上学怀疑论"以及一

① 参阅如下著述：贝克（Beck）对《未来形而上学导论》的介绍（Indianapolis：Bobbs-Merrill，1950），p.xxii；*Critique of Practical Reason*（Indianapolis：Bobbs-Merrill，1958），p.xxii；*Foundations of the Metaphysics of Morals*（Indianapolis：Bobbs-Merrill，1959），p.xxii；*Kant on History*（Indianapolis：Bobbs-Merrill，1963），p.xxviii。引文来自赫尔德《论人性进步的信件》［*Briefe zur Beförderung der Menschheit*（*1793－1797*），*Werke Suphan 18*：*324－5*］。

种福斯特假设前批判康德持有的经验主义的烙印——所有这些观点都完全反对的康德后期的批判哲学立场。在这里，我宁愿质疑福斯特对早期康德的一些描述，也不愿质疑他将这些观点归因于赫尔德。但关于历史哲学，这是我现在的主题。我想，我们只有从认识到康德和赫尔德有多少共同之处开始，才能正确地鉴别其间的真正的差异，以及他们在历史哲学上的争论如何建立在更为基本的共识之上。

我认为，康德和赫尔德的主要观点是，将人类历史看作一种自然的合目的性，就像在有机体中发现的那样，而不是在人类有意的行为中发现的那样，是理性的。我认为，这两位哲学家都应该把他们的历史哲学建立在对人类进步的信念之上。这种信仰是启蒙运动的特征（尽管在启蒙运动中并不普遍）。有时启蒙运动采取的是一种宗教形式，有时采取的却是一种纯粹的世俗形式，有时是两者的混合（如康德和赫尔德）。

在我们这个时代，批评启蒙运动关于历史进步的观点，或屈尊于启蒙运动的观点，似乎是一种时尚，就好像这些观点代表着某种我们——曾目睹过20世纪纳粹大屠杀、欧洲帝国主义的苦果和苏联东欧社会主义大厦的倒塌等诸如此类的事件——现在可以确认为某种错觉的天真。就好像他们代表某种天真等20世纪的事件，我们能活着看到纳粹大屠杀，欧洲帝国主义的苦涩的果实，和苏联东欧社会主义的崩溃——现在可以识别作为一种错觉。后现代主义现在将启蒙运动的观点斥为“元叙事”，而许多受宗教启发的观点开始认为它们表现出一种世俗的人文主义傲慢。因此，在介绍了赫尔德和康德的观点之后，我将对他们对历史进步的信念进行一些反思。为此，我将在后面引用罗伯特·梅里休·亚当斯（Robert Adams）关于*信仰*的一些思想——尤其是他在《有限与无限的善》（1999）的最后一章中讨论的那种“道德信仰”。我将试着用亚当斯的叙述来证明赫尔德和康德的历史观既不幼稚也不傲慢，却反而是相当地合理。我认为，启蒙运动对历史进步的信仰是一种理性的信仰（在亚当斯的“信仰”意义上），在我们寻求对人类历史以及作为人类历史一部分的我们自己的行为和奋斗的理性理解时，这种信仰对我们来说是理性地必要的。

第二节　赫尔德的历史宣言

康德以他的哲学兴趣和成就而闻名。他的哲学几乎革新了哲学的每一个领域:形而上学、认识论、心灵哲学、科学哲学、道德和政治哲学、美学、宗教哲学,以及(我在这里要讨论的)历史哲学。在人类研究的许多领域,如心灵哲学、语言哲学、行动哲学、历史和人类学的方法论,以及《圣经》和文学的解释,不太为人所知的是,赫尔德的情况也差不多。施莱尔马赫(Schleiermacher)在诠释学和威廉·冯·洪堡(Wilhelm von Humboldt)在语言学上的理论革命直接建立在赫尔德的理论成就之上(see Forster,2007)。

1774 年,赫尔德发表了一篇充满感情和雄辩的小论文《关于人类教育的另一种历史哲学》(*Auch eine Philosophie der Geschichte zur Bildung der Menschheit*),在视野上雄心勃勃,在内容上丰富而新颖,语调时而激昂,时而讽刺。规范的解读认为它是反启蒙运动的辩论。赫尔德的文章充满了对他自己时代的控诉,那个被认为是启蒙的、哲学的时代。这是一个抽象理智的时代,在这个时代里,头脑与心灵是对立的,一种肤浅的、人为的、机械的思维方式把人们与他们内心深处的人性隔绝开来。这是一个怀疑主义的时代、不信仰宗教的时代、抽象的世界主义的时代,在这个时代里,爱国主义和文化根基的价值已经遗失。最后,这是一个自鸣得意的狭隘时代,它自鸣得意地以为自己是人类历史的最终目标。赫尔德似乎在说,所有这些特征都是生命力量衰竭的症状。

相比之下,赫尔德称赞过去时代的美德,尤其是那些他认为被他的时代所谴责的并让他的时代自恃优越的美德——东方的宗法宗教、埃及的祭司制度、希腊和罗马的爱国主义,以及在文艺复兴和宗教改革之前的长期基督教时代中,宗教对生活各方面的支配地位。很多对他所处时代的批判,都与他的历史宣言之前的文学批评有关。在它们之中,赫尔德认为,古代语言,如荷马史诗和《圣经》,比现代语言更富有诗意。他赞美民间文化的多样性,而不是古典主义。古典主义认为,只有模仿希腊—罗马文化中范围有限的恩典模式,才能看到美。

最重要的是,赫尔德捍卫了德国的文化,反对法国的统治,这是他作品的一个特色,后来纳粹声称他和费希特是自己人。当然,在这两种情况下,这样的说法都是错误的,甚至到了不堪入耳的地步。但在赫尔德的情况下,这种说法尤其别扭,他所称的“民族主义”包含了对这个词所暗示的大多数事物——比如国家和军事力量——的强烈敌意。此外,在赫尔德看来,德国文化的恰当称谓一直是思想、诗歌和教学,对他来说,“德国”文化甚至包括莎士比亚(Shakespeare)和奥西恩(Ossian)所称的凯尔特民谣[即便是在休谟(Hume)等头脑冷静的人立即认出了麦克弗森(MacPherson)的粗糙的赝品之后,赫尔德仍认为这些赝品是真实的]。另一方面,赫尔德的亲德情结始终是文化上的,而非政治上的,更别提军事上的了。

赫尔德 1774 年的历史宣言经常被解读为一篇反对启蒙时代的长篇大论,部分原因是很多人认为如此解读它所提出的立场极具吸引力。在他们看来,赫尔德看穿了我们这一类哲学家枯燥的知性主义,认识到启蒙运动平等主义表象背后的肤浅精英主义。他(他们认为)与我们更深层次的人性有联系,这被 18 世纪肤浅的科学理性主义所否定,诸如此类。赫尔德被认为是浪漫主义运动的先驱,是最早意识到多元文化主义和后现代主义所表达的真理的人。许多赫德赫的崇拜者觉得所有这些都很吸引人,至少有一部分是这样。

我不想否认,赫尔德的思想确实在这些后来的运动中起了很大的作用,或者对他们产生了很大的影响(其中很多是间接的,甚至直到现在都还没有得到充分的承认)。但在我看来,这种对赫尔德的解读,不仅在视角上,而且在其现代性取向上,都是大错特错的。首先,它给像我这样的人留下了一条过于简便的出路——我的意思是,我们之所以接受启蒙运动,正是因为那是一个充满怀疑和不信仰的时代,因为它拒绝爱国主义和感伤主义,因为我们认为自然科学的理智诚实比令人讨厌的牧师和诗人的感情主义更有生命力——后者被休谟准确地定性为“职业上的说谎者”(Hume,1967,p.161)。把赫尔德简单地理解为“反启蒙”,只会把我们和他之间的问题简化成一个品味的问题:我指的是人们认为他的品位差而我们的品位却很好。

同样,在这种解读中,我们可以驳斥赫尔德关于启蒙运动的很多观点,认为这是一种完全错误的描述。哪些启蒙思想家应该是自鸣得意的,自认为整个历史将他们引向顶峰和决定性的终点? 启蒙运动的一些主要人物,如伏尔泰(Voltaire)和门德尔松(Mendelssohn),似乎根本不相信历史的进步。那些像康德一样对历史进程持谨慎态度的人——实际上比赫尔德更谨慎——把他们的希望集中在未来,而不是历史上的现在——正如赫尔德本人在《另一种历史哲学》最后几页所做的那样。

正如最后一点所表明的那样,这种完全反启蒙主义的阅读也很容易让人把赫尔德与自己对立起来,因为他自己就是启蒙价值观的拥护者,而这种价值观在任何地方都是有价值的。赫尔德的宗教信仰被证明是当时典型的德国自由思想家的信仰——高度个人化和非正统,夹杂着斯宾诺莎式的异端邪说和对《圣经》的非字面解读。赫尔德在所有问题上提倡宽容和公开讨论,反对专制主义、反对军国主义、反对帝国主义,在社会、经济和政治信仰上主张平等。赫尔德在人文科学中的主要目标是更好地考虑经验事实,扩展和适应科学方法,而不是简单地予以拒绝。

因此,我们需要的这种对赫尔德的解读,可以用来解释为什么他如此激烈地与启蒙运动的一些杰出代表争辩,比如伏尔泰和康德,并向我们展示他究竟想要为启蒙运动添加些什么,同时也承认了一个同样简单的事实,那就是在要害之处,他自己也是启蒙运动的一部分。

第三节　理解每种文化的内部视角

要更好地理解赫尔德 1774 年的历史宣言,最好的方法就是从它最具革命性的思想开始。这是赫尔德看待不同于我们的文化和时代的新方法。赫尔德认为,人类历史上的每一个时代,都必须从内部来理解,用它自己的“思维方式”(*Denkungsart*)来理解,包括它自己的体验和感受的方式,以及生活和行为的方式。每一个时代都是独特的,首先要简单地从它自身及其内在的有机力量来理解,就像一个有生命的东西或一件艺术品,而不是机械地、简单地作为一些普遍规律的一个实例。正如他后来在《人类历史哲学的观念》一书中所写的那样："人类的感情和倾向处处顺从于他们的组织和生活环境；此外，他们处处受习俗和意见的左右"（Herder Suphan 13:319，*Ideas*，Book VIII，Ch 4）。

在《另一种历史哲学》的第一部分，赫尔德回顾了古代世界的主要文化，并试图在其独特的历史方位上来描述每一种文化。他区分了它们的经济生活方式，也区分了它们所代表的人类发展阶段。"东方"——也就是古代的近东地区——是一个宁静的田园社会，建立在对父权权威的服从和孩童般的宗教情感的基础上（Herder Suphan 5:477-80；PW 273-76）。古埃及是一个农业社会，发展了土地产权、民政管理和实用艺术（Herder Suphan 5:489-92；PW 280-4）。腓尼基人与埃及人不同，他们重视外在世界、海洋以及民族间的贸易（Herder Suphan 5:493-4；PW 284-5）。两者的成就都被希腊人接受了，但也完全被改变了。希腊人首先产生了一种新的美感和对自由的热爱（Herder Suphan 5:494-9；PW 285-9）。在罗马人身上，我们看到了一种征服欲望和感官享受的自豪、对祖国的忠诚，以及建立一个完整世界的渴望（Herder Suphan 5:499-501；PW 289-91）。赫尔德还将连续的古代文化比作一个人的发展阶段。东方是这个物种的婴儿期，埃及是它的童年，希腊是它的青年，罗马是它的成年（在这些文字中，他把自己的世纪描绘成一个老年人的世纪。这一点我们稍后再谈）。

每一种思考方式都代表着人类不同的一面，都在寻求一种不同的幸福（Herder Suphan 5:508-9；PW 296）。因此，赫尔德注意到，每个人都对他者的思维方式缺乏宽容。农业埃及人既看不起东方的牧羊人，也看不起腓尼基的水手；希腊人认为所有其他民族都是野蛮人（Herder Suphan 5:487；PW 281）。然而，"偏见在适当的时候是好的，因为它使人自得其乐。它迫使人们齐心协力，使他们在自己的部落的茎干上成长得更为坚固，使自己的同类更为花团锦簇"（Herder Suphan 5:510；PW 297）。

这里有一个严重的危险，赫尔德意识到而且采取了避免的措施。我们可能会倾向于认为他的观点，认为思维方式和变得快乐的方式本质上是文化和集体的，而不是个体的。但这与他的观点恰恰相反。他宣称，"在这个世界上，没有人比我更能感知到一般特征的弱点"（Herder Suphan 5:501；PW

291)。所有的思维、情感以及人类幸福的组成部分,归根到底都是特定人类独特个性的表现。在某些时代,有更大的一致性,更加依赖社会权威,更加遵守集体的标准(东方或埃及文化比希腊文化更强,所有这些文化都比现代文化更强)。但在每种文化中,赫尔德认为,思维和情感上的个体差异比文化上的一致性更多。当涉及人类生活最基本的东西——幸福的条件时,这一点最为正确。正如他后来在《人类历史哲学的观念》一书中所写的那样:“幸福是一种内在的状态;因此,它的标准并非无视我们而存在,而是在每个人的心中,只有在那里,它才能被确定”(Herder Suphan,13:333;*Ideas*,Book VIII,Ch.5)。

赫尔德对各个时代和不同民族的概括,对不同文化的思维方式和情感的区分,主要围绕着两点。第一点,是他们的思维方式和因此而产生的条件之间的根本差异。在这种条件下,每个人都有可能过上富足幸福的生活。这就产生了关于道德和美德的截然不同的概念。这些概念就像生活方式和每个人可能拥有的幸福一样,彼此之间存在着根本的差异。第二点,也就是赫尔德一度提到的“我的伟大主题”,是不同时代之间的历史连续性,是历史每一阶段到下一阶段的必然发展。赫尔德认为,这是天意的安排(Herder Suphan 5:511;PW 298-9)。

第四节　当今时代的失败

赫尔德认为,自己的时代以一种完全错误的方式来看待自己的历史,因为这个时代运用的是我行我素的思维方式、价值观、幸福观和美德观。他称之为(用一个典型的启蒙运动术语)自以为是的“偏见”,这些偏见提供了错误的衡量标准,只会导致令人费解的敌意。例如,当今时代把古代东方所谓的“专制”或埃及的等级制度(祭司制度),与它们在我们这个时代最为势均力敌的近似物联系起来,而且因为它恰恰拒绝了这些与我们的幸福和思维方式有关的东西,所以,无法理解它们的出现在当时是多么得当和必要(Herder Suphan 5:490;PW 282)。他说,这犹如一个老人期望一位婴儿或小伙子像他那样生活、想着同样的事物、珍惜同样的事物、为同样的事物欢欣鼓舞;或者犹如我们指望婴儿、孩子或年青人乐于过着一种适合老人的生活(Herder Suphan 5:486,489-90;PW 279,282-3)。

赫尔德也接受了传统的观念,即每一个人、每一个历史阶段,也都要经历一个类似生命周期的过程,包括一段不成熟和成长的时期,然后是衰落和衰亡的时期,在这两者之间又是繁荣的时期。在此期间,它充分享受的是特有的幸福(Herder Suphan 5:509;PW 296)。在这些周期中,民族、国家、整个生活方式和思维方式兴起、成熟,然后消失,为他人腾出空间。这就引出了赫尔德的另一个主要观点——"伟大的主题"——在历史的进程中,一个天意的计划变得清晰可见。它是历史的必要叙事结构,历经沧桑,"人性永远依旧只是人性"(Herder Suphan 5:511;PW 298)。

根据赫尔德的观点,当今时代在这一点上也误判了其他时代,因为它没有认识到,历史的每一个早期阶段不仅对它自己的时代是必要的,而且对整个过程也是必要的。从这个意义上说,对当今时代本身也是必要的。因此,他指责他的同时代人不仅谴责其他时代,用错误的标准来评判它们,而且没有带着感激之情去欣赏过去的时代是如何使其自己的思维方式和幸福成为可能的。然而,他坚称,他的目的不是捍卫其他时代的思维方式,而只是诠释它们(Herder Suphan 5:526;PW 309)。他认为,对其他时代的制度的赞扬和指责,往往都忽视了这样一点:就那个时代的环境和思维方式而言,我们认为好坏之物都是不可或缺的——因为奴隶制度对斯巴达人的美德是必要的(Herder Suphan 5:508;PW 295),正如黑暗时期是必要的,它使我们的启蒙时代成为可能(Herder Suphan 5:525-6;PW 308-9)。

这里谈到的关于*必要性*的各种主张对赫尔德很重要,他以一种强有力的方式珍视它们。后来,在《人类历史哲学的观念》他将其视为"首要法则":"在我们地球上的任何地方,无论可能是或曾经是什么样的必要性,依据的都是这个地方的情况和需求、当时的环境和场合、民众与生俱来的或后天生成的性格"(Herder Suphan 14:83;*Ideas*,Book XII,Ch 6)。用康德的话来说,这个"法则"对赫尔德来说似乎是他所寻求的"诠释"的一种规范性的思想。如果我们领会一个民族或一个时代特有的感情和思想、行为和价值观、奋斗和幸福是如何地相互依存，而且不仅是人民的地理和经济环境所必需的，也是它在人类本性所经历的时代的历史继承中所处的地位所必需的，那么，我们就可以充分地诠释一个民族或一个时代的发展。

如果我们把赫尔德对他自己时代的批判，仅仅看作他的历史理论的基本原则在当今时代的应用，我们就能更好地理解他的批判。有一种思想认为，现在这个时代，和任何时代一样，对别人都是不宽容的，认为自己的思维方式和幸福是思维的唯一方式，是幸福的唯一方式。我认为，正是这种思想，而不是赫尔德在启蒙思想家的思想或著作中所发现的任何东西，导致他将启蒙描述为以傲慢自满的心态看待自身，并将其视为历史的最终目标（Herder Suphan 5:559-60;PW 334-5）。另一个需要注意的要点是，在他关于一个时代的生命周期的概念中，赫尔德认为他自己的时代处于一个衰退期和（他反复说的）“枯竭”的时期（Herder Suphan 5:538,556,582;PW 319,333,355）。这是他对当今时代的隐喻性描述的深层含义。这影响了他对它的解释，把它视为一个单向度的哲学时代，其特征是过度的理智主义、头脑和心灵的分离、宗教信仰的丧失和对出生地的献身。总之，他称之为“灵魂的平庸”（Herder Suphan 5:583;PW 356）和“人类的苦难”（Herder Suphan 5:526,cf.538,550;PW 310,cf.319,328）。对赫尔德来说，现代性的巅峰是17世纪机械发明的实用蓬勃，它形成了那个时代的科学、政治和哲学模式（Herder Suphan 5:536-7;PW 317-18）。政治上的顶峰出现在路易十四统治时期（Herder Suphan 5:581;PW 354）。这个时代最大的错误是把它的哲学、它的知识、它的自我理解看作所有历史的顶点，因为在赫尔德看来，这些不是任何事物的顶点，而仅仅是颓废的症状。

这也解释了为什么赫尔德在结束他的宣言时热情地表达了对新时代的希望。在这个新时代里（和过去所有时代一样），当代的成就将得以传承，同时转化为全新的、更高的东西。正是在这种精神的鼓舞下，赫尔德赞颂启蒙思想——知识、自由、平等、崇尚交往（Herder Suphan 5:575;PW 349）。当然，以它们当前的形式，它们常常弊大于利，导致浅薄、腐败和苦难。它们的真正意义和价值只有在将来才会被欣赏，当它们仅仅被视为一个更大整体的碎片时，就像他所说的,我们的现在是“生命的碎片”,上帝的计划最终揭示了它们是一个比我们现在所能理解的大得多的目的的工具(Herder Suphan 5:584-6,cf. 5:513;PW 356-8,cf.299)。赫尔德对他所处时代的批判,仅仅是他接受一种历史乐观主义的形式,接受一种客观的自然的历史目的论的结果。

第五节 赫尔德与“文化相对主义”

我已经提到过,赫尔德的历史观和社会观经常被描述为“文化相对主义”。这个术语被用在各种各样的、不甚精确的甚至是混乱的意义上,在我们把它变得更精确之前,否认它描述了赫尔德的观点是毫无意义的,因为它没有为我们提供任何关于赫尔德相关思想的有用信息。但是,我们应该认识到,这样的术语在赫尔德的时代并不流行,他从不使用它们来描述自己的观点。当我们用“相对主义”和“历史决定论”这样的术语来代表赫尔德的观点时,存在着一个严重的危险,那就是我们不仅会歪曲这些观点,而且还会遗漏这些术语中的一些部分,而这些部分可能会帮助我们判断后来那些被冠于这些名称的观点之中的对与错。

“相对主义”,就像许多哲学论题一样,但在更大的程度上,发现自己处于一个边缘:一边是琐碎的事实(很少有人会否认的事实),另一边是可笑的谎言、自相矛盾或纯粹的无稽之谈。即使是回答最简单的问题,也常常迫使相对主义者在坠入这一深渊还是那一深渊之间作出选择。赫尔德激情满怀、豪放不羁的思维和写作风格,经常使他受到无法首尾相顾的指责。但我认为,他的观点中有一些值得注意的地方,它们有助于使他免遭不连贯或自我反驳的指责,而这些指责经常被拿来反对各种形式的相对主义。

首先,尽管赫尔德意识到理解其他时代和其他文化有多么困难,但他从不怀疑自己对古代社会以及自己所处时代的各种主张*在客观上是正确的*。对他来说,对任何时代都只有一种客观的、正确的理解,即一种只适合那个时代本身的理解,一种与那个时代的地理和历史条件相联系的必要性,一种与那个时代的思维方式和行为方式相联系的必要性。任何其他的理解,例如来自不同时代的标准和偏见，在客观上都是错误的。历史或文化的真理与观察者的观点完全无关，尽管我们的观点可能使客观的真理更难以被了解。

其次，赫尔德还反对"文化决定论"，这一理论属于近代一些人类学家的理论，如鲁思·本尼迪克特(RuThBenedict)或克利弗德·纪尔兹(Clifford Geertz)。这种观点认为，某种被称为"文化"的实体总是决定性地制约着人类所有个体的思维，并为个体的思想和行为的正确性提供了唯一的标准。相反，对赫尔德来说，最深刻的真理在于个体，而衡量一个人的幸福和美德的真正尺度永远是他们的个人生活。作为整体的文化，只是为个体这种无尽的丰富性提供了必要的环境。

对于我们现在所称的关于伦理问题的"相对主义"，赫尔德最为切近的方法可能是他如下的观点，即人类幸福的特性，因此也包括道德和美德，在不同的文化和时代之间有着根本的不同。但这种观点最好被看作另外两种观点结合的结果：

道德幸福论(ME)：*有效的道德标准取决于其适用对象的幸福的性质和方式。*

幸福的可变性(VH)：*没有不变的人性来决定什么对所有人都是最好的。人类幸福的内容因文化而异，甚至因个体而异。*

许多哲学家，包括亚里士多德和功利主义者，都持有"道德幸福论"的观点——尽管，对于什么是幸福，道德标准如何依赖于幸福，幸福论之间肯定存在分歧。幸福的可变性的观点被较少的哲学家所持有，并且似乎被亚里士多德和其他古代的幸福论伦理学流派所拒绝[亚里士多德熟知关于幸福是什么的各式各样的异见或*共识*，但他对大多数观点都不屑一顾，认为它们仅仅是"多数人"的观点；他认为幸福是什么有一个客观的真理，哲学有能力把握这样一种客观真理(Aristotle 1095b-1096a)]。

在赫尔德那个时代，有一位哲学家非常明确地接受了幸福的可变性，也就是康德，但他显然拒绝了道德幸福论。然而，把亚里士多德、边沁或康德视为道德或文化相对主义的一部分，是荒谬的。这似乎很奇怪，赫尔德成为一个相对主义者仅仅是通过结合两个已经熟知的观点，其中没有一个是相对主义者。

道德幸福论提出了一个确定道德内容的普遍而纯粹的客观标准。幸福的可变性告诉我们,这个标准对不同的文化、不同时代和不同个体的适用性非常不同。如果相对主义只是简单地认为,当不同的人所处的情况不同时,相同的客观标准将以不同的方式适用于不同的人,那么它就开始显得真实却无关紧要,而且没有人会想要否认这一点。如果相对主义的论点是,道德幸福论和幸福的可变性的结合导致了幸福和美德失却了客观的真理,那么,相对主义的本质似乎只包含一个基本的谬误,它是由一个明显的*不合逻辑的推论*而产生的。将这一基本错误归咎于赫尔德,似乎是毫无道理的、不厚道的,尽管他的许多读者以及文化人类学的整个传统,有时可能都犯了这样的错误。

对于道德或文化相对主义来说,这并非一个陌生的困境。例如,威廉·格雷厄姆·萨姆纳(William Graham Sumner)最常说的文化相对主义是这样一种学说:一个社会成员的行为在道德上是否正确,取决于这个社会对什么是道德正确的信念。然而,有时他声称行为或习俗在道德上是正确的,因为它们很好地适应了人们的需要和环境(萨姆纳在许多方面是有史以来最原始的社会达尔文主义者之一)。在这一点上,他似乎把一个社会的道德信仰仅仅视为一个经验性可靠的指南,以证明哪些事物具有良好的适应性(Sumner, "Folkways",in Ladd,1973,pp.23-9)。类似的含糊其词也发生在其他文化相对论者的著作中,比如在梅尔维尔·赫斯科维奇(Melville Herskovits)的著作之中(Herskovits,"Cultural Relativism and Cultural Values," in Ladd,1973,pp. 58-78)。那种道德上的正当性在于对某种生活方式的适应,这似乎与赫尔德的观点非常接近,但值得怀疑的是,就其本身而言,它是否值得被称为"相对主义"。如果这种关于道德正确性的非相对主义观点突然被认为是文化相对主义,只要理论家还相信,在个人或文化之间存在着根本性的差异,在这些差异中,行为具有适切性、适宜性或适应性的适当关系,那么需要指出的是,认为道德或文化相对主义是一种关于伦理或价值的独特观点是非常具有误导性的,因为当涉及基本的伦理标准——适切性、适宜性或对某物的适应——时,它与许多没有人会称之为相对主义的伦理理论相一致。

然而,在我看来,赫尔德与相对主义最切近的方式,与其说是他持有的某种观点,不如说是他意识到当我们意识到思维方式在历史和文化上的根本性变化时所产生的某种问题。在 1766 年一篇题为《审美趣味的转变》的有趣的早期片段中,赫尔德或许最为明确地阐述了这个问题。在那里,赫尔德观察到,一旦我们因为一些理由而相信某一事物是真实的、美好的或美丽的,我们就会立刻期望其他人也会因为同样的理由而同意我们。但事实上,我们发现(赫尔德逐渐接近我们对相异的时代和异质文化的理解,很明显,这是一个令人惊异的结果)别人也会有理由认为同样的事情是错误的、不好的、丑陋的,所以(如赫尔德所说)"真理,美和道德价值是一个幻影,以另一种方式,以另一种形式出现在每个人面前,一个真正的普罗透斯(希腊海神),他通过魔镜可以改变自己,使自己不再是原来的样子"(Herder Gaier 1:149;PW 247)。

赫尔德意识到,这种他称之为"矛盾"的东西,可能会使我们怀疑自己的信念,甚至诱使我们成为对一切事物原则化的怀疑论者。但他坚决反对这种反作用,无论是在《审美趣味的转变》之中,还是在《又一种历史哲学》中类似的问题出现时(Herder Suphan 5:583;PW,355,cf. Herder Gaier 1:151;PW 248-9)。在《审美趣味的转变》之中,赫尔德提出了这样一个问题:"真理、公平和道德上的善难道不总是一样的吗?"他毫不犹豫地给出了肯定的回答,不过他也承认,用这种方式回答是不可能完全心安理得的(Herder Gaier 1:160;PW 256)。而在其他地方,比如一篇写于三年后的日记,他的回答却与此相反(Herder Suphan 4:472)。

很多时候,我主张,"相对主义"指的是任何一种思维模式,这种思维模式的特点是意识到赫尔德在《审美趣味的转变》之中所提出的非常真实的问题。很快,他就轻率、自满(基本上是不诚实的)地提出了一套听起来有点怀疑的论断,从而对这个问题置之不理。如果更仔细地检查,这些论断言根本就没有条理(如果我们非要一个"文化相对主义"的精确定义,那定当是我的那个了)。

在赫尔德承认这个问题的意义上,可以说他是一个文化相对主义者,但我不认为他会因为轻率、语无伦次而受到指责,所以,他只是半截子相对主义者(诚实和正确的那一半相对主义者,让我们在智力上不满足,而不是不诚实和自满的那一半,后者总是试图逃避)。

然而,赫尔德最终还是找到了解决问题的办法,至少在涉及不同历史时期的变化方面是这样。这不是一个易于做到的办法,而且值得赞扬的是,他对这个办法从来没有完全满意过。这是他关于贯穿各个历史阶段的人性的必要的目的论发展的理论。这些早期时代不仅对我们在历史中所占的地位是必要的,而且对按照上帝的计划进行的人类未来的发展也是必要的。通过理解这一点,我们将早期的思维方式与我们自己的思维方式相协调。在他 1774 年的历史宣言中,赫尔德的立场似乎是,我们有能力辨别出有这样一个计划,但我们意识到,它的终点或目标永远不为人所知,因为计划的进一步发展将把人类带到一个我们无法不懂装懂的未来(Herder Suphan 5:513;PW 299)。在《人类历史哲学的观念》中,赫尔德为这一进程的目标找到了一个名称——他称之为“*人道*”——他将这个术语定义为“人类在所有身份和所有职业中潜存的理性与公道”(Herder Suphan 14:230;*Ideas*,Book XV,Ch.2)。换句话说,解决历史变异问题的方法是,人类通过天意的秘密计划,恰恰一直朝着启蒙运动的核心理想而奋斗。

有一种说法通常被归为赫尔德的观点,即不同的文化或时代是“不可通约的”(For example,see Beiser,1987,pp.143ff;Berlin,1997,pp.234ff)。但是,我在他的措辞里找不到这个词,或者任何类似的词。它的使用似乎主要是出于一种愿望,即按照解释者自己希望赫尔德能如此表达的观点来篡改赫尔德的观点。当然,赫尔德认为,每种文化和不同时代都应该从内部予以阐释,作为某种有机力量的独特发展,而不是像牛顿力学那样作为普遍自然规律的一个实例。他同样拒绝任何基于某种一成不变的人性的评价标准,所以,他认为不同的文化和时代在*那些*方面是不可通约的。但赫尔德的历史哲学的目的,是使我们能够构建一个从早期到我们自己时代的叙事进程。在这样一种进程中,每一种文化和每一个时代都有自己的表达方式,但又通过人*性*(*Humanität*)的观念且与人类历史的进程相联系。后者不是某种不可通约性,而是一种新型的历史通约性。

赫尔德的反启蒙运动崇拜者通常都知道这一点,但这并不意味着他们不得不喜欢它。因此，当他们谈到*人性*（*Humanität*）这个话题时，他们往往是一派嘀咕抱怨、支吾其词和屈尊俯就的姿态。“也许吧，”以赛亚·伯林承认，“赫尔德确实开始相信（在人性之中，历史有着某种单一的一致目标），或者至少相信他相信这一点”（Berlin，1997，234）。当谈到赫尔德成熟的历史哲学的核心统一思想时，我和伯林的不同之处似乎在于我相信赫德相信他所相信的事物。或者按照迈克尔·福斯特（Michael Forster）的说法，赫尔德对*人性*（*Humanität*）有疑问，“恰恰在表面之下”（Forster，PW xxviff）。或许赫尔德根本就没有这样的疑问，但我们仍然可以忽略*人性*（*Humanität*）——*使*他的历史哲学统一的思想——仅仅因为我们有这样的疑问：

> ［赫尔德的］历史哲学最初可能看起来是惊人和有趣的，主要是因为它发展了一个目的论的历史概念，即“理性”和“人性”的逐步实现——这一概念预示并强烈影响了黑格尔等人的思想。然而，仔细一想，这个概念是非常可疑的，有证据可以表明（可以说），这不是赫尔德在这一领域的主要成就之一（Forster，2007）。

我的论点是，赫尔德的历史目的论是他的历史哲学的组成部分，因此也“可以说”与他在这一领域的主要成就是不可分割的。（“可以说”这个词允许人们直接提出相互矛盾的主张，*可以说*基于同样的理由，这难道不奇怪吗？）与康德一样，在德国唯心主义传统中，赫尔德是19世纪伟大的历史理论的主要来源：费希特、谢林、黑格尔和马克思的历史理论的来源。这是一种不需要任何人辩护的知识传统。

第六节　赫尔德与康德之争

赫尔德和康德确实在许多事情上存在着分歧。赫尔德并不认为有先验知识这样的东西，尽管（正如许多经验主义者，尤其是实用主义者所做的那样）这与其说是一个经过深思熟虑的认识论，不如说是一个不负责任的情绪化的姿态。像随后一代的许多德国哲学家一样，赫尔德反对康德把我们的理论能力划分为感性和知性，把我们的欲望能力划分为理性和倾向。在审美问题上，他拒绝康德的古典主义,他倾向于一种有机的形而上学,它是由斯宾诺莎和莱布尼茨的学说不拘一格地构成的。康德认为,这是一种热情。

然而,我们可以看到,赫尔德在《人类历史哲学的观念》中所呈现的康德种种中,对他们的历史哲学之间的分歧已有相当明确的阐述。对此,康德在对该著作第二卷的评论中作了回应。这些分歧是真实存在的,但我认为它们不像一些人所认为的那样具有根本性。事实上,我们将会看到,所有主要的分歧都涉及我们应该如何准确地理解历史的客观的自然目的论——这两位思想家都同样接受目的论:虽然赫尔德也许给了它一种更形而上学的、神学的和结构性的解释;但对康德来说,这种目的论总是一种理性的调节性原则,为我们最大限度地提高历史的可理解性服务。我认为,赫尔德与康德之间的主要*区别*在于,康德与他那个时代的许多人一样,从未完全理解或尝试实践赫尔德所倡导、概述和试图执行的理解其他时代的艰难方法。出于同样的原因,康德从未真正面对赫尔德*人性*(*Humanität*)发展的天意计划理论所提出的“审美趣味的转变”问题。我认为,即使在赫尔德自己看来,这也只是一个不完全令人满意的解决方案。但这些最重要的区别与其说是分歧,还不如说是康德的疏漏,使之得以采纳他先前的学生最具原创性和挑战性的思想。

当涉及历史哲学的实际分歧时,我认为主要的冲突有三点:

1.政治国家在历史目的论中的作用。

2.自然的目的(或天意)之中人类幸福的位置。

3.将早期时代——尤其是从中发现的不幸——理解为历史发展后来阶段的一种手段。

康德在《世界公民观点之下的普遍历史观念》(1784)中认为,理性要求我们在人类历史中寻求一种无意识的自然目的性,以此来最大限度地提高理性的理论可理解性。他把合目的性作为一种调节性原则,这是对人类物种能力的无限发展。他认为,从经验上看,这种发展是通过人性中不合群的社会性的机制来实现的。这种机制导致人们相互竞争,并通过这种竞争逐步地充实他们的能力。然而,作为自然手段的社会对抗,当它以人类之间的暴力形式出现时,最终会威胁到自然的目的。因此,要实现自然和道德理性的目标,就需要建立一个法治的文明社会，能够在人类之间实现正义与和平。历史的趋向就这样为自然的目的服务，这种历史的趋向旨在完善某种公正执法的民法的形式。康德认为，反过来，这将需要通过国家间的联合来确立彼此的和平关系。在解释寻求某种公正宪法的困难时，康德宣称，在社会条件下，人是"需要主人的动物"。然而，问题是这个主人也将是一个需要主人的动物，使得构建一个完美公正的宪法成为一项找不到理想的完美可行的解决方案的任务（I 8：23）。

在《人类历史哲学的观念》的第二卷中，赫尔德将康德的"人类是需要主人的动物"这一命题作为"简单但邪恶的原则"进行了抨击。康德回应说它是显而易见，因为处处都被悲惨的经历所证实，但他否认这是邪恶的（RH 8：64）。当然，康德的意思并不是说人类生来就是为奴的，因为关键是他们需要某种被强制执行的法律来保护与他们作为理性人的尊严相伴随的外在自由。*真正的分歧在于政治国家在历史的自然（或天意）目的论中的作用。康德认为强制是人类生活中必不可少的和永久的一部分，这是由于不合群的社会性所导致的人性中与生俱来的邪恶。赫尔德认为，人类的进步是建立在更高尚、更温和、以人道（Humanität）为特征的人类本性的胜利之上的。*我们可以把赫尔德看作希望国家最终被废除或自行消亡的人，而康德却没有这种希望。然而，在《纯然理性界限内的宗教》中，当康德看到历史目的论的最高表现形式不是发生在强制性的国家之中，而是发生在"道德共同体"之内时——其模式是宗教共同体或教会，这种分歧就缩小了。

第二个分歧源于康德的观点，即历史的自然目的论不仅利用社会对抗，而且还利用人类的不满足作为对我们人类能力发展的某种激励。在康德看来，人类的幸福是审慎乃至道德理性的目的，但不是自然的目的。人活着不是为了快乐；他们为获得幸福而进行的奋争，尽管是理性所要求的，却与大自然为他们所做的安排完全相反。对康德来说，为幸福而奋斗就是与自然作斗争（KU 5：429–31）。

赫尔德也认为，人类永远不可能拥有完美的幸福或满足（Herder Suphan 14：333；*Ideas*，Book VIII，Ch.5）。但对他来说，幸福并非如康德所认为的那样是一种不切实际的意志。“每一个生命都为自己的存在而快乐;他不询问,也不仔细盘查,他为何存在:他的存在对他来说就是一个目的,他的目的就是存在”(Herder Suphan 14:337;*Ideas*,Book VIII,Ch.5)。康德认为,天意的计划要求人类永远*不得幸福*,赫尔德认为这是一种对神不敬的控诉。相反,在康德看来,有比幸福更高的目的,而衡量我们存在的意义和价值的正确尺度是我们个体的道德价值,而不是幸福(我们的状态或身份的价值)。因此,如果人类仅仅是为了生存的乐趣而生活,正如康德所想象塔希提岛的居民那样,而没有发展或锻炼他们应有的人类能力,那么,康德想要知道如果岛上住着快乐的牛和羊,究竟会不会不如住着人类好?(RH 8:65)。为了避免误解,我们需要在此补充一点:康德当然不认为欧洲人“教化”其他民族是公正的,甚至是可能的。以十足的康德式严厉,他谴责欧洲殖民主义的不公正行为,即侵略和剥削世界其他地方的居民(EF 8:358-9;MS 6:266)。但他确实认为,世界各地的人类只有根据自己的智慧发展人类的能力,从而实现自然和理性的目的,才能赋予他们存在的意义。

这个问题与第三个问题密切相关。赫尔德发现康德如下的观点荒谬可笑:自然对人类的目的,即其理性倾向的无限发展,应该被认为是在人类作为一个整体的无限未来中实现的,而不是在任何给定时间的个体人类的幸福中实现的。

如果有人说,受教育的不是个体,而是人类,那么这样的人对我来说就是难以理解的,因为种类和物种只是一般概念,除非它们存在于个体中——就好像我谈到了一般的动物性、矿物性和金属性,并用最美妙的属性来装饰它们,然而,它们在单个个体中却是相互矛盾的(Herder Suphan,13:345-6;cf.RH 8:65)。

康德的回答是,当他说大自然的目的只能在作为一个整体的人类物种中得以实现,他并不是指物种的抽象的一般概念,而是指特定的具体的事物——“绵延不断(不定地)涌向无限的一代又一代的*整体*”(RH 8:65)。换句话说,康德认为体现在历史之中的自然的目的,即人类这一物种永无止境的发展能力,其实现方式与赫尔德的思路一样;赫尔德认为,大自然的目的是通过人类朝着*人道*(*Humanität*)的方向不断前进而得以实现的。争论的焦点在于,把所有人和每一代人的幸福看作大自然实现任何个人或任何一代人都无法单独享有的目的的手段,这是否是一种理解上帝的旨意的恰当方式。你可能会说,赫尔德担心,在康德的历史观中,上帝违背了康德的原则,即每个人的人性都应该被视为目的,而不仅仅是手段。“在上帝的王国里没有一样东西,”赫尔德宣称,“*仅是*作为手段——万物都是同时作为*手段和目的*而存在”(Herder Suphan 5:527;PW 310)。当然,对于赫尔德来说,只有欢乐,即欢庆自己的实存,才可以作为人类个体的某种目的,而对于康德来说,幸福只是一种有条件的善,人类实存的价值是由人类的自我完善来衡量的,尤其是意志的道德完善。然而,赫尔德自己也有同样的问题,因为他的学说是,每一个时代、每一个民族都有一个生命周期,而真正的幸福只有在它成熟的时期才能获得(Herder Suphan 5:511;PW 298)。他怎样才能使自己摆脱这样一种指责,即那些在成长和衰亡期间忍受较少幸福的人,并没有被上帝仅仅当作一种手段来对待,使那些在盛年时享受充分幸福的人不再幸福。不清楚他如何能使自己摆脱这样一种指责,即上帝没有把那些在成长和衰退期承受较少幸福的人,仅仅看作那些充分享受盛世的人实现自身幸福的手段。

只有当你全神贯注于自然神学的问题时,整个问题才会显得重要。一旦我们开始思考历史上的人类物种,在大自然时而对我们友善,更多时候是残酷(它对我们每个人的最后行为都将是夺取我们的生命)的背景下,而且是在一种本质上对人类的关切始终是视而不见、漠不关心的自然背景下,努力创造意义,我们不再期望自然服从绝对命令。这样一来,赫尔德和康德之间的争论焦点对我们而言就消失不见了。①

① 不管怎样,对我们大多数人来说都是如此。一些人似乎认为,仅仅把历史看作进步的,就是在犯下邪恶的行为,让自己成为历史的同谋,把过去的几代人仅仅当作未来几代人的手段。有这种想法的人其中之一是汉娜·阿伦特(Hannah Arendt):“康德自己就有这样一个矛盾:无限进步是人类的法则;与此同时,人的尊严要求我们以他的特殊性来看待他(我们每一个人),而且,如此这般,每个个体就可以被看成——但是没有任何比较,并且与时间无关——是人类总体的反映。换句话说,进步的概念本身——如果它不仅仅是环境的变化和世界的改善——就与康德关于人的尊严的概念相矛盾。相信进步是违反人类尊严的”(Arendt,1982,p.77)。在高尔斯顿(Galston)等人的著述中,我们也发现了对康德的类似指控(Galston,1975,pp.231－5;Stern,1986,pp.535－9,and Dupre,1998)。

康德与赫尔德之间的这些真正的争论焦点是有趣而且有意义的,但远不如使它们成为可能的一致意见那么重要。如果我们的目的是展示赫尔德是一个卓越的思想家,这样的话,我们就不会把他描绘成康德或启蒙运动的批评者,而是把注意力集中在他的富有建设性的成就之上,这(然而,他可能对它们已经有所领会)实际上使启蒙运动的价值观和愿景被扩展到对人类生活和历史的全部财富的更丰富的欣赏之上。

在他后期的著作中(从 1789 年开始),康德提出了我们运用理性(或理智)的三条"准则":

1.独立思考。

2.站在别人的立场思考。

3.思维连贯。

对我而言,这些准则体现了康德哲学和启蒙思想的精神,正如他所表达的任何思想一样深刻。我认为赫尔德的伟大贡献,实际上是对第二条准则的一个非常原始的扩展。康德总是认为这三条准则是极其难以满足的,难以被我们这样有缺陷和有限的生物所完全地遵循。赫尔德以一个全新维度向我们展示了遵循第二条准则的难度,康德和他同时代的人对此几乎一无所知;赫尔德也为我们打开了一种思考文化和历史的新方式,使我们有可能以一种新的方式努力遵循它。

第七节　作为一种理性信仰的历史进步

赫尔德和康德都试图通过假设历史事件,促成某种目的(或种种目的)来理解历史。他们所使用的目的在两种情况下是不同的,所以,他们的历史理论在某些方面有实质性的不同。但我认为,他们用来证明自己理论的依据,既是理论的又是实证的,是非常相似的。对于赫尔德而言,历史的目的是人*道*(*Humanität*)——"人类在所有身份和所有职业中潜存的理性与公道。"这一目标既强调了人类制度、生活经历和自我理解的无穷多样性,也强调了不同人类理性、公道地理解这种多样性的倾向,它是人性不同方面的价值表达。康德认为,历史的基本趋势是人类禀赋通过不合群的社会性得以不断发展,只有通过在某种公正执法的市民社会的理念方面取得的进展,然后(在国家发展的某个阶段)通过在建立一个国家间维持正义和平的国际组织方面取得的进展,这种人类禀赋得以延续(在文明出现之后)。两位哲学家都不认为朝这些目标的进展是平稳或不间断的。康德甚至认为,一个法治的市民社会的概念应该被历史学家用来"展示人类在不同时代接近这一最终目标的程度,或者说人类离这一目标究竟还有多远,以及为实现这一目标还需要做些什么"(Ak 8:468)。换句话说,人类活动的发展进程不存在任何教条主义的乐观主义。

在康德和赫尔德的著作中,目的论历史观可以被看作对理性探究的两个联立要求的回应:一个是理论的,另一个是实践的。一方面,作为对人类历史的理性探究者,我们通过展示这些事实如何表现出某些潜在的倾向,来寻求对这些事实的某种系统的理解。另一方面,作为历史的行动者,我们试图将自己的行为理解为一种持续的历史模式的一部分。在这种模式中,我们可以为某种有价值的目的作出贡献,这种目的在我们到来之前就已经展现出来了,在我们离开之后也会继续显示。如果我们要理解历史,无论是作为理性的探究者还是作为有目的的行动者,这两种动机都可以被理解为理性的要求。作为理性的探究者,我们寻求某种事物以把历史事件统一成有意义的模式。康德在《判断力批判》中认为,在自然现象中寻找一种无法用机械论因果法则解释的系统秩序时,理性地要求我们使用自然目的的概念。这就是康德关于通过不合群的社会性发展我们的物种禀赋的理论所作的阐释,也是赫尔德最终运用了人道(*Humanität*)的概念来寻求不同民族和不同时代之间的联系时所进行的论证。作为行动者,我们试图将自己的行为理解为对一个有意义的历史进程的贡献。我们寻求与人类追求正义、和平、公平和理性的努力相协调的历史趋势或倾向,这样,我们就既可以更好地理解我们的能动性,又能利用它为我们认为有价值的历史贡献力量。对我们来说,这些不仅仅是可选择的目标,因为我们将自身视为历史存在的理性的认识者和有目的的行动者。如果我们选择不在历史中寻找有意义的目的性模式,选择不在历史中为我们人类争取一个更好的未来,这实际上就是放弃作为历史存在的我们自己的理性。

当然,为了这两个目的,我们必须像康德和赫尔德那样灵活地看待我们所赋予历史的目的。无论我们在历史上看到什么样的目的,无论我们为自己设定什么历史目的,我们都必须从暂时性的意义上设想它们,对经验数据和我们自己在具体规定它们的方式上的错误保持开放的态度。人道(*Humanität*)是一种可以用无数种方式来说明的概念。作为知者和行动者,我们的任务是调整我们对它的设想,以符合我们对历史上发生了(或正在发生)的那些事务以及那些人类在历史上值得追求的目标的认识。同理,人类禀赋的内容也不是预先确定的,正如完全公正的市民社会的概念,是随着我们对人类社会生活和法权本身的要求有了越来越多的了解而得以不断发展的。但是,如果没有这类概念,作为历史探究者,我们将不得不放弃系统地理解历史的任务;作为行动者,我们将不得不完全停止把自己看作历史进程的一部分。而且,如果我们同时承担理性看待历史的理论和实践的双重任务,必然会努力协调这两个筹划。作为行为者,历史感赋予我们的意义,符合我们作为知者在历史中所理解的意义。

当然,我们可能会对理解历史的理论筹划不抱任何希望,也可能会对随着时间的推演为人类物种的集体规划作出贡献的实践筹划不抱任何希望。毫无疑问,基于20世纪令许多历史乐观主义者大失所望的恐怖和沮丧,放弃这两个筹划完全是可能的。这似乎正是那些与整个启蒙时代的历史进步观念保持距离的人的作为。然而,需要指出的关键一点是,没有任何一组经验事实能够真正证明这种丧失信心的行为是正当的。它只能被理解为一种非理性的情绪化的决定,也许是由某些关于历史的方位和必然的走向的特定(而且总是可以修正的)概念的失败引起的。当事实表明有必要这样做时,有些人并没有修正这些概念,而是认为这项工作太困难或在感情上太昂贵。这也许是缘于他们对这些暂时性概念的非理性依恋。因此,他们没有选择放弃它们,而是选择放弃整个理性的事业,即理解历史,并使自己的行动面向历史。与此相反,康德、赫尔德以及整个启蒙运动的历史思考传统都坚持认为,我们既不能理性地放弃理解人类历史的理论事业,也不能放弃为人类创造更美好未来的实践事业。这一传统反而坚持在这些首创精神中保持着清醒的毅力,并且不愿放弃。

这种情况,以及它所造成的困境,是通过思考罗伯特·梅里休·亚当斯(Robert Adams)的道德信仰概念来得以阐明的。对亚当斯来说,“信仰”是对一种情境的回应。在这种情境下,我们相信某事与我们所承诺的某种筹划密切相关,但也有理由让一个理性的人怀疑这些相同的信仰。“信仰”是通过坚持它所预设的信念而对这一筹划保持真实的反应,尽管存在着怀疑这些信念并放弃它们和该筹划的诱惑(Adams,1999,pp.373-89)。例如,保罗·提利希(Paul Tillich)认为(也许带着一种似是而非的意味),怀疑是信仰的必要元素,这就是为什么信仰只在某种程度的怀疑是合理的情况下才会发生。这也是某些宗教批评家对教条的原教旨主义所提出的观点,他们说:“信仰的反面不是怀疑,而是肯定。”以康德和赫尔德为例的启蒙运动的历史观,是一种面对明显怀疑人类历史的意义的理由时试图理解人类历史的尝试。因此,他们的历史哲学恰恰体现了亚当斯的*信仰*。

亚当斯指出,正确地说,信仰不只是指向命题或话语的形式,而是“相对于更大的事物的立场”(Adams,1999,p.374)。在这个讨论中,亚当斯所探讨的是对*德性*和种种道德目的的信仰。信教的人相信上帝,相信上帝的慷慨、他的承诺、他的爱或他的仁慈。启蒙运动的历史信仰是对人类理性的信仰,相信人类理性能够理解我们的历史是有意义的,相信人类自身是理性的存在,相信人类能够创造更美好的未来。这种启蒙信仰可以是一种宗教信仰——康德和赫尔德都将他们的历史哲学与神圣的天意联系起来。但它也可以是一种纯粹的世俗信仰,而信仰本身(正如亚当斯所描述的)根本不需要任何宗教的色彩。

亚当斯指出,对某些东西的信仰,如德性或神的旨意,与对修正你对这些东西的信仰的证据持开放态度是完全一致的(Adams,1999,pp.383-4)。我们刚才已经注意到,赫尔德和康德都以这样一种方式来构思历史的目的,他们需要这种经验敏感和修正的态度,所以,把启蒙时代的历史观看成无视事实的或者是在某种不妙的意义上的“先验论的”(暗示他们忽略了经验证据),这是对启蒙时代的历史观的一种讽刺。更普遍地说,亚当斯正确地强调信仰不一定是一种没有道理的信念,更不必说它是一种非理性的信念(Adams,1999,p. 375)。事实上,他将其描述为介于轻信和怀疑之间的美德(Adams,1999,p. 374)。我认为,这是真正的信仰。当它是一种美德,虽然我认为信仰并不总是一种美德,因为我们可以通过坚持应该放弃的计划和持有应该放弃的信念而错置我们的信仰。事实上,我认为信仰只有在完全理性的情况下才是一种美德。我坚持认为,信仰无论何时都是一种合乎理性的态度,都必须完全符合我所赞同的一种道德原则,这种道德原则通常被称为"证据主义":我们的信念必须总是与理性或证据成比例的原则。有些人用"信仰"这个词,仅仅是指那些违反了证据主义原则的信仰,就像马克·吐温(Mark Twain)对信仰揶揄的定义:"信仰是你对一件明知是假的事情信以为真。"但有时我们有理由怀疑我们的信仰,但更有好的理由支持它们,尽管我们很想放弃它们。这样做,恰恰是在展示亚当斯意义上的*信仰*。因此,信仰无论何时都是理性的,都是一种美德,甚至是证据主义原则对我们提出的要求之一。

因此,就信仰是介于怀疑和轻信之间的美德而言,它包括我们有理由怀疑的信念,但也有理由坚持,作为我们对某种筹划(理论的、实践的、道德的)的承诺的一部分。亚当斯指出,并非所有我们持有的信念都可以被认为是假设,可以被检验,甚至可能被证伪(Adams,1999,pp.382-3)。这一点在康德所谓的"理性的调节性原则"中尤为明显,即我们在理性要求下所追求的目标中所包含的信念。对世界进行理性认识的筹划及其所涉及的调节性原则,不受经验证伪的影响。通过我们的行动赋予自己的生活或人类的集体生活意义的筹划,或由此而相信这对我们是可能的信念,都不受经验证伪的影响。我怀疑,亚当斯可能认为,在最后一点中隐藏着对证据主义的反驳(或至少是限定)。但我不怀疑,根据我的理解,证据主义告诉我们,在形成、维持和修正我们的信念时,要对各种理由和证据作出回应[我为证据主义某种说法辩护(Wood,2002,Chapters 1-2)]。在我看来,这些信念中的某些调节性状态,或者它们对我们不应放弃的实际筹划的参与,似乎只是这些理由中的一种。

信仰,当它是一种美德时,它与一厢情愿的想法无关——这些一厢情愿的想法指的是人类倾向于相信悲哀的、滑稽的或危险的事物,因为我们希望它是真的,或者因为相信它是真的让我们感觉良好。一厢情愿的想法总是一种形成信念的非理性方式,表现出对我们作为理性人的不尊重,以这种方式形成的信念通常是错误的,而且常常是危险的。当然,如果我们给自己设定一个目标,并坚信我们的目标是可能实现的,那么,我们或许也希望我们可行的目标本身是真实的。但在这里,我们的动机的方向与一厢情愿的想法正好相反。一厢情愿的想法相信某件事,是因为它取悦我们去相信它。理性的信念指向某种理性的目的,其中,我们相信我们的目的是可能的,因为追随它是基于我们理性的选择。拥有这种信仰也可能取悦于我们,但这种快乐只是理性信仰的偶然结果或副产品,而不是其原因(如果这是真正的原因,那么我们所谈论的就是一种不同于理性信仰的东西,一种不那么可敬的东西)。

然而,一厢情愿的想法远不是非理性信念形成的唯一模式。人们也会受到我们称之为“充满恐惧的思维”的影响。他们对结果的恐惧有时会使他们觉得结果更有可能发生,这有时会导致他们陷入非理性的行为模式,因为他们沉迷于被他们的想象夸大了的危险。然后,他们在充满情绪化的应对危险的方法中挣扎。危险可能是真实的,但在恐惧中,他们失去了对如何应对这些危险的理性把握。信仰正是对恐惧思想的合理回应。这使得恰当地放置的信仰成了完全合理的,甚至是人类理性某种不可或缺的资源。

例如,在美国人对 2001 年 9 月 11 日事件的反应中,充满恐惧的思维起到了决定性的作用。人们所认为的伊斯兰恐怖主义对他们的威胁,变得比实际的更大。它使一些人认为,对伊拉克的无端军事征服可能是防止大规模杀伤性武器落入恐怖分子手中并被用来对付美国城市的唯一途径。它使美国人放弃了对人权原则的承诺,在没有指控或审判的情况下无限期拘留某些人,并实施酷刑。充满恐惧的思维使美国人对自己、对国际法原则和正当法律程序失去了信心。事件的类似进程也表明,当人们对他们应该相信的东西失去信心时,他们常常把这种失去的信心替换成对某种错置的、他们原本不该相信的事物的信心。因为当“9·11”恐怖袭击事件让美国人对自己的体面失去信心时,这导致他们对错误的事情抱有信心——对军事侵略、报复和不公正行为以及一个腐败无能的政治政权抱有信心,我们仍在遭受它们所犯的罪行的折磨,而且这个世界可能在今后许多年还将继续遭受这种折磨。

康德和赫尔德以不同的方式阐释了启蒙时代的历史观。从这个意义上说,这是理性信仰行为的结果。那些以第一次世界大战、大屠杀、东欧剧变等 20 世纪的事件为依据而拒绝它的人,表现出一种对历史的绝望,而启蒙信仰正是这种绝望所需要的回应。例如,对启蒙运动乐观主义的宗教反对,在很大程度上是对现代性、人性或理性感到绝望的表现。就他们的上帝是所有这些的"完全的他者"(*totaliter aliter*)而言,它必须被认为是某种迷信的偶像,甚至是一个邪恶的上帝。一些后现代主义者是幻想破灭的马克思主义者,他们本可以做得更好,如果他们能坚持对马克思主义满怀信心,同时修改一些过时的目标和脆弱的教条以适应现实,而不是让历史的绝望成为他们顽固地效忠于非理性教条主义的最后行为。另一些人只是一种审美时尚的追随者,这种审美时尚充满绝望、虚无主义和对人类生活中所有严肃目的的嘲讽。相反,启蒙信仰拒绝让历史的神秘莫测或历史希望落空所带来的痛苦挫折,把我们推向绝望的深渊,从而放弃人类历史作为一种理性理解的主题,或者放弃我们自身作为历史的主体。

那些对启蒙运动的历史观感到绝望的人,当然不必对一切都感到绝望,正如他们中的许多人所热切地指出的那样。但是,他们对作为一个整体的人类努力的理性理解感到绝望,而且对把他们自己看作其中的理性参与者也感到绝望。这样做的人常常试图把这种绝望描绘成只是认知性诚实的一种形式,就好像对历史的哲学思考本身就是一种形而上的奢侈。他们可能会试图把他们的否认描述成纯粹的谦虚和清醒,而不是对任何事情的绝望。希望他们能原谅我没有被这些自我吹捧说服。就像启蒙运动试图理解历史那样(以及它在 19 世纪的各种后裔——他们都是启蒙运动的后代,无论他们如何自欺欺人地试图认为自己比启蒙运动优越或"超越"启蒙运动),一旦你放弃它,你就会对它及其所代表的理论和实践理性的功能感到绝望。

康德清醒地坚持,我们必须在历史中寻找理性的合目的性,并从我们作为历史存在的条件中寻找一系列道德任务,这种坚持是一种理性信仰的形式。

正如我所说的那样,赫尔德也没有在这方面否定启蒙运动,而且他最终对启蒙运动也保持了信心。他最大的贡献,恰恰是深化和丰富了启蒙运动。在某些方面,就像启蒙运动本身的激进目标一样,我们仍然尚未看到终点。

第六章　把后果论抛于脑后

第一节　“后果论”与“义务论”

在道德哲学中,有两种基本的道德理论:后果论和义务论。后果论者的种种理论被认为将行为、行为的理由,实际上是众说纷纭的此类理由,仅仅建立在后果(预期的或意图的)的价值(好或坏)之上;而义务论理论则告诉我们应该做什么,为什么要完成它们,它完全是基于预期或预期的结果的好坏之外的某些事物——从某种意义上说,被假设为与任何价值无涉。这种差异经常表现为人们对某些事例的不同反应(或者,正如人们所说的,他们的相关“直觉”)。例如,后果论者被料想会支持挽救五个人的生命的行为,即使这可能会杀死一个无辜的人,而义务论者则被认为会谴责任何导致无辜者死亡的行为,哪怕是为了挽救许多生命的行为,因为这样的行为永远是失当的,无论其后果如何。

就像许多老生常谈一样(无论是与哲学相关的还是与哲学无关的),这个观点站不住脚。一位考虑行为的好结果或坏结果的人与一位考虑其他原因的人会得出不同的结论吗?我对此表示怀疑,个中缘由我将在这一章的最后予以回顾。回到这个问题上。那么,同理,正如人们通常理解的那样,这两种理论都没有多大意义。把一个行为的好或坏的结果作为支持或反对它的理由来拒绝,就像原则上无视可能存在的所有其他理由一样愚蠢。正如他们经常被引用的那样,这两种理论似乎都是可笑的样式,几乎和这些奇妙的例子一样愚蠢,而我们的“直觉”却被假定应该为接受或拒绝这些奇妙的例子提供理由。与这些“直觉”相联系,后果论者在行为的后果上愚蠢地短视,在评估这些后果的方式上过于狭隘，而义务论者似乎对道德规则固执己见，缺乏灵活性。换句话说，正如人们经常描述的那样，每一种理论似乎都对它最要紧的事情表现出十足的愚蠢。当以这种方式进行运用时，这两种理论似乎都是稻草人，旨在通过比较使其他替代方案（比如根本没有理论）看起来更好。伦理理论（无论是后果论的还是义务论的）的反对者不得不求助于这种绝望的漫画，以使他们的虚无主义立场显得合理，在我看来，这是有利于伦理理论的一点。

然而，我的主要论点似乎与我刚才所说的相矛盾。也就是说，当谈到我的主要论点时，义务论者比后果论者更正确。那个主要论点［再加上提及芭芭拉·赫尔曼（Barbara Herman）一篇著名论文的挑衅性标题］，正是这一章标题的来源（Herman，1992，pp.208-42）。但煽动性的标题绝不能太当真。我不会试图让你们期待一个黄金时代，在这个时代，我们可以在决定如何行事之时完全无视后果。我也不是说，当人们从后果论者的角度思考应该如何行事时，他们一定会犯错误。我的意思是，采取行动的理由比那些涉及后果的理由更深刻，甚至能帮助我们解释为什么我们应该关心后果。我认为，后果论者的推理需要一个理性的（至少是含蓄的）基础，而基础在本质上是义务论的。简而言之：我们应该关心我们行为的后果，只是因为我们从根本上更关心我们应该如何行事。

我承认，初始状态可能正好相反：边沁（Bentham）认为，那些考虑好或坏的后果的人是在理性地思考该做什么，而那些并非以后果的价值为基础来考虑行动理由的人，只是在表达非理性的同情和反感（Bentham，1948，pp.13-16）。边沁的这种想法是可以理解的。边沁意识到可以有合理的规则（或法则）来反对某些行为，但他认为这些规则需要根据遵循或宣扬它们的后果来证明其合理性，因为行为的最终原因不在于行为本身，而在于行为预期会带来事物。我承认，从表面上看事情似乎就是边沁认为的那样，但更深层的真相恰恰相反。

第二节　何谓后果论？

有时，人们认为后果论纯粹是一种关于行为是否正确的观点——即（粗略地说)如果一个行为产生了最好的结果,那么它就是正当的。菲利普·佩蒂特(Philip Pettit)对后果论作了一个很好的阐述(Philip Pettit, in Baron, Pettit, and Slote, 1997, pp.92–174)。我们由此推断,后果论并没有明确的关于何为善的观点,后果论者可以简单地将如何确定“最佳结果”的问题放在一边。但我认为,这两种说法都从错误的角度看待问题。正如马西娅·巴伦(Marcia Baron)所指出的,伦理学除了处理行为是否得当的问题外,还涉及许多其他问题,而后果论对社会政策、美德或(与密尔一样)行为规则的性质具有独特的立场,因此,它所涉及的绝非仅仅是行为是否得当的问题(Baron, in Baron, Pettit and Slote, 1997, pp.239–244)。后果论,根据我的理解,是这样一种立场,即所有与道德有关的实际理由或存在于或简化为事态的价值所提供的理由,被视为行动的可能结果,其中行动被视为达到或避免这些状态的手段或因果性的促成因素。这一立场肯定是致力于一些确定性的关于善的本质的观点。它将善(或恶)包含在由*事务状态*实例化的价值中,作为*行为的可能产物*(我怀疑有些人不承认这一实质性承诺,因为他们缺乏必要的哲学想象,因而无法认识到任何可能替代这一承诺的其他办法)。后果论可能并非严格地遵循某些观点,但它促成了关于事物状态中可能具有的善与恶的形式结构的某些观点(稍后将讨论)。

下面是我所知道的关于后果论的最清晰和最令人信服的观点。在《功利主义》简短的开篇章节中,密尔说,所有的行动都是为了某种目的,而行为的规则,似乎很自然地可以这样进行假设,必须从它所服从的各种目的出发,体现出它们的全部品格和色彩(Mill, 2001, p.2)。行动,不管它们是什么,都被认为是达到超越了它们自身(通过它们而带来的事态)的目的的手段。这为我们提供了一系列行动的理由。这些理由本质上属于行动的性质,特别关注我们在行动时所预期和所意图的后果。

第三节　何谓义务论?

对于义务论背后的基本思想,我给出了费希特《伦理学体系》第一部分的开篇句子:“有人宣称,在人类的心灵之中,存在着一种绝对的约束,使人完全独立于外在目的而独立地去完成某些外在的事务,它们的发生仅仅是为了使它们发生;并且要求同样独立于外在目的,不去完成某些事务,即单纯为了它们不会发生而不做它们”(Fichte,SL 4:13)。义务论背后的关键思想是行为被珍视(或无视)基本上是基于其本身,而不仅仅是作为达到(或防止)其可能引发的后果的方式。

密尔和费希特的论述都代表了对行为结构的重要洞见,这在伦理理论中起着决定性的作用。但重要的是,不要将这些深刻的见解与关于人们在行动时刻最得当的想法相混淆。我在这一点上稍作停顿,因为它是许多反对特定道德理论和反对一般道德理论的错误论点的根源。

在行动时,得当的想法可能会随着环境的不同而有很大的不同。这取决于当时最显著的原因,或者一个正直的人恰巧面对这种情况时的想法。然而,在那样的时刻,得当的想法可能并不能很好地解释他们所作所为,或者他们应该如何行事的根本原因。当你关切地帮助一个陷入困境的朋友时,如果你被义务论者的思想所控制,你会奇怪地以自我为中心:“这是一件本身就值得称道的事情。”在行动的那一刻被这种想法占据,会让人觉得你根本不关心你的朋友,只关心你自己的美德。但如果你有后果论的想法,那也同样奇怪,同样没有吸引力:“总的来说,如果朋友们互相帮助,事情会变得更好,所以为了最大的整体利益,我现在应该帮助这个人。”如果没有考虑到一般的后果论者的原则,就没有动机去帮助你的朋友,那么我们可能会怀疑你是否能够拥有真正的友谊。这种对结果主义进行不公正指控的示例,请阅威尔科特斯(Wilcox)的著述(Wilcox,1987)。

反对一般的道德理论这类争论中最著名的一个,可能要数伯纳德·威廉姆斯(Bernard Williams)的例子了。一名男子在救落水的妻子时,据说是“想得太多了”:“道德原则可以使救助妻子的选择合法化的想法……给当事者人提供了过多的思虑:有些人(例如,他的妻子)可能希望,激发他奋不顾身、即刻采取行动的想法,完全是因为她是他的妻子,而非到了这样的紧急关头还瞻前顾后地分析,譬如在这种情况下,可不可以救自己的妻子之类的思虑”(Williams,1981,p.18)。但如果用来反对任何特定的道德理论,或一般的道德理论,这些都是不甚得当的论据。关键在于,尽管这些纸上谈兵的思想对正在采取行动的那一刻的某人而言,可能是多余的(或更糟的),但当我们在理论上系统化、解释、阐明、证明人们的行为方式以及他们以某种方式行事的理由时,这些观点可能一点也不显得多余或不合适。因此,一个人可以成为我们真正的朋友,即使从伦理理论的维度进行分析,他们有义务论的观点,认为帮助他人的行为本身是值得的,或者秉持后果论的观点,认为朋友之间互相帮助会让事情变得更好。同样的道理也适用于前述那位男子,他可能会在一个更冷静的时刻,开始思忖某种理论描述(无论是后果论还是义务论),用来解释为什么他救自己的妻子是正确的。

第四节　亚里士多德对二者的融合

后果论的观点和义务论的观点,在亚里士多德的《尼各马可伦理学》中是并行不悖的。密尔的洞见恰恰出现在第一句话中:"每一种技巧、每一种探究的路线,而且同样地,每一种行动和决定,似乎都在寻求某些善行;这就是有些人正确地将善行描述为万物所孜孜以求的事物的缘由"(Aristotle,1999,1096a1-3)。(在这里,我暂时忽略了明显的合成谬误,虽然稍后就会对它加以论述)费希特的见解更是多次在《尼各马可伦理学》中出现,其中,亚里士多德说,善行总是为了自身利益的缘故(Aristotle,1999,1095a20,1105a32)。事实上,亚里士多德甚至似乎将这一命题从道德行为扩展到一般的行为(实践),延伸到每一个决定或偏好(*prohairesis*)(Aristotle,1999,1144a19,1174a7-8),甚至延伸到每一种活动(*energeia*)——甚至于观看、记和知(亚里士多德,1999,1174a5-8),至少当这些被认为是人类的活动,而不仅仅是动物的感觉时,情况总是如此(Aristotle,1999,1139a20)。与非理性生物不同,人类在行动时总能意识到自己是在行动(实践),他们看重行动本身。亚里士多德将(*praxis*)与制作(*poiesis*)区分开来。就其概念而言,*实践(行动)*本身是有价值的,而制作则不是;*实践*(*praxis*)就是现实性(*energeia*),它每时每刻都是自身的完成,而制作只是纯粹的动作(*kinesis*),永远不会完成,但总是趋向于超越自身的事物(Aristotle,1999,1139a35b4,1140b6,1174a19-b5)。这就是亚里士多德给出的理由。他认为,当谈到美好生活时,赚钱是某种不值得考虑的方案;金钱只是服务于其他目的;这使得对金钱的偏好不可能源于其自身的价值(Aristotle,1999,1096a7)。

如果我们无法立即承认费希特对这个观点的表达和亚里士多德的表达是相同的,那可能是因为费希特认为,心灵是*自我约束*的,为了自己的缘故而做自己想做的事。费希特认为,我们最看重的是理性地、为了自身的利益而做的事情,我们最深切、最甘心情愿地想做的事情,不是那些我们轻而易举地、不由自主底或自然而然地做的事情,而是那些我们必须约束自己去做的事情,为此,需要克服那些诱使我们远离它的根深蒂固的腐败倾向。这种极其康德式的思想——承认现代社会对人类意志的腐败影响——可能会使我们更难在现代的乔装打扮之下的亚里士多德的洞察力;但这是费希特与亚里士多德相同的见解——以一种更适合我们这些注定要生活在现代资本主义社会的人的方式来表达。我们对社会不平等的意义和影响不再那么天真,因此,对我们自作自受造成的痛苦和堕落更加了解,也更加敏感。

第五节　义务论与行动的目的

当然,之所以重视一种行动,甚至为了它自身的缘故而珍视它,可能是因为它有特定的结果,也就是那些与人的目的相一致的结果。因为每一个行动都是因其本身之故,这不仅是行动概念的一部分——或者正如费希特所言说,与外在目的无关——而且(密尔坚持的一点),每一个行动都有一个超出其本身的目的,一种由该行动引起的事态。但如果它是行为概念的一部分,行为本身有这样的目的,那么,目的究竟是内在于行为还是外在于行为的呢？这里的不确定性至少部分是由目的概念的模糊性引起的:它可以从更广泛的意义上进行理解,也可以从更窄的意义上加以理解。费希特指出了更广泛的意义。他说,“我假定我自己是自由的,只要我解释了一个从我的概念中产生的可感知的行为或存在,那么这个概念被称为‘目的的概念’”(SL 4:9)。在这个广义的术语中,某种*目的*与行动的依据或理由没有区别,不管它是什么样的目的。德语单词“目的”(Zweck)很好地表达了这一点。常见的表达“没有目的(*Das hat keinen Zweck*)”不应该被直译成英语。在英语里,“没有目的”这一表达很容易被同时译为“没有尽头的”,从而让你想到一系列永无止境的自然数字,“或者我们美国人在选举共和党人担任政治职务时给自己招惹来的无边的灾难。”然而,这句话真正的意思是:那是毫无意义的、徒劳的;没有理由这样做。一个行为的目的(*Zweck*)可能存在于,但不一定存在于该行为所引发的一种事态中。

在注意到某一行为因其本身的理由而被重视(或被轻视)后,我们可以探究一个行为者或一个理论家认为它有价值(或贬值)的理由;而这些理由是多种多样的。这是义务论相对于后果论的一个基本优势,即重视行为本身的理由与重视事态(作为行动的可能后果)的理由相比更具包容性。如果我们看看亚里士多德认为某些道德行为“得当”(*kalon*)的理由,会发现这些理由在不同的情况下是不同的:时而有赖于后果很重要,时而有赖于动机,时而是遵循或违反原则。有时,它是一种行为表现出令人钦佩或羞耻的性格特征的方式。有时,一个行为被重视或被轻视是基于多种理由中的一种。如果我们认为,仅仅因为我们可以举出一个理由来说明一种行为为什么有价值,我们就可以忽略它如此有价值的事实,或者可以简单地在我们的思维中用为何某种行为被如此重视(比如基于后果的理由)的一个理由或多个理由取代行为本身,那就大错特错了。因为并不是每一个我们可能做或不做某件事的理由都能使这件事本身被重视或被轻视。义务论的主要主张是,理性行为的基础是关注行为本身的价值,而不是我们以这种方式重视它的理由。

费希特认为,每一个行为,无论其*目的*(*Zweck*)是否是非后果论的性质,也都有一个目的(*Zweck*),在更狭义的意义上,即它可能带来的未来事态。每一个行为都应该为其本身而行动,但每一个行为的目的也都是为了在世界上取得某种后果。我发现自己的行为是有效的,这一事实只有在预先假定一个自己设计好(*entworfenen*)的概念的条件下才有可能。这个条件被认为是为了指导我的有效行动。在这个条件中,我自己设计好的概念既有形式上的基础,又有质料上(实质上)的确定性(SL 4:9)。一种目的是行为者的行为中包含的某个概念,它“形式上”提供了行为的基础或理由;这个概念“实质上”决定了主体,将“自我”投射到将要发生的事物的客体或事态上。行为作为目的本身和行为所投射的概念,都内在于行为本身。因此,其时费希特谈到“绝对的约束,使人完全独立于外在目的而独立地去完成某些外在的事务,它们的发生仅仅是为了使它们发生”,他并不是要排斥(在“外在目的”的标题下)那些包含在自我投射里的东西,而那正是行动本身。他意在排斥仅仅是外在于行为概念的目的,比如满足理性欲望之外的欲望,理性欲望构成了行为本身的自我投射。①

费希特关于“投射”的观念,后来自然被存在主义者海德格尔和萨特所接受,他们认为此在(*Dasein*)或实存(*réalité humaine*)本身就是对自己未来的投射。这个观点也抓住了亚里士多德对义务论的洞见。朝着一个目标或重要目的行为的指向性被认为是行为者的*存在,是此在*(*Dasein*)*或实存*(*réalité humaine*)*在世界上存在的某种确定的方式*。在把自己投射到这样一个目标上,并重视它的实现的过程中,行为者也把自己的存在构造成一种主体,因此,主体因为自身的缘故而重视这种存在。费希特将行动视为“投射”的观念与他哲学中的许多问题有关——例如,与“自我”的绝对自由的概念有关,也与行动的瞬时结构有关。但在这里,我对它感兴趣,只是因为它表明了义务论的观点,即行为是由于自身的缘故而被施展或遗漏,并不排除(相反,明确地包含)这样一种观点,即行为瞄准的是世界上的客体、变化或事态,这对于行动的结构是至关重要的。而正是这种行动的合目的性,才可能恰好决定了行动本身的好坏。

---

① 康德区别对待一个“被影响的目的”(*zu bewirkenden Zweck*)与一个独立的目的(*selbständigen Zweck*),如目的本身,其时他提出了一个相关的特性(G 4:437)。康德也认为,每一行动,就行动的概念本身而言,都有一个要达到的目的。与之相联系,行动被认为是一种*手段*(G 4:427)。但最广泛意义上的目的是任何我们“为之而行动”的东西,在行动中,我们也可以为一个人(自己或他者)而行动。这本身就被认为是目的,正如当我们出于义务而行动时,也可以是为了道德法则而行动(G 4:390)。

第六节　后果论与人类繁荣

如果行动是人类繁荣的一部分，每一个行动都是为了其自身的缘故而被珍视的，那么，接下来的描述[理查德·博伊德（Richard Boyd）在讨论中提供给我的]就有问题了："后果论者的立场认为人们应该互相帮助才能繁荣。"然而，只有当它被理解为一种相当特殊的（我认为是很有问题的）方式时，才能说这描述了一种*后果论者*的立场：也就是说，它必须把人类的繁荣仅仅看作某些事态的实存或获得。这是人类行为的可能结果，而且作为人类的繁荣，它必须只重视这些事态的合意属性。它必须把这些状态的可取的属性作为人类的繁荣来评价。然而，如果亚里士多德认为人类的繁荣存在于那些为了自身的缘故而被重视的活动中，那么博伊德的准则就根本不是后果论的。此外，如果帮助彼此共同繁荣的行为被认为是由于它们自身的缘故而具有某种价值，而不仅仅是为了某些作为后果的事态，那么，这个公式甚至与后果论都不相容，即使在帮助彼此共同繁荣发展的过程中所思考和所做的一些事情，可能是采取后果论的思维方式并以后果论的基本原理来开展行动。

我认为，误导我们的是一种肤浅的想象，认为一个行为仅仅是由欲望引发的自然事件，而欲望作为行为者外在于行为的一种状态，促成了它，从而（通过行动，当它成功时）导致了所期望的状态。因此，我们认为，行为是世界上的一种特定事件，不同于预期或打算产生的事态；为了行为本身的缘故而珍视行为，必须排除对其目的进行赋值。我们很容易受到这种错误的影响，这可能就是费希特论及理性约束"使人完全独立于外在目的而独立地去完成某些外在的事务，它们的发生仅仅是为了使它们发生"的缘由。我们认为，他一定是在向我们展示一种几乎不连贯的行为图景。这种行为不重视（积极的或消极的）其后果，却认为所有的行为和遗漏都仅仅基于对行为（比如"帮助"或"说谎"）的一些抽象描述，而没有考虑任何后果。然而，义务论的核心是，正确地说，任何行为都不可能仅仅是某种外在的欲望状态的结果。行动本身包含*理性的*欲望，源自行为主体的某种自由的选择。确切地说，每一个行为都必须既是它自己的目的，而且，正如费希特和存在主义者所看到的那样，又是行为者对主体世界的未来状态的一种投射：一种产生于行为内在的而不是外在的目的。

第七节　目的与手段

现在我们可以开始看到，为什么尽管密尔的思考方式中包含了一个重要的洞见，但一旦后果论者得到了这一洞见并开始对它进行歪曲，那么，它就成了某种片面的、不完整的甚至是误导的见解。密尔说，“行为的规则……必须从它所服从的各种目的出发，体现出它们的全部品格和色彩”（Mill，2001，p. 2）。然而，说一种行为应该*服从于*它的目的，这是错误的；这与说理性必须是感情的奴隶一样，是荒谬的错误。它让事情完全向后逆转或正反颠倒。

认为一种行为只不过是达到某种目的的一种手段，这样的思想容易造成让人产生错误观念的印象，即后果论者一定是那种不名誉的人，是那种不择手段或容忍一切的人，无论那一切是多么地错误或可耻，只要如果它能被给予低劣的理由，即为了目的可以不择手段。密尔坚持认为功利主义者不必是那种应受谴责的人，这是完全正确的。然而，这个错误的指控背后隐藏着一个重要的事实，尽管这个不公平的指控歪曲了这个事实。问题的真相是这样的：功利主义所基于的行为的概念很可能忽略了一个最基本的原因，即为什么我们像前述那种不光彩的人那样思考我们的行动是错误的。因为一旦我们认为行动只是达到某种我们已经视为合意的目的的一种手段，那么，似乎就可以直接得出结论，只有目的才能证明它的合理性：“只要目的正当，可以不择手段”。因此，可能会呈现出某种肤浅的、不言自明的道理的表象，即某种普遍和无条件应用的真理。这就是为什么这个短语如此适合表达一种显而易见的诡辩的思维方式。

然而，一位后果论者不需要（也不应该）只从它最狭隘的特定目的来看待一种行为，就好像那就是证明这种行为正当性的整个框架。一位明智的后果论者会考虑所有需要考虑的后果，拒绝采取可能是达到直接目的的最佳手段的行为,因为它有害于作为一个整体的这一系列目的。密尔自己也会用这种方式来反驳这种错误的指控。但即便如此,这里仍然缺少一些东西。因为真正需要纠正的是义务论的思想,即一个行为必须始终,首先也是最重要的,为其本身的缘故而被重视。作为自身之中的某种目的,绝不仅仅是达到它所投射的目的(或种种目的)的手段。这是避免错误或可耻行为的最基本理由,即使这些行为是达到理想目的的有效手段。

行为的某种目的,只能通过行为者不受拘束的自我投射来设定。因此,理性的行为永远是目的主宰,而不是它的奴隶或仆人。我们有理由重视目的,只要我们有理由把目的,用费希特的话说,看作*形式上的依据*,也就是说,我们重视自由行为本身所投射的目的。除非我们有理由珍视设定目标的行为本身并珍视作为行为主体的我们自身,否则,我们就没有任何好的理由去追求任何有待于实现的目的。在这里,我们看到了义务论触及更深层次的真理的根本原因。从理性的角度看,行为和行为主体的价值总是比作为行为可能的目标或结果的事件状态的价值更为基本。

亚里士多德有时支持这样一种观点,即目的的选择并不遵循理性的能力,因为他声称,我们所深思熟虑的并不是目的,而是实现各种目的的手段(Aristotle,1999,1112b12-15)。但这忽略了行为最根本的目的:换句话说,最卓越的深思熟虑者,即总是为了精益求精而行动。这也是行为总是为了自身的利益而行动的另一种说法(Aristotle,1999,1116a28,b 2-3,1117b14,1119b16,1122b6)。在亚里士多德看来,正是理性使我们意识到善行(Aristotle,1999,1170b12),并将善行(为其自身利益而值得去做的事)与符合正当理性(*orthos logos*)的行为联系起来(Aristotle,1999,1103b3,1107a1,1115b12,1119b18)。行为总是为了自身的利益而行动,因而制定了与它们自身类别不同的目的。它们自身才是亚里士多德式的深思熟虑,是决定的策源地(Aristotle,1999,1111b5-1112b16)。

亚里士多德当然承认,制作(poiesis)是人类的一种行为(广义上的*实践*),它不及狭义或恰当意义上的实践(*praxis*)。因此,制作(poiesis)未能列入人类的善行;它最多提供了一些必要条件。亚里士多德显然是这样看待实用工艺的。他认为，工匠的生活本质上是贫乏的，因为在这种生活中，行为本身仅仅是外在目的的仆人。然而，我们不必局限于亚里士多德看待劳动和实用工艺的古老贵族气派的观点。我们可以把生产看作*实践*（*praxis*）的一种形式，这种实践也是自我肯定的，因为它满足了人的目的。

青年马克思论及人们"作为类存在物"的身份生产物品，在人类的存在与另一个个体的需要之间的调解中，肯定他们的人性和他们自己的个性，而另一个个体的需要，正是由他们的产品所满足的。其时，他正是把生产看作*实践*（*praxis*）的一种形式，这种实践也是自我肯定的，因为它满足了人的目的。马克思说，"在我的个人活动中，我就会立刻确认并认识到我真正的人性"（Marx，CW 3：228）。在马克思看来，当劳动没有实现工人或类存在的价值，而只是作为一种为资本创造利润的手段时，劳动就被异化了。这是一个真实的问题——它是一个对人类的善行概念非常重要的问题，也是一个后果论的思维借此分散我们的注意力的问题——何种产品因为它们自身的缘故被估价，从而上升到活动（*energeia*）或实践（*praxis*）的水平；哪些产品不过是欲望的奴仆，注定只是运动性（*kinesis*）和制作（*poiesis*）呢？

亚里士多德认为，不仅每一项活动都有其目的，而且所有活动都有一个共同的目的，即人类的善行或幸福（eudaimonia）。之所以选择有德的行为和其他一切善行，也都是为了幸福（Aristotle，1999，1097b1-5）。正是这种包含单一善行的隐含概念，造成了这样一种印象，即亚里士多德恰恰在《尼各马可伦理学》（*Nicomachean Ethics*）的第一句之中就犯了合成谬误。更为准确的是，把亚里士多德的理性行为看作通过目的的某种系统或等级来统一各种善行的方案。他说，装马勒从属于马术，而骑术属于军事战略，是追求*城邦*幸福的工艺之一。更一般地说，它属于理性的中介，为了更大、更广泛的目的而寻求我们更直接的目的，这使我们产生了一个完整的、最终的目的的思想（Aristotle，1999，1094a7-17）。

第八节　无所不包的善行

这种单一的无所不包的善行的思想，吸引了许多哲学家。密尔认为，幸福是一个有机整体(Mill,2001,p.38)。康德认为,目的系统是目的的王国,而最终的善行是至善(*summum bonum*)(KpV 5:110-13;KU § § 82-5,5:425-36)。费希特将伦理驱动力理解为“自我”努力走向统一和整体的产物(SL § 3,4:39-43)。这就是为什么对他来说,伦理驱动力本身必须是一种混合的或合成的驱力,它将追求理性自我的纯粹驱动力与追求经验满足感的自然驱动力结合起来(SL § 12,4:147-53)。因此,他声称,没有一种快乐、满足或享受能算得上是真正的幸福,除非它满足了伦理驱动力,并且遵循的是道德法则(Fichte,VBG 6:299-300;SL § 18,4:216)。看待行为最终目的的正确方式——我们在亚里士多德、康德、费希特甚至密尔身上都能找到这种方式——不是把它看作一个内容在行使理性能动性之前就已经确定了的目的,而是把它看作设定部分目的并积极系统化为一个合理整体的累积结果。这一领悟是密尔之所以说幸福是一个“具体的整体”的缘由,这个“具体的整体”是由那些具有质的差别的各个部分组成的(Mill,2001,p.38)。

然而,后果论迟早会抛弃这种观点,陷入一种完全不同的境地。其中,善行不是由理性选择自由决定的,而是在自由行动和理性系统化之前确定的,其内容事先受制于某种度量和最大化的形式约束。我认为后果论倾向于如此行事,因为只有当我们将事态视为行动的可能结果时,我们才能把采取行动的所有理由都描述为这种事态纯粹的积极作用或负面价值。这正是后果论执意要做的。

在这样的图景上,实际的深思熟虑就像在百货商店购物一样,好像未来可能发生的事态几乎都没有什么价签挂在上面,这一类的价签告诉我们的不仅是购买的成本,更重要的是它的收益。作为理性的行为人,我们*生来就会购物*(就像保险杠上的贴纸和T恤上写的那样):我们的任务很简单,就是选择最划算的行为。与这些后果论的行为者不同的是,走进实际的百货商店的我们大多数人都有购物过程之外的生活。一旦我们进入商店,对我们来说有价值的东西更多地取决于我们去那里之前就已想好的购物清单,而较少取决于货架上显而易见的商品的品质,更不用说那些小小的价格标签上所能看到的一切了。不是货架上那些看得见的商品质量,更不用说我们在小价签上看到的东西了。更通俗地说,目的为我们提供了把事态的性质视为吸引人的或是令人厌恶的依据。什么是最好的取决于理性的选择,而不是相反。像“事物的最佳运行方式”这样的短语,根本没有任何参考意义,除非理性选择以一种预期目标系统的形式给予它某种意义。

第九节　始终基于义务论的后果论

此外,我们所设想的目的常常是由某些价值所决定的,而这些价值甚至与被认为仅仅是行动可能后果的事态的价值并不相关。它们可能是附加在行为原则上的价值,也可能是附加在我们对他人所持的关心与合作的条件上的价值,或者是附加在为我们以某种方式行动或设定某种目标提供理由的过去的事态上的价值。行为和目的都可能因各种各样的原因而被重视。义务论的观点是,在决定做什么的时候,最重要的是这些原因如何汇聚到一个问题上,即一个行为本身是好是坏,是被选择还是被回避。

例如,一个艺术家可能会试图把阿波罗(Apollo)或阿佛洛狄忒(Aphrodite)的美丽雕塑变成现实。但是,选择这样做可能更多地取决于生活的选择——成为一名雕刻家,或是成为希腊众神雕像的雕刻家,而不是取决于计划中的雕像的想象之美。这一选择的原因可能更多地在于决心培育和挖掘一种公认的天赋,或者是继承家族艺术传统的义务,或者是对雕刻家希腊血统的忠诚,而不在于追求这种生活方式所产生的任何可能的艺术作品的理想结果。

例如,这一章开始时被视为一次表彰芭芭拉·赫尔曼(Barbara Herman)工作的会议上的讲话。然而,我没有写讲稿,因为我预见到它具有某些吸引人的特性,这些特性的魅力促使我努力把它们变成现实。大体上,我这么做是因为很久以前选择了哲学学者的生活,它引导我进入了更多的筹划,比如接受演讲邀约,以及选择撰写我的演讲,正是这些选择和筹划的结果,让我有理由认为这次演讲是值得完成的。我写下这篇演讲更基本的原因在于那个决定,而不在于演讲本身的任何特性。这篇演讲的这种或那种特性对我而言是否合意

(这是后果论容纳某种特性的一种理由)更基本上取决于怎样才能使演讲本身成为一件值得做的事情。更一般地说:我们应该把行为的哪些后果视为追求和逃避的对象,取决于我们所设定的目的。反过来说,那些目的并不完全是由作为欲望和厌恶的对象的事态的独立价值所决定的,因此,那些目的本身可能成了追求或逃避的对象。选择或行为的重要性是根本性的,并且优先于作为结果的事态的重要性。

在这一点上,我需要提醒大家注意避免一种误解。我不相信,就像一些康德式建构主义者所做的那样,各式各样的客体或现实的或可能的事态,没有客观的价值属性,或者,即使它们有这样的属性,也只在这些属性被我们的欲望、情感、态度或选择所投射或赋予它们时,才被拥有。我同意德里克·帕菲特(Derek Parfit)的观点,我们的很多理由都既是真实的又是客观的。准确地说,问题的关键是,这些原因使我们认为事态可能是行为的结果,从根本上低估了我们应该确定的合理目标,因此,不足以确定我们应该追求或避免哪些后果。此外,事物或事物状态所具有的客观价值属性,往往直接对应甚至是基于理性行为原则的客观有效性。例如,有些人的幸福具有道德价值。这一事实是基于道德原则,即我们应该把那个人的幸福作为我们的目的之一。

此外,决定哪些事态有价值的原则几乎总是其他条件不变(*ceteris paribus*)的原则:它们实际上从不要求我们在任何情况下无条件地追求某种事态。哲学家用来启发我们直觉的例子往往掩盖了这一点,因为它们把重点(举例来说)放在紧急情况下挽救无辜的生命上。但这是一个相当不寻常的结局,因为它可能确实让我们觉得是值得追求的,不仅是保持其他条件不变(*ceteris paribus*),而且是无条件的。从被启发的直觉中得出心照不宣的推论似乎是,涵盖这类情况的原则将适用于某些次要利益受到威胁的情况。我们就这样被蒙骗而忽视了这一事实,即这不是真的。如果有任何要求特定的作为或不作为的一般原则,它们不太可能是我们无条件地把它视为目的的事态的唯一正当的手段。

第十节　“享乐主义的阴影”

正如我所说,后果论的观点倾向于预设一种非常独特的形式概念,即无所不包的善行[或至善(summum bonum)]。它假定,实际上只有一个行为的目的,它不是我们自由地投射出来的,而是我们的本性简单地给予的。行为的后果要用一个单一的标准来评估——它们对实现这一不可避免的目标的贡献有多大,或者离这个不可避免的目标还有多远。作为行为者,我们的任务被简化为通过实证探究来确定,由这一固定目标所决定的哪些成本—收益的标签与行为的后果相关,然后确定哪些行为会导致获得最优结果并避免最坏结果。这是边沁给我们展示的图景,唯一的目的是幸福(快乐和摆脱痛苦)(Bentham,1948,pp.1-2)。对于任何给定的主体,或一组主体,我们有一种可以用来衡量我们所采取的行动所带来的幸福的方法,因此,作为行为的可能后果的事态,至少在原则上可以精确地按照其可取性在一个幸福的尺度上进行排序。

边沁主义的享乐主义在今天已经不像以前那么流行了。然而,我同意T.M.斯坎伦(T.M.Scanlon)的看法。他认为,即使在那些不接受它的人当中,它也给善行的理论蒙上了一层“阴影”,给“所有价值最终都位于有待提升的事态”这一观点提供了某种徒有其表、似是而非的可能性。因此,善行基本上是由一系列未来的可能性组成的,每一种可能性在所有选择之前都有一个确定的正或负的价值(Scanlon,1998,pp.100-3)。但我否认这是真正的“享乐主义”——对快乐的追求和对痛苦的逃避——投下的阴影。快乐通常是和其他好处一起追求的,是作为其他好处的一部分,因此,快乐的价值通常衍生于(甚至寄生于)其他事物的价值。比如,一项我们喜欢的活动,或者一项我们认为很重要的成就,正因为我们已经如此珍视它,以至于是否能从中获得的快乐已经显得不重要了。这就是亚里士多德的论点,快乐是活动的完成或完善(Aristotle,1999,1153a2-12)。此外,正如任何一个热衷于快乐生活的人都知道的那样,追求快乐与避免痛苦绝不是同一件事。真正的享乐主义者意识到尼采强调的一点,即我们通常只有在痛苦中才能获得快乐:“但是,如果快乐和痛苦是如此紧密地联系在一起,以致一个人要尽可能多地得到快乐,不可避免地也必须得尽可能多地遭受痛苦,那又该怎么如何是好呢?”(Nietzsche,1974,§12,p.85)[快乐本身,尼采假设,可能只是痛苦感觉中的某种韵律和节奏(Nietzsche,1967,p.371)]。

也许后果论的理论家们没有看到这一点,因为他们没有恋人和艺术家那种苍翠繁茂的、郁郁葱葱的灵魂,相反,他们有企业会计或精打细算的官员那种吝啬、乏味的灵魂。难道后果论的远见注定永远只能是索姆斯(Soames),而不是乔利恩(Jolyon)吗? 如果投下阴影的不是享乐主义,而是对善行的形式结构的一套错误的先验偏见——这种偏见是可测量的,并且可以与用来获得好处的活动严格地分离开来。在现实世界里,那种好处的样式显然不是快乐,而是金钱。但是,他们不能谈论金钱,不仅因为对福尔赛家族的变迁来说,金钱太俗气,而且还因为亚里士多德认为金钱只是一种手段,而不是目的。然而,快乐是一个概念,它是如此可塑,其所指又是如此庞杂,以至于无论我们选择的目的是什么,它都可以被看作一个可衡量的好处。但是选择让好处像金钱一样可以衡量,就是选择可以用价格来标示的事物而不是有尊严的事物,也不会在乎尊重和爱,更不会在乎对与错;或者也可以选择那些可以购买和支付的事物。这是愚蠢的——比愚蠢更糟糕——就像索姆斯试图买到艾琳(Irene)的爱。

第十一节　后果论者可以为其自身着想而重视行动吗?

然而,最基本的问题是,在后果论者的账房里,没有基本的义务论式真理的空间,即我们的选择总是为其自身着想,而不是仅仅为了它们的结果。不过,后果论者有一种很常见的方式来容纳这一点。行为本身直接被认为是快乐的还是痛苦的,可取的还是不可取的。通过这种方式,行为本身的价值也被包括进来,以进行某种后果论式的精打细算。它不仅被认为是自身之外的某种善或恶的原因,而且被认为是自身所产生的善或恶的一部分。这就是边沁(Bentham)自己想要容纳善行的方式,也是密尔(Mill)处理美德自身价值的方式(Bentham,1948,pp.36,142-3;Mill,2001,pp.36-7)。

那么,从后果论者的理论目标来看,认为因自身原因而被重视或低估的行为,可能会简单地变成它们自己的"后果"(比如把酥油变成蛋糕糊),这似乎完全没有问题。因此,亚里士多德关于幸福或繁荣的概念,其核心是为自身着想的美德行为,似乎[对博伊德(Boyd)来说也是如此]与后果论者的某种理论相一致。此外,尊重人或其法权的行为,似乎能够被赋予后果论的基本原理,即我们的目标是表达对人的尊重。这些行为的价值可以简单地表示为我们带来有价值的结果的方式:*已经对人们表示了尊重*。侵犯他人法权的不正当性可以被描述为一个糟糕的后果:*已被侵犯的一项法权*。这些观点似乎是显而易见的,特别是对于那些认为自己是后果者的人。但它们并不明显;它们甚至都不正确。我毫不怀疑,通过对一个行为赋予适当程度的愉悦或美德(或者是它的对立面),一个哲学家可以制造出一个复制品,无论我们作出何种选择,都可以复制那个被认为适当的选择。问题是这个副本在多大程度上类似于我们对行为本身的重视(或轻视)。我认为赝品是如此地明显,以至于没有一个曼哈顿的街头小贩胆敢冒险展示它。①

假设政府给我一笔钱,让我把朋友出卖给他们,诬陷他犯了罪。如果我接

① 这种后果论者为了自身的利益而如法炮制某种行为或克制某种行为的尝试,只是最显眼的方式,其中,后果论者可能会通过将某种非后果论的行为的理由,还原为后果论的理由来捍卫自己的观点——也就是说,仅仅由被视为行为结果的事态的善或恶的构成要素的理由。有一种想法认为,亚里士多德的善行是为了自身的利益而进行的,因而其价值是后果论的(因为这些类似的行为的后果"微不足道")。我认为,这样的想法同样是错误的。证明所有这样的后果论式的筹划确实都失败了(更不用说它们一定会失败),这超出了本书的范围。然而,我认为,很明显,这种(比如,后果论者试图如法炮制背叛朋友的错误行为或者其他本身就是错误的行为)显而易见的尝试确实失败了,而且必须失败。不管道德理论如何在某种潜在价值下将其系统化,行为的原因都是异质的,而且多种原因都不可能被简化为仅仅由作为行为可能结果的事态的价值(好或坏)构成的原因。我认为,对大多数后果论者来说,试图以这种方式来简化它们似乎太容易了——实际上,如此简单以至于他们甚至对实际理由的基本异质性视而不见,他们也令人震惊地忽视了这样一个事实,即后果主义的理由并不是最根本的,他们自己所依据的和预设的理由是完全不同的。

受了他们的提议,那我就会预先制止另外两个人背叛他们的朋友,他们背叛朋友的程度要比我用自己有限的才能厚颜无耻地背信弃义还要严重得多。如果我们对义务论思想进行后果论的复制,认为背叛朋友是错误的,我把背叛朋友的行为投资在一个很大的负值上,那么我们就有可能得出这样的结论:我应该背叛朋友,因为这将使背叛朋友行为的总负值最小化。我遇到过一些后果论者,他们似乎愿意在这种情况下坚持自己的理论,就像一些人把毕生积蓄投资在安然公司的股票上,一直到道德破产。为了避免这种情况,有些人(对我而言)认为,*我的*背叛朋友的行为比另外两个人对朋友的背叛行为具有更大的负面价值——仅仅因为这是*我的*行为。他们甚至为此起了个名字,这是为了让它看起来更体面:这被称为"行为者—相关的后果"。然而,这样的举措不仅在是理论上的特立独行,而且是最不讨喜的自我中心主义。为什么*我的*背叛朋友的行为,仅仅因为是*我的(行为)*,就比别人的更严重?即使我们接受我不应该背叛朋友的结论,这也是行不通的[对后果论拒绝这种不诚实的策略的充分探讨,请参阅佩蒂特(Pettit)的相关著述(Pettit, in Baron, Pettit, and Slote, 1997, pp.145-50)]。我听说过这种策略,理由是它使我们能够将伦理决策与理性选择的形式理论统一起来。这时,我只能勉强地笑一笑,疲惫地摇摇头,咬紧牙关:哲学家们沉迷于一种被误导的理论,试图减少一个不方便但不可或缺的概念,他们会在任何有压力的姿势下呻吟和流汗,无论多么丑陋和痛苦,他们会向我们发出咕哝的保证,说他们觉得这是一种优雅和舒适的姿势。

这些选择对于为了自身价值而采取的行动,并不比为了自身利益而避免采取的行动更有吸引力。假设我能够保护我的朋友不受迫害,通过忠诚的行为,或者假设我重视艺术作品的创作,把它作为我作为一位艺术家的职业的一部分。结果可能是,我将通过忽略这一点来最大化我的忠诚行为,或者通过把我的一生都用来当出纳员而不是艺术家来最大化我的艺术创造力行为。在这里后果论者可能会说我应该忽略我的忠诚行为并且在出纳员的窗口兑现支票,或者我必须比别人的类似行为更重视我的忠诚和创造力。但这两种说法都不可信。

任何明白事理的后果论者,都不会用这两种方式来解释背叛朋友的情况——也就是说,任何明智的人都不会从后果的角度来考虑行为和政策。这样的人永远不会认为为了最小化背叛朋友这一行为的坏处,我应该背叛我的朋友,也不会认为恰恰因为这些是我的行为,所以这些行为会造成某种特殊程度的不良后果。相反,这样的人会认为,当人们接受一项可能会赞成背叛朋友的政策时,无论它在特定情况下的短期利益是什么,这种思维方式最终都会破坏人们之间的信任和友谊。明智的人会直接断定,我们根本不应该往那个方向走。这就是一个通情达理的人看待系统性说谎之后果的方式。这些惯常的谎言包括肢解一名健康病人来拯救其他五名需要器官移植的病人,或者其他任何被设计成唤起那些被哲学家称为"后果论式直觉"的疯狂犯罪反应的例子。就诚实而论,密尔采取了如下明智的做法:

> 在我们自己身上培养一种对诚实(他说)问题的敏锐感受是最有用的事情之一,而由于任何对真理的偏离,即使是无意的,也会大大削弱人类主张的可信性……——我们认为,为了眼前的利益而违背这种先验的权宜之计的规则,[终究]不是真正的权宜之计(Mill,2001,p.23)。

这是显而易见的。然而,对于后果论理论家们而言,这里潜藏着一个严重的困难。因为密尔为一种绝对诚实政策所呼吁的非常普遍和长期的后果,不能精确地与违反它而可能带来的直接利益和危害进行权衡,后果论者众说纷纭的理论在这方面投入了大量的精力。后果论者在所讨论的例子中往往回避这一困难,他们规定,为了不使计算复杂化,有益的谎言将不会被发现,或发现它所造成的影响将是微不足道的。尽管在现实世界中,密尔是正确的而整齐划一的计算器是错误的:任何涉及欺骗的*系统性的政策*都很可能被发现是一种理性的政策,如同杰弗里·斯基林(Jeffrey Skillings)和伯纳德·马多夫(Bernard Madoff),通常会让他们付出代价(其他很多人也一样)。

密尔得出了关于撒谎的正确结论,但他是通过最佳途径到达那里的吗?就目前而言,根据后果进行推理是合理的;但它没有考虑到更基本的义务论观点,即至少在许多情况下,欺骗或背叛朋友的行为本身就是错误的或不好的,这是不应该如此行事的主要原因。通过援引用这些行为的后果中某些固有的"坏处",不能正确地解释,或者甚至是似是而非地如法炮制这一原因。

现在我试着总结一下。显然有理由关心我们行为的后果。但正是我们的目的,决定了我们有理由关心哪些后果。这些目的是在选择和行为的过程中确定的,这些选择和行为应始终因为其本身而受到重视,而不只是作为取得独立于其本身而得到重视的结果的手段。毫无疑问,可能的未来事态的价值为我们评价选择和行为提供了一种理由。这些选择和行动将这些事态作为目的,但重视选择和行动还有很多其他原因,包括我们应该遵循的原则以及我们应该成为哪一类型的人。义务论比结果论有更深层次的真理,因为选择、行为和行为者的价值比后果的价值更基本。

第十二节　后果论者和义务论者对何谓应当必须持有异议吗?

最后,让我提一个之前暗示过的问题。其时,我说怀疑那些考虑后果的行为者会得出不同于那些通过考虑其他原因来作决定的行为者的结论。但我必须从很多方面着手,其中各种因素,包括行为者自身的不完善、行为者所处环境的非理想性,以及伦理原则和伦理理论的内在局限,都可能使如下情况成为事实:从行为后果的角度考虑行为可能会导致不同于从其他角度考虑行为的结论。

首先,侧重于行为目的的商议与侧重于确立目的的行为的商议之间可能存在着重大的观点分歧。在某些情况下,从结果中推断可能更好,而在另一些情况下,从其他类型的实际原因中推断可能更好。但是,我怀疑是否有任何系统的方法来决定在哪种情况下启发式优势会偏向某一方。每一种方法都可能存在透视误差。专注于后果的人可能会过于狭隘地评估这些后果,因为他们专注于某些直接的目的,而忽视或低估了其他目的的重要性。有些人关注一些非后果论的理由来支持或反对某一行为,比如某种道德规则或原则;有些人可能会误解规则或忽视各种条件,在这些条件下,其他的原因可能认为搁置它、使它成为某种例外是正当的,或者认识到一个似乎属于它的行动并没有真正做到这一点,也一样是合理的。

我们还需要认识到,伦理理论家往往对他们的原则和理论期望过高。他们往往高估伦理问题的可解决性(换言之,低估了人类境况的荒谬性);他们也倾向于认为,伦理问题总是可以在原则层面上解决,而其中许多问题实际上是对特定案例的判断。持有正确的原则、动机、目的和优先顺序的人,如果他们是负责任的人,就不会在道德规则失去意义或其后果比实际更重要而势如累卵的情况下拘泥于某种道德规则;如果他们是正派人,即使是为了追求一个令人满意的目的,他们也不会用上不正当或可耻的手段。但没有任何理论能保证每个案例都有正确答案。有些情况是困难的,有些情况是不幸的,让行为者没有可接受的选项,然而,即使是最聪明的人也可能对某些情况持不同意见。当心任何只承认一种实用的理由而排斥所有其他理由的理论;当心那些承诺告诉你应该怎么做的原则,这些原则是建立在机械推理的基础上的,即使是一个品性恶劣或缺乏实际判断力的人也会机械推理。

然而,根据本书的论点,有一个非常综合的理由,认为义务论者和结果论论者,如果它们是明智的,应该在如何行事的问题上得出相同的结论。某位行为者根据某种目的对后果进行评估,并对这些目的之间的系统性优先次序和从属关系进行选择,这样的行为者应该对这些目的进行评估,从而反思导致这些目的选择的原因;因此,行为者应该选择那些行为,并追求那些后果,其原因与相同的目的系统紧密相连。无论你是根据行为还是根据目的来推理,理想情况下的结果应该是一样的。*首先*,通过道义上认为有价值的行为来确立正确的目的——为了它们自身的缘故;*然后*,你可以决定如何最好地实现这些目标。把后果论抛于脑后——不是像废弃的垃圾或不堪入目的垃圾,而是像火车的车尾。后果论思维只适用于做它应该做的事情,但它总是需要在前部安个义务论的火车头,把它牵引到正确的轨道上。

第七章　费希特的绝对自由

第一节　费希特的哲学转换

费希特的第一本著作《试评一切天启》在他生命较晚时期才出现——1792年春天，就在他30岁生日之前。当时，他接触康德的哲学还不到两年。因此，费希特在转向康德主义之前，在许多方面都已经是一位地道的哲学家了，他甚至认为自己已经有了一个哲学的“体系”。据我们所知，这个体系很大程度上受到了斯宾诺莎的影响，涉及意志的宿命论韵味[关于这一点，我们所拥有的最好证据是《关于宗教和自然神论的格言》(1790)，这显然是在费希特认识康德之前完成的，ARD，SW 5:1-8]。在费希特自己看来，他从原有的哲学体系中转换出来的关键点是“绝对自由的观念”。他在1790年夏末给F. A.魏舒恩(F.A.Weisshuhn)的信中写道：

> 自从读了《实践理性批判》之后，我进入了一个崭新的世界。那些我曾经认为永远不会被驳倒的主张，现在对我来说已经被驳倒了。一些我曾经认为永远无法被证明的事物，如绝对自由的观念、义务的观念等等，现在在我看来已经被证明了……因此，我被自己先前的体系的表面一致性欺骗了，因此，成千上万的人也许仍然蒙蔽其中(FGA III No.63，EW，pp.357-8)。

同年11月写给H.N.阿切利斯(H.N.Achelis)的一封信中，也同样描述了“发生在我(费希特)思维方式上的革命”：

> 我现在全心全意地相信人类的自由，并充分认识到，只有在自由的前提下，义务、美德和道德才是可能的。我很早就认识到了这个道理——也

许我已对你说过不少——但我觉得我的整个推理序列迫使我拒绝道德。此外，在我看来，非常明显的是，人类的所有行为都必定发生，这一假设会产生非常有害的后果。而且同样明显的是，这在很大程度上是所谓的“更好的阶层”道德败坏的根源（FGA II，no.70a，EW，pp.360-1）。

从最后这句话中我们可以看出，费希特认为，他对“绝对自由”的承诺不仅在于义务、美德和道德都不是幻觉，而且还有某种社会的缘由：人类的平等，承认较贫穷阶级的法权（费希特，一个获得解放的农奴之子，他自己就是从这个阶级来的），反对“所谓的‘更好的阶层’”那些腐败的压迫者的不公正的特权。另一个值得注意的观点，出现在给魏舒恩（Weisshuhn）的信中。在信中，费希特认为，对绝对自由的否定涉及某种自我矛盾、不连贯，甚至自我欺骗。我们马上就会看到，这对费希特的绝对自由观念而言绝非无关紧要。

在他拒绝了莱因霍尔德（Reinhold）提出的版本之后，绝对自由也成为他追随康德哲学体系的基础：“莱因霍尔德试图将人类灵魂中发生的一切都呈现出来（Vorstellung）。任何如此行事之人对自由和实际的需要都一无所知”（letter to H.Stephani，FGA III no.171，EW，p.371）。1795 年春天，费希特向延斯·巴格森（Jens Baggesen）宣布：“我的体系是第一个关于自由的体系”（FGA III，no.282a，EW，p.385）。

第二节　什么是绝对自由？

费希特认为，他对“绝对自由”的承诺是康德主义的一个版本；同时，他把自己的体系视为第一个“自由的体系”。因此，如果我们将费希特的绝对自由概念与康德的先验自由概念进行比较，而且作为*对照*，就可以更好地理解费希特绝对自由的“绝对性”。

康德和费希特谈自由。对康德来说，*先验*自由是一种特定的因果力，即自发地或从“自身”开启一种状态或一种事件（或一系列的状态和事件）的力量（*von selbst*）（Kant KrV A533/B561）。从这个意义上说，如果人（或人的灵魂）是一种先验的自由因（康德认为我们无法知道二者是否存在），那么它就是一种有限的实体(有形的或无形的——这也是不可知的),它的存在是因果地依赖于其他事物的。自然界中的物质具有引起某种状态或事件的因果力,但这种因果力本身是其他物质以类似的因果力作用于它的结果,而这种因果力本身又是其他实质原因的结果,如此类推,无穷无尽。纯粹理性的第三个二律背反涉及一种不以这种方式依赖于其他力量的因果力的*理念*(理性的概念,不能在经验中表现出来),这就是康德所说的"从自身"开启一种状态或事件的力量。康德认为,*实践*自由,即不受自然冲动驱使而采取行动的能力,需要先验自由,因为任何原因,只要其因果力是由其外在原因的因果力(如自然的冲动)所产生的,就会使其行为成为被动之举(KrV A 534/B562;G 4:446;KpV 5:33)。因为实践自由是一种因果联系,而因果联系是依据法则而发生的,所以必然也存在一种自由因的法则——道德法则或自治法则(G 4:446-7;KpV 5:29,33)。

费希特接受康德关于自由的概念,认为自由是自发地开启一种状态的力量——或者,用他的话说,"绝对地";在这个意义上,他认为"自我"是自由的(SL 4:37)。但是,费希特并没有将"自我"等同于拥有这种力量的*物质或事物*。相反,费希特认为"自我"最初只是一种行动;它是一种绝对自由的行动,因为它是自行设定的(GWL 1:96-7;ZE 1:462-3;NR 3:1-2 n;SL 4:3-4)。作为"自我"的先验条件,它的动作必须指向一个外在对象(一个"非我"或物质世界);因此,"自我"的自由行动也必须归属于身体或物质实体("自我"的物质性的躯体)(ZE 1:495;NR 3:56-62;SL 4:12,110-12,129-30)。对费希特来说,一个无实体的或非物质的"自我"是不可能的。"如果没有这种与身体的联系,我就根本不是人,而是一种非常不可思议的事物(如果一个人可以把一件甚至不可思议的东西称为'某物'的话)"(VBG 6:295;cf. NR 3:59)。

自由意志和身体。在这里,我们不应过多地考虑康德,而应考虑费希特学说更为直接的先驱:斯宾诺莎的学说。斯宾诺莎认为,心灵和身体是同一事物拥有的两种不同属性(Spinoza,1982,*Ethics* II P7S, P13S)。或者我们可以想到它的直接继承者:叔本华的学说。他认为,意志是直接被体验为事物本身的身体(Schopenhauer,1958,1：§18)。但我们需要记住,斯宾诺莎和叔本华都认为心灵或意志是一种*事物*(一种*存在*),而费希特则把它理解为一种完全自行设定的*行动*。身体对费希特来说是自然的一部分,必须被视为一个有生命的有机整体(SL 4:112-22)。这个自然的身体本身并不是行为的主体;也不是行动的能力,这种行动的能力是“自我”赋予自身一种属于肉体的因果力。能动的、自行设定的“自我”,更确切地说,是“意志”,而“行动”的力量作为意志归属于“自我”(NR 3:20-3;SL 4:18-23)。意志和身体在我看来是同一的,但观察的角度是不同的(SL 4:11-12,130),就像斯宾诺莎身心同一理论,身心是两种不同的属性:延展和思想。但作为“自我”(或主体),我甚至可以把自己从身体中区分出来,这是因为“自我”*不是*一种事物,而是一种行动。对费希特来说,我唯一能确认的*事物*是身体,但身体不是“自我”,而是“自我”自由意志行为的载体。身体是主体领域的一个原因,作用于其他的主体并受它们的影响(GWL 1:125-36;NR 3:56-61;SL 4:11);但在绝对意义上,作为意志的“自我”才是能动的、自行设定的、自由的。

作为意志的“自我”,为了获得自由,必须能够绝对自由地行动,因此,某种东西“必须先于它的本性而存在”,或“在它被决定之前存在”(SL 4:35-6)(费希特从未使用著名的萨特公式“存在先于本质”,但他显然是萨特公式所表达的思想的原创①)。因此,费希特接受康德关于先验自由的概念,但只有当它被认为是属于一种自行设定的*行动*时,而不是当它被认为是属于一种事物或物质的因果力时,他才会接受。然而,更进一步说,在某种意义上,费希特的“绝对”自由与康德关于“源于自身”的、开启一种状态的力量的概念是不同的。费希特与康德的另一个不同之处在于,他并不认为一种初始状态完全是“源于自身”的,因为这种状态与它之前的某物是不相联系的。对费希特来说,把“自我”的自由行动理解为“与任何事物都撇清关系”就是把自由等同于

① 早在萨特(Sartre)备受欢迎的文章《存在主义是一种人道主义》中,这个公式因在几页之内被重复了多次而广为人知(Kaufmann,1956,pp.289-91);但在《存在与虚无》中,萨特宣称:“意识是一种存在,它的存在设定了它的本质”(Sartre,1956,lxii;cf.438,and Heidegger,1953,p.42)。

“盲打误撞”意义上的纯粹偶然性,就是在“不确定性即意味着零”的意义上理解自由的不确定性(SL 4:33-4,137)。费希特一直否认自由与那种类型的理解有任何瓜葛。

第三节 “自我”的“本性”或“原初存在”

然而,费希特同意康德的观点,否认这种联系是与某种先前的存在的因果联系;但绝对自由也不能被认为(像斯宾诺莎那样)纯粹作为自身内置的因果起源。相反,一个自由的行动是与早前的事物相联系的——不是与一个先前的存在或因果力相联系,而是与某种“思维”或某种“纯粹的概念”相联系(SL 4:35-7)。成问题的概念仅仅在于“自我”自身的自行设定,即“绝对自我驱动的倾向”(SL 4:37-40),或者某种“对于整个自我的驱动”(SL 4:40-2)。这被视为等同于[“自我”的]自给自足(*Selbständigkeit*)的概念(SL 4:59-60)。这种“倾向”或“驱动力”与“自我”的“纯粹存在”“真正本质”(SL 4:24)及“本性”或“原初存在”相一致(SL 4:29-31)。

费希特属于一个由斯宾诺莎、莱布尼茨和康德组合而成的传统,他们认为无意识的精神活动是毋庸置疑的。“自我”的原初行动,他经常在说,是无意识的,意志在一种无意识的奋争之中获得身体的开端。在“自我”无休止地追求自给自足或独立(*Selbständigkeit*)的过程中,这种无意识的奋争表现为那些必须被统一或协调并服从于理性法则的动力和冲动。这是费希特式的道德的终结。

费希特认为意志是自由的,这并不牵涉这样的观点(与最近的一些对自由意志信念持批评态度的想法相联系),即每一种可能影响我们的经验冲动或推动力都是有意识的,或者自由意志意味着我们的行为仅仅由有意识的行动引起。后一种思想实际上要求,自由意志的捍卫者是一个笛卡儿式的二元论者,他认为心灵是意识到的状态,与身体状态不同,并将自由等同于我们那些纯粹由这种意识到的状态引起的行为。费希特不是一个二元论者,然而,却像斯宾诺莎那样将自由行为等同于身体状态,其中仅有一些行为是*有意识*

的。同样,对自由意志的讽刺也使得人们很容易通过诉诸无意识的意向来诋毁自由,而无意识的意向至少在弗洛伊德之后就被接受了(尽管正如我刚才所说的,对它的接受要追溯到更早的时候,而费希特显然是这个传统的成员之一)。

费希特也不认为构成自由行动的复杂身体活动的每一阶段,都必须受到直接的、有意识的、理性的控制。这种对自由的讽刺,在最近神经科学所激发的对自由意志的排斥中很流行。费希特的自由主体不能被简化成那种作为直接意识的"自我",然而,这一类的"自我"显然是自由主体的主要焦点和费希特哲学的出发点。准确地说,费希特试图说明,先验哲学如何以此为出发点,将整个心理活动范围(包括前意识的和无意识的)和智力行为的全部复杂性,理解为从未彻底完成的自由的各种表现形式。这些表现形式虽然从未彻底完成,但代表了某种实质上归属于"自我"的努力。换句话说,这种努力将"自我"视为其"本质"或"原初的存在"。

有时我们很容易觉得混淆,因为:一方面,费希特说,"自我"是一种行动,而不是一种存在,*必须先于它的本性而存在*,而且*必须是在它被确定之前存在*;然而,另一方面,费希特又说,"自我"有着某种*纯粹的存在*或*真正的本质*。然而,后一种说法的重点并不是要确认那种可能归属于某种事物或物质的性质或本质——这种性质或本质可以作为对事物行为的因果关系的解释。确切地说,费希特试图描述那种属于"自我"用来自行设定的*思维*或*概念*。这种思维或概念构成先于"自我"自由行动的事物。它不可能是一种预先存在的性质或本质,因为它可能属于某种事物,而是"把自给自足作为一种规范的必然性的思维(由理智产生的)"。根据这种思维,"理智可以下令自由地自行决定"(SL 4:52)。换句话说,"自我""在被确定之前"必须是什么的概念是*规范性的*。我们可以这样说:*一个"自我"(或"自身")是任何必须将它本身视为受规范约束的事物,这种规范要求它是主动的、完全自给自足的(或无拘无束的)*。在赋予自身按照规范概念行动的权力时,"自我"认为它本身是绝对自由的。

一个人们熟知的决定论论点说,如果行动不是事出有因的,那么它们一定只是偶然的或随机的事件——这不仅将使它们成为自然法则匪夷所思的例外,而且无法被视为自由的行动来。费希特对这一论点的回答是,替代性的“因果决定”和“盲打误撞”给我们带来了一个虚假的困境。如果我们实际上要接受*行动*的概念,这必定是一个虚假的困境。只有当从不确定性到确定性的转变不是由必然的原因,而是因一种由“概念”(或规范)支配的自主行为(如费希特所说的那样)所影响时,行动才会发生。以规范性概念为基础的行动与“非确定性地”发生的事情是完全相反的,因为后者仅仅是“盲打误撞”或随机地发生的。但规范性概念既不能是某种*外在的*原因,也不能是某种*强求于人的*原因:它必须是主体自行决定的某种根据,使自行决定的主体有其他的可能性,要么按照规范概念行事,要么反其道而行之。

绝对自由的规范。费希特关于绝对自由的概念极其抽象。很难想象它是如何适用于道德,或者即使是如何适用于一般的人类行为。我们可能想知道,例如,究竟哪种“规范”可以仅仅通过“自给自足的概念”或“自治”(*Selbständigkeit*)来确立。费希特在《伦理学体系》的第 18 节中直接提到这个问题,其标题为“在与追求绝对自给自足的动力之间的联系中系统阐明‘自我’存在的条件”。“自给自足”被费希特认为是完整性或整体性,是统一的动力(SL 4:40-5;cf. VBG 6:296-9,304-6)。更具体地说,费希特的观点认为,自给自足的真正规范在于主体间性,以及我们与他人之间的关系(SL 4:218-30)。这里的自给自足或完整性是一种追求的目标,通过理性的交流,通过一个必然共享的目的来统一所有理性的存在(SL 4:230-5)。这就导致了费希特对人类社会的概念,即教会、国家和学者共同体(SL 4:235-53)。换句话说,人类对绝对自由的追求变成了一种*社会的*天命:“凭借一个合目的的共同体概念的互惠原则(*Wechselwirkung*)……如果所有的人都是完美的,他们就会完全平等(*gleich*)……社会的最终和最高目标是全体成员的完全团结一致”(VBG 6:305-6,310)。换句话说,自由和共同体的理想,如果得到正确的理解,不是处于剑拔弩张的状态,而是相得益彰的。

就我们当前的目标而言,重要的是费希特将人类行动的条件一般地理解为绝对自由的表达方式。自由是位于绝对的理性规范(自给自足)和我们自己的选择(是否遵守)之间的差距。费希特将这种差距称为“意志”。意志是“从不确定性到确定性的绝对自由的过渡,伴随着对这种过渡的意识”(SL 4:158)。换句话说,我们是自由的,因为我们承认自己服从于一种来自于我们的“纯粹存在”或“真正的本质”的规范——作为一个“自我”,它应该使自己成为一个自给自足的整体,并承认我们自己有力量或能力(*Vermögen*)来决定自己,就像这个规范指引的那样。根据这个设想,“意志”本身就是自由的,而“不自由的意志是荒谬的”(SL 4:159)(cf.Hegel,PR § 4,A)。

第四节　作为意志的“自我”

依据费希特的观点,有数个事物本身就是属于作为意志的“自我”概念的。第一,这个“自我”必须认为它本身是指向其之外的某物(一个“非我”或物质世界)的,它的自由力量就是指向这个世界的(NR 3:23-9;SL 4:75-6)。正如我们已经看到的,“自我”不是一种*事物*(无论是物质的、精神的或任何其他种类的东西),而是一种*行动*。但是,这种行动在指向物质世界时,必然也属于某种物质性的事物:身体(NR 3:55-61)。此外,我的物质性的身体必须是某种井然有序的(有生命的)自然产物(SL 4:101-21)。

第二,由此可见,“自我”必须是有限的、处于特定境遇的、受到约束的,而且还要受到它周围的世界带来的挑战,这样的“自我”是被动的,它为自身的效力设定了界限或限度(SL 4:97-8):“采取行动的决心是以停滞为前提的……这个‘自我’必须已经获得了它的对象,而且必须是被动地接受了它。故而,自行决定的行动必然是以被动状态为前提的”(GEW 1:372-3)。“自我”的被动性在于“感觉”,这是所有意识的基础(GWL 1:289-322;GEW 1:365-72;SL 4:105-6)。“自我”的世界是它自身的世界:“我的世界……是通过我的对立物或对照物而确定的:也就是说,这个我最初发现的世界,这个本应不需要我的任何助力就已自行存在的世界,因它与我的对立而得到确认,通过它与我的对比,我发现自己必然是这样的,而不是我也许应该自由地构造自己"(SL 4:72-3)。费希特是后来所有存在主义的"世界性"思想的创始人。①

第三,当且仅当,而且在某种程度上,只有在"自我"根据构成其自身的规范来确定自身,从而*使自身成为自由的*之时,"自我"才是自由的。"自我"除非"发现自身真正行使了这种力量,即自由意志的某种实际行动,否则不能赋予自身一种自由的力量"(SL 4:83)。

我可以选择对自己的感觉无动于衷,完全不能自主地决定自己,因此,选择让自己依旧处于*不自由的*状态之中;对于那些作出这种选择的人来说,他们自己的自由是无法被证明的,仅仅因为他们尚未*让自己*获得自由。"我之所以如我所是,是因为这是如我所愿的。我可以任由命运之车轮载着我随遇而安。我本可以让我的信念变得坚定,它或由来自大自然的印象,或由我的激情和爱好,或由我的同时代人想要传授给我的意见来决定。但这不是我意愿的。我任意地使自己处于摇摆不定之中"(BHW 8:348;cf.SL 4:32-3)。试图让别人相信他们拥有一些财产,但实际上他们并不拥有,这是毫无意义的。即使如果他们作出选择,他们可以获得的财产,或者他们为自己拒绝作出这样的选择辩解,自欺欺人地声称自己不可能作出这样的选择,这仍然是毫无意义的。费希特认为,他无法说服任何人相信自身的自由,除非人们采取了自由的行动,从而使他们自己处于心悦诚服的境地(EE 1:429-35;ZE 1:508-15;SL 4:25-6)。

第四,"自我"若非"凭借自由尽可能地思考一些实际的决定性的行动,则无法赋予自身自由的力量"(SL 4:79)。意识到我们是自由的,就意味着意识到我们的未来是"开放的",意识到"时间之矢"把我们从根本上与过去分离开来了。这是被确定为我的自由行动的条件,由此,我可能会以这样或那样不同

① 海德格尔的"在世"、*境遇感*和"确凿性",也可以理解为人们形成"客观"世界的所有更抽象概念的先验条件(例如,人类通过自然科学认识世界)(Heidegger,1953,pp.52-62,130-40)。费希特把海德格尔的空间概念("虚空"或"空无")理解为"间隔"或"间距"(*Ent-fernung*)(Heidegger,1953,pp.101-11)。以直觉感知的空间性首先是将我们从世界的变化中分离出来或与这些变化联结起来,这些变化是我们通过自由能动性带来的。"'客体 X 在空间中离我有这么远的距离'意味着当我穿越空间去触及这一客体时,我必须首先理解并假定这样那样的其他客体,以便能够假定所考虑的客体"(SL 4:99)。

的方式决定自己的未来（SL 4:97）。“对我们来说，一定会有一段过去。因为只有过去才会有现在，只有现在才会有意识……意识只有在自行设定了一个‘非我’与自身对立时才有可能。可以理解的是，这只有在‘自我’将它的理想活动指向‘非我’时才有可能。只有在‘自我’是自由活动的情况下，也就是说，只有在它可以指向任何其他对象而不是这个对象的情况下，我们才说这是‘自我’某种活动，而不是‘非我’的某种活动”（GEW 1:409-10）。因此，意识只有在时间之中才是可能的，而且意识只有在盘旋（*schwebt*）于各种可能性之间的想象中才是可能的（GWL 1:216-17;SL 4:136-7）。

“可以另行抉择”的条件分析。根据一些相容论者关于自由和确定性的观点，我本来可以做另一件事，就像曾经做过的那样；我并不需要更多的真理，就像如果我希望做另一件事，那么就会做另一件事一样。然后他们指出，这与我的实际的欲望是一致的，我偶然下定决心要照我实际上已经做过的那样去做，而我实际的欲望也是随遇而安的。照此分析，那么，即使“可以另行抉择”是言之有理的，亦即考虑到我实际的欲望，以及决定论者的假设，我是事出有因才有了这些欲望，并且是由于这些欲望才有了我的行动，我将照常行事也是自然而然的。换句话说，根据条件分析，“可以另行抉择”会被认为是合乎情理的，即使“我可以另行抉择”恰恰并不真实。对一个被广泛接受为真理的命题的一些哲学分析，嘲弄了阿尔弗雷德·塔斯基（Alfred Tarski）的“T-约定”，不幸的是，这绝不是唯一的情况。情感主义和表现主义元伦理学，是此类案例的另一个丰富来源（对于条件分析的批判性讨论，请参阅 Ginet，1980）。

费希特的绝对自由概念非常适合于反驳条件分析。因为“自我”必须“先行存在”，在决意行动之时，我不可能受制于任何因果必然性，不可能任由它来决定我做什么。无论我的欲望是否由因果必然性决定，我的行动都不可能受制于它。进一步说，不管我在某一时刻有什么实际的欲望，我实际的自由在于抵制它们的可能性，而不是由它们来决定我做什么。“自我”的“原初存在”是一种“对我的完整性的内驱力”（SL 4:40），但这种内驱力的结果不是一种被动体验的欲望或“感觉”，而是一种“思想”或规范性的概念（SL 4:43-5）。这是一个“自我”可以自行选择遵守或违反的规范。由于这些原因，我不仅可以不做任何事,在我采取任何行动之时,都可能同时采取另外一些明显不同的决定性行动。由此可见,“我可以另行抉择”的真理是*无条件的*,这是(或曾经是)唯一正确的道理。它不仅与我的一些感觉欲望有关,而且它涉及对我而言的许多真实可能性的存在。这些可能性对我的实际可用性,并不取决于我可能拥有的任何欲望。无论何时我做了某种*抉择*,它必须是*无条件的*真实的。在那个时候,我可以另行抉择。

“形式的自由”和“质料的(实质的)自由”。费希特的绝对自由只能被理解为两个截然不同但又相互关联的概念,费希特称之为“形式的自由”和“质料的自由”(SL 4:135-9)。“形式的自由”是“自我”以各种不同方式决定自身的力量或能力(SL 4:50-2)。“也就是说,在最初看来,要不是它自己的促成作用(*Zutun*),它是绝对的空无。它必须通过自己的行动(*Tun*),使自己成为应该成为的样子——这个命题没有被证明,也不能被证明。这完全取决于每个理性的存在以这种方式发现自己并以这种方式成就自己”(SL 4:50)。

没有自决的行动,确切地说,就没有个体,就根本没有“自我”。对“自我”的意识意味着对某种自由行动的意识;但是一个行动需要服从于一个规范,尽管没必要与规范保持一致。这种行动既以“质料的自由”的某种规范为前提,也以根据这种规范行事的力量为前提,这就是“形式的自由”。自由意志必须在形式意义上是自由的,这样才能自行设定,或从不确定性过渡到确定性。“质料的自由”是按照自给自足的规范对自己的实际决定。只有“质料的自由”意义的行动才是绝对意义上的自由,但是“形式的自由”意义的行动是“质料的自由”意义的行动的必要条件。人们可以试着将“形式的自由”与康德的“消极意义上的实践自由”,“质料的自由”与“积极意义上的实践自由”(或意志自律)等同起来。费希特确实将“质料的自由”等同于康德的道德法则,“应当”或“绝对命令”(SL 4:55),但他拒绝承认自由和道德法则这两种*不同的*思想之间存在着相互暗含的关系(KpV 5:29-30)。这两种思想仅仅是*异曲同工*之妙(SL 4:53):

> 在不少篇章中,康德从我们对道德法则的意识中得出了我们对自由的信念。这可以理解为:自由的表象是意识的直接事实,而不是任何别的

思想的结果。然而,正如前面所指出的,人们可能仍然希望进一步解释这种现象,从而将其转化为一种幻象。没有理论的理由不这样做,但有一个实践的理由:即将实践理性置于首位的坚定决心,把道德法则视为真实的以及我们的本质的终极确定,而不是用诡辩的推理把它变成某种幻象——诡辩的推理当然是自由想象的一种可能。然而,如果一个人不逾越道德法则,那么他也不会凌驾于自由的表象之上,因此对我们来说,自由就成为真理,因为“我是自由的;自由是唯一的真实存在和所有其他存在的基础”,这与“我自己*看起来*是自由的”这一命题迥然不同。因此,从道德法则的意识中所能得到的,只是对这种自由的表象的*客观有效性*的信念(SL 4:53-4)。

第五节　确信我们是自由的

这一富有挑战的段落,不仅可以用来阐明费希特如何在我们对自由的意识和我们对道德法则的意识之间确立起某种有机的联系,也是一种倡导和引荐,让我们从费希特的绝对自由概念转向他对我们持有我们是自由的这一信念(费希特也称之为“信仰”)的理由的阐释。

对自由的“信仰”:理念论与独断论。一种流行的宗教辩道学的具体内容如下:“是否追随宗教最终都取决于*信仰*:宗教的信徒接受上帝的话语,而不相信宗教的人们接受理性和科学的权威。因此,不相信宗教的理性主义者和宗教的信徒一样,都犯了对信仰作了非理性飞跃的错误。因此,信教和不信教因而如出一辙:唯一的区别是,宗教的信徒足够诚实地承认他的信仰是非理性的,而不相信宗教的人们假装他们的信仰不是非理性的。”

说这种话的人应该感到羞耻。无论宗教的信徒是否是理性,接受真正基于理性和证据的东西都不是(不可能是)非理性的。上述谦卑的道歉辞令不过是某种厚颜无耻的企图,把自欺欺人的非理性表现为诚实和美德,把知识分子的正直表现为不诚实和邪恶。它既不光彩,又同样肤浅和一目了然。

毕竟,费希特接受过路德教会牧师的培训,有时他似乎在为绝对自由辩护,仿佛这也是同样荒谬的伎俩:他说,我们看来是自由的,但是对于*独断论者*来说,一切都可以用事物之间的因果关系来解释,这种现象可以被解释为一种幻象。

> 然而,如果某个人决定不再进一步解释这种现象,并认为它是绝对无法解释的,比如说,它就是真理……而我们的整个哲学正是基于这个决定——那么,这不是因为任何理论见解,而是因为某种实践的兴趣。我*意愿*自给自足,因而认定自己是自给自足的。然而,这样一种决意就是*信仰*。故而,我们的哲学始于信仰的一项,它清楚这一点。而独断论者,如果它与上面所说的相一致,也是从信仰(*事物本身*)开始的;但它通常不知道这一点(SL 4:25-6;cf.EE 1:429-35)。

然而,仔细观察就会发现,费希特并没有以流行的宗教辩道学方式进行辩论并没有过错。在宣示对世俗的、神圣的政府的信仰的过程中,费希特宣称,信仰"不应该被视为一种某个个体可以按照自己的意愿接受或不接受的任意假设,不应该被描绘为一种自由的决定,无论内心希望什么,都要认为是真的,这样做又恰恰是因为这是它所希望的"(GGW 8:179;IW,p.144)。在费希特看来,在"理念论"以及它的对手"独断论"之间作出选择,既不是武断的,也不是不受理性支配的"飞跃"。一方面,这种选择植根于某个个体的类型,而费希特断然拒绝将这两种人在任何意义上描述为道德或智力上的同类。理念论者的信仰比独断论者的更诚实些;但这并不是(就像蹩脚的宗教辩道学说的那样),因为理念论者承认他毫无理由地相信,而独断论者则不承认这一点。理念论者更为诚实,因为他的整个自我定位是直接和开放的,而独断论者必然是逃避自己,自欺欺人。

理念论的出发点是自我意识的自我定位行为。只有这样,我们人类才有可能拥有这样的意识。每个人的意识中都有对这种行为后果的某种意识,而且这种意识构成了"自由的表象",它要么被承认为真理,要么被宣称为幻觉而被颠覆,并被解释为事物因果作用的产物。然而,要做到这一点,也就不可能对事物与我们在意识中对它们的表征之间的差异作出充分的解释。我们在意识中对它们的表征是建立在自行设定的自由行动之上的(EE 1:435-8)。

独断论者必须否认这种行为，拒绝接受事物和我们对事物的表征之间的区别，即使我们认识事物的可能性必然取决于后者(EE 1:438-9)。

理念论者认为自由的表象是真实的，因而他们立即相信自己的价值和尊严，并因此而献身于道德，以及献身于对真理的追求。相反，独断论者“对自己被分散的自我只持有间接或介导的信念，而这种信念只通过客体传达给他”(EE 1:433)。独断论者致力于说(他们确实经常如此言说)，我们是自由的这一不可避免的表象是一种幻觉。① 这种承认剥夺了他们对自己信念的真实性的任何直接信任，以及对自身价值的信任。他们无法将自己的世界观和自我意识结合起来，所以，他们不得不把自己看成自我欺骗幻觉的受害者，而且他们已经习惯了容忍自己的这种不诚实，无论何时他们都不能不注意到这一点。费希特认为，独断论者是在一个享有不公平特权的社会制度中心安理得的那类人，而且力图证明他们自身的特权是“必要的”——即使如果不是绝对的，至少对现存的世界也是“必要的”——因为它是必需的，或者按照现状来说，被描绘为一种社会制度，它可以希求具有良好意愿的人们的忠诚。他们对自由的否定包括胆怯、自满、不愿想象或希望有另一个世界或更好的制度。② “如果一个人的品格是道德上的懈怠，或者是被精神上的奴役、学术上的自我放纵和虚荣所削弱和扭曲，那么他将永远无法把自己提升到理念论的水平”(EE 1:434)。费希特认为，独断论者的立场既不是自信，也不是坦诚，

---

① 例如，斯宾诺莎(Spinoza)坚持认为，每个人都有一种“天生”的信仰，相信他们的意志自由(*Ep* .58；Spinoza，1982，p.250)。斯宾诺莎解释说，这是由于人们对他们行为的外部原因的无知，同时错误地把他们意识到的部分原因作为他们行为的全部原因(Spinoza，1982；*Ethics* IIP40S2a；cf.*Ep*.58)。费希特认为，斯宾诺莎是最坚定的独断论者(GWL 1:120)。然而，他从来没有把斯宾诺莎作为道德懈怠、腐败或自欺的例子，反而总是带着极大的敬意论及他。

② “当人们谈到纯粹理性所要求的执行的技术和实践方面时……‘我们力所不逮’这一命题的意思总是一样的。比如，如果要求的是彻底改善国家宪法，那么回应是，‘这些建议无法被实施’——毋庸置疑，这意味着如果旧的弊端继续存在，这些改革就无法实施”(SL 4:197-8)。比较一下：“那些逃避完全自由的人……那些试图表明他们的存在是必要的人……这些我都称之为蹩脚货”(Kaufmann，1956，p.308)。在梅里特(Mairet)的译文中，蹩脚货被呈现为“渣滓”；它也被翻译成“猪”“屎”和“混蛋”，就像劳埃德·亚历山大(Lloyd Alexander)所译的恶心一样(Sartre，1964，pp.82-94)。我留给读者一个测验，让他们来决定应该用哪个类似的词来形容美国的巨富和公司。他们支持共和党，不仅是为了维护——最近一辈甚至是要积极地扩展——他们那可憎的政治权力和经济特权。

而是以激情和防御为特征:“当独断论者的体系受到攻击时,他就处于失去自我的真正危险之中。然而,他并没有准备好为自己辩护,因为在他的内心深处,有某种东西与攻击他的人是一致的。这就是为什么他要用这么多的激烈和痛苦来保护自己”(EE 1:434)。

在费希特看来,那么,这并不是一种非理性的“信仰飞跃”,与另一种不理性的“信仰飞跃”形成对比,就像流行的宗教辩道学那样。这是非常误导的 ——过于仁慈:不是对于理念论,而是对于独断论—— 费希特认为,理念论和独断论之间的关系就像一场智力上的僵局,在这种僵局中,“信仰”必须解决一个不能由理性决定的问题。这个问题是由理性决定的,而理念论者和独断论者之间的争论,唯一没有被理性所决定的意义是,独断论者是一个不诚实、自欺的人,不堪听取理性的教导。

然而,我们还不清楚,费希特认为理念论者可资利用的自由的“证据”的本质,以及为什么。尽管有这样的“证据”,费希特仍然认为对理念论的信仰是基于实践基础的某种“选择”,而不是一个清晰的分离孤立的理论知识的明显例证。有一件事现在应该很清楚了,那就是费希特捍卫自由的依据并不仅仅是我们在自己*看来是*自由的这一事实。他意识到,独断论者也同样承认这一事实,他们宣称这是一种幻觉;费希特承认,理念论者无法客观地向独断论者证明这种表象不是幻觉。支持理念论的决定性原因——那些被独断论者不诚实地回避的原因——并不存在于这样一个客观的证明中。费希特确实认为理念论相对于独断论的一个“优势”,在于“它能够在意识中呈现出它希望用来解释经验的基础的存在,即自由行动的理解力”(EE 1:430)。自由的表象或意识中自由行动的理解力的存在,使得理念论较之于独断论高出一筹,但是,这种优势某种程度上必须通过论证加以利用,才能彰显理念论相对于独断论而言的优越性。这些理由为理念论者*决定*把自由的表象当作真理提供了一个合理的根据,而教条主义者决意把自由的表象当作某种幻觉。只有在切实地让自身接受某种自给自足的规范这个决定的时候,才有理由相信我们的自由。正如费希特所指出的那样,这是一个*道义上的*决定,对自由的信念取决于我们对道德的承诺。

第六节　作为道德承诺的自由

无须想:“责任”或“过失”。然而,对费希特来说,这种承诺并不是把对自由的承诺作为道义上的*责任或义务*的假定条件。这一点值得强调,因为自由意志的反对者经常把自由意志的捍卫者描述为在这个问题上孤注一掷,特别是试图使现在所谓的过失和义愤的“被动性态度”合理化。事实上,事实正好相反:恰恰是*决定论者*对责任和过失问题有着病态的痴迷。例如,相容主义决定论者常常认为他们解决了自由的问题,如果他们能提出一些貌似合理的相容主义观点,来解释“我们”的做法,即追究人们的责任、过失和惩罚他们,等等。“条件分析”的支持者通常喜欢它,因为他们认为它给了我们“足够的”自由来证明“我们”对道义上的责任和过失的判断是正确的(他们的这种想法甚至可能是正确的——如果“我们”病态的被动态度是如此失控,以至于我们在人们激起我们的怨恨或愤怒时,毫不在乎他们是否真的是自由意志的主体,就判定他们应该对此负责)。除了那些涉及道义上的责任和过失的问题,决定论者倾向于完全无视任何与自由意志有关的问题。

费希特声称绝对自由是“义务、美德和德性”所必需的,但他从未声称绝对自由是道义上的*责任*所必需的(或者即使是德性要求后者这样的概念)。费希特关于过失和惩罚的论述,只出现在法权的背景下,是完全反对惩罚主义者的,仅仅以对侵犯他人法权和干涉他人外在自由行为的强制性预防为目的(GNR 3:260-85)。它们不涉及对自由意志的任何诉求。任何相容主义者,甚至是某种强硬的决定论者,都可以提出这些理由,因为他们认为,责备和惩罚的做法只是确保外在地遵循法律要求的因果机制。

我认为,费希特保留了——并非全部保留,但仍然达到了令人惊讶的程度——斯宾诺莎主义者对“被动性态度”的厌恶,即使在他皈依康德主义之后。*对费希特来说,对自由的道德承诺根本不是“道义上的责任”或我们(假想的)对自由的“迫切要求”,以便苛责他人或为我们对他们行为的愤慨辩护。*

费希特确实在一次辩论中指出,要求人们对一项行动负责的事实表明,我们认为他们本可以采取其他行动,因此表明我们致力于将他们视为自由的。但是,这个论据的目标是非常有限的。它仅仅基于个人的偏好,并且仅仅针对那些可能声称他们自己没有意识到道德法则的人,而费希特声称道德法则的内容与“质料的自由”是相同的。费希特承认,如果他们并不是通过自由地把自己定位为自给自足的从而使自己依照法律行事,他们中的有些人可能是对的。但是,即使在他们的情况下,他也诉诸判断。他想象他们对别人作出的判断——“例如,当他的房子被火吞噬时,他并非被火激怒而暴跳如雷,而是因纵火之徒的粗心大意而气冲牛斗。如果他没有想到他也可能如此冒失行事,而且他应该采取别的行动,那么他被激怒难道不就成了一个傻瓜吗?”(SL 4:62)。费希特在这里的主张只是,我们对某个个体的愤慨,预设了一个前提,即我们认为这个人原本可以,而且应该,采取其他的行动。既然这个论据基于个人偏好,费希特可以承认,如果某个个体(像斯宾诺莎一样)认为,既然人们和他们一样别无选择,那么,对前者的愤怒和义愤就同对无生命物体的愤怒和义愤一样毫无意义,那么任何人都无法相信绝对自由。这当然不是一个普遍的论据,即绝对自由必须是预设的,因为德性要求责任、过失和愤慨,而这些只有在自由的假设下才有意义。据我所知,费希特从未提出过这样的论据。

道德承诺意味着:对“质料的自由”行为的实际选择。当我们意识到他提出了道德动机的论点,即只有那些已经选择在道德上自给自足的原则下行动的人们才会相信“我们是自由的”——换句话说,只有那些已经有意识地承认了那种以绝对自由为前提的道性(康德式或费希特式的)的人们才会相信“我们是自由的”,我们开始明白,为什么费希特确实认为理念论是基于道德的“信仰”。费希特确实认为,一个人对自己绝对自由的信念是驱使他遵从自己的良心作出“质料的自由”选择所必需的。这是德性以绝对自由为前提的唯一含义。德性使我们相信,我们是自由的,因为我们必须赋予自己绝对自由,以便理解我们是在遵循良心和道德法则的情况下进行“质料的自由”意义上的行动。如果有些人选择无视德性——也就是“质料的自由”——那么,就费希特而言,这些人实际上并不是自由的,所以试图向他们证明他们是自由的是毫无意义的。他们作出了*自由的*(在“形式的自由”意义上)选择,实际上是不

自由的(在“质料的自由”意义上)。

费希特确实“召唤”他的读者自由地思考,进行绝对自由所包含的自行设定的行动,然后遵循基于此的理念论道路(EE 1:445;ZE 1:461-2)。他“挑战”他们敢于“展示[他们自己]的道德法则”(ZE 1:466)。但他承认,他们可能选择不理会这个召唤,如果他们不这样做,他就没有道义上的理由让他们作出不同的选择。毫无疑问,费希特本人对那些完全不承认道德,或者只能接受一种不渴望达到某种绝对自由的德性高度(或者,就像有些人更喜欢说的,形而上学的奢求)的德性版本的人们评价(作为人类)很低;但他并没有声称有任何论据来说服这些人,让他们相信他们自身是绝对自由的。这就是为什么费希特一再发出警告说,他无法说服那些根深蒂固的独断论者。只有那些自由选择执行他所召唤的行动的人才会被说服。

> 从一个自由的人类呼出的一口气就足以把他们的体系吹走。但我们无法替他们反驳。我们不是为了他们而写作、言说或教导,因为我们根本没有办法与他们共谋。然而,如果我们仍然继续谈论关于他们的意见,我们这样做,不是为了他们,而是为了别人,目的是警告后者不再犯前者的错误,并使人们从那些空洞和无意义的胡言乱语中解脱出来。我们的对手不应因这一声明而感到有失身份。如果他们确实觉得自己被我们的评论贬低了,他们只是暴露了自己的坏良心,公开地承认自己甘拜下风(ZE 1:510)。

费希特认为,那些选择致力于德性(一种基于自给自足准则的绝对自由的德性)并因基于德性的信念而相信自身的自由的人是正当的。这种辩护是双重的:第一,这种信念与不可避免的表象相协调,即他们是自由的,因此这并不要求他们把意识的这一基本事实视为一种幻觉,费希特认为,这种幻觉会破坏他们对自己基于意识经验所知的一切的信心。第二,一旦他们自由选择承认自给自足的道德规范,他们可以看到他们的信念,他们已经做了这个选择与自由的表象是一种幻觉的想法并不一致,所以,一旦你作出了这个选择,接受这个自由的表象就是真理是考虑自身的唯一方式。因此,选择承认自给自足的规范,为真正接受我们是自由的表象提供了进一步的理性基础。这一基础超越了纯粹的表象本身。

自由较之于精神奴役。然而,费希特坚称,没有任何理由可以让独断论者承认理念论者所相信的"他们是自由的"这一信念为人们提供了一个令人信服的回应,即自由的表象只是一种幻觉,在这个意义上理解,理念论者相信他们是自由的信念依旧是某种"信仰"。从独断论者的立场看来,理念论者只是选择按照一种不能被证明不是虚幻的表象来行动,并在他们对自己行动的表现中始终如一地坚持这种幻觉。自由的表象和理念论者选择按照某种道德规范生活的内在一致性,不可能呈现给那些还没有作出这一选择的人,因为他们还没有把这一选择作为形成道德规范的理由,或者还没有接受这一道德规范所预设的自由信念。费希特认为别无他途:"任何通过证据来进行信念的交流都是以双方至少在某些方面达成一致为前提的。既然科学的学说在关于认识的材料的问题上*与独断论者无法在任何一点达成一致的意见*,因而没有任何共同的根基可以使它们并肩前进,那么科学的学说又如何能把它自己传达给独断论者呢?"(ZE 1:509)。

我们已经看到,费希特把我们意识中自由的表象看作理念论者相对于独断论者的一个优势。费希特认为理念论相对于独断论的第二个优势在于,独断论"完全无法解释它应该解释的东西,这证明了它的不足之处"(EE 1:435)。费希特认为,独断论者需要解释的是意识本身,即独断论视为首要的,甚至是唯一的真实的我们对客体或事物进行表征的可能性。对费希特来说,意识与自我意识是不可分割的,自我意识是对"自我"的绝对的自行设定,反过来,"自我"又是一种自由的行动。因此,否认自由,就等于否认一种先验条件,即不可能体验到独断论者认为是真实的事物本身,并使独断论者遵从一种基于"事物本身"的先验形而上学体系,而这一体系在意识之前永远不可能出现。当然,费希特也含蓄地声称,相比之下,理念论者可以阐明它应该解释的事物:也就是说,同样的事物世界是如何建立在我们对它们的体验的基础上的——也就是说,客观世界是如何通过"自我"的绝对自行设定而成为可能的。但费希特从未完成他自己的体系,所以从这个角度来看,理念论相对于独断论的优势似乎会化为乌有,或者至少会推迟到有人能够完成费希特所设想的体系为止。因此，费希特倾向于认为对自由的信念是不能向不相信自由的那些人展示的，但作为某种自由信仰的对象，需要某种大多数教条主义者，因为他们的性格缺陷，永远无法作出的选择。

费希特对自由意志的立场与他在1790年“皈依”康德哲学之前所持的斯宾诺莎主义立场截然相反。但他对意志自由的不同立场的态度，以及他对对立立场之间关系的看法，与斯宾诺莎的态度和看法惊人地相似（see especially *Ethics* V P41S，P42S）。两位哲学家都把人类分为两类，一类是行动自由的人，另一类是被动的人，他们是自己奴性心态的受害者。两位哲学家都为后者指明了一条通向自由的道路，但他们都不认为后者之中的许多人会走这条路，因为他们认为自由的人与被奴役的人交流是不容易的，甚至被奴役的人也不想摆脱精神被奴役的状态。对费希特而言，这是因为解放需要一种彻底的自由选择，完成一场内在的道德革命；对斯宾诺莎而言，这是因为它需要一种完美的才智，这种才智既难得又卓越；对于费希特而言，如同对于斯宾诺莎而言，那些自谴为奴隶的人是很难接近的，因为他们被奴役的状态本身就把他们囚禁在一个幻想的圈子里，把他们与真理隔绝开来。如果我们想准确地描述费希特对那些反对绝对自由及其道德的人的态度，应该把它描述为“轻蔑”或“屈尊俯就”，而不是“指责”或“愤慨”：

> （独断论者）总是寻求某种原初存在的庇护，即使这只不过是一种粗糙的、不成形的事物。但理念论完全否定了这一点，让独断论者毫无掩饰地、孤苦伶仃地站在那里。为了保护自己不受这样的攻击，独断论者表示了真实的不满以及他的保证，即他根本不明白人们期望他做什么，而且他既不希望也无法想到人们究竟要求他做什么。除此之外，独断论者没有任何反击的武器装备。当他向我们保证这一点时，我们很乐意相信他，反过来，当我们坚持认为我们能够自己思考自己的体系时，我们只是要求他也相信我们。如果独断论者发现做到这一点太难了，那么我们甚至可以不提这个要求，让他想怎么想就怎么想，因为我们曾多次郑重地承认，我们不能强迫任何人接受我们的体系，因为对这个体系的接受取决于自由。我已经说过，独断论者所能采取的唯一办法就是让我们确信他完全无能

为力,这完全是主观的事(ZE 1:499)。

这与斯宾诺莎对那些对自己和他人抱有各种幻想的人所持的轻蔑态度有很多相似之处,这些人由于缺乏足够的思想,受非理性情绪的支配,因而做出愚蠢有害的事情。在这方面,费希特始终是一个斯宾诺莎主义者。

第七节　作为理论理性前提的自由

尽管在理念论和独断论这两个对立的"信仰"之间存在着明显不可逾越的鸿沟,费希特有一个主要的论点可能被视为与独断论有某种联系,尽管费希特自己似乎并不倾向于认为一位独断论者可能会被这样的论点说服。费希特在 1794 年《全部知识学的基础》一书中所采取的策略的一个关键点,似乎是从对理论理性的先验解释开始的,结论是"如果理性不是实践的,它甚至无法是理论的"(GWL 1:264)。这反过来又造成理论从属于实践;因此,所有理论的法则都是建立在实践的法则的基础之上的,或者更确切地说,"因为只有一种同一的法则,只能是后者中的一种"(GWL 1:294)。(相应地)"宿命论的基础假设是,我们的行为和意愿依赖于我们的表征体系,这种宿命论已被彻底根除"(GWL 1:295)。"这样的一种驱动力是一种绝对自我创生的驱动力,一种绝对的驱动力,一种纯粹为了驱动力的驱动力。(如果用法则来表达……它是纯粹为了法则的法则,是绝对的法则,或绝对命令——*你应该绝对*)"(GWL 1:327)。

在发展这一策略时,费希特可以被看作在遵循康德在《道德形而上学原理》第三部分中所提出的一个暗示,即自由必须被赋予每一个理性的存在,作为它作出理论判断的一个条件(G 4:448)。弗雷德里克·纽豪斯(Frederick Neuhouser)已经详细描述了在 1794 年《全部知识学的基础》一书中所采取的这一策略的工作原理,并解释在 1797—1799 年对《全部知识学的基础》进行的修订中,它如何让位于对我们刚才所研究的实践的更直接的呼吁(Neuhouser,1990,pp.41-65)。然而,我认为费希特的最初意图仍然存在,即从理论理性的条件回归到自由的论证,它体现在费希特的主张中。自由的

“论据”,其前提是独断论无法把握的,在于作为事物因果关系的结果,我们无法客观地解释和表征(EE 1:432-3,435-40)。

领悟和信念。费希特最初策略的另一个残余在于他声称只有理念论者才有能力被他的哲学说服(*überzeugt*),而独断论者则永远不可能被说服:“斯宾诺莎不可能相信他自己的哲学。他只能*想到*他自己的哲学;他不可能相信他自己的哲学”(ZE 1:513)。根据费希特的说法,信念(*überzeugung*)总是产生于一种怀疑的状态,一种担忧或牵挂(*Besorglichkeit*)的状态,在这种状态下,“想象力在对立面之间不断摇摆”并以一种“和谐的感觉”或“心满意足的感觉”结束,通过这种感觉,这种摇摆就停止了,“想象力的力量现在被束缚或绑定着,就像在所有真实的事物中一样”(SL 4:167)。根据费希特的说法,这种“想象力的摇摆不定”需要自由,就像意愿需要自由一样(GWL 1:238-9;EE 1:423;SL 4:67-8,136)。在这方面,“信念”的获得以自由为前提,就像“领悟”(*Verstehen*)或“把握”(*Begreifen*)的获得一样:

> 首先——“*领悟*”或“*把握*”究竟意味着什么?它意味着*断定为确凿无疑的*,意味着*决定*,意味着*划定界限*。我已经把握了一个表象,凭借着它,我已经获得了一个完整的认知整体,就其所有部分而言,它是基于它自身的;也就是说,假设每一部分都是以所有其他部分为基础并通过所有其他部分来解释的,反之亦然。只有这样,它才被完成或被划定边界。——假设我还在解释某事物的过程中,假设我对它的解释还处于一种摇摆不定的状态之中,因而还远非确凿无疑,我就还尚未把握住某事物;也就是说,假设我仍然在认知的一部分和另一部分之间穿梭不定。如果我还尚未把握住依情况而变的A,我还没有想到解释A的某种理由,而这意味着——因为某种特殊的偶然性必然属于A——我还没有想到用来阐释它的特定理由(NR 3:77)。

在这里,费希特将已经*领悟或把握*着的状态与一种暂时的先前状态进行了对比,在这种状态中,人们仍然处在致力于领悟或把握的进程之中。这种先前状态是在两种可能的判断之间徘徊或盘旋(*Schweben*),这两种可能都是关于有待把握的对象存在的缘由的判断或者(更一般地)是关于一个认知整体如何与其组成部分相联系的判断。费希特似乎认为,任何事实要在理论上被领悟或把握,都有一个确定的缘由或基础性的关系。当理解了这个确定的缘由或基础性的关系之后,我们在对象中感受到的偶然性就会消失。在这里,人们用来描述这种偶然性的模态概念仅仅是*认知*模态。例如,我首先想到的是:"A 有可能是由 X 引起的,但也有可能是由 Y 引起的。"然后,我开始思考:"不,我现在明白了,*不可能*是由 X 造成的,所以它*必定是*由 Y 造成的"——这导致了我将 A 理解为是由 Y 造成的。在这种情况下,关于我在其上徘徊或在其之间摇摆不定的客体的可能性,只是认知的可能性:*据我所知*,A 可能是由 X 或 Y 引起的,但一旦我们把握了 A,它是由什么引起就会是*确凿无疑的*,所以我不能再判断它是由别的事物引起的了。那么,我的判断在*认知上*是必要的,即使导致 A 的原因只是一个偶然的事实。独断论可以很好地解释这样一个事实,即在达到领悟、把握或确信之前,心灵在这些认识可能性之间"摇摆不定",认为它们在认知上是偶然的。对于独断论者而言,某个特定的个体仍然困惑或无知,因此,对许多事情处于一种认知的偶然性(或不确定性)状态之中,这可能是必然的(这正是斯宾诺莎在《伦理学》中对这一现象的描述 IP33S1 and IIP44CS)。

领悟的时间性。然而,想象力的摇摆不定的一个关键方面仍然无法用同样的方式解释:也就是说,我意识到,在作出把握之前,我的心在徘徊,我的思想在两种不同的认知可能性之间摇摆不定。为了获得把握,我必须把这两种认知的可能性都当作可能性来看待(关于未来的某些确定性、决定性或界定性的判断)。在这个时间点上,它们仍然是偶然的,因为我必须把它们看作*有待于我的判断的*。在这里,我不能把这些可能性仅仅看作认知的,只是因为我的无知。只有通过 t1 时间段在不同的可能判断之间的摇摆不定,致力于把握的时间进程才是可能的,那么,我将在随后的 t2 时间段上确定或选定不同的判断之一。把这个过程看作我真正获得领悟的过程,要求在 t1 时间段里这些不同的判断都向我敞开,以便能在 t2 时间段上通过获得把握来解决这一问题。如果我认为这件事情在 t1 时间段已经被解决或者事先必然如斯(对此,我一无所知),这意味着否认我在 t2 时间段的判断正是通过(第一次)在对立的认知可能性之间摇摆的过程而产生的，而且（然后）我在摇摆的过程框定、锚定、确定或界定其中之一。即使这些可能性仅仅是关于客体的认知（例如，A 的可能原因），我在 t1 时间段所看到的*判断或确定的可能性*也必须是超越认知的。它们必须是真实的或然事件，能够由我来解决，并且在 t1 时间段仍然对我的自由能动性敞开，以便在随后的 t2 时间段作出裁定。而且，这种自由在费希特的意义上必须是*绝对的*：我必须是一个不确定的提问者，随后被（自身）*确定为*判断者。或者用萨特式的语词：为了在某一时刻进行判断，我必须将自己*置于存在之外*——作为提问者的我的*存在*必须*先于我*作为判断者的*本质*。

萨特实际上紧紧跟随着费希特思想的步伐，认为这个问题是自由的证明："提问者提出问题的事实本身就使他自己处于一种不确定的状态；不知道答案是肯定的还是否定的"（Sartre，1956，p.5）。"提问者必须有永久的可能性，使自己与构成存在、只能产生存在的因果序列分离开来……他必须能够把自己置身于存在之外，这是至关重要的"（Sartre，1956，pp.23-4）。

费希特认为，将想象力的摇摆不定转化为知性的确定性，这一过程在任何时候都是至关重要的，它使我们对周围物质世界的现实有了正确的认识。"直观，"他说，"是由理性所确定或框定的。"因此，在不同的决定中，一个对象依旧可以被认为是同一的。然后，想象力"在相互冲突的方向之间摇摆不定"，继而凭借理解力"（这种想象的摇摆）的暂时性被制止了，可以说是被稳住了，或者是被刹住了，这可以正确地被称为*领悟*"（SW 1：232-3）。费希特引用了某些哲学家的观点［所罗门・梅蒙（Salomon Maimon）似乎是其中之一］，他们已经认识到，普通的理解力是想象力的结果，但却被这种观点所诱惑，认为整个过程是一种欺骗（SW 1：227，234）。费希特坚称他们一定是搞错了；因为那些为了顺利地获得领悟，我必须呈现为必需的事物不能被描绘为欺骗。那将使领悟本身成为一种欺骗，这将是无稽之谈。

可以肯定的是，它总是可能的，某些特定的判断（关于 A 的缘由，或者关于我面前的某个对的现实和决定）确实是预先确定的，是由一个我不理解的过程决定的，所以，它终究不是由于我的想象力的摇摆不定而产生的，也不是由于我的领悟而形成的。但这是为了展示这种特定的获得领悟的假定行动是某种欺骗。如果我把自己的判断呈现为预先决定的,那我就不能,因为不连贯的痛苦,也把它表现为真正的领悟或把握。即使它导致了(即使不是偶然的)关于 A 的缘由的*真实的*判断,情况仍然如此。这是因为把握是一个概念性的观点,因而把握的过程本质上必须是显而易见的:如果它是以这样一种方式发生的,即主体在它是如何发生的问题上受到了误导,那么*领悟或把握*根本就不可能发生。当然,一个主体不需要意识到过程的每一个方面——例如,所有进入过程的神经元放射性迁移。但这个主体本质上不可能是不透明的,也不可能在过程的规范认知本质上出错。这些包括在 t1 时间段向我敞开的判断的可能性的真实的(不仅仅是认知的)偶然性。如果我错误地相信我 t1 时间段的判断是真正的偶然的,取决于我的思考过程——在 t1 时间段我很容易作出关于 A 的缘由的几种可能的判断——那么,我最终在 t2 时间段作出的关于这个缘由的判断,不可能是我开始领悟或把握 A 的真实情况——自由和理性。另一种思考方式是:去领悟或把握是为了去获得判断一个事物的*充足的理性*,并由这个理性来决定一个人的判断。然而,理性有一种特殊的性质,那就是尽管它可以解释我为什么要这样判断,但它并没有阻止我作出其他的判断,也没有剥夺我作出其他判断的真正可能性。因此,理性的判断总是依情况而变的,不仅仅是认识论上的,而是真正随机应变的。换句话说,即使是最好的理性,总是让我们自由地去反对它们(理性,正如莱布尼茨所说,"没有必然性的倾斜")。这就是为什么人类是唯一非理性动物这一显而易见的事实,是建立在人类是唯一理性动物这一更深层次的事实之上的。

或者,我们也可以把它看作之前论及的依据规范行事的结果。对规范的服从对于理论判断或支持同样重要,因此对于领悟、把握或被说服,就像对于任何其他行为一样。但只有自由行动才能被解释为合乎规范。意识到规范支配着一个人的行动,并认为自身必须按照规范行事(包括根据规范进行判断),就是假定一个人在这种行动(或判断)中是自由的,即这个行为(或判断)是几个真正(而不仅仅是认识论上的)可能的行动之一,它取决于我确定或决定的是这些可能性中的哪一个。

这有别于如下情况，即一些事情看起来是这一种方式，但我知道它实际上是另一种方式 ——如同当太阳看起来在天空中移动之时，我知道那实际上是地球在绕着地轴旋转，或者缪勒-莱尔(Muller-Lyer)错觉中的蓝线和红线看起来是不一样长，但我知道它们是真正等长的。

在这些情况下，我并不是理性地承诺停留于“表象”，因为无论何时，只要表明自己正在理解或被说服，我都理性地承诺同意这样一种说法，即我的理解或信念是通过自由判断产生的。假设我的判断、领悟、把握、被说服等行为都是预先决定好的，那就等于假设所有这些行为都是虚幻和自欺欺人的。除非我认为自己有能力在真正的可能性之间作出判断，否则我必须把自己的整个认知生活看作含混不清的，是由我不知道的外在原因强加给自己的欺骗(尽管必然与我有同谋关系)。

哲学家经常被指责高估了人类理性行为的程度。鉴于非理性(邪恶、意志薄弱、诡辩的合理化、自欺、自瞒等)在笛卡儿、康德、斯宾诺莎等理性主义哲学家的道德心理中所扮演的角色，这种指责看似愚蠢，实则无处不在。有些哲学家甚至喜欢开玩笑地认为，我们所有的意识过程都涉及自瞒或自欺。例如，尼采、后现代主义者和神经哲学家，有时喜欢用这些想法来刺激自己。尼采说，在梦中，我们常常想象某一特定感觉的起因(比如，我们听到远处的炮声)。在对梦的叙述中，炮弹出现的时间晚于它所假定的原因，但事实上，这种状态所产生的表征被误解为其原因。“事实上，我们醒着的时候也会做同样的事情……我们想要有这样或那样的感觉的理由，而且只有当我们提出某种动机时——只有开始意识到它——我们才承认这一事实……由此产生了对特定因果解释的习惯性接受，而事实上，这抑制了对真正原因的任何调查——甚至排除了它”[Kaufmann(ed.),1954,pp.496-7]。或者，正如一位神经哲学家所言：“你的意识生活只不过是对你真正出于其他原因所做的事情进行精心的事后合理化”(Ramachandran,2004,p.1)。

像费希特这样的哲学家想要(或需要)在这里指出的唯一一点是，我们能够在多大程度上连贯地将*所有的*人类思维描述为自瞒的、欺骗性的，或基于事后合理化的，这*在原则上是有限度的*(关于不连贯的痛苦)。例如，所有的人类思维都是自瞒的,就像一个理性的判断那样。假设我把这种理性判断也包括在经受自瞒的人类思维中,我就无法描绘我的如上信念。尼采,或某位神经哲学家,不能假定他们对他人精神生活的通缩阐释也适用于探究和发现的行为。通过这些行为,他们得出结论:人们的行为并非出于他们所意识到的原因。如果这样想,就等于怀疑他们自己对他人精神生活的描述。

斯宾诺莎如何避免这种非相关性。斯宾诺莎不属于这种哲学上的非相关性,尽管他可能面临另一种问题。斯宾诺莎认为,某些特殊的认知状态,即他所谓的"理性"和"直觉",包含了对它们自身必然性的理解(Spinoza,1982,*Ethics* IIP40S,pp.41-4)。对所有涉及"想象"的状态,他都视其为虚幻的而不予理睬。这些状态(他同意费希特的观点)必然会在不同的选择之间摇摆不定,把它的对象描绘成偶然的(Spinoza,1982,*Ethics* IIP44CS)。斯宾诺莎在过去已经解决的理解力问题上可能是相当正确的。一旦我清楚地看到 2 + 3 = 5,那么,只要我把这一领悟的结果作为信念的一部分,我就不可能再相信 2 + 3 可以等于 5 以外的任何数字。我们的许多信念也是如此,它们不是由这样一个过程直接获得的,而是与整个信念网一起获得的。这整个信念网是通过时间性的进程形成的,但它们都不是通过这个过程单独获得的。因此,斯宾诺莎的立场可能是一贯的,如果理性和直觉被认为是非时间性的,在这种状态中,主体总是能够理解某种事物,就像它从来无须去理解它一样。因为那样的话,它们就有可能成为必然性,就像我们一直坚信的 2 + 3 = 5 一样。

斯宾诺莎还认为,时间本身就是想象力的产物(1982,*Ethics* IIP44CS)。这也许意味着,理解的暂时过程是以对真实的偶然性的错误的肯定为前提的,而这种错误的肯定一旦通过领悟而使客体已被确定,就会被识破。然而,费希特的论证基于这样一个前提,即我们的理解的时间性是体验任何我们能理解的事物的先验的必要条件,因此是真实的和不可否认的。换句话说,撇开某种时间性的理解过程,任何事物都未曾被理解;自由是这一时间性过程的前提;这就是斯宾诺莎的必然主义所不能解释的:"我们所有的意识都始于不确定性,因为它始于想象力的力量,而想象力是一种在对立面之间摇摆不定的(*schwankendes*)、悬停的(*schwebendes*)力量"(SL 4:194)。作为时间性的体验者和知识分子,我们的生活中至关重要的一点是,我们每时每刻都面临着一项任务,即获得某种新的理解。这种理解的前提是,我们首先要在两种选择之间摇摆不定,然后再执着于其中一种选择。

因此,与其说斯宾诺莎永远不可能信服他的哲学,不如说费希特可能已经有更好的说法,即斯宾诺莎远未*开始觉得信服*——然而,对于人类这样一个主体,*开始觉得信服*是进入信服状态唯一的方式。费希特可能会说,独断论者可能会相信他们的体系,或者从这个体系的角度来理解世界。只要他们能做到这一点,就无须*被说服*或领悟。

也许,这就是斯宾诺莎的永恒的上帝理解事物的方式,但它不能适用于现存的、总是处于生成中的人类。——除非斯宾诺莎的上帝根本没有理解力,或者说上帝可以说是有某种理解力的,它与我们的理解力的差别就如同夜空中大犬座与在我们脚边吠叫的小动物差别(1982,*Ethics* IP17C2S,cf.IP31)。或许,这就是斯宾诺莎认为我们通过"第二种知识"或"理性"来认识事物的方式——很明显,这就是《伦理学》本身*更几何化*的表达方式。然而,当斯宾诺莎认为自己是知道的"第三种知识"或"直觉",他假定了某种以时空为坐标的知识类型,其中,他直接觉察到某一事物的本质(比如,他自己心智状态的一种)是由对上帝的某些属性的适当观念所形成的共同概念所构成的(IIP40S2)。然而,斯宾诺莎似乎也认为,这第三种知识可以通过"在永恒的相下"(*sub specie aeternitatis*)获得,因此,所知者没有被表征为在一个特定的时间被一个个人的心灵所感知的事物(VP22,P29)。在他未完成的《论人类理解力的完善》一文中,斯宾诺莎写道:"凭借这种知识,我所能知道的事情还非常少"(TIS,p.238)。我们甚至可能认为这是一种夸张的说法。

"外在论的辩护"。一个无须过程的领悟概念可能是一些认识论家试图用另一种方式来达到的目的,即采用专有的"外在论"的辩护理论。这些可能被用来表明主体持有某些信念如何被证明是正当的(因此可能把它们领悟或理解为真实的),这完全是从外在的角度来看(因此,可能是认知主体本身力所不逮的)。如果从这个外在论的意义上来理解,那么,独断论者就有理由对自己持有某种观点,而这种观点无法与任何解释相一致。他们所能作的任何解释都可以说明他们是如何得出这一观点的,或者开始相信它,或者开始认为自己持有它是合理的。然而,这其中的问题在于,外在论知识学家自己的判断——他们关于人们的信念如何被证明是正确的判断——反过来也只能被其他人一致地证明是正确的,而不是这些知识学家自己。因此,我们获得了一幅画面,根据这幅画面,人们可能有各种合理的信念,甚至是科学知识,但是没有人能够基于他们可以声称是自己智力生活一部分的理由,来说明他们置身于这样一种状态之中。这是一个画面,对你理性地接受基于你可以得到的理由或证据而言,原则上是不可能的(因为那将是"内在的"的正当性)。而这是任何一个人拒绝这幅图的充分理由,即使它不能被证明是客观地错误的。

"第一人称立场"。这些想法可能会引起反对意见,认为这个论证只能从"第一人称"的角度出发才有效,而"第一人称"可能会被描述为"主观的",从而使我们可以把它当作一种幻觉而不予理会。但是,当然,致力于这种反驳行为的哲学家或科学家将需要对他们自己的这种行为采取第一人称的立场,而他们不能首尾一致地把那些思想降级到主观幻觉的地位。无论如何,如果我们认为,在领悟、把握和信念的归因中所包含的自由的前提,只适用于我们自己的精神生活的第一人称立场,那么,这种想法是完全错误的。因为,如果我们打算为他们提供任何信念的理由,并一贯地假设他们可能被这些理由所说服,那么,我们就必须以这种方式平等地表征任何其他人的自由。同样地,如果我们要站在第三人称的角度去思考,认为其他任何别的个体也有能力被这样对待,并且会因理性的缘由被说服,我们就必须假定他们也是自由的。我们不可能对那些认为他们缺乏自由的人采取"纯粹客观"的态度,除非我们也不再把他们看作可以自觉*行动*的人,或者与他人*互动*的人,或者甚至(在领悟的情况下)期望*观察到*他人*基于理性*而行动的人。因此,加扎尼加(Gazzaniga, pp.143-79)在2011年提出的自由是人们互动方式的一种属性的观点,可能是正确的(这与费希特的观点一致)。但他又回到了冗长乏味的相容主义正统说教(并与费希特有所不同),认为这个问题仅仅是关于"我们的社会实践"的法律责任、过失和惩罚。对费希特来说,"自我"的身份和理性本身只属于被他人"召唤"的存在,因此,一个理性的存在只能存在于有许多理性的存在相互沟通的情况下(NR 3:17-56;SL 4:218-25)。

以自由意志本身为例,假设我试图决定在这个问题上什么立场是正确的——是费希特的自由意志论,或者是某个宿命论的立场,无论是斯宾诺莎主义,还是温和的决定论。无论这些争论中宿命论一方的论据有多好,这些论据总是姗姗来迟。甚至为了把它们列入理性参数的清单,我必须已经表明自己已经获得对我敞开的各种可能的判断。为了能够在某个时刻依据理性来决定这个问题——换句话说,我必须已经假定,宿命论是错误的。如果我把自己描绘为基于理性来判断的代表,我的判断是必需的,那么我就表明自己的立场,即某种成问题的判断不可能基于理性的判断。*对我而言*,这就必须推翻那些宿命论者的论点(无论其明显的优点是什么),作为我信念的合理依据。正如德里克·帕尔菲特(Derek Parfit)所指出的那样,对认知规范的激进怀疑主义,尽管在我刚才所指出的方式上是自我毁灭的,却被许多近代哲学家持有,其中包括奎因(Quine)和后期的维特根斯坦(Wittgenstein)(Parfit,2011,V.2,pp.521-5)。例如,这些立场满足于为我们的认知实践提供心理上的解释,却拒绝一种"规范认识论"的概念,即使这一概念可能为这些心理解释提供基础。

简而言之:宿命论的立场不能与我基于充足理性而相信它的思想相一致。但同样的,把*你*描绘成是基于充足理性而采纳了针对自己的宿命论是我的企图,或者把*某些第三方*说成是业已如此是*我们的*企图。当我们考虑人类主体时(当然我们必须这样做,如同当我们考虑*任何事物*时,我们必定采用第一人称的角度),问题不在于我们采取了第一人称的角度,而在于没有人能够一贯地将任何有意识的行为体(任何能够而且必须采取第一人称立场并基于理性而行动的主体)仅仅表征为一种因果关系的、必然的机制。费希特清楚地看到了这一点:

> 自由存在的关系是自由互动的关系;这绝不是通过机械力作用的纯粹因果关系……(在寻求令人信服时)我们从自由开始……并假设他们也是自由的。诚然,在假定因果机制完全正确的前提下,[独断论者]是自相矛盾的。他们言行相悖;因为在某种程度上,它们以机制为前提,同

时又把自己抬高到机制之上。他们自己思考这种关系的行为是一种不属于机械决定论范畴的行为。机制不能把握自己,正因为它是机制。只有自由的意识才能把握自己(ZE 1:509-10)。

对自由的信念必须依然作为一种"信仰"的理由。然而,重要的是要看到,刚才所提到的考量并不能直接表明我是自由的,或者基于充足理性,我的判断总是在真正偶然的可能性中进行抉择。抽象地理解,费希特以上的论点仍然留有余地,我们可能从来未曾基于理性真正地开始领悟或判断,所有我们假定的把握或领悟可能总是虚幻的。他们只显示,它属于开始领悟的概念,它必须涉及自由。因此,我们永远不能一贯地把我们自身——对我们而言,或对他人而言——表征为开始领悟我们的不自由(或者,确实开始领悟任何事物,除非我们是自由的)。这就是为什么费希特认为我们永远不能最终证明我们是自由的,或者理念论可以一劳永逸地彻底驳倒独断论,所以,理念论的立场必须被描述为基于*信仰*。

然而,这种说法可能也会产生误导。这个讨论中的"信仰"一点也不武断、非理性、自行其是,甚至是可以避免的,只要我们把这个世界和我们自己的想法联系起来。只要我们把自己描述为领悟或把握任何事物,或者基于理性来确信任何事物,那么 除了相信我们是自由的之外,别无选择。在这种自我表征中,必然把我们自身视为自由的呈现,并不是一种*心理上的必需*,而是我们"情不自禁认为是这样"的事务(但一个不那么精细或有缺陷的心灵可能会被排除在外)。这是一种*规范性的*需要,当我努力一贯地将我已经领悟的主张与任何表明我已经开始领悟的过程的表征结合起来时,它就会出现。就所有的疑虑、质疑、被说服的过程而言,与其说自由是已被它们证明,不如说自由是它们发生的必要条件。对照一下:"痛苦不是作为人类自由的证明出现;后者是作为这个问题的必要条件而给予我们的"(Sartre,1956,p.33)。

如果我们连贯地将自己或他人描述为参与了这些认知行为,我们就需要认同我们是自由的这一前提。费希特注意到,出于各种原因在选择之间作出决定的任务,一直是我们作为知识分子或智力群体的任务,因为这是我们作为主体(即作为*意愿的*存在)每时每刻的更为根本的任务。费希特认为,每当我们发现自己在反思时，我们总是会发现自己的本质是意志（SL 4:18–23）。意愿的我或“实践的我”总是自我意识的原初的我（NR 3:20–3）。意志力，连同领悟或被说服的过程，我们只能连贯地将之表示为从不确定性到确定性的有意识过渡（SL 4:137;cf.SL 4:79）。

第八节　自由意志之传统性难题

自由意志之传统性难题，无论人们持何种立场，在于将人类的能动性与我们对世界的形而上学概念以及事物如何在世界中运作这一问题调和起来。伊壁鸠鲁（Epicurus）在公元前3世纪初就已发现了这个问题。为了解决这个问题，他不顾一切地假设原子的运动是“偏斜”的，这样就会有偶然性、合理性和可靠性，把我们从宿命论的必然性的威胁中拯救出来。自由与我们对客观世界的看法的调和，同样是自然主义的不相容论者的问题，如同伊壁鸠鲁本人，以及自然主义的相容论者，他们试图以这样一种方式来设想自由，使它更容易符合自然的因果秩序。然而，这个问题与那些想要把自由置于笛卡儿式的非物质的思维实体或超自然的本体自我的能力之中的不相容论者，并没有本质上的不同。因为即使是他们的反自然主义图景，也试图使自由与我们对整个世界及其所包含的事物或实体的本质的看法相一致。

我们可能会认为，费希特属于那些寻求这种超自然解决方案的人。他偶尔也会断言，独断论者及其“唯物主义的”世界观的失败，使我们有理由宣称，作为自由的行动者，我们属于一个唯有用智力方可了解的世界（SL 4:91;GGW 8:181）。但是，如果我们把这种说法理解为试图用一种关于本体或自在之物的理论形而上学来解释自由（如康德常被描述为如此行事），那么我们就误解了这种说法。费希特自己的“超感官”概念是他的宗教哲学的一部分，它在他的伦理学和先验哲学中的地位并不明显。但是，把他所说的我们是一个唯有用智力方可了解的世界的成员，当作主张超自然实体的超验形而上学是不正确的，因为这将把费希特的哲学变成某种类型的独断论。当费希特声称独断论无法用“事物”来解释“自我”时，他的意思是排除灵性的或超感性的以及感性的“事物”(这不是康德的立场,无论如何都不可能是康德关于自由的自我一致的立场,这在2008年我的著作的第7章中已有所论述)。对费希特来说,“自我”必然体现在一个自然的、有生命的身体里:把一个非物质的、精神的实体作为我们思想或自由行动的主体的想法本身就是不连贯和不可想象的。费希特无论如何都不是一个不相容的非决定论者,后者主张通过超自然的形而上学来解释自由行为,形而上地学假设了超感官的“事物自身”。

对于自由意志的传统难题(或者实际上,关乎于任何哲学难题),另一种可能的立场不是去解决它(自然主义或超自然主义),而是宣称它是*难以解释的*。哲学难题可以如此对待,要么以某种借口视而不见,要么被当作伪问题,或者承认它们是永久的不满和困惑,我们必须学会忍受,然而这对我们来说可能是令人沮丧和羞辱的,是我们人类状况的一部分。后一种立场似乎是康德对他在“先验辩证法”中所探讨的问题的最确切的表述(KrV A vii-viii, A293-8/B349-55, A338-40/B396-8)。当费希特拒绝将独断论作为一种哲学体系时,他实际上是站在康德关于自由意志这一传统难题的立场上。自由能够(或需要)与我们对事物的看法相一致的唯一方式是,自由的接受是一种先验条件,即我们有可能意识到一个客观世界,能够对客体进行表征,能够对它们有信心,能够领悟或把握它们。对费希特式的理念论者而言,自由落在客观世界之外——不是形而上地,好像它属于某个*另外的*世界(因为对“自我”而言,另外的世界是不可想象的),而是在方法论上或在直觉上。费希特的立场是,传统的自由意志难题的*无解*,是一种先验条件,它不仅意味着道德和能动的可能性,而且甚至意味着我们对任何客观世界进行有意识的体验的可能性。

费希特这样表达了他的观点:“自由是我们认知客体的工具,但客体的认知反过来却不是我们认知自由的工具”(SL 4:79)。因此,为了使自由意志的难题得以解决,我们必须拒绝或越过传统的难题,即在某种程度上,将自由融入我们对一个由独立于我们手中的事物构成的世界的概念之中。相反,我们必须从自由的假设开始,把我们的客体世界想象成可以通过自由改变的东西。例如,当我们把世界看作自然科学或理论研究的对象时,我们必须把它看成这样一个地方：在这里，我们可以选择不同的研究方法，例如设计和执行实验，进行观察并从中得出推论。

自然世界，我们作为自由主体被排除在外，我们希望以后通过兼容地将自由重新解释为某种必然的因果机制来整合它，是一个我们永远也无法了解的世界，确切地说，因为在这个世界里，我们永远无法自由行动。解决自由的难题只能另辟蹊径，只能以批判的或先验的方式来处理。"我们的世界，"费希特说，"原本只能由自由作为一个理论原则来决定"（SL 4：74）。对我们来说，这个世界已经有了必然性和偶然性之间的区别。在这个世界里，我们的自由被认为是我们获得关于世界的知识的可能性的一个条件。当然，在这个世界上，包括自然科学家在内的所有人类主体都业已存在，而自然主义理论只能通过把他们排除在可知世界之外来提供一种另类选择，因为他们既是知者又是主体。

第八章　费希特主体间性之“自我”

第一节　我们的笛卡儿习性

作为心灵哲学家，我们都是康复中的笛卡儿信徒——就像有些酗酒者据说正在戒酒一样。就像戒酒一样，我们既有神采飞扬的时刻，也有沮丧落寞的时刻。我有时认为，心灵哲学家的会议应该以这样的介绍开始：“我的名字是……”——如果我们只介绍自己的名字的话，在这里也可以更开门见山些——“我是一个笛卡儿主义者。”在我看来，假装不承认，顾左右而言他的否定状态，一开始就把大多数的心灵哲学家置于失败的境地。

对于那些仍然相信非物质的、非延展的实体是思想的主体的少数人来说，笛卡儿主义绝不仅仅是一个问题。最深奥和最棘手的笛卡儿哲学属于这样一些人，他们认为与其说思维、意识、行动、精神本身属于人类整体，这样的人类整体呈现并定位于某种更大的、自然的而且尤其是社会化的世界之中，不如说它们属于整体的、境遇化的人类“内心”的某物：只是其中的某部分——只属于大脑中发生的内部神经过程。这包括所有那些认为人类的思想和感觉是大脑状态的“伴随物”的人。当我们致力于脑科学的时候，我们是在研究大脑，甚至当我们检查核磁共振成像的时候，我们也是在检查大脑的活动。这个概念比人们通常认为的更接近于笛卡儿最初的心灵概念，因为笛卡儿实际上是第一个试图将思想与大脑状态联系起来的伟大哲学家。他认为这种关系——两种不同物质状态之间的关系——必须是因果关系这一事实，远远不是笛卡儿主义真正错误的核心，要害在于他那更为基本的假设，即思想是某种东西的功能，而这种功能必须是物理学或生理学所能解释的，而非仅仅通过人类在社会和历史世界中的互动才能被正确理解。要真正克服心灵哲学中的笛卡儿主义,我们必须克服许多今天所谓的“科学的”心灵哲学。在我们的哲学和心智科学中,我们甚至还没有接近这一步。假设一个人仅仅通过否认其解决方案的实质二元论就能纠正了笛卡儿的错漏,那他就陷入了灾难性的否定状态,就像一个酒鬼告诉自己,他只是一个“应酬饮者”(宴会时喝酒的人,不是酗酒者),他能很好地管控自己的“问题”。

反对笛卡儿主义的真正斗争在欧洲大陆比在讲英语的传统中开始得更早,因为后者一直被经验主义所主导。经验主义包含着一整套被误导的某种先天偏见。这一整套关于经验是什么以及我们如何从经验中学习的偏见,在现代哲学以及由此产生的科学中都造成了许多危害。经验主义出现于 18 世纪中叶,源于对持谨慎怀疑态度的笛卡儿理性主义者约翰·洛克的创造性误读。话说回来,洛克也是相当不加批判地接受了笛卡儿关于心灵和经验的概念,即使他是以怀疑的态度接受的。这与笛卡儿和自 18 世纪以来盛行的雄心勃勃的笛卡儿主义唯物主义版本都不同。我在这一章的目的是探索一些更真实的反笛卡儿主义的思想,这些思想出现在 19 和 20 世纪的欧洲大陆传统中,特别是我所认为的最早的决定性的反笛卡儿主义的哲学家费希特(Johann Gottlieb Fichte)的思想。

第二节　“笛卡儿的错漏”

然而,在现代反对笛卡儿主义的运动中,无论是欧洲大陆的还是以英语为母语的哲学家们,对于如何避免笛卡儿主义都几乎没有达成一致的意见。更常见的做法是*规避*;反对笛卡儿主义的哲学学派总是更成功地给他们的对手贴上“笛卡儿式的”“唯我论的”或“一元论”的标签,而不是提供一个清晰且令人信服的替代方案。

故而,在确认安东尼奥·达马西奥(Antonio Damasio)认为笛卡儿的错误究竟是什么之前,我们必须深入研究他的《笛卡儿的错漏》(又译为《笛卡儿的错误》)(Damasio,1994)。然而,除了形而上学的二元论之外,这种二元论现在甚至在哲学家中都很罕见。我们看不出他是否找到了任何既是明显错误的,又明显是被笛卡儿所持有的观点。这样一来,达马西奥浪费一本书的标题来讨论二元论似乎显得很愚蠢。显然,达马西奥想要批判的"笛卡儿的错漏",是笛卡儿所宣称的将理智或理性与情感及其在身体中的根源分离开来。但这是基于对笛卡儿在这个问题的实际想法上的一个(常见的,但也是惊人的)错误,也许是由于对他晚期的著作《论灵魂的激情》的无知(或误读)。误读通常是由(错误的)推论引起的。这种误读既包括把笛卡儿的形而上学二元论和一些对他的哲学方法的苛责联系起来,又包括以他的名义对人类理智如何最佳运作问题作出非常笼统的总结。事实上,笛卡儿承认身体对心灵的影响,并特别强调激情的作用,他称之为"慷慨",它有助于理智力在日常生活中很好地发挥作用。笛卡儿在对理智的描述中确实没有明确阐述达马西奥(Damasio)所说的"体细胞标记假说",但他确实预示了达马西奥的大致想法。当他认识到某些激情(对他而言,这是大脑中动物精神的运动)帮助智力控制其他的激情,并为智力控制我们的生活构成一种身体基础。作为一个17世纪的脑科学家,笛卡儿已经走在了他的时代的前面。换句话说,在理解人类思维和人类行为方面,当今的脑科学尽管取得了令人印象深刻的成就,但从根本上仍然是笛卡儿式的。

甚至在现代哲学史的早期,唯物主义者[如霍布斯(Hobbes)、拉美特利(Lamettrie)和狄德罗(Diderot)]就试图保留笛卡儿关于物质的观点,而不考虑笛卡儿关于心灵的观点。但他们也只反对笛卡儿的"心物二元论",而且保留了笛卡儿关于心灵是什么样子的概念。最需要的是与笛卡儿主义进行更深层次的斗争,但这也是最令人感到困惑的地方。例如,约翰·塞尔(John Searle)和丹尼尔·丹尼特(Daniel Dennett)对彼此心灵哲学的毁灭性攻击,莫过于互相指责对方为潜在的笛卡儿主义(Searle,1992,p.149;Dennett,1993)。此外,发现这两种指责都有说服力,要比断定每位哲学家不情愿的笛卡儿主义在多大程度上对每种观点的谬误性负责,以及在多大程度上对每种观点的正确性负责,要容易得多。对我来说,对笛卡儿的敌意似乎主要是由于如下的事实,他所发现或创设了现代主体性问题和身心(甚至是心脑)之间关系问题,我们至今仍远未解决。四面八方的哲学家和科学家,自然都把他们对自己努力却受挫的不满投射到他身上。就像一个戒酒的人必须做的第一件事,就是学会尊重恶魔朗姆酒对他们的所能发挥的威力一样。我们这些康复中的笛卡儿主义者需要学习的第一件事,就是尊重笛卡儿为所有现代心灵哲学所作的奠基性贡献。

让我们所有人都不情愿成为笛卡儿主义者的心灵概念,不是笛卡儿的“心物二元论”,而是心灵的某种图景及其与世界的关系。这幅图景使笛卡儿的“自我”成为一种特殊类型的场所——一种隐喻性的“内在”的场所。在这里,“自我”安卧在它自己的小小思想的内在世界的中心。在这个隐喻性的“内在”的外在 ——但现在,奇怪的是,“外在”似乎是字面上的,而非隐喻的——有客体,有物质身体,包括赋予作为隐喻性的内在场所的“自我”自身的空间位置的身体(对于笛卡儿式的唯物主义者来说,它在头部之中,在大脑内部)。或者更确切地说,如果有这样的外在客体,不知怎么的,仅凭这些内在的内容,我们就能说服自己确信究竟有没有重要的外在客体——这个问题,在我们过度自信的清醒状态下,似乎显得很愚蠢,但在另一些时候,当我们通过笛卡儿“浮沉子”实验的瓶底觉察到它时,它就会变得令人生畏,甚至无法解决。其他的“自我”,如果有的话,必须首先从根本上被认为是这些客体的一种,即使后者和前者不可能有任何相似之处。相反,它们也必须作为其他隐喻性的内在场所而存在,我们必须根据这些(总是令人生疑的)客观存在的客体的行为来推断它们的存在。这样的一幅图景使得他者的心智对我们来说加倍地不可得:第一,因为它永远不可能像我们自己的心智那样适时可得;第二,因为它必然不具备这样一种绝无仅有的客观性——那种客观存在的事物——与它自身的主观性相反,心灵是能够把握的。

人们着手笛卡儿式图景的最基本问题,就是假定它用透视性混淆了心智。对笛卡儿而言,因为思想是如此内在于我们,以至于我们能立即而准确地意识到它的存在,并同时立即而准确地意识到它的本质,至少当我们的注意力转向它的时候,总是如此(Descartes,1964-1976,8:7)。这实际上是假设,心灵状态的真正本质只能从“内在”来把握——也就是说,似乎对它有价值的唯一视角是有赖于此一心灵状态。从某种意义上说，心灵状态变得天生地“主观”，因为在某种意义上，它们的真实本性只能从一个单一的视角被了解，即从这些心灵状态的*主体*的视角来认识。

这就好比我们认为只有当微笑或做鬼脸的人自身觉察到时，微笑或鬼脸才能被正确地理解和阐释，其他人必须依赖于微笑者或鬼脸者对这些面部表情的感知和解读，才能获得他们可能掌握的任何正确信息。我咖啡杯的背面，对你可见而对我不可见，就像咖啡杯的正面，对我可见而对你不可见一样，但都是咖啡杯的一部分。为什么不承认心灵状态也是如此呢？因为事实上，我的烦恼或愤怒和它们所表现出来的愁眉苦脸或愤怒的爆发一样多地呈现在你面前。只有理解了烦恼，你才能理解鬼脸，反之亦然。不这样想，不仅是对心智的误解，也是对行为的误解。因为在我们表达性行为的内容方面不存在“第一人称权威”。我对你所表达的思想的阐释方式和你表达它们的方式一样，都是这些思想本质的一部分。你用来理解我的愤怒或同情的方式和我察觉到它们的方式一样，都是它们本性的一部分。与我们的喜悦或愤怒的爆发相比，我们那些更微妙、更复杂的思想的情况更是如此。因为我们思想的实际情况，既有赖于别人如何正确地解释我们所表达的思想，也有赖于我们（可能会被利害关系左右而自欺）如何从自身的角度来解释它们。

笛卡儿认为思想是完全真实的，事实上，它是我们得以了解任何其他现实的唯一基础。为了认识论或方法论的目的而采用主体的视角，并没有什么过错，正如笛卡儿和费希特所做的那样，他们把能动的“自我”作为先验哲学的第一原则。但是，如果我们认为心灵状态的本质只能从一种视角来把握，那么我们马上就会误入歧途。因为它属于真实或客观的概念，可以从不同的视角加以认识，而且它的性质不能仅仅依赖于我们从一个视角获知的情况。所以，笛卡儿的心灵概念很容易让我们质疑心灵状态是否是客观世界的一部分。我们需要在我们的心理学中研究它们，甚至在客观世界的科学理论中提到它们吗？

这最后一种思想，因为被唯物主义经验论所采纳，最终导致了一种只能被描述为完全精神失常的思想。尽管如此，它还是被某一有影响力的心理学学派授予了崇高的科学地位(尽管它现在的影响力已不如从前)。这是一种精神失常的思想,认为心理科学必须完全忽视心理,而只研究人类有机体的外在可观测的生理过程和身体的行为。行为主义及其近来在神经科学领域的近亲,对在其他方面心智健全、具有科学气质的高智商人士的吸引力,无疑是对这种观点背后的笛卡儿式心灵概念的极大驳斥。

然而,当我想到你对我表现出的亲切或愤怒的感情,或你对我传达的关于历史、政治或哲学的想法,确实存在于你大脑里的神经过程之中时,我是不是也同样精神失常了呢?因为那意味着如果我发现你的想法模棱两可或需要澄清,或如果我无法确定你的情感的真实性,那么,我所有关于这方面的问题最好都能得到回答,至少原则上是这样,通过给你做脑部手术,就能知道你脑子里到底在想些什么。有些人认为,这肯定属于某类病人隔壁的软垫病室,这类病人认为心智状态根本不是客观世界的一部分。

真正的难题——毕竟,这在哲学中不是一个陌生的问题——在于当我们被一幅特定的图景引入歧途时,就再也无法理解心智的概念——至少无法在理论或科学层面上进行理解——所以,我们不知道其他人的心智状态这个概念在我们思考(而且必须思考)一般事物时的概念库中处于什么位置。

因为我刚才发出了造成干扰的声音——关于被困在笛卡儿的图景或瓶子里——毫无疑问,听起来很像后期维特根斯坦和他的追随者的习惯做法,故而我必须赶紧补充一点:我认为,维特根斯坦的思维方式比我一直在讨论的笛卡儿主义者、唯物主义和行为主义的要糟糕得多——这里的糟糕是在数量层级的比较。因为,维根斯坦显然认为,只要我们能找到某种方法,治愈我们被误导的倾向,即提出有关心灵的哲学问题,一切就会像现在这样令人满意。然而,这种想法是值得谴责的自满和蒙昧。因为,当然,我们需要对心智有一个正确的理论理解,如果我们能找到的话,甚至需要一门关于心智的科学。这样一门科学必须与我们对物质、生物学、神经科学和有机体行为的理解相结合。问题是,到目前为止,我们对心智科学的所有尝试似乎都是不可救药的笛卡儿式的。我们都知道这可能是大错特错的,但仍然不知道如何去纠正。

第三节　主体间性的先验路径

唉,说“完全不知道”可能有点夸张。或者因此我会试着去提出理由。因为我认为,至少一种更好的心灵理论的最初开端是在德国唯心主义传统中产生的,其中一些是由黑格尔主义和现象学提出的。这一传统的起源,如我所说,我认为是后康德德国唯心主义的创始人约翰·戈特利布·费希特(Johann Gottlieb Fichte)的思想。如果试图在我们的心灵概念中去除笛卡儿主义的影响,那么,我们离成功还差得很远,但费希特的方法仍然可以教会我们一些东西。

我在这里想要讨论的,与其说是一般意义上的后笛卡儿式的主体性或心智概念,不如说是它的某个关键方面,即主体间性,或我们所理解的他人的心智概念以及我们它的认知。在欧洲大陆上发展起来的关于这个主题的一个重要的方法是现象学的方法,它来自胡塞尔(Husserl)以及伊迪丝·斯泰因(Edith Stein)和伊曼纽尔·列维纳斯(Emmanuel Levinas)等追随者。现象学方法的一个可能的弱点是它回答基本的先验问题的方式,即康德所说的关于他人心理的*有何法权问题*(*quaestio quid iuris*):我们有什么权利使用一种不是我们自己的心智状态的概念?胡塞尔的一些评论,可能暗示现象学对这个问题的回答是一种证实主义的回答。我的意思是,它通过对他人精神生活意图的实现的标准来证明使用这个概念的合理性①(Husserl,1960)。在某种程度上,这是胡塞尔的程序,他建议描述意图性和实践性的相关体验。一旦我们看到基本预先设定的条件得到满足,那么他就认为没有更深一层的基础来怀疑我们的体验是否真的囊括了特定客体的意图。任何这类证实主义都将使现象学变得不具有批判性,因为通过这样一种现象学策略来验证任何数量的可疑

① 参阅《笛卡儿式的沉思》的“第五沉思”,尤其是第52节,其中讨论了适合于体验他人心理状态的“证实方式”。然而,正如我现在将要提到的,有迹象表明,胡塞尔在其他地方对这个问题的处理方式更接近费希特的方式,而不适用于我在这里提出的反对意见。我很感激达格芬·福尔斯达尔(Dagfinn Follesdal),他让我注意到了胡塞尔思想中更接近费希特的一面。

概念似乎都是可能的，而真正的*有何法权问题*（*quaestio quid iuris*）可能正是针对这些可疑的概念提出的。那些相信诸如一连串的好运、女巫或恶魔附体等事物的人们，也通过特定种类的意向性意识到这些假想的客体。他们的幻觉和自欺的循环，当然也包含了实现了的或受挫的意图。这些意图可能用来客观地构建查证的程序。对这样的程序而言，这特定种类的意向性意识可能只是一堆迷信的噱头。

站在一种更为康德式的先验哲学的立场上看，问题是，这种证实主义策略永远不能回答法律上（*de jure*）可能提出的关于概念的适用性的疑问，该概念在经验中的作用面临着怀疑论的挑战。怀疑论者知道，我们习惯于使用诸如物质身体、因果力量以及他人的思想和感受等概念；他们和我们一样知道，我们应用这些概念时通常所依赖的标准。他们的主张是，我们没有办法排除这样一种可能性，即这些程序以及实际上对这些概念的任何使用，仅仅是基于一种幻觉。在这方面，费希特设想有人会通过诉诸日常经验的标准来回应唯我主义（他称之为“利己主义”）；他对这样的回答置之不理，认为这样的回答是“肤浅和不令人满意的……根本没有回答我们的问题……利己主义者也有这些诉诸日常经验标准的体验”（VGB 6:303）。

对*有何法权问题*（*quaestio quid iuris*）的先验回答，必须遵循康德的先验演绎。这样的策略设置了比任何证实主义更高的标准，并回答了现象学家未能解决的怀疑论担忧。一种先验的方法是这样开始的，即从一些可能的经验的概念开始。这些概念是如此的基本，以至于很难使它受到怀疑主义的怀疑却不损害怀疑主义本身的兴趣。先验哲学家从经验的最低限度和基本的概念出发，主张我们有权通过展示其他概念，甚至将它们在经验中的实例化，作为存在这种最低限度起点可能性的条件。

然而，有迹象表明，在胡塞尔未发表的遗作中，他实际上更接近这种方法，他认为唯我论是自毁的。这当然是费希特对“非我”的先验问题的构思。“我们自己，”他说，“把（其他理性的存在）引入经验。是*我们*通过求助于存在于我们自身之外的理性存在来解释某些体验。但是*我们有何法权*提供这种阐释呢？在我们使用这个解释之前，需要更好地证明其正当性，因为它的有效性……不能简单地基于我们使用这种阐释这样的事实"(VGB 6:303)。费希特建议,从一个最低限度起点开始先验演绎——自行设定的"自我"——不仅仅是物质世界以及"自我"自身必要的物质性具身化,而且是其他的"自我"的存在,所有这些都是"自我"自身原初活动之可能性的基本条件。费希特说,我不能在自身之外进行"自我"创设。然而,"这些存在的概念构成了我对'非我'的观察的基础,我期望遇到一些与这个概念相对应的事物"(VGB 6:304)。先验论证的目的在于证明这种期望,并为它所涉及的概念提供先验基础。

关于外在世界,康德(在《纯粹理性批判》B 中)对理念论的反驳认为,即使是笛卡儿心灵的内在要旨,也不可能由时间来决定,除非这些内在要旨与一个与之不同的物质世界有关(KrV B274-9)。费希特为同样的结论提出了类似但十分独特的论点,宣称表征的"理想系列"预设了"自我"的物质身体之间因果联系的"真实系列"。它是"自我"活动不可或缺的载体,是"自我"活动所依据的"非我"或物质世界。类似地,费希特关于他人意识的策略是主张自我本身的一些基本活动——特别是,通过那些活动,它把自己确为一个独特的主体——以与他人的互动为前提,因此,使用一种不是我们自己的"自我"的概念作为自我意识的可能性的条件。

当然,这种策略众所周知是成问题的,而且沿着这些思路进行的论证也相当难于操作。这方面的争论执行起来也非常困难。康德传统之外的哲学家们毫无困难地提出质疑的理由,不仅是对这种雄心勃勃的结论的特定先验论证,而且是对先验哲学本身的整个事业。这可能会让人觉得为怀疑主义提供这样的答案,似乎是一种毫无意义的操练。因为对于任何被怀疑论的怀疑所诱惑的人来说,首先通过挑战先验过程来更新它们是轻而易举的。但是,这个反对忽略了先验哲学的真正要点不仅仅在于对怀疑论作出某种回应,而是用这种方式来回答怀疑论以提供对基本概念之本质的洞察。我们正在探究的正是这些基本概念的本性质,而且我们也正在发展一种新的和革命性的理论来解释它们之间的关系。如果怀疑主义足够顽固,它总是可以坚持不懈的。怀疑论对非怀疑者的价值在于,它对我们思考基本概念的方式提出了挑战,从而可能激发我们以不同的方式思考这些概念。这就是先验哲学家看待事物的方式。在目前的情况下，我认为费希特关于主体间性的先验方法的真正意义，在于帮助我们发展一个关于心灵的全新概念，在于找到一种方法来摆脱笛卡儿的概念。我们都觉得笛卡儿式的概念如此不能令人满意，但又很难不重新陷入其中（至少在我们的沮丧落寞的时刻）。

费希特的首要原则是“自我”，这一事实导致他被一种久远的、无知的、不善解人意的传统认为，他只是另一个笛卡儿主义者。然而，先验策略的全部要点在于，从你的对手似乎无法否认的事情开始，然后试着向对手表明，这会让他们致力于那些他们原本认为可以回避的事情。因此，一个*看似*笛卡儿主义的出发点很自然地被用作一种从笛卡儿主义之中*抽身而出的方法*。费希特的“自我”可能是笛卡儿式的，这表现在它的确定性和它的直接、自由的自行产生的自我意识之中。但我们很快就会发现，它与笛卡儿式的“自我”是不同的，因为它被限制在意识的直接意识里，这种意识只存在于自由的活动中。而根据费希特的观点，自由活动是一切主体性的本质，也是一切经验中最根本的东西。费希特在描述自己的首要原则时说：“你的思维是一种*行动*。不要担心你的承认会让将来的你觉得后悔。因为我说的只是你开始意识到自己的活动，而且只是在你开始意识到它这一意义上”（ZE 1:522）。“自我”是“唯一主动的、绝对的、绝非被动的……它也未曾有本身，未曾作为实存，因为这是相互作用的结果……我们甚至不应该称它为活动着的某物，因为这种表达意指活动本身就是某种实存的事物”（EE 1:440）。正如休谟和康德所观察到的，费希特式自行设定的“自我”只是一种活动，它甚至不是一种活动的事物［如笛卡儿的“我思”（*res cogitans*）］，它根本不是仅仅在构成一切经验基础的意识的主动意识中给予我们的。

下一个反对意见自然会是，费希特的“自我”存在着一些不连贯和不可能的方面，那种活动却无须主体的想法——换句话说，费希特关于“自我”自行设定的原则必然是某种不够完备的想法，一种有赖于其他想法的想法，如同那种关于自激活的存在者的想法。然而，这一点不应被视为对费希特的反对，因为这恰恰关于经验的某种先验理论的观点，它表明我们赖于开始的事物，只有在我们先验地演绎它的条件下才是可能的。类似地,在“先验演绎”里,康德提出,理解的综合(一个单一的、自我同一的主体在时间上的多种主观表征)也不是一个完整的思想,因为没有复制和识别的综合是不可能的。反过来,如果没有先验的统觉及其与不同于这些经由范畴的表象和思想客体的概念之间的联系,复制和识别的综合也是不可能的。在“经验类比”中,他提出要证明,在时间中决定的杂多如果没有参照与表象不同的物质世界的经验是不可能的。这种表象的连续状态是由时间通过因果律决定的,它们在空间中的同时状态服从于相互的因果关系。换句话说,康德的观点是,一系列自始至终的主观状态的思想是一个固有的不完整的思想,它需要一个由法则统辖的客观世界来完成。同样地,费希特论证的重点是,自行设定的“自我”的思想是一种不完整的思想,它驱使我们先验地思考一系列必备的思想,这些思想是完成自我定位所必需的。唯一的问题是这些思想是什么,以什么样的次序被需要。

第四节　另一些“自我”作为“自我”之个体性的条件

从费希特在 1794 年试图发展一种知识学(Wissenschaft slehre)开始,很明显,他将另一个“自我”的意识视为一种必要的思想。在 1794 年的《全部知识学的基础》中,他说:“没有你,就没有我;没有我,没有你”(GWL 1:189)。但费希特只在《以知识学为原理的自然法权基础》开始另一个“自我”进行先验的论证,而且他试图将主体间性的主题充分地融入他的知识学。这一努力只是在思考他的体系的第二个主要阶段,即在耶拿晚期(1797—1799)才出现。这包括《知识学的第一篇导言》《知识学的第二篇导言》《伦理学体系》,以及习惯上称为《知识学新方法》(*Wissenschaftslehre nova methodo*)的讲座。

在这里,思想的先验顺序始于“自我”的自行设定(或者如他所说的“自我还原”活动),并认为要形成这种活动的概念,就必须将其与对立的活动(客体或“非我”的活动)区分开来(ZE 1:492;cf.NR 3:17-28;SL 4:89-93)。在这篇文章中提到的“非我”,还无法确定它与“自我”有何不同,但费希特对“非我”的首次探索,认为它是物质世界,或者说它是任何与“自我”有着根本不同的事物。后来费希特认为，为了意识到我个人的“自我”，有必要将它与作为另外一种类别的“非我”进行对照，也就是某种有别于我自身的事物。我们首先通过与非我（物质世界）相互作用的概念获得作为一种行动着的存在的“自我”的概念。因此，作为能动的*事物*的“自我”，也必须是物质的，一个身体（ZE 1:495；NR 3:56-61）。身体并不是经验的伴生物，而是一个先验的推论要求，这是一个作为某种行动着的“自我”的要求：“经验不能告诉我们，我们有一个身体。”我们有一个身体，它是我们的，这是我们必须预先知道的，作为经验可能性的条件（FGA 4:2:169）。因此，无实体的笛卡儿式思维实体是不连贯的，是先验地不可能的。“除非与某个身体（某个‘自我’）相联系，否则不可能有个体，而是某种非常不可思议的事物（如果一个人仍然可以将一件甚至不可思议的事物称为‘某物’的话）”（VBG 6:295）。

某种行动着的“自我”“发现自身”（用费希特最喜欢的表达方式）（NR 3:33；4:18-21，FGA 4:2:181-2），仅仅以*意愿*的方式（SL 4:18），而且它的意愿表现为与物质世界的斗争，它作用于物质世界，而这个物质世界是被动的。在某种综合的、不确定的（同时也是无意识的）层面上，这种意愿已经以一种不确定的努力形式出现在“自我”发现自身的每一节点上（GWL 1:65，261-71，285-91；FGA 4:2:77）。但“自我”意识到自身是主动的，同时也意识到自己的行动是这一个“自我”的决定性活动。正是在作为某个“自我”的可能性条件的先验演绎中仍然非常基本的要点上，费希特认为，除了自身的“自我”之外，还有必要形成另一些“自我”的概念，并期望在经验中与它们相遇。因为只有通过某种客体的体验，这种客体本质上有别于一切*纯粹的*物质客体，“自我”作为活动的特定形式的自我意识才能被认为是可能的。

费希特论证的依据是“自我的自限性”，或者是说，事实上，任何“自我”都意识到自己不仅仅是理性的活动或普遍的欲望，而是作为一个个体性的“自我”，自由地选择特定的活动方式，拥有特定的目的或目标。有时，费希特似乎为他的结论嵌入一个非常简短的论点，从“自我”的个体性直接推断出它与另外一些“自我”的个体性对立的必然性：

到目前为止，“自我”是以自由行动为特征；故而，这种自由行动也必

须是受限的。受限的自由行动意味着,作为一个量子的它与作为整体的自由行动是对立的,并且在这个范围内与其他的自由行动相对立。简而言之,如果没有这种成为一个量子的行动,相应地,如果不立即为别的自由行动同时设定同样的思想(而这种思想在一定程度上是不太适用的——因为事实上每一个量子都必然是受限的),我就不能绝对地拥有任何自由的行动(SL 4:218-19)。

在别处(在一篇大约可以追溯到同一时期的文章中),他使用了类似的推理论证康德的统觉的统一性无法涉及任何"自我"维度的个体性。这一维度的个体性(他声称),只有当一个"自我"被认为与另外一些"自我"相对立时才会出现:"康德也不能通过这种纯粹的统觉来理解我们的个体性意识,或将两者混为一谈;因为个体性的意识必然伴随着另一种意识,即意识到某个'你',而且个体性的意识只有在这种条件下才有可能"(SW 1:476)。

第五节 召 唤

费希特自己意识到,这个论点本身过于简短,无法令人信服:然而,单凭这一点,无法实现个体性的设定,因为"自我"确实有可能仅仅通过*想象的*活动就假定其自身之外的自由活动,这种想象的活动仅仅作为一种可能——对自身而言的可能性,如果它包含一些有益的东西,或者对其他自由的生命也有益处(SL 4:219)。我可以使"自我"充分个性化,换句话说,无须假定我之外的真实的理性存在,只需思考我的个体能动性的其他可能性,这种能动性或被其他可能的存在所接受或甚至被我自己所接受。但他也不认为这个回答是决定性的,因为它忽略了这样一个事实:我所必须阐释的,不是仅仅把我的"自我"*想成*某种个体,而是将我自身作为某种个体来*发现*,作为某种确定的客体来*发现*。费希特宣称,这种发现是一种不完整的思想(在先验意义上已经论及),没有对构成我的个体"自我"的自由活动的体验(作为某种客体),这种发现是不可能的;如果我的意识中没有某种很有特色的概念的实例化,这种体验是不可能的。这种与众不同的概念,费希特称之为"召唤"(*Aufforderung*)。他认为,这是一个概念,它的完成需要诉诸它在某种有别于我自身的理性存在中的起源。

在这里,重要的是要明白,为了觉察到我的个体“自我”,应该意识到的不是我已经参与的活动,而是我*可能*参与的*适切的*活动。对我而言,我的个体性不仅仅在于,也不是根本在于,让我与众不同的事实,而是在于,通过*行动的可能性*,我主动地确定我是谁。换句话说,对我的个体性的认识必须从根本上是*规范性*的。正如费希特所相信的那样,即使理性行为的基本准则与物质世界的客观事实一样具有客观性或普遍约束力,情况也是如此。因为使我成为一个个体的是,在我独一无二的处境中而且基于我的独特视角,将这些普遍准则应用于我的行为的具体方式。

因此,费希特将我的个体“自我”的概念与活动的某种确定*目的或目标*(Zweck)的概念联系起来,而且他认为个体“自我”可以通过目标的概念实现从“可确定性”到“确定性”的转变(正如他所说)(SL 4:157;cf.FGA 4:2:47,57-8,175-6);也就是说,从“我可能会成为什么样的人”的多种可能性到“我是谁”的确定性的转变。这种转变包括为自己设定一个目标,构成我转变的理由,然后实现那个目标。因此,目的的概念包括一种可能的行为方式,而我有个合宜的理由使之获得实现。费希特认为,这一概念只能以“召唤”的形式呈现在我面前;某种召唤的概念需要另一个理性存在的存在作为它的阐释。“这样,召唤本身就包含了一种自由决定的真正根据;也就是说,它将是介入可确定的与确定的之间的决定性主体”(FGA 4:2:179)。“一种目标的概念是如何可能的”(FGA 4:2:173)。“这个目标随召唤而来……由此可以推出,个体的理性不能仅以自身为基础来解释自身”(FGA 4:2:177)。“除非我发现自己被召唤去自由行动,否则我永远发现我自己”(FGA 4:2:184)。因此,“意识始于某种召唤的意识”(FGA 4:2:189)。

换句话说,我自己的自我意识始于我对另一个对我发话(“召唤”我)的意识的感知。费希特所指的“始于”这种意识的意义,当然首先是一种先验的意识。召唤的概念是先验地演绎出来的,是我意识到“自我”的个体性所必需的。但是,费希特当然也清晰地把“召唤”看作一种我们在日常意识中发现的经验，典型地，人们可能会这样说，当另一个人以某种需要、至少有一点回应的方式向你说话时。意识到一种召唤对于个体的自我意识来说是必要的，这意味着其他人的心智状态——就像“自我”的心智状态被其他人所感知一样——对于某种“自我”的自我意识是先验地必要的，仿佛它们就是它自身的心智状态一样。费希特的论点是，先验地看，心灵的本质是由我对他人心智的感知和我对自己心智的感知共同构成的。①

为了理解这个论点，我们需要更精确地理解费希特所说的“召唤”（*Aufforderung*）这个特定的术语。这个词在德语中的含义比英语中更广泛，后者可能意味着某种命令，如某种法律意义上的传唤某人出庭。法庭的传唤（*Rechtsaufforderung*）这个术语确实内含了这个概念，但是“召唤”（*Aufforderung*）的含义远没有那么正式，而且通常一点也没有强迫的意味。在很多情况下，最好把它翻译成“邀求”，比如，在卡尔·玛丽亚·冯·韦伯的作品《邀舞》（*Aufforderung zum Tanz*）的第65节中。德语词典里，“邀求”（*auffordern*）一词意涵自“拜托”（*bitten*）（请求或乞求）一直延伸至渴求（*verlangen*）（“强烈要求或命令”）等的多种表达。费希特在这里的用法似乎更接近前者，而不是后者。因为他特别强调某种召唤（*Aufforderung*）（按照他赋予它的含义）让我们自由地去做或不去做我们被召唤（或被邀求）去做的事务。我要么遵照召唤行事，要么不按照召唤行事。如果我已经领会了这一召唤，当然，我仍然可以决定不采取行动[以召唤所描绘的方式]（FGA 4：2：179；cf.NR 3：34）。

事实上，召唤的全部意义在于，它首先使我们的个体性成为可能，通过以

① 从一开始，费希特就认为先验哲学的方法就是我们所说的“线性”方法。这种方法从最初的原则（“自我”）开始，按必要的顺序一步一步地前进，从每一个先验地推导的概念前进到下一个。但是，我们需要认识到费希特总是把他的系统看作一个持续的“往返”的核查程序。在这种核查程序中，即使是起始点也需要得到证实，以使一个完整的、令人满意的经验理论成为可能（GWL 1：54，58，61-2）。这意味着，我认为，先验进程的每一个阶段，在某种程度上对于早期阶段也都是必要的——因此，这种召唤不仅对于我们在总体上认识“非我”是必要的，而且对我们意识到物质世界是为了我们意识到具身化的自己，以及意识到另一个具身化的“自我”对我们发出的召唤，也是必要的。与此相关的是，费希特实际上从未曾在他的体系的任何一个版本中实现他的规划，所以，在他的作品中，我们无法获得他所寻求的那种体系式结构的实例。当然，我刚才一直在讨论的问题对费希特的方法提出了一些疑问，这些问题远远超出了本书的讨论范围。

我们的意识的某种客体的形式向我们呈现了自己的个体自由行动的概念。我认为费希特之所以选择召唤(*Aufforderung*)这个词,是因为它的意思微妙地平衡了我们能够做的事务和我们*应该做*的事务之间的关系,或者至少是我们有某些理由去做的事务。然而,有一点是清楚的,那就是它不可能是我们被迫去做或别无选择不得不做的事务。因此,如果“召唤”一词的翻译暗示了法定的强制,那么这对费希特的本意肯定是一种误导。

这里决定性的区别,是一个仅仅限制我们自由的客体和一个使自由成为可能的客体之间的区别。对费希特来说,这是区分另一个“自我”的概念和纯粹的“非我”的概念(物质世界)的最基本的方法。“非我”(作为物质世界)或者抗拒我们的目的,或者可能与我们的目的一致。它可能迫使我们采取某一种手段而不是另一种手段,或者它可能使它们都成为不可能。但它不可能是我们得出这些目的概念的来源。然而,一种召唤恰恰是意识的客体,它使目的的概念成为可能。如果你喜欢,它是另一种类型的“非我”,一种不阻碍我们的自由却使自由成为可能的“非我”。

在这个意义上,召唤怎么能被认为是自由活动的先验条件呢? 自由行动就是对*理智*作出反应。理智有其独特性,它们是我们如何行事的唯一可能的*决定因素*,它们不会强迫或强制我们做什么,也不会以任何方式限制我们所拥有的可能性。一个适宜的理性可以解释我为什么要做我有理由做的事情,但永远不会剥夺我做其他事情的可能性。事实上,只有在这种可能性存在的情况下,它才*称得上理性*。相应地,世界上的事实可能以两种根本不同的方式赋予作为主体的我们:首先,有些事实使我们必然如此行事,限制了我们做其他事情的自由;其次,有一些事实呈现为行动的理由来决定我们如何行事。我认为,费希特对这种如此重要的根本差异感到震惊,并由此推断出,在把事实作为行动的理由呈现给我们的方式中,一定存在着某种非常独特的东西。他的大胆的想法是,这样的事实只有通过一种独特类型的“非我”才可以呈现给我们,我们认为这种独特的“非我”自身内含对某种理性的领悟,因而可以自由行动——换句话说,通过这样本身就是一个我的“非我”,也就是说,一个不同于我自己的“我”。只有另一个理性的存在才可能有某种自由行动的概念和自由行动的基础或理由。事实上,费希特正是通过这一论断来建立他的这部分论证的。

> 因此,只有通过想象的活动,我才能找到某种确凿无疑的自主;或者通过模仿一种眼前的事物,它就在眼前却而不在意我的所作所为(*Zuthun*)……不把它归因于我之外的一个真实存在,我就无法理解把召唤理解为这种自我活动的,这种召唤想要传达某种被要求的行动的概念,因而是个力所能及的概念。但这样的存在是一个理性的存在,它把自身假定为某个"自我",因此是一个"自我"(SL 4:220-1)。

时不时地,费希特亮出最后一招,我们可以称之为一种*起源的*呈现:把目的置于自身之前,作为个体的我使得理性的存在必须*受到教育*,通过另一个理性存在的影响来实现。"只有在人类中,个体才成其为人"。"自由只有*相互教育*"(*Erziehung*)、通过其他自由存在的影响才能实现(NR 3:39-40;cf.SL 4:221)。

这些召唤应该被理解为那样类型的客体,通过它们,某种自由行为的类似缘由可以首先被赋予我们。费希特的论点是,对另一个"自我"概念的应用是我们可能意识到某种行动之缘由的先验条件。

> 因此,如果真的有人类的话,就必须有不止一个……任一人类的概念都不是某个个体的概念——因为某种个体性的人类是不可想象的——而只能是一个物种上的概念(NR 3:39)。

> 故而,自我意识源于我的选择行为,即从一群理性的人当中进行选择……(一个自由的个体)只存在于全体中,而通过全体,它成了全体的一部分(FGA 4:2:177)。

理性地行动,甚至是自主地行动,换句话说,不是某一个体能独自完成的事情。因此,自主性不在于排斥他人的影响,而在于以正确的方式受到他人的影响。教育,以及被给予行动的理由,构成了一种与任何纯粹的因果关系的影响有着本质区别的受世界影响的方式。在纯粹的因果关系影响的情况下,一个人可以被强制、被操纵、被强制去行动,但不能自由或自主地行动。如果我们信奉某种心灵与行动的概念,这类概念无法把费希特所言的某种"召唤",

从那种被一般意义上的因果关系影响的思维和行为的概念中辨别出来，那么，我们就根本不应该期望能够理解人类的自由或理性行为。费希特的论点暗示，那些认为人类的个性和自由与人类共同体在某种程度上是不同的，甚至是对立的人，既不理解个体自由的本质，也不理解共同体的本质。

如果费希特的观点是正确的，也将对我们关于理性和合理性的概念产生一些重要的影响。给自己一个行动的缘由，是从别人给自己一个缘由和给别人一个缘由中衍生出来的。给别人一个缘由是内化别人给自己的某个缘由，给自己一个缘由只是自己给别人一个缘由的应用。正如一种精神状态的本质并非排他性地为它的所有者所感知，对我来说，一个理由也不是某种只对我的视角有所应答的事物。康德的观点是对的，即理性思考既是为自己而思考，也是站在他人的立场上思考（KU 5:294-5;AnTh7:200,228-9;VL Ak 9:57）。由此得出结论，在发展完全以行为者的立场（行为者的欲望、信仰和偏好）为导向的理性概念方面，必然存在某种根本性的执迷不悟。理想情况下的理性人因此不能被构想成（这似乎经常发生在理性选择理论家，博弈论理论家和经济学家的理论中）一个精于算计、有赌博瘾的反社会者（或者，被构想成一个在美国经济中监管不足的金融部门工作的、成功的华尔街投资银行家）。

费希特对主体间性的研究，对人类交流理论和语言本质的研究也有重要的启示。费希特在他的《关于学者使命的若干演讲》（1794）和第二年写的一篇关于语言起源的短文中，自己拓展了其中的一些理论。我们对理性的追求与我们如下的追寻有着先验的联系：在我们的经验中找到其他理性的存在，并与他们交流，目的是达成对真理的共同共识。这涉及互惠效应或“互动”（*Wechselwirkung*），意味着既影响他们接受我们自己的观点，又对来自他们的影响持开放态度（VBG 6:308）。费希特认为，同样的驱动力使得人们能够通过共同领悟到的意义与他人分享思想。费希特因此超越了笛卡儿、洛克的语义理论，这基于如下前提：语言符号最初指的是个体心灵感知到的“想法”。费希特用如下这一理论取代了笛卡儿、洛克的语义理论：这一理论，其基础是先验的主张，即意义必须由“自我”在与他人的相互作用中创造出来。

“通过任意的符号来表达（我们的）思想，用一个词来表达：语言的思想。

因此，在自身之外寻找理性迹象的动力孕育了创造一种语言的特殊动力”(FGA III/1:103)。与费希特的许多洞见一样，这一洞见也留待他人来发展。它是浪漫主义语言理论的灵感来源，尤其是在奥古斯特·威廉·施莱格尔(August Wilhelm Schlegel)、弗里德里希·哈登伯格(诺瓦利斯)[Friedrich Hardenberg(Novalis)]、威廉·冯·洪堡(Wilhelm von Humboldt)的著作之中。依照这个理论，作为一个“自我”的先验条件是人类之间一种默契的可能性。这种默契不仅使交流手段成为可能，而且使交流的愿望成为可能。诚如施莱格尔所言：“如果在达成任何共识之前，人类还没有相互理解，那么即使是沟通的愿望也无法交流”[这一传统，以及它与费希特的渊源关系，穆勒-沃尔默(Mueller-Vollmer)在他 1989 年的著作(Mueller-Vollmer，1989，pp.162－84)中进行了讨论]。

第六节　“没有你，就没有我”

如果要有一个“自我”作为一个个体的心灵，寓居在某一个体的身体里，那么就必须有多个“自我”，它们能够彼此发话，并理性地相互沟通。我们不能仅仅站在笛卡儿式的冥想者的立场来理解心灵或思维，因为笛卡儿式的冥想者舒适而温暖地坐在他的暖炉(*poêle*)旁，远离寒冷的荷兰冬季，但也与他人的思想隔绝。这位冥想者的暖炉只是笛卡儿式的隐喻，它是错误地把心灵视为一个与世隔绝的“内部的”场所的笛卡儿式概念。不管我们是把这个场所看作一个无广延性的、缺乏门窗的精神实体，一个观感和思想自娱自乐的休谟剧院，还是一个人类大脑内部发生着丰富的神经过程的部位，都一样反映了笛卡儿式的冥想者的真实情况。

如果没有人类的大脑，人类的思维可能是不可能的。但如果我们只考虑这一点，人类的思维也是不可能的。因此，我们应该严肃对待那些神经哲学家。他们声称，如果我们只考虑神经活动，就必须消除所有的意向状态，所有的信念、欲望和被管控的思想(see Churchland，1981，1988)。然而，我们应该在特定的意义上领会他们的预言，不是因为这些有意向的状态和活动不存在，而是因为它们不能仅仅通过神经过程来识别，或者仅仅通过神经过程来进行恰当的理解。

为了思考和行动，某一个体必须由已经具有思考和行动能力的人，来培养或教育他如何进行思考和行动。因此，除非它们置身于一个理性存在的共同体的情境中，否则想和行动的本质永远不可能被理解。在这样一个理性存在的共同体的情境中，人们行动或互动，相互领会、相互阐释，努力与他人相互交往。这种相互交往也能被他人领受。简而言之，“没有你，就没有我”（GWL 1:189）。

我们也可以把费希特关于主体间性的“自我”的设想，作为对一些哲学家愿意称之为“第一、第二和第三人称观点”的一种洞察。本书的论点是，第一人称立场已经隐含了第二人称立场（作为其可能性的先验条件）。基于我的角度来考虑问题，就已经预设了他者考虑我的角度时所采用的视角，以及我对他者所采用的视角的看法：我只有绝对地意识到他者与我彼此相互关涉的视角的可能性，才能获得关于我自己方面的知识。而每一个第三人称（或所谓的“客观”）视角，如果它是关乎某一个体的视角，也是暗中地是“主观的”——它的客体一定是可以对你发话的某一个体（采用“第三人称视角”的那个人）和你可以用第二人称称呼的那一个体。

这意味着这些视角中没有纯粹主观的或显而易见的事物。例如，第一人称主体的条件并不比第二人称称呼或第三人称评注的条件更为基本（就像笛卡儿的方法论一样）。费希特以“自我”为始发点（带有明显的笛卡儿式的第一人称特权），意在从一开始就削弱自身：如果没有对“非我”（一个客观世界）的认识和对“你”的认识，就不可能有对“自我”的认识。但同样，第一人称的立场，以其与世界实际接触的意识和它自己的绝对自由，不能被视为某种主观的幻觉而不予考虑，不能被视为仅仅是“事物纯粹从表面上看起来那样的一种方式”，不能被视为就像太阳围绕地球的表面运动一样的幻觉，或者被误以为是一些心理学文献告诉我们的：诸如，在回忆过去（“潜在记忆”，选择性记忆）时，我们有扭曲过去经历之类的倾向，错误地描述我们的推论过程，或错误地判断或然性（例如“赌徒谬论”）（see Schick and Vaughn，2002，Chapters 3，

6)。所有这些“在我们看来”的方式,都可以被一种更“客观”的、第三人称的对我们的心理和经验的描述所取代——甚至从我们自己的第一人称的角度来看,如果我们要成为理性的主体,它们*应当如此*。然而,一旦关涉到如果我们要作出连贯的判断,第一人称视角本身的情况,就其基本前提而言,实非如此(see Chapter 7, § 7)。这不能被当作一种幻觉而不予理会,就像在我们之外存在着物质的东西,或者是召唤我们的另一个“自我”一样。

因此,这三种“视角”是相互关联的,没有任何一种视角是拥有绝对特权的,而且这三种视角都是客观世界的任何经验的可能性条件。如果它们之间存在着紧张关系,采取不理会其中任何一个的态度都无法解决这些问题,只能通过它们的协调才能使问题获得解决。或者,如果像某些人认为的那样(see Nagel,1989),这被证明是不可能的,那么我们就必须承认,存在着一个永久性的、无法解决的哲学问题,一种根本的存在主义的荒谬,横亘在我们人类存在的根基之上(我们应该感到欣慰的是,这并不是唯一无法解决的问题,也不是所有诚实的哲学家都知道的那种荒谬,那种只有浅薄的头脑——无论是科学的还是宗教的——才会试图否认的真理)。

这些是费希特通过一种召唤的概念,对他者的先验演绎的一些暗示。然而,主要的问题似乎还没有得到充分的回答:为什么我们必须通过一种召唤,从外在向我们提供目的的概念,或我们可能的自由活动的概念呢?为什么它不只是我们作为自由理性主体的*内在的*装备的一部分?但是,让我们首先回忆一下,我们从哪里开始,从那样一个开端延续到现在的路途有多远(或者更确切地说,多么短暂的一段路途)。我们从“自我”开始,不是作为一个充分发展的完全根据经验的自我,而仅仅是作为一个自由地自我设定的行动。这促使我们认识到这个出发点所要求的某些其他的前提或先验的必要性。一个“自我”必须与一个“非我”或一个物质世界相对立,因此它必须以物质身体的形式存在。它必须发现自己在与这个世界相对立中努力奋争。然后,它必须把这种努力看作通过决定性的行动概念和相应的规范性的目的概念而实现的个体化。一般来说,自我设定的确定性需要一个*外在于*“自我”的因而与之相对立的概念——“非我”,即物质世界。同样地,费希特认为,这种被个体化的

“自我”的新规定性，也应该被认作某种被外在赋予的事物。

费希特的第一个想法（“非常简短的论证”）是，某一个体化的“自我”的思想需要另一个体化的“自我”的思想，后者具有不同于前者的自由行动的特征。他说，通过假设，与这个个体化的自由行动相比，那一个不同的自由行动可能被认为才是唯一*可能的*，可以避免这种争论。但是，他声称，这会触发新的问题，即我们如何可能自由行动的替代可能性的概念，并把这一概念视为可以从经验中“发现”的事物。因为这些也不包含在自我设定的“自我”概念之中，体现在物质世界中并努力与之对抗。费希特的主张是，这种可能的自由行动的概念相当于一种召唤的概念，一种特殊的客体。在这种客体中，自由活动的可能性，以及在世界上以这种可能的方式行动的可能理由的给予性，呈现在我们面前。这反过来又要求我们假定，作为它的本源的其他理性的存在，或称另一个“自我”，是与个体的“自我”既有区别又有联系的。因为只有这样一种存在，其自身才能包含一种可能的自由行动方式的概念，或一种选择它的缘由的概念。请允许我报告一下自己的反应：你越深入思考先验问题，这个论证的必要性和力量就越强，你就越明白这些问题是如何破坏关于心灵本质和自由行动的笛卡儿主义与经验主义偏见的。至少在那些不妙的岁月里，我们很难抗拒这些偏见。

当然，对许多人来说，先验哲学的整个计划，因此也包括费希特设定的体系及其反题，以及由它而产生的概念体系，可能看起来像是某种幻想的任意虚构，而不是一种必然的理性进展。如果你是这么认为的，那么关于召唤的必要性的论证和另外一个“自我”的论证，就一点也不令人信服或有启发性了。但它是先验哲学的主要目标之一，正如费希特所做的。这些目标旨在改变我们看待自己和我们的经验的方式，追问一些我们从未想过的关于它们的基本问题。而且作为回应，在重塑和重新排列这些概念的过程中，为我们熟悉的概念提供了一个比以前更基本的基础。如果费希特是对的，那么其他理性存在的概念以及我们与它们之间的关系，在我们的经验和能动性中扮演着比传统哲学所承认的更为重要的角色，尤其是我们从笛卡儿和经验主义者那里学到的心灵哲学——就像我们从父母的坏习惯和不当的生活方式中染上酗酒的恶习一样。费希特的先验论证,当然没有为我们提供十二步骤的(成瘾与戒断方式的)方案。任何我们可以依赖“更高的力量”的借口,这种“更高的力量”无论在何种情况下都一样具有欺骗性。它们是否能让我们走上一条更好的研究心灵哲学的道路?至少,它们为我们打开了一种看待事物的新方式,可能会帮助我们在未来拥有更多的美妙日子,而不是糟糕的日子。

第九章　黑格尔承认辩证法中的费希特式主题

黑格尔在《精神现象学》第四章中提出的承认理论，是黑格尔对哲学最著名的贡献之一，它的极致在主奴辩证法中得到了极好的体现。它的影响可以在几乎大相径庭的哲学理论中看到，诸如马克思的异化理论、尼采的道德谱系学、萨特现象学的他者感性学等等。而且，时至今日，它依然占据着重要的位置。例如，在阿克塞尔·霍耐特（Axel Honneth）最近的著作中，它的影响依然清晰可辨（Honneth，1995，2010）。黑格尔的承认辩证法包含了一些非常新颖的、至关重要的思想，但如果不是黑格尔的伟大前辈约翰·戈特利布·费希特（Johann Gottlieb Fichte）更为新颖地将承认（*Anerkennung*）概念引入哲学，承认辩证法或许是不可能的。这里，我旨在回顾黑格尔在《精神现象学》中关于承认辩证法的论述，并从这一论述的构成中识别出费希特式的主题。我的更大一些的意图，是通过将黑格尔的原创性贡献置于使之成为可能的费希特的背景的映衬之下，从而使我们能够欣赏黑格尔的原创性贡献。这表达了我探讨康德及其继任者的总体路径。这种研究路径不是对他们之间相对较小的争吵和彼此之间的吹毛求疵喋喋不休，而是强调他们之间的延续性。这种延续性将他们与前批判形而上学家、独断论家、经验主义者，以及所有其他还没有达到甚至还没有理解他们共同的筹划，或者还没有理解为什么它对于哲学是不可或缺的人们区别开来。

第一节　费希特和黑格尔的先验哲学

费希特和黑格尔是，也就是，*先验论*哲学家。正如弗雷德里克·贝塞尔

(Frederick Beiser)在他的一本书中所强调的那样,他们对主体性的强调,是对笛卡儿主义者和经验主义者的形而上学中占主导地位的主观主义的最极端的否定(Beiser,2002)。它的要点决不是否定客观世界的真实性,而是通过从我们拥有意识所必须具备的东西的基本性质中得出客观性的必要性,来对客观世界的真实性加以肯定。对费希特和黑格尔来说,最基本的是能动的自我意识——费希特最常称之为"自我设定自我",黑格尔称之为"概念"。

就费希特的情况而言,在他的耶拿时期,那时他完善了主体间性和承认理论,先验哲学的出发点在于唤起读者或听众首先去思考一个客体——比如他们面前的墙,他们坐在那里的桌子,或角落里的炉子——然后形成一个概念,这个概念意味着那个思考的完成(ZE 1:458,525-31;FGA 4:2,28)。他把这一召唤的结果称为一种公设。我认为,这是一个相当严格的欧几里得几何意义上的公设。欧几里得几何的公设是执行一项行动的要求(在两点之间画一条线,将一个角或图形转换或平移,延长与给定线成直角的线),然后,依据这一行动的结果证实一个特定的命题(在任意两点之间可以画一条唯一的直线,所有的直角都是相等的,无论平移或旋转,平行线永远不相交)。费希特要求我们去思考那个想到某个客体的"自我",然后对它的某些事务作出确认。在这些事务之中,首要的是对"自我"的意识,就像对墙、桌子或炉子的意识一样,涉及一种直观——一种与它是对某物的一种意识的直接认知联系。我们也必须承认,"自我"的直观与客体的直观是不同的,它是理智的,而不是感知的;也就是说,它应当归于我们的一种自由行动,而不是由于我们对某物的消极应对,而且它只是我们的*行动*本身的一种直观,而不是任何脱离或隐藏在行动背后的存在的直观(如墙壁或火炉的感性直观)。这是由于这样的事实:使我们意识到自我的这种行动,有别于使我们意识到墙壁或火炉的行动,它的显著特点是"回到自身"(*in sich zurückgehendes*):这是一个只针对自身的行动,只朝向其自身行为的行动,而不是一种针对任何不同于其行为的行动。

正如费希特所说,要形成一个"自我"的概念,就是要建构这样一个概念(ZE 1:459;FGA 4:2:34);他指的是在康德所认为的我们建构数学对象概念的意义上：我们首先在纯粹的直观中先验地提出数学对象的概念，然后在思想中确定我们所直观的概念。费希特认为，如果不同时提出与“自我”对立的某个客体或存在或“非我”（墙壁或火炉），我们就无法做到这一点。这种“非我”有别于“自我”，它我们凭直观而不是凭理智感知的。这样，客观世界的存在和我们对客观世界的意识就被证明是自我意识可能性的先验条件。

因此，意识的每一种行动，例如对墙壁的意识，也是双重的：它牵涉对墙壁的感性直观，以及对我们自己的意识的理智直观，对我们在意识中的行为的理智直观。这意味着所有的体验都包含一种双重系列，费希特分别称其为“真实的”系列——对墙壁、火炉、我眼前的手等的认识，以及“想象的”系列——关于我对墙壁、火炉等进行表述的行为的认识。当然，这些直观，特别是我自己行动的理智直观，不需要分别加以考虑或加以构想。但是当它们是自身的一种表征时，就构成了一种独特的意识［在已经由卡尔·莱昂哈德·莱因霍尔德（Karl Leonhard Reinhold）所引起的哲学家们的关注这个意义上理解，当他提出将所有经验建立在“表征”之上时，“表征”是区分主体和客体，同时又与主体和客体相联系的事物］。由此可见，客观世界和我们对客观世界的一系列主观表征都是自我意识的先验条件。我们还看到，与笛卡儿主义者和经验主义者的形而上学相比，这两个系列之间的联系并不是因果联系。我们并不是通过从想象的系列中借助于某种因果*推论*而得到真实的系列：事实上，真理更接近于它的反面；真实的系列作为“自我设定自我”的可能性条件，在先验上更为基本，而想象的系列则只是一种反思“自我”与其“非我”相互作用的主观关系的方式。最后，这两个系列的差异让我们完全没有理由怀疑，我们在真实的系列中所意识到的客观世界。相反，关键是提供一个*先验的演绎*，作为自我意识的可能性条件，既作为客观世界概念的一种条件，它被设定为与“自我”是截然不同的，又作为对那个世界的一系列表征的一个条件，它属于我对那个世界的意识的反思。我是在康德的意义上进行解释说明的，我们对关于这些概念的“有何权力问题（*quaestio quid iuris*）”有一个答案：我们对使用它们有一个先验的正当理由，并且先验地确信它们在我们的经验中有实例。

当我们翻到黑格尔《精神现象学》的开头几章时，我认为我们找到了完全相同的目标,但在某种意义上,论证的步骤是按照相反的顺序进行的。在导论中,黑格尔并没有从我们形成自我概念的行为开始,而是从“自然意识”开始,黑格尔似乎将其等同于莱茵霍尔德(Reinhold)所说的经验即*表征*:“意识一举两得地在将自己与某物区分开来的同时又将自己与某物联系起来”(PhG,¶82)。黑格尔认为,意识到事物的存在被称为“认识”,而事物的存在本身被称为“真理”(所以,我们已经有了费希特的想象的系列和真实的系列)。接下来的步骤就是对这个自然意识进行自我批判的检查,这种自然意识,不断地削弱自己的概念,即要认识的真理和它认为自己通晓真理的方式,因此相继地改变了这两个概念。

《精神现象学》第一章简单地把“认识”理解为“感性”,把“真理”理解为“感性的直接性”(又译“感性的确定性”,见人民出版社2013年《精神现象学》中译本)。在第二章中,“感性”变成了“知觉”,或试图将一个受感性制约的普遍概念等同于由它所决定的对象,真理变成了两者的自我同一性。然后在第三章中,认识被转化成不受感觉制约的概念,并试图将它们应用到一个“超感性”的客体上,不能立即获得感官经验,但构成了一个“内在”的现实,即一种通过“表象”而表现出来的“内在的”现实,被视为以某种可体验的方式实例化这些概念的过程。于是,第三章有了一个惊人的结果:凡是在意识里始终扮演着客体或“他者”的角色的东西,当它的真理被揭示出来时,原来不过是意识本身而已。或者按照黑格尔的说法,当我们拉开表象的帷幕时,在它背后的不是别的,而是自我,这个自我一直认为真理恰恰是一种不同于自身的客体(PhG,¶163)。因此,自然意识的整个方案和定位从导论开始就被揭示为从根本上是错误的;“真理根本无法在它的任何地方找到。有了自我意识,于是,我们就进入了真理在场的领域”(PhG,¶167)。这样看来,费希特的先验演绎的起点,是有利于证明黑格尔是正确的。这种起点是对自然立场进行批判研究的唯一可能的结果,而这种立场似乎构成了对它的全盘否定。

黑格尔将这种自我批判的过程称为“经验”,它有双重含义:一方面,它显示了经验所历经的意识之形态的不足;但另一方面,它还提供了一种先验演绎，来解释那些包含在意识之形态中的概念，向我们提供了（以适当的康德的方式）其有效性的推论，同时也为我们展示了其适用的适当范围和必要限度。也就是说，直接性的感知，将感知普遍性与其对象进行比较的过程，以及以抽象的普遍性术语来描述现实如何在经验中表现出来的理论的形成——这些都是认识真理的方式，每一种都有各有各的位置。但它们在提供获得真理的途径方面是不相等的。直接的感知不如概念化的知觉，而概念化的知觉又不如以其先验有效性所掌握的思想决定为指导的科学理论。此外，这一整个理论取向——把真理与某个客体等同起来，并把知识的主体仅仅看作客体世界的观察者的理论取向，是有限的，不充分的。与之相反的是，真理只有在主体的自我意识里才是自在自洽的，而且，正如我们现在所看到的，这意味着，在它与自身和客观世界的有效联系之中，理论认识因此只能以有限和不充分的方式把握。

这个黑格尔式的结论，当然也是费希特式的。1794 年在《全部知识学的基础》一书中，费希特的主要目标之一就是证明“如果理性不具有实践性，那么它甚至不可能是理论的”（GWL 1:264）。在 1797 年以后的版本中，他强调理念论的基本原则是实践的自由，行动的理性直观同时也是对实践能力的意识。费希特关于第一原则本身作为一种公设的概念，意味着把它看作对自由活动的召唤的一种自觉的反应，通过这种召唤，“自我”在构建自身的同时也构建了它自身的概念（ZE 1:459-60）。

第二节　黑格尔《精神现象学》中的自我意识

黑格尔在《精神现象学》第四章开始时，对自我意识观点的发展包含了一些其他方面的神秘举措。通过将它们视为对费希特关于实践的自我意识的一系列先验主张的接受，这些神秘举措得到了最好的阐释。黑格尔认为，自我意识最初是“普遍的欲望”，其总体内容是自我意识与自身的统一应该“成为必需”（PhG，¶ 167）。此外，根据黑格尔的观点，这种统一性的产生，是通过自我意识与它的外在客体的联系而发生的。这种联系，也称为“欲望的满足”，其特征是客体的“否定”“差异性的扬弃”或“独立性的破坏”(PhG,¶ 174-175)。黑格尔在这一章中提出的另一组关于自我意识的观点,可能看起来更加武断,那就是它与“生命”的等同。在某种意义上,这意味着许多独立存在的生物“为自己而存在”(PhG,¶ 168-71)。然而,生命“作为一个过程”——这个过程,也就是把这些独立存在的生命统一起来的过程,“指向它自身以外的东西,也就是指向意识,生命作为这样一个统一体而存在,或作为一个物种(*Gattung*)而存在”(PhG,¶ 172)。

在《精神现象学》第四章中,这些说法似乎是凭空而来的。只有最顽固、最狂热、心智失常的黑格尔学派才会假装在黑格尔的文本中找到任何类似*有说服力的论据*,将自我意识与欲望、生命和物种的进化过程联系起来。但在费希特的著作中,有一些非常可信的推理方式可以用来支持黑格尔的结论,或者至少是类似的结论。对费希特来说,以“自我”为前提的“回到自身”(或“向心的”)活动,与以“非我”为前提的客观(或“离心的”)活动相对立,是“自我”形成其知性自我直观的*某种观念*的必要条件。考虑到这两种必要活动的实际意义,其时“非我”似乎是抵制“自我”的原创性活动的某种效能。

首先,这就导致了这样一个推论:“自我”与“非我”必须对彼此发挥效力。这意味着当“自我”不仅是作为一种行动,而且是作为一种行动着的存在而形成它自身概念时,同样的因果效力必须适用于“自我”这样的存在,必须适用于与它相互作用的“非我”。因此,“自我”必须把自己视为具身化的,而笛卡儿式的空洞的思考主体先验地成了不可想象的(VBG 6:295;NR 3:56-61)。此外,通过我不会尝试在这里总结的论点,费希特捍卫了身体必须被视为有机统一体的观点(一个组织缜密的生物,一个动物有机体)(NR 3:63;85,SL 4:112-22)。因此,费希特对这个问题提出了一种独特而有趣的解决办法,即必须把自己与我的身体等同起来,同时也把自己的身体当作一个客体,因此有别于“自我”。既然“自我”不是一种事物或存在,而是一种行动,这就使它区别于一切存在,甚至区别于它在形成自己作为行动的存在的概念时必须与之相一致的存在。

第三节　欲　望

费希特还认为,“自我”与“非我”之间的因果交互作用构成了先验哲学的另一个问题,而先验哲学的解决方案对于理解实践理性的必要条件至关重要。如果我们采用先验的观点,我们就会理解“非我”首先是由“自我”的设定而产生的;然而“非我”是重要的,因为它对抗“自我”的行动。那么,我们如何理解作为“非我”之起源的设定者“自我”的活动呢?它与“非我”的关系使它成为一种因果关系,但“非我”的因果关系不能简单地与非我的概念相矛盾,才不至于转化收缩为“自我”的因果关系。这导致费希特以一种矛盾的方式来描述“自我”设定“非我”的活动:它必须是“一种因果关系,但不是某种因果关系”;费希特说,这是一种*反抗*(BWL 1:65,GWL 1:286)。这种反抗最初是无限的,没有一个确定的对象,甚至根本是无意识的(GWL 1:265)。我们经验地把它当作一种“欲望”或“向往”(*Sehnen*)(GWL 1:303-5),费希特把这种反抗定位在“自我”生命体的有机倾向之内(SL 4:122-8)。这种费希特式的推理,如果成功的话,将证明黑格尔把自我意识与欲望联系起来是正确的,而且这种联系是建立在作为动物存在的自我意识的生命过程中的欲望之上的。

黑格尔关于欲望的满足的相关设想也是基于费希特的。对于费希特来说,“非我”最初被呈现为对“自我”的行动进行“阻碍”(*Anstoß*)的一种因果关系。因此,所有成功的行动都具有克服“非我”的阻力的特征(在这个意义上,“否定性的”“非我”)。对费希特而言,这需要采取为每一个客体构思相应的“实践的概念”的特定形式——它的“最终目的”(*Endzweck*)的概念或者客体应当如何才能与“自我”统一、和谐或一致的概念,而且行动采取了改变客体的形式,以使客体服从于这个“实践的概念”。这样,“自我”通过与“非我”的统一而努力与自身统一(VBG 6:297-9;SL 4:170-2)。因此,任何欲望的满足,就其形式而言,在于使某个客体服从于“自我”赋予它的概念。黑格尔将其描述为“否定”客体或“扬弃客体的独立性”。

第四节　主体间性

更有甚者,费希特式的论证可能会解释黑格尔将自我意识与多元的甚至是一个“物种”的独立生命联系在一起。费希特认为,将“自我”与“非我”进行对比是形成以客体为思考对象并在世界上行动的“自我”概念的必要条件。然而,他认为这不足以使我形成确定的“自我”概念,它作为一个思考、认知和行动的个体主体,但我必须形成这样的概念。他声称,康德“不能通过纯粹的统觉来理解我们的个体性的意识,或者将两者混淆;因为个体性的意识必然伴随着另一种意识,一种你的意识,而且只有在这种条件下才有可能”(ZE 1:476)。他说,理性存在的概念本质上是一个*共同体*的概念,而不是某种个体的概念(SL 4:64;VBG 6:304-6,cf.NR 3:39)。“如果人真的存在的话,就必须不止一个……因此,人的概念不是某一个体的概念……而是一个物种的概念”(NR 3:39)。

我认为,这里确实存在着两条费希特的推理路线。一条路线是关涉“自我”的集群,费希特将它等同于理性,它本质上是一个规范性的概念,其规范在范围上实质地是普遍的。要成为一个“自我”,就要认识、行动、设定目标,这些目标的共同形式就是去整合——从经验中形成一个连贯的现实,通过对目标的连贯追求和按照普遍有效的信念行事,让自己在时间中保持连续性。这样,成为一个“自我”就等于成为无数可能的“自我”中的一个,而所有的“自我”都受制于同样的规范性原则。康德的“统觉的先验统一”,在费希特看来,不过是一种思想的抽象,是对一种被构成经验的知性法则支配的存在的抽象。黑格尔也表达了同样的观点,他指出“自我”既是最普遍的概念,也是最特殊的概念——每个个体都是一个“自我”,任何个体都是某种“自我”,但“自我”也恰恰指每个主体的个体性(EL, § 20,R)。

费希特的第二种论证直接将我们带到了费希特的主体间承认理论,也就是黑格尔的为承认而斗争所谓理论和主奴辩证法的直接来源。把自己设定为一个个体的观点需要目标的设定,而设定目标的原初可能性只有在回应某种

“召唤”(*Aufforderung*)时才有可能,这种召唤只能被体验为从外在、从一个本身具有目的和自由能动性的概念的客体而来到“自我”——换句话说,来自另一个“自我”(NR 3:32-40;SL 4:218-22)。因此,对于费希特来说,基本上有两种客体,两种不同的“非我”概念。一种是阻碍或限制我们的能动性的客体,另一种是不反对我们的自由行动,而是为我们提供了自由行动的可能性的客体。这就是为什么“召唤”的体验从根本上不同于任何对我们产生影响的概念,甚至是理性存在的行为对我们的影响。只要这种影响限制了我们的自由行动,或者是我们寻求抵制和克服的,或者是作为实现其他目标的手段加以利用的。

我建议把他的思想阐述如下。召唤,需要把它归于我之外的一个理性的存在,是一种先验的条件,使我基于任何类似于某种*缘由*而行动成为可能的条件。在下面这段摘自他的讲演的发言里,费希特非常接近于这样说:“因此,召唤本身就包含了自由决定的真正依据;也就是说,它将是一个介入可确定之物与确定之物的起决定作用的主体能动性”(FGA 4:2:179)。

当然,费希特的主张并不是说,每当我因某种缘由做某事时,我必须从另一个人的召唤中获得它。相反,给自己理由的能力需要通过与他人的互动来获得,正如获得关于世界的理论知识的能力取决于“非我”对“自我”的实际限制,以及“自我”与“非我”之间进行互动的能力。更具体地说,给自己一个行动的理由是从别人给自己一个理由和给别人一个理由中衍生出来的。给别人一个理由是别人给自己一个理由的内化,给自己一个理由只是自己给别人一个理由的应用。

给自己这样一些理由的能力,换句话说,不属于构成“自我集群”的理智直观的原初装备的一部分,它并不比区分*自我*意识的“回到自身”(向心的)活动和*客观*意识的客观定向(离心的)活动的能力更为重要。后者要求我们设定(并由此提供对“非我”概念的先验演绎)一个“非我”,或一个普遍存在于我之外的客观世界。前者要求我们设定(因此提供了一个类似的先验演绎的概念)另外一个理性,我因之置身于一个共同体的联系之中,费希特将其描述为能够给予和接受关于思考和行动的理由的交流,而这些理由是对普遍的规范性标准负责的(VBG 6:304-6;NR 4:163-76)。

第五节　服从与合作

正如"自我"与纯粹客体的基本关系是欲望的关系那样,欲望满足的形式是客体*服从*于"自我"。与此类似,我与其他理性存在之间的基本关系就是*合作*关系,相互理性沟通和相互教育,形成理性互惠(*vernünftige Wechselwirkung*)的关系或共同体(*Gemeinschaft*)的关系。

根据费希特的观点,人类社会的首要条件是理性人在法权关系中的相互承认(*Anerkennung*)。每一个理性存在都承认对方是自由的,而包含在法权关系中的基本指示是每一个理性存在都有一个外在的自由范围,从它自己的身体开始,延伸到所有那些涉及合法使用它的所有权的行动,其他理性存在应该尊重而不侵犯这一所有权(SW 3:41-7)。这种承认关系是费希特构建其自然法权理论的基础。但事实上,费希特的主体间性理论延伸得更远,因为他认为国家作为外在法权的强制执行者,只是构成真实的人类共同体的理性存在之间关系的必要条件(SW 6:306-7)。

在这种更完整的关系里,任何理性的存在都不能否定对方的自由,恰恰与之相反,每一方都使对方的自由解放成为可能,而且在一个*共有*或共享目的的系统框架内,每一方都拥有自己的目的,它是根据普遍适用于所有人的合理标准制定和追求的(SW 6:305-11)。当然,这显然是康德关于目的领域的观点的一个翻版,但费希特创造性地发展成一种关于人的基本天职的神奇而鼓舞人心的启蒙愿景。这是属于一个自由、理性、平等的共同体的使命。这一愿景更令人鼓舞,因为它展示了启蒙运动的各种理想——也是法国大革命的理想,即自由、平等和共同体——本质上是不冲突的,而只是同一个理想的不同方面。因此,那些在追求自由的过程中看到终极紧张或困境的人,表明他们并不理解他们在假装追求的自由、平等和共同体的本质。

令人惊讶的是,在耶拿后期,当费希特发展出召唤与承认的主题时,他甚至将他的主体间性理论融入先验哲学的方法中。回想一下,费希特的《全部知识学的基础》在这个阶段的出发点是一个公设、一个请求、一个邀约或一个召唤(*Aufforderung*):“形成‘自我’这个概念,然后观察你是如何行动的。”费希特甚至注意到他的方法的这一特点,他指出,他的方法只能通过他以第二人称对读者讲话来开始(ZE 1:521);而且,有几次他把自己描述为让读者去做一种自由的自我定位和自我建构的行为的“召唤”,而追随他的读者则是对“召唤”的回应(ZE 1:445,461-2,531)。因此,所有那些坚持否定“一元论”思维模式,并将与他人的交流互动纳入哲学方法的近代哲学家,都应该承认费希特是第一个表达自己见解的哲学家,也是他们整个方法的真正创始人。

第六节　自我承认和相互承认

这就是黑格尔在《精神现象学》第四章中提出的承认理论的费希特背景。这个理论从表面上看显然与费希特的非常不同,但我在这里看到了另一个例子,我之前在比较两个哲学家时描述过的相同的模式,他们用不同的方式建立了能动的“自我”作为理论认知的先验基础。费希特的论证直接从“自我”及其作为一个能动的个体的自我概念的先验条件出发。黑格尔的论证是间接进行的,其观点显然与费希特构建先验理论的观点完全相反。但具有讽刺意味的是,黑格尔论证的结果证实了一个与费希特的结论非常相似的结论,而且是以一种非常新颖的方式得出的结论,因此更具说服力。

黑格尔的讨论以作为欲望的自我意识开始,而且以作为客体之否定的满足概念开始(PhG,¶ 175)。费希特的论证认为,自我意识在它的个体性中需要一种不同类型的客体,自我意识对这一客体适当的回应是协调和沟通,而不是从属和否定。然而,黑格尔的讨论认为,意识通过否定客体的独立性尽可能地坚持寻求满足的筹划。作为欲望客体的另一种自我意识的概念是先验地推导出来的,而不是从任何一种不太复杂的对象不足以满足自我意识的欲望出发。黑格尔在这里的明确论证是,一个简单的客体一旦被否定,就不再对自我意识提供任何进一步的满足。相反,我们所需要的是一个即使在否定之后仍然存在的对象。黑格尔认为,这只能在这样一种形式的客体找到,这种客体

"在自身自内引起否定"而这反过来又只能在它自身的否定或它自身的客体中找到,即另一种自我意识(PhG,¶ 175)。

这里的论点似乎没有说服力,因为还不清楚为什么"客体→否定→满足→新客体→否定→满足"这个循环不能满足自我意识的欲望。我认为黑格尔的观点更有意义。如果我们回想一下,满足欲望的更深层次的目标是实现黑格尔所说的"自我确定性"——换句话说,来自自我意识的要求之外的证明,自我意识声称对自己是"极其重要的"(PhG,¶ 174),或对自己有某种确定类型的*价值*。也许只有一种客体,它的否定能够证实或证明自我意识对自我验证的渴望。这是一个自身有能力进行明确的自我评估的客体,它本身能够明确地进行自我评价,而那必将是另一种自我意识。因此,黑格尔的自我意识中也出现了一种共同体的概念,一种"我即是我们而我们即是我"的概念,黑格尔将其描述为"精神的概念"(PhG,¶ 177)。但在这个共同体中,自我意识仍然将他人仅仅视为欲望的客体(对象),作为一种需要被否定的事物,为了获得它自身的确定性,为了证明它的自我价值。这种从另一个自我意识中反映出来的自我价值,就是黑格尔所说的"承认"(PhG,¶ 178)。

第七节　斗争与统治

因此,自我意识对自我确定性的欲望的满足,在于另一个自我意识对它自身的否定,而这种否定使自我意识具有依赖性。黑格尔现在想象了两种自我意识进行了殊死搏斗,每一种意识的目的都是获得承认而无须回报。每一个自我意识都愿意拿自己的生命作赌注,从而肯定了自我确定性的价值大于生命的价值,而这就相当于获得自我确定性的一种方式。但是,试图通过他人的死亡来确认这种自我确定性的尝试必然会失败,因为这种斗争只能以一种自我意识的幸存而告终,而没有任何作为客体的自我意识来承认它。

因此,自我意识只有在另一种自我意识中才能获得自我确定性,这种自我意识通过战胜对死亡的恐惧,选择了生命而不是承认;换句话说,一种为了他人而否定自己的自我意识,承认他人而无须被他人承认,从而作为一种独立的自我意识而生存。黑格尔将这种自我意识定义为奴仆的自我意识(*Knecht*),通过使奴仆的自我意识成为其依附对象而获得自我确定性的自我意识则被称为主人意识(*Herr*)(PhG,¶ 189)。它们之间的关系表现在它们各自与欲望的简单对象世界的关系之中。奴仆通过努力否定这些目标,他把它们变成满足的目标,但不是他自己的满足,而是主人的满足。主人获得了满足,但没有采取否定的行动(PhG,¶ 190)。

然而,黑格尔很快指出,这里存在一个反讽。主人被假定为独立的自我意识,奴仆被假定为从属的自我意识。但事实上,它们的关系恰恰相反。因为只有主人,而不是仆人,总是在物质世界中依靠别人的劳动来获得满足,总是依靠仆人的自我意识来获得单方面的承认,即证实他的自我确定性;然而正是奴仆,而不是主人,设法在不依赖他人的承认下生存,而他的否定行为使客观世界依赖自我意识,从而证实了它的自我确定性。因此,正如黑格尔所说,主人的自我确定性的真理是按奴仆的方式找到的(PhG,¶ 193)。只要奴仆意识到这一点,他就能获得一种新的更高层次的自我确定性,这种自我确定性现在已被确认为真理:它的自我确定性的形式不是单方面的“独立性”,而是真正的“自由”或“与自身同在”(PhG,¶ 197)。

第八节　自由与相互性

在《精神现象学》中,主奴辩证法只产生于斯多葛学派智者不受约束的自我意识。黑格尔指出,无论他是像马可·奥勒留·卡鲁斯(Marcus Aurelius Carus)那样端坐在皇帝的宝座上,还是像爱比克泰德(Epictetus)那样被奴隶的枷锁所束缚,都是同样自由的(PhG,¶ 199)。他在这里并没有明确地从辩证法中得出费希特式的道德,即承认必须是相互的,只有那些给予回报的人才能真正获得承认,从而构成一个(地位或实力)相等的共同体。但是,他确实在《哲学全书》对这种辩证法的描述中得出了这个结论(EG,§ § 435-6)。在这两种文本中,辩证法的结果都是一种真正自由的“普遍的自我意识”,因为它不需要从属于另一方。

或者,正如费希特所言:“唯一真正自由的人是那些希望解放周围所有人并且——通过(理性教育和相互交流的)某种影响——真正解放周围所有人的人”(SW 6:309)。因此,黑格尔间接论证的结果再次与费希特直接论证的结果相同。两者都得出这样的结论:自我意识本质性的实践目的只能通过与其他自我意识的相互关系来实现,而且自我意识的实际任务是根据它和其他意识之间共有的普遍原则行事。因此,黑格尔的先验方法再次以一种独特的方式证实了费希特的结论,这两种方法之间的联系比它们之间的竞争更加紧密。

两种观点的共同结论是,作为先验必然性的问题,自由的自我意识的存在,需要其他自由的自我意识的存在才能存在,而这些存在必须在不一致或不连贯的情况下,从根本上平等地对待彼此。这是一个重要的结论,对所有现存的社会秩序都具有深远和关键的意义。但它需要澄清,甚至在某些重要方面加以限定。

首先,自我意识(或人们)之间的平等只在一个非常抽象的层面上存在:它并不要求人们应该,承受着非相关性的惩处,等量地得到任何东西。它不要求人们在缺乏连贯性的情况下接受同等数量的任何东西。费希特—黑格尔的承认理论在某种程度上与我们将在第十一章中看到的马克思对平等主义的反对是一致的(尽管不是我们将在这里看到的马克思对法权立场的全盘否定)。

第二,它也不要求完全相等的承认,涉及人们相互关爱、珍视和尊重的各个方面。它也不要求在人们互相尊重、重视和尊重的每一个方面都完全平等。人们确实需要某种相互性,即使是在不平等毫无问题的个人价值和尊重形式上。正如弗雷德里克·纽豪斯(Frederick Neuhouser)所解读的那样,卢梭认为,寻求他人的合理尊重是一种基本的、也是道德上允许的人类愿望,因为这些品质使我们脱颖而出,成为优于他人的人。

例如,如果我希望被您尊为18、19世纪德国哲学方面的专家,希望您能承认我的优点,从而肯定我的自我价值,那么,因为您对这些事情作出的判断,我也必须尊重您。我不需要认为您在这方面和我是一样的或比我强(尽管如果我认为您比我强,我可能会更珍视您的高见)。但是,如果我认为您完全不了解现代哲学史，完全不胜任对哲学论点和理论的判断，那么，我把自己作为一个学者的自我评价建立在您对我的工作的尊重之上，这是愚蠢的，甚至是谄媚的。反过来说，您可能会因为我欣赏您作为一名棒球运动员的表现而获得自尊；要做到这一点，你不必认为我在运动技能上与您不相上下，尽管您应该把我看作是钻石球场上的裁判。承认的关系中有一种与尊重相关的相互关系，但这种关系并不要求平等之类的东西。

在卢梭看来，仅涉及相互尊重平等地位的社会关系，将不足以维持一种健康的人类自我价值所需要的社会关系。基于此，纽豪斯对要求绝对平等的承认理论提出了异议，其中包括黑格尔的理论（Neuhouser，2008，Chapter 3，especially pp.98-9）。然而，值得注意的是，费希特和黑格尔并不把平等作为普遍相互承认的条件，而是更具体地涉及承认人是法权主体的条件——外在的自由，作为拥有自由活动的合法的外在领域，不受他人意志支配的人。在这里，平等的条件确实看起来是合理的。要承认他人是一个人，我必须把他人看作一个自由的主体，有权享有外在的自由、个人独立以及某种自由生活的条件。

就像一些人在当今社会正义讨论的背景下所做的那样，如果认为我有机会赢得自由生活的条件，但却没有资格享有这些条件，那么就算我是一个自由人，也与承认的条件是相悖的。按照这种观点，如果我在“自由市场”中获得了“成功”，我就“赢得了”它们。否则，我可能会在经济上依赖那些“赢得”财富和权力的人，这些财富和权力使他们能够支配我。然而，这仅仅是建立在“自由市场”的基础上的领主与奴役的关系；它对待自由人格的条件就像对待正当的自尊的条件一样，不要求法权的平等或相互估价。通过这种方式，资本主义社会的极端经济不平等可能被允许伪装成普遍自由的条件，而实际上（目前正在以越来越大的规模发生），它们只是复制了主人和奴仆的条件，使大多数人日益处于被奴役的状态。

最后，我希望这是显而易见的，费希特和黑格尔关于对等承认的论证，并不排除存在各种观点、哲学甚至是基于尼采所说的人类的“等级秩序”的全部社会秩序的可能性：有些人是优等的，有些人是劣等的这一前提，正是黑格尔以抽象形式表达的“主奴关系”原则。事实上，这种法权方面的不平等（关于个人自由的基本条件)事实上在所有文明社会(这一事实促使卢梭写作他的《论人类不平等的起源》,也推动了费希特在法权关系中所涉及的对等承认的基础上发展他的自然法权理论)都存在。正如我刚才所说的,它是当今社会主流意识形态的一部分。

费希特和黑格尔的论证只是表明,所有这些观点或社会秩序都是建立在一个非常深刻的不一致的基础上的,即所有接受其前提的人都在自欺欺人。我们知道,许多错误的信仰、语无伦次和自我欺骗是人类心理和社会生活的强大力量:强大的世俗宗教和整个社会结构典型地都建立在这些基础之上。因此,这一论点并没有给我们强有力的理由,希望我们所耳闻目睹的人类不平等或压迫形式将很快消失。它们至多表明,人类之间的地位不平等从根本上与人类的理性是不一致的,而且只能通过可怕的、我们再熟悉不过的非理性的力量来承受。

第十章　黑格尔论行动的责任和后果

第一节　黑格尔论道德

在黑格尔哲学中，广为流传的是许多被严重歪曲而导致的半真半假的观点。其中最普遍的可能还是那种将黑格尔视为“守旧者、保守派、清净寂静主义者”的错误印象；紧随其后的观点是，黑格尔是他所称的“德性”的敌人，是“伦理生活”的支持者，在他看来，“伦理生活”与“道德”的立场是相对立的。一个相关的错误是，“道德”对黑格尔来说只是康德伦理学的一个昵称，因此黑格尔对道德的讨论只包含在他对康德的批判中。黑格尔无疑对个人主义的道德和社会哲学持批评态度，比如康德的哲学。黑格尔认为个人主义的道德和社会哲学是从现代伦理生活中个性价值的社会体现出发而进行的抽象，而“道德的立场”一词可以指这种哲学的片面性（PR，§ § 33R，135R）。但在《法哲学原理》中，“道德”主要是对自由意志的一种独特的现代思维方式的称呼。在这种思维方式中，主观自由是其主要特征。黑格尔的“道德”包含了一个与康德截然不同的个体能动性理论。它是黑格尔所认可的道德行为的另一种理论，对黑格尔在《法哲学原理》中阐述的实践哲学具有重要而积极的作用。

在黑格尔的伦理学中，实在的人类个体归属于一个理性共同体的伦理生活（*Sittlichkeit*）。但伦理生活是一种历史现象，一种特定的伦理生活形式是精神（或人类）在特定时代对自身认识的实际表达。在现代（黑格尔认为：它是人们所达到的最有理性的社会，也是他们所能理解的最有理性的社会），伦理生活包含了两个重要的人类自我概念，这两个自我概念是对伦理生活的抽象，但又是其现代形式所必需的。它们是:(1)抽象法权。在这种法权里,人被认为是(从其特殊性中抽象出来的)拥有法权的人,是财产的所有者(PR §34-104)。(2)*道德*。个人被视为*主体*,有能力管理自己的生活,并对道德理性的要求负责。抽象法权是古罗马最早发展起来的一种观点,与前一章所讨论的自由身份的概念相对应(PhG ¶¶477-83;cf.¶¶197-9,wiTh ¶479,and EG §436)。然而,道德是一种具有鲜明现代特征的伦理自我意识形式(PhG 596-8),与具有鲜明现代特征的公民社会制度相对应(PR §§ 182,206-7)。

主观性包含一个关于自我的概念。在这个概念里,一个普遍的意志与一个特殊的意志是有区别的,而且是后者的规范。道德主体的任务是培育它的特殊意志,使之符合普遍意志的规范。这与康德的道德哲学有明显的联系,但更与费希特在《伦理学体系》(1798)中提出的同一观点的说法有关。这些影响是将"道德"视为黑格尔对康德伦理学的昵称这一过于简单化和误导的说法中的真理元素。但是,黑格尔关于道德主体性的概念不同于康德或费希特的任何概念,黑格尔完全赞同这种自我概念。它不仅仅是黑格尔批判的替罪羊,也不是一个为了伦理生活而被排斥的概念。事实上,这是现代伦理生活的一个重要时刻,也是现代世界的理性不可或缺的(在黑格尔看来)。

在主体性这一人类特有的道德观念中,黑格尔区分了三个阶段或三个方面(PR §§ 109-13):

(a)外在的客观性(PR §§ 109-10);

(b)必要条件:普遍性与个别性的联系(PR § 111);

(c)影响他人意志的方式:(b)体现于(a)(PR § 112)。

道德行为包含这三个环节之间的联系(PR § 113)。换句话说,道德主体是一个置身于理性要求——道德义务之下的个体(PR § 133)。主体通过在客观世界中对他人有影响的外在行为来体现其主观意志——这关系到他们作为人的法权,以及他们作为共享道德世界的主体的福利或幸福(PR §§ 125-35)。

因此,我们可以理解黑格尔表述的统一主题,即道德意志是主观意志对发生在外在世界的事物状态负有*责任*的方式(在几种不同但相关的意义上)。

黑格尔在《法哲学原理》中理所当然地认为，人的意志是自由的。他同意费希特的观点，即自由是意志的本质决定，而“不自由的意志”在术语上是矛盾的（PR § 4；cf.SL 4：159）。但就像费希特一样，自由意志的概念本身在黑格尔的道德责任理论中只扮演了一个边缘的角色，因为意志的自由通常被看作是能动性的一种条件，而不是关于道德责任的特殊问题。因此，在本章的其余部分，我们将很少或没有机会提及自由意志的问题。对于道德责任来说，最重要的是道德主体性的概念（如上所述）应该适用于人类。黑格尔确实认为道德主体性的概念适用于正常、健康的成年人。当它不适用时，或者当它只是不完全地适用时——比如在“儿童、低能儿、疯子等”的情况中（PR，§120R）——黑格尔认为，在这种情况下责任是缺失的或削弱的。黑格尔理所当然地认为，将道德主观性的概念应用于人类的前提是意志的自由，但如果有人认为这个概念在没有这个假设的情况下也适用于人类，那么，这个人也许可以运用黑格尔的道德责任理论，无须调用自由意志的哲学问题。在黑格尔和费希特的著作中，自由意志的问题仅仅与道德责任的问题擦肩而过。如果这两个问题过于紧密地联系在一起，就应该被视为处理不当。

第二节　康德和黑格尔的可归责性

黑格尔对道德责任这一主题的论述，始于他对传统的*可归责性*（*Zumutung*）这一主题的论述。这涉及将行为及其后果归责于（*zugemutet*）道德主体可能对这些行为负责的方式：归功于道德主体或归咎于道德主体。因此，我们理解黑格尔对道德主体性的一般处理，以及他对道德行为的具体解释的一个很好的出发点是，他关于个体对自己的行为以及对外在世界中被视为这些行为之后果的事件负责的方式所进行的阐释。理解这一论述的一个很好的起点，是康德在《道德形而上学原理》中传统的可归责性主题的处理。这将是有用的，不仅因为康德对可责性提出了一种深思熟虑而又有趣的处理方法，而且因为这让我们有机会看到黑格尔的道德概念与康德的有很大不同。由此可见，黑格尔的“道德”不可能仅仅是康德道德哲学的昵称。

康德沿袭传统将行为*Handlung*)称为行动(*Tat*,*factum*),只要它可能被归责于某个始作者(*Urheber*,*auctor*),而且可能被适当的权威机构(*iudex sive forum*)根据法律视为判决的对象,并作为惩罚或奖励(*poena*,*praemium*)的理由(MS 6:227)。更确切地说,被归责于某一主体的是某一行动的结果或后果。康德对此提出了一些非常明确的规则,其依据是行动是否出于义务的(被某种严格的或完全的义务所要求的)、不当的(违反义务)或有功绩的(根据宽泛的或不完全的义务)。一种出于义务的行动的结果——包括好的和坏的结果——不能归责于主体。在不当的行动情况下,所有不良后果都是可归责的,但没有好的结果是可归责的;在有功绩的行动中,所有好的结果都是可归责的,但没有坏的是可归责的(MS 6:228)。

这些原则在康德著名的晚期论文《论出自人类之爱而说谎的所谓法权》中发挥了作用。该论文以门外凶手为例,进行了令人满意的(或备受非议的)处理。假设你必须真实地向谋杀者说出他的目标受害者的下落,并且你遵循了这个义务,那么受害者的死亡不能归责于你。另一方面,如果你对凶手撒谎(从而做错了),而受害者(不为你所知的)已经悄悄离开一个地方,但凶手(相信了你的谎言)遇到他和谋杀他,那么这一死亡可以归责于你——作为你错误行为的不良后果之一(VRL 8:427;for Kant's views on lying, see above, Chapter 4, § 9,and also Wood,2008,Chapter 14)。

我们可能很难接受这样一种假设,即严格的法权要求你向凶手说出真相,但即便是这样的假设,依据康德的可归责理论而得出的结论似乎也是合理的。总的来说,康德的归责原则在适用于法律下的归责时,给了我们相当合理的结果。例如,康德的原则很好地处理了因代理人的行动可能影响他人法权和要求而造成赔偿责任的案件。如果我的行为是法律所规定的(严格要求的),而在任何特殊情况下,我的不作为都是不合理的,那么我就不必为其后果负责,不管后果是多么糟糕——不管这些后果是可预见的还是不可预见的。如果事后责备那些做了被要求做的事的人,让他们为法律要求他们做的事的不良后果负责,那将是一种令人遗憾的司法制度。如果我承担了某一错误行为(再一次,没有理由或借口,基于特殊情况)的责任,那么似乎我应该承担所有的不良后果(无论是可预见还是不可预见的),因为如果我按要求做了,这些后果就不会发生了。别人有权依赖我去做我应该做的事情:做了错事,我就是那个为任何不良后果大开闸门的人,那些遭受损害的人应该能够向我索赔他们蒙受的损失。如果这是一个奖赏的问题,那么似乎没有一个是由于某人仅仅做了需要做的,更不可能的是由于某人做错了。奖赏只应属于有功绩的人。

然而,康德的原则显然不仅适用于法权问题,而且也适用于某种纯粹从伦理或道德的角度对行为的评价(*imputatio diiudicatoria*)(MS 6:227)。然而在很多情况下,它们的结果似乎更值得怀疑。它们不能支持我们相当有把握的可归责判断(包括肯定的和否定的),他们对道德模糊性的情况也没有足够充分的理解。在这里,我不会主要考虑那些可能会产生好的结果的错误行为,主体可能希望因为这个好结果而得到赞扬——因为行为不道德的人不应该因为他们的不良行为碰巧带来的好结果而受到赞扬,这似乎是很有道理的(而且黑格尔也完全同意)。更严肃的问题是出于义务的或有功绩的行动,其后果是混合或矛盾的。如果我做了一件严格地出于义务而行动的事,但结果却非常有益,我可能会选择说"我只是在履行我的职责"来转移人们的称赞,但我们可能会觉得这是虚伪的谦逊。另一方面,如果出于义务而行动,甚至是值得称赞的,也许是因为它对一方造成的后果,但如果一个行为也(在那个不失其作为值得称赞或应有的地位的意义上)对另一方造成了伤害(甚至可能是我带着遗憾预见到的一种伤害),我不认为我们能轻松地说,这个伤害完全不归责于我,仅仅因为这个行动是出于义务的或有功绩的。我们倾向于认为,伤害在某种程度上仍可归责于我——也许,我甚至给予那些遭受伤害的人一些补偿,或至少一个道歉,承认我的责任(即使我也可以正确地说,由于这是我的严格义务,我"别无选择"只能这么做)。在康德的论述中,这种情况下的道德模糊性并没有得到恰当的承认。我们将会发现黑格尔的可归责理论在这方面有一定程度的微妙之处而康德则没有,并且黑格尔的可归责理论对道德模糊性的适应是它的优点之一。

无论如何,康德的观点还有一个更基本的困难,这将与黑格尔的可归责理论形成更鲜明的对比。这是指除了处理对行为后果的损害赔偿责任的具体法律规定之外,后果归责这一话题在康德伦理学的语境中似乎是无关紧要的。这是因为在康德看来,行为的基本道德判断显然是独立于其后果的。康德有个著名的观点,作为无条件的善的善良意志完全独立于它的或好(或坏)的结果——因此,善良意志"就像宝石一样闪耀,因为它本身就有其全部的价值。有效或无效既不能增加也不能减少它的价值"(G 4:394)。道德判断是关于行为中所表现出来的意志(好或坏),它是由行为者所执行的行为准则来衡量的,而不是由行为的结果来衡量的。一个行为的对错可以由行为者执行该行为的目的来判断(因为这经常是准则的一部分,行为者的目的取决于行为者意志的善与恶)。如果行动是成功的,其目的的实现将是其结果之一。但在康德看来,这些结果之所以重要,只是因为它们属于行为者的准则,或意志的善,不是因为它们以某种形式出现在世界上,它对主体的归则可能会产生影响,却与我们对主体的意志的判断无关。

此外,对于康德来说,无论一个行动是出于义务的,或是不当的,或是值得称赞的,都应根据其法则来判断,而其后果的归责正是由这一法则来决定的。很难理解,在法律环境之外(可能涉及民事损害赔偿或造成严重危害的犯罪),一种康德式的主体究竟为何会对后果的可归责性感兴趣。真正重要的似乎是行为(在其准则中)所包含的意志的好坏。如果我有一个善良意志,那么我当然会关心好或坏的结果(有效或无效),因为这种关注是旨在达到好目的的善良意志的一部分。但我,或任何人,为什么要担心我的行为的幸运或不幸的后果都可归责于我?我对自己纯粹的道德评价,在内在的良心法庭之前,似乎被我的意志是否善良这个问题耗尽了。我们确实考虑到行为的后果与它们的道德评价相关,而不仅仅是对导致他们的好或坏意志的评价相关。如果这样的话(这就是后果可归则理论的目的),康德很难解释为什么我们应该这样做。

与之相反,黑格尔认为道德意志主要是一种与外在客观性之间的联系,而它作为一种道德意志的价值,取决于世界上发生的事情是否以及如何可以归责于它。从两位哲学家的行为理论中"行为"和"行动"概念所扮演的不同角色中,我们可以清楚地看到这种差异。对康德来说,一种行为(*Handlung*)是一种意志(一个准则)的表达;一种行动(*Tat*)是某种其后果被归入行为者的可归责原则的行为(MS 6:227)。不同的是,在黑格尔看来,一种行动"假定了对既定存在(*Dasein*)的一种改变"(PR § 115);如果一种行动可以归责于行为者的意志,那么它就被认为是一种"行为"(PR § 117)。换句话说,对于康德来说,首要的是意志,意志被认为是先于并独立于它可能给世界带来的变化而存在的一种现实;这是行为的基础,而行动是按某种方式深思熟虑的行为——就其外在后果的可归责性而言。可是,在黑格尔看来,除了行动之外,没有道德上有效的意志;*道德的*意志或行为,仅仅是我们将行动与作为一种有意志的道德主体的行为者联系起来的方式。事实上,在黑格尔看来,道德意志本身是由行动和结果可以归责于主体的方式构成的。

第三节　责任、目的和意图

对黑格尔来说,道德行为的出发点是行动——由道德主体以某种方式引起的客观世界的变化。主体与它的行动之间最抽象和最普遍的联系是*对它负责*(*daran Schuld sein*)。尽管 *Schuld* 这个词可能有着道德的内涵(在德语中可能意味着"债务"或"愧疚")是什么,黑格尔所谓的"责任"在这个意义上仅仅是一个因果关系,蕴含着行为可以用抽象的谓词"我的"来表示,但并不意味着任何道德上的可归责性(PR § 115)。根据黑格尔的观点,一个历史事件的起因,可能是多种多样的,其中大多数根本就没有道德主体,在这个意义上是"*对它负责*"。黑格尔认为,"责任"同样适用于抽象的理解。抽象的理解可以用许多不同的方式来看待任何事件,并把许多因素中的任何一个看作"其原因":

> 每一个被证明是一些这种情况的条件、根据或原因,并因而对这种情况作出贡献的个别环节,都可被视为对此负有全部或至少部分责任。在一个复杂事件(如法国大革命)的情况下,形式上的认识因此可以从无数的情况中选择它希望对该事件负责的一种(PR § 115R)。

对黑格尔来说,道德的可归责性并不是指向"责任"(*Schuld sein daran*),

而在于对另外两个概念的应用。这两个概念是黑格尔用“决意”(*Vorsatz*)和“有意”(*Absicht*)来标示的。

只对行动的特定方面而言，为某种行为负责才属于主观意志，“主观意志知道这些方面是预先设定在它的目的之内的，而这些方面又以它的目的而存在。”黑格尔称之为“知情权”(PR § 117)。“目的”显然包含了主体知道将要发生的所有事情，而不仅仅是主体特别想要实现的那些方面。但它排除了主体无法知道的方面，也排除了主体无法知道的行为的遥远后果。这些后果可能是由“外在的力量引起的，这些外在的力量将主体附加到与它自身完全不同的事物上，并迫使它产生疏远的和异质的后果。因此，意志有权只对第一组后果承担责任，因为它们本身就是其目的的一部分”(PR § 118)。例如，黑格尔援引俄狄浦斯弑父之举，将它作为并非主体预先设定的目的的例证。当他与他在十字路口遇到的老人搏斗并杀死他时，他的目的中并没有包含这样的内容。黑格尔认为，它是古老的行为概念的“稳固性”或“高贵的简单性”(*Gediegenheit*)的一部分，它不像我们在现代世界中所做的那样，承认这种主观的“知情权”(PR § 117A)。这是“德性”作为现代伦理生活的一个显著特征，而古代伦理生活却缺乏这样一个重要的方面。

然而，行动的“目的”不仅包括主体具体打算或采取的目的，还包括主体知道将会发生的事情，即使这不是人们所希望的。如果一名飞行员轰炸了敌方军事设施，他知道隔壁的学校也将被摧毁(杀死许多无辜的孩子)，那么孩子们的死亡，不仅仅是摧毁敌人的设施，也是他的目的之一。我的行动的目的甚至可能包括我不知道的后果，如果它们属于“行为本身的性质”(PR § 118R)。一般而言，在黑格尔看来，任何事物的“本性”都包括我们通过对它的理性反思，以及从它与其他事物之间的联系中所获得的对它的把握(EL § 23)。在一种行动的情况下，这些包括与它的后果的联系(PR § 118;VPR19:94)。因此，一个行为的本质包含了所有理性思考可以知道的后果：“一般来说，思考一个行为的后果是很重要的，因为这样一个人就不会停留在当前的立场上，而是会超越它。通过对行为的多方面考虑，一个人将会把握到行为的本质”(NP 230)。

黑格尔关于行为本质的论述。如果我们看到它与我们对人的判断有什么关系，当我们说人们知道（或不知道）他们在做什么时（在充分意识到或肯定他们所做的事情的意义上），我们对黑格尔关于行为本质的论述可能会觉得更为熟悉。一个成熟的成年人有责任知道他的行为会或可能会产生什么结果（例如，火灾引发的后果；或者对总统来说：发动战争、批准酷刑、解除对银行系统的管制）。不知道这一点可能是一种认知或智力缺陷，但它是道德批评的基础，是让某人对其行为的结果负责的基础，即使它与他们所希望或期望的不同。

这就是黑格尔想要涉及的一个纵火犯的例子，他只放火烧了一所房子（或一件家具），但最终却摧毁了整个社区（PR § 119）。黑格尔认为，纵火犯的目的是要使该行为产生充分的后果，因为它属于纵火行为的本质，它可能会蔓延到失控的地步："这个直接故意（*dolus directus*）或直接目的是，例如，点燃第一块木头，而且这一直接故意（*dolus directus*）包含所有进一步的后果。这些都属于行为本身的性质，而行为本身又假定了它们的可能性。他一定知道这一点"（VPR 4:326;cf.EG § 505）。有些观点可能认为，在这种情况下，火灾的蔓延并没有超出他的直接意图，而是因为他没有充分注意到火灾可能会蔓延到什么程度。这些观点也许会责备他不知道他应该知道的事情，但不能把整个社区的毁灭归罪于他。然而，黑格尔，通过在主体的目的中包含行为的整个性质，使纵火犯对他应该考虑到的所有可能的后果负有直接和最初的责任，因为这些后果属于他的行为的本质。

黑格尔认为，行为的"目的"指明了*什么*是主观意志的责任，或者*什么样的*客观事件可以归责于它。但它并没有告诉我们，为了从道德的角度来判断主体的主观性所需要知道的关于行为的一切。为了作出道德判断，我们还必须考虑主体的*主观性*是如何与这些事件相联系的。这包括黑格尔所称的主体的"意图"（*Absicht*）。在上面的例子中，轰炸机飞行员的目的包括摧毁敌方设施和杀死学校里的孩子。但作为一个道德主体，他与这两种结果的关系却截然不同。第一个是他的直接目的，第二个却是他在这种情况下不得不采取的方式所造成的令人遗憾的后果。

黑格尔说,作为一个主体,我是一个思想者,把我的行为及其后果置于一种“普遍性”之下。这就是黑格尔所说的行为的“意图”。但通过这样一种“普遍性”,黑格尔的意思不仅仅是指某种行为(如“燃烧”或“杀死”)可能在其中发生的一般性描述,而是指由行为者的思想组织成一个综合体的后果:这是黑格尔关于“普遍性”和“概念”等词以及它们所包含的“具体性”的哲学意义的一般性观点(see EL § § 9,160,164,R,176-7,R)。在这种情况下,行为者带来行为及其后果的“普遍性”意味着一种抽象的决定性行动。黑格尔将其与意图(*Absicht*)的词源联系起来——“移开视线”。它指的是主体对特定行动的决定性思维以及它所包含的行动和后果的具体复合体——尤其是这个复杂的抽象方面构成了主体的“主观本质”(PR § 121A)。

第四节　意图和动机

在一种非黑格尔哲学的术语中,我们可以称一种行为的“意图”为其对主体(施动者)的“合意性特征”,或主体(施动者)打算遵照它来实施该行为的“说明书”[在本节中,我们试图将黑格尔的行为理论与最近的行为理论和心灵哲学的“分析”方法联系起来(see Quante,2004)。然而,目前的讨论并不适合对匡特(Quante)的项目进行评估,也不适合对通过分析行动理论的透镜来解释黑格尔的适当性和极限性进行一般性评估]。“意图的法权意味着,行为的普遍性质不仅应在其自身之内存在,而且应被主体(施动者)所知,因而一直存在于他的主观意志中”(PR § 120)。我的行为应该根据我所知道和愿意的普遍性来判断,这个判断应该考虑我在施行该行为时所期望的行为及其后果的描述。在对我的行为进行道德评估时,应根据我的意愿究竟是作为一种目的,还是作为一种手段,抑或是作为一种令人遗憾的副作用来区分行为的不同方面。飞行员“意图”,在狭义的意义上,摧毁敌人的设施,但不是杀死儿童。纵火犯“打算”通过烧毁邻居的古董椅子来为自己复仇,但并不是要毁掉整个社区。作为道德主体的施动者,只有考虑到他对自己行动的看法,才能对自己的行动负责。

请注意,对于黑格尔来说,"意图"总是*某种行动的意图*——即主体(施动者)对客观世界中某些实际变化的思考方式。在这个世界上,没有独立于或游离于实际行动而具有道德意义的意图。这是黑格尔的口号式声明的几种含义之一:"意图的真理在于行动本身"(PhG ¶ 159)。与康德伦理学不同的是,黑格尔伦理学不评价"意图"(或"准则"),而只评价体现它们的行动。道德主体始终是客观世界的能动者,而不是单纯的善与恶("其本身具有全部价值")的"意志"的主体,无论它们是否可能产生任何结果。这与另一点有关,即黑格尔的意图也不是行动或事件的主观或精神原因。相反,意图是我*思索*我所做的事情的方式,道德应该把思想和行为看作是相互需要的。

在德语中,没有一个词与英语单词"意图(intention)"的意思完全一致。但是,黑格尔的术语"决意"(*Vorsatz*)和"有意"(*Absicht*)可能都是用"intention"这个英文词来粗略地翻译的,我认为黑格尔对"目的"和"意图"的区分与托马斯·M.斯坎伦(Thomas M.Scanlon)最近对我们讨论行为意图的两种方式所作的区分非常接近。

> "意图"的使用有广义和狭义之分。广义上理解,当我们说一个人有意做某事时,我们可能只是想说,他或她意识到他或她的行为会带来某种后果。这就是"决意"和"无意"相对立的意思:说你无意地做了某件事,就是声称你没有意识到你在做的事。但我们也在狭义上使用"意图"。问一个人做某件事的意图是什么,就是问他做这件事的目的是什么,是什么计划引导着他的行动——他认为这一行动如何有助于实现他的目标。问这个问题,在某种程度上就是问他这样做的原因——他意识到自己所做的事情的各种特征中有哪些特征是她认为值得考虑的,所以才会如此行事(Scanlon,2008,p.10)。

斯坎伦(Scanlon)对"意图"的广义理解与黑格尔对"决意"(*Vorsatz*)的理解相一致;他的狭义,黑格尔称之为"有意"(*Absicht*)。说弑父不包括在俄狄浦斯的意图[决意(Vorsatz)]之中(在十字路口杀死了那个满腹牢骚的老人)指的是,他没有意识到(也不可能知道)他杀害的是自己的父亲,所以他被称为"弑父"的行为是无意的。要确定一种行为的意图[有意(*Absicht*)],即主体

(施动者)把它带入行动之中的普遍性,意味着要确定主体(行为者)如此行事的理由,或有利于这样做的行为(或其结果)的特征。如果黑格尔与斯坎伦的区别存在的话,我认为这与黑格尔想让我们考虑(用以评估主体对其行为及其后果的责任)的一些方式有关,即道德主体应该对他们应该知道的、而且应该想到的事情负责,尽管他们没有。黑格尔的道德理论在这方面实际上对主体(行为者)提出了很高的要求。

人们常常试图将意图和动机理解为行为的各种心理*诱因*。黑格尔拒绝这样理解。它似乎属于我(在第八章)已经描述过的笛卡儿的心灵概念,它试图将心智状态,包括行为,理解为"内在的"——无论是笛卡儿所思考的精神层面的隐喻性的内在性,还是大脑活动的字面性的内在性。黑格尔将意图和动机理解为主体(行为者)思考行为的方式。在黑格尔看来,动机(*Beweggrund*)只是"意图的特定的方面"(PR § 121A);也就是说,代表特定主体(行为者)的主观满足的意图方面(PR § 121)。

在我看来,黑格尔在这方面的论述与伊丽莎白·安斯康姆(Elizabeth Anscombe)的论述颇为相似。安斯康姆写道:"用一种表明动机的论述来解释一个人的行为,就是把它们置于某种特定的角度"(Anscombe,1963,p.21)。动机和意图都不应被视为行为的*诱因*(行为是基于理性的;它们不被正确地认为是各种诱因的结果;在这一点上,黑格尔关于道德主观性的概念可能确实触及一些围绕自由意志问题的论题)。各式各样的意图和动机是社会世界中的具身化的主体(行为者)对他们应用道德主体性概念的事件进行构思的替代方式。那些以因果关系方式对待事物的自然科学,能教给我们很多关于人类生理的道理,但人类的*各种行为*将巧妙地躲开它们的掌控(因此,行为、意图和动机要么被误解,要么被那些只从因果关系的角度来看待事物的科学哲学家斥为错觉)。

第五节　客观性法权和疏忽

"试图从意图的角度来证明某事是正当的意味着要完全孤立某一个体的

方面并坚持它是行为的主观本质”（PR § 119R）。然而，在黑格尔看来，这种尝试并不总是成功的（正如这段引语可能已经暗示的那样），而且常常涉及欺骗（或自欺）。这一点应归于“黑格尔”所认为的“意向权”不可或缺的补充，即“我们可以称之为行为的*客观法权*”——行为自身被主体所认知和意愿为某种的*思维的能动性*（PR § 120）。换句话说，不能把意向权看作行为者的这样一种法权，即仅仅根据行为者自己（也许是片面和自私的）对其行为的陈述来判断其行为。在我们前面的例子中，轰炸机飞行员有权根据摧毁敌方设施的目标来判断自己的行为，同时他也认识到，杀害儿童只是让他感到非常遗憾的行为。但他也不能把孩子们的死亡看作他完全没有道德责任的事情（正如黑格尔所认为的俄狄浦斯不应该为杀死父亲或和母亲生儿育女负责，这既不属于他的意图，也不属于他的打算）。孩子们的死亡属于轰炸机飞行员的“打算”，即使不是他的“意图”（尽管我们很快就会看到它可能也属于这个）。

道德主体是一种有思维的存在，它的意图要用思维的客观标准来加以判断。这与意图和目的有关，考虑到行动的“性质”——“内在于它的本性的外在联系……因此，在谋杀中，受伤的不是一块肉，而是其中的生命”（PR § 119R）。……如果我以某种方式伤害了某些人的身体，理性的反省认为这样一种方式会危及他们的生命，那么我就不能说我只是想伤害他们的肉体，而不是想夺走他们的生命，以此来否认我对他们的死亡负有责任。当然，黑格尔意识到，这里可能存在一些棘手的问题。事实上，常常可能你只是想要打某人的下巴，却没有意识到你可能正在冒着杀死他们的风险：“这是有限行动自身的本性，它包含了这种可拆分的意外事件。”黑格尔认为，这种模棱两可的地方在于行为者意识到从客观标准来看，某种行为是错误的。如果一个行为可以使行为者感到快乐，但碰巧也是错误的，一位有思考力的行为者有责任知道这一点，那么他的意图不仅包括“增进我的幸福”，还包括“错误行事”。因此，在黑格尔看来，只有在“儿童、低能儿、疯子等”的情况下，意向权才会排除或减少错误行为的责任（PR § 120R）。一位有思考力的行为者不仅要对自己认为的对错、好坏负责，还要对自己理性地思考的事情负责：

> 主观意志的法权在于任何被认为有效的东西都应该被认为是好的，

它应该为一个行为——因为它的目的被转化为外在的客观性——的正确或错误、善与恶、合法与非法负责,根据它对这种活动在客观性中所具有的价值的认知[*Kenntnis*](PR § 132)。

一个人可以认识到许多他实际上不知道或没有意识到的事情。如果我有充分的理由知道我所做的事是错误的、邪恶的或非法的,那么我就会被评判为*知悉*这一点。不能因为“我不知道那是错的”,对我的错误行为推卸责任。不能要求我的行为应归责于我,仅仅是出于“那是件好事”的意图(例如,对我来说是*好事*,因为它满足了我一时的报复冲动,或者以我现在喜欢的任何方式使之合理化)。“就像纵火犯放火的地方并不是孤立的、被他引燃的一英寸宽的木材,而是内在于其中的普遍性——也就是整个房子——木头内部的宇宙空间——也就是火焰。整座房子——纵火犯本人也是如此,作为一个主体,而不仅仅是这一刻的个体性层面或这孤立的复仇激情”(PR § 132R)。基于同样的理由,我认为我们必须对轰炸机驾驶员说,儿童的死亡不仅属于他的目的,而且在某种程度上也属于他的*意图*,即使从狭义的意义上理解,它不属于他的*目的*。如果我们认为他杀害无辜平民是错误的(比如与战争的法权相反),而且他既意识到他杀害无辜平民的事实,也意识到这违背了战争的法权,那么这当然属于他的意图。如果我们假设他是错误地杀害无辜平民,和他认识到这样一个事实,即他是杀害无辜的平民,这是与战争的法权。意图有赖于行为的道德判断,换句话说,必须考虑行为者对自身行为的诸种想法,但如果它们不包括作为一位思维主体所应知晓的关于行为的性质或价值的所有相关事务,这些行为的性质或价值依据的是法权、道德或伦理的客观标准,那么,意图就将不受限于行为者对自身行为的诸种想法。

由于黑格尔的论述主要关注的是行为者对行为及其后果的了解,以及行为者实施该行为时的意图,因此,他是否能充分说明我们对由于粗心、鲁莽或疏忽而导致的后果所承担的责任是值得怀疑的。这是卡尔-海因茨·伊尔廷(Karl-Heinz Ilting)提出的一项指责,他认为黑格尔的论述不能处理疏忽,也不能处理可预见和不可预见的行为后果之间的区别(Ilting, VPR17, n 125, pp. 303-4)。但我们一直在探究和思虑的问题,为我们提供了一个令人信服的而且合乎逻辑的答案。黑格尔认为,一个行为的目的和意图必须包括它的*本性*——通过理性反思所揭示出来的后果的复杂性——以及*客观性的法权*——行为的意图必须包括它与法律和伦理义务之间的联系。因此,行为的这些方面和这些后果是可归责的,即使行为者(因为疏忽)不知道它们。

也许人们会担心黑格尔的论述能否区分明知故犯和粗心大意,因为他把行为的本质和伦理客观性归责于行为者,而不管行为者是否真正意识到这些错误[(正如我在早前的著作中所示的情况)in Wood,1990,pp.143-4)]。但是,只要我们能考虑到,在每种情况下,为什么一个给定的结果或客观的伦理决定包含在行动的目的和意图中,那么,不管它的存在是否因为它实际上是被行为者所知晓和意愿的,或者它的存在是否因为它属于行为的客观性和本性,尽管行为者是不加思索地或漫不经心地没有意识到这一点,黑格尔的论述应该都是不成问题的。

有人可能仍然担心,黑格尔的论述——通过将过失行为的相关方面及其后果纳入其目的和意图,使我们对过失行为负责——不能解释一般的道德事实,过失行为造成的伤害被认为比故意造成的同样的伤害更不应受到责备。例如,黑格尔认为,某人向树林开枪,意图杀死动物,但却杀死了一个人,这是过失杀人,而不是谋杀(VPR 2:423,3:358;VPR17:78)。我们可能仍然想知道,黑格尔是如何证明过失致人死亡的罪责比故意致人死亡的罪责轻的。但在我看来,这也是一个他认为应该具体问题具体分析、视情况而定的问题。在上面的例子中,毫无疑问,粗心的猎人比故意杀人的人受到谴责将会少些。

也许,我们想要的是为一些据理推测的*一般事实*辩护,即过失犯下的错误行为总是比恶意实施的错误行为受到的惩罚要少。但我怀疑这是不是真的。在黑格尔看来,道德主体是一位*思想者*,道德行为的衡量标准永远是坚持理性思维的标准,而不仅仅是基于非理性情感的某种感伤主义者的"善良意志"概念。理性标准也不像康德所设想的那样,只适用于主体深思熟虑的意志。或善或恶的意志是道德主体的一种缺陷,而粗心大意、玩忽职守和不负责任也是道德主体的一种缺陷。哪一种缺陷更应该受到指责,可能取决于个案的细节。有时我们看到政府官员(或学术行政人员)伤害个体或群体,但我们不清楚他们这样做是出于对他们所伤害的人的敌意,还是仅仅因为他们在履行职责时的疏忽。如果他们恶意待人,那么毫无疑问,这样的管理者行事失当。但有时可能会有一些情有可原的情况,让人们谅解他们的恶意。然而,在行使权力时的勤勉和谨慎可能是对他们更高的要求。在这个意义上理解,勤勉和谨慎的缺席是不可原谅的,甚是比恶意更严重的道德缺失。在学术界看到过(我敢打赌你也有)一些需要解释的粗心大意和不负责任的情况,一些官员的滥用职权行为是如此极端和无耻,以至于说他们的行为是出于恶意之举,反倒是对他们行为的更仁慈的解释。

第六节 “双重效应”

在这一点上,黑格尔的可归责性理论可以与罗马天主教神学中所谓的“双重效应”学说进行有益的比较[它现在通常被理解为双重效应学说,对这一学说进行了很好的批判性讨论,请阅麦金太尔(MacIntyre)2011年的著述]。这一学说似乎是建立在托马斯·阿奎那关于自卫杀人的论述的基础之上:

> 没有什么能阻止一种行为产生两种效应,只有一种效应是有意的,而另一种效应与意图无关……相应地,自卫的行为可能有两个效果:一是挽救一个人的生命;另一个是对攻击者的杀害……因此,这个行为,因为一个人的意图是拯救自己的生命,不是非法的,因为一切事物都尽可能地保存它自身的生命,这是很自然的(Aquinas,1988;“论杀人”,引自《神学大全》II-II,Q.64,art.7)。

根据它的规范解释,双重效应原则认为,在下列情况下,行为者不必对一项行为的“次要效应”负责:

> “1.行为本身必须是道德上良善的,或至少是无利害关系的(中立的)。2.行为者不可能明确地意愿坏的效应,但可能会容许它。如果他能获得好的效应而不产生坏的效应,他就应该这样做。不良效应有时被认为是间接故意的。3.好的效应必须与坏的效应一样立即(按因果关系的顺序,但不一定按时间顺序)从行为中产生。换句话说,好的效应必须由

行为直接产生，而不是由坏的效应产生。否则，行为者就会用坏的手段达到好的目的，这是不允许的。4.好的效应必须足够可取才能抵消坏的效应”（Connell，1967，p.1021）。

我认为，黑格尔的可归责性理论与这一学说在以下几个方面存在分歧。让我们探究一下黑格尔对上述每一种主张的立场：

（1）在黑格尔看来，行为在道德上是否可以归责于行为者并不一定取决于行为本身好坏的判断。行为者的行为意图所依据的一般概念可能包括法权、道德或伦理义务，但也可能不包括这些。而且，我们对行为的道德或伦理意义所作的判断，无论如何，是在确定可归责性之后进行，不是在此之前。这是康德的可归责性理论，行为的好结果或坏结果的可归责性，取决于行为是否符合严格义务，是否违反严格义务，或是否履行了有功绩的义务。与此相反，黑格尔认为，我们必须仅根据行为者的行为本身来对行为者作出判断（PR §124），而行为的道德性至少部分地取决于其可归责的后果（换句话说，属于行为者的目的和意图的事物）。有些行为（例如，违背一个人的法权，或一种道德或伦理责任）是错误的，不管其可归责的后果是什么。但是，黑格尔认为我们对行为的好坏本身的判断，应该取决于其可归责后果的好坏，所以，在黑格尔看来，（1）将使一种判断成为可归责性的条件。这种判断只能在可归责性问题首先得到解决之后才能作出。而且，黑格尔会拒绝（1），因为他认为一个没有过错的行为——即使是一个履行了职责的行为——如果属于行为者的目的和意图，也可能会产生可归责于行为者的不良后果。

（2）在黑格尔看来，行为者意志的内容，以及行为者对意志发令的方式，正是可归责性判断的内容。我们不能独立于主体的可归责性来确定主体的意愿，并使结果的可归责性依赖于此，因为（2）显然打算这样做。例如，上述例子中的飞行员可能打算在这样的观念下摧毁敌方设施：“这是我的首要目标”。但如果孩子的死亡属于行为的本性所致（如果他们的死亡是理性反思所理解的与行为有关的结果），那么这也在某种程度上属于驾驶员的意图（也许是“间接伤害”，或“令人遗憾的副作用”）。纵火犯打算点燃一件家具，这是他的“首要目的”。但是，如果整个社区可能遭到的破坏属于这种行为本性所致,那么,纵火犯的意图中也肯定包含这种结果。

(3)似乎是受到《圣经》原则的激发,即我们不能作恶,以使善来(*Romans* 3:8)。黑格尔没有理由反对这一原则。他断然否定了"为了正当目的可以不择手段"这一准则(PR § 140,R,A),而且认为某些行为本质上是错误的(例如,违反抽象法权或有效的伦理原则),因而不能以这些行为背后的所谓善意来为它们辩护(PR § 126)。因此,一个错误的行为不能因为它是一种实现美好事物的手段,就被认为是正当的。然而,坏事可能是通达好事之途的一部分。一个坏的结果,如果可以归责于施动者的行动,就不需要被施动者看作获得好结果的一个*手段*,为的是将这样的好结果归责于施动者,并以此为基础判断施动者的行动。

(4)在我看来,正是在这一主张上,在黑格尔的责任理论和双重效应理论之间存在着最深刻的分歧。双重效应的学说似乎旨在处理不良后果,如果它是行为的"次要"后果,就好像这个次要后果可以像黑格尔"论行为和后果的责任"的第245节中所认为的那样,可以无须归责于行为者——就好像这是一个行为者无法预见的行动的不幸结果,因而一样无须归责。然而,即使是在自卫杀人的情况下,这显然也是不真实的。如果我出于自卫杀死了一个攻击者,我很可能会认为,拯救我生命的唯一方法就是结束攻击者的生命。在这种情况下,我的杀人行为显然是故意的。

在这一点上,双重效应学说在我看来是可疑的托马斯主义。当阿奎那说,在自卫的情况下,杀死我的攻击者是"意图之外的",这是含糊的,我们必须把他的理解解释为这是*无意识的*;我们不妨把他的意思理解为,这并不是*首要的*意图,也不是作为*一种目的或为了目的本身*[实际上,这可能就是康奈尔(Connell)在(2)中所说的坏效应可能是"间接伤害",但这并没有告诉我们这种效应是否*有意为之*]。有些对双重效应学说的解释者确实明确地说,要使该学说适用,其不良后果必须是*无意识的*(Mangan,1949,p.43)。然而,如果这被接受了,那么这一学说似乎不太可能被正确地应用到甚至被认为是范例的案例中。

黑格尔认为,我的行为所产生的任何效应,只要它属于我的认知范围或属于我的行为本身的性质,依据某些或其他观念也必然属于我的意图。如果我杀死行凶者属于自卫的性质,那么他的死就是我的意图,也是我的目的,即使我的行为被认为是正当的而不是错误的,那也要归责于我。攻击者的死亡可能只是我正当防卫自己生命的一种手段,而不是目的本身。但我不能胸怀坦荡地说这是无意的。

黑格尔也不需要接受这样的观点,即行为是否错误取决于,如(4)中所述,主要预期效应的价值是否大于次要效应的价值。我不需要评判我所保存的自己的生命比我所攻击的人的生命更有价值,为的是有理由为自己辩护。它是否正当,取决于自卫行为是否属于我的法权范围。甚至一个合理的行为,也可能是将不良后果归责于行为者的依据。我杀死攻击我的人也许是出于自卫,这是正当的,但我确实造成了一个人的死亡,这个死亡作为我的目的和意图的一部分,仍然可以归责于我,即使我没有犯罪,也没有招致责备。

有时有人声称,双重效应学说在意图和动机上是异质的,或者试图调和那些比其辩护者愿意承认的更难统一的原则(see MacIntyre,2011)。例如,该学说可能试图将诸如在战争中牺牲自己的生命或杀死敌人这样的行为,与杀人是错误的原则进行调和,将死亡视为行为者可以不负责任的某事。但从黑格尔的观点来看,这似乎是自欺欺人的。毫无疑问,在这些情况下,即使导致死亡的行为是正当的,死亡也可以归责于肇事者。如果有人试图把这伪装成别的情况,那就必然冒犯我们的道德情操。

双重效应学说似乎旨在消除我们认为总体上是好的或者至少不是坏的行为所涉及的道德模糊性,但可预见的是,这些行为确实会带来伤害或坏的后果。该学说想要这样对待这种伤害和不良后果,就好像肇事者对它们没有任何责任一样。但是,正直的道德行为者知道,他们在这种情况下承担着道义上的责任,甚至在我们认为总体上是好的行为上,也常常带有深刻的道德上的模糊性。如果双重效应学说的目的是否认这一点,那么它就大错特错了。相比之下,黑格尔的理论并没有逃避道德的模糊性,而是拥抱、接受、努力并试图理解它。

第七节 "道德运气"

一组关于后果的道德责任的问题与一些哲学家所称的"道德运气"有关,尤其是托马斯·内格尔(Thomas Nagel)所称的"结果运气";也就是说,事实是,两个行为相同的人,可能会受到不同程度的赞扬或指责,这取决于他们行为的后果的不同。这些后果似乎完全不是他们所能承受的,而是由于好运或厄运(see Nagel,1993,p.60)。我认为,黑格尔关于道德责任的观点对这一问题有一些独到的见解。

首先,因为黑格尔的论述不是(像康德那样)从抽象的、主观的"意志"开始,而是从实际的行动开始,所以他的观点挑战了这样一种肤浅的假设,即我们应该将两个行为人所做的行为断定为真正"相同的",尽管它们具有非常不同的后果。黑格尔认为,这一假设的基础是这样一个想法,即一个人可以将一个行为的主观性或"内在"方面与"外在"方面区别开来,并在两个"外在"行动大相径庭的情况下,在"主观性"方面将它们等同起来。黑格尔对这一想法的否定是直率而有力的:

> 主体成其所是,在于它的一系列行为。如果这些行为是一系列毫无价值的产物,那么意志的主观性也是毫无价值的;反之,如果一个人的一系列行动具有某种内容充实的实质,那么他的内在意志也具有一样饱满的实质(PR § 124)。
>
> 一个人的所作所为,只能通过他的内在性,以及这种内在性的表现来考虑,而不在于它的直观性。但在这种思想里,我们不能忽视这样一个事实,那就是,本质和内在只有通过过渡到表象,才能证明它们的存在。另一方面,人类对内在性的诉求,把它视为一种有别于其行为内容的本质,其目的往往是要确认其纯粹的主观性,并以这种方式扬弃其自身有效且自为的东西(EL § 112A;cf.EL § 140)。

那么,在其行动产生了截然不同的后果的两位行动者之间就没有绝对的可比性,可以让我们说他们"内在地相同"(因此在某种意义上的"道德平等”），他们行为的不同结果只是由于“外在于”他们的道德主体性的因素（因而源于“纯粹的运气”）。上述引文中提出的学说，可能被视为一种不同于黑格尔口号式宣告的附加含义：“意图的真相在于行动本身。”

假设有两个行动者，他们的“内在意志”是一样的，但其行动有截然不同的后果，在对这两位行动者的描述中，残存了笛卡儿的心灵观念——在这种情况下，是行为——它企图在整个人类行动者“内部”的某个地方定位和孤立思想而且甚至还包括行动。整个人类行动者被认为是某种具体化的和社会性的存在（无论这个“内部”是属于一个非物质的实体，还是属于颅骨内的人脑）。费希特的心灵理论，正如我们在第八章中所看到的，试图推翻这种心灵的概念，尤其是与行为相关的层面。费希特否认有任何纯粹的内在行为：我的每一个行为都是我的身体作用于外在世界的行为（SL 4：89-93）。黑格尔在这方面明确地追随了费希特，甚至进一步发展了反笛卡儿主义。道德主体只是它的行为，内在的意志力只能通过它的外在表现来判断（PR § 124）。

当然，黑格尔显然不认为，如果一种行为明显是错误的，违反了道德或伦理，却可以仅仅因为它碰巧产生了好的结果，就可以被证明是正当的。相反，他的论点是，一个行为的内在和外在的方面必须根据它们的系统性的含义一起考虑和评估。例如，假设通过私人的、自愿（如“基于信仰的”）的慈善机构向穷人提供救济品的社会行为，具有使穷人持续不断地处于悲惨和压迫状态的系统性效应。这一系统性效应应该导致我们修正（向下）对自愿宗教施舍的内在主观倾向的道德价值的估计。另一方面，假设黑格尔是对的，即真正的善行，真正帮助那些需要帮助的人的善行，只存在于“国家明智的普遍行为”之中（PhG ¶ 425）。在这种情况下，用国家对穷人进行援助的政治倾向取代以信仰为基础的自愿慈善捐赠，将是真正值得从道德立场上被赞颂和被敬重的内在倾向。当然，这样的判断必须从系统地考虑这些内在倾向的社会意义出发，而不是仅仅依据它们在某些个案中表现出来的偶然后果。

然而，黑格尔并不否认这样说是有道理的，即某位行为者所做的事情，其结果可能与实际情况大不相同。而这些不同可能是由于偶然事件造成的，也许是不可预见的和意料之外的，超出了行为者的控制范围。这里，他也提到了

纵火犯的例子:

> 在一个行为的过程中,一定会有或多或少干扰的情况发生。例如,在纵火的情况下,火可能无法控制,或者相反,它可能比罪犯预期的蔓延得更远。然而,在这里不应该区分好运气和坏运气,因为在他们的行为中,人类必然涉及外在性。有句古谚说得好:“扔出手的石头,等于为魔鬼的行径开了头。”通过行为,我把自已暴露于不幸之中,因此,让它凌驾于我之上,成了我自己意志的某种存在(PR § 119A)。

当黑格尔说,“这里不应有好运气和坏运气之分”,他的意思是,不能以我的不幸作为我造成伤害的借口(或作为我徒劳无益的行善尝试的失败的借口)。通过比较我所做的事情的实际结果和一些不同的更好的结果,我声称,如果我更幸运就会产生这样一些更好的结果。当我行动之时,我就把自己暴露于不幸之中,因此,行为相应地“有了一种掌控我的法权”。在黑格尔这样的说明中,他是在日常生活以及在他的技术哲学的双重意义上中使用“法权”(他经常这么做)这个词,“法权”意味着“任何大体上是*自由意志*的存在”(PR § 29)。换句话说,他是在说,在行为中,我自由地选择让自己暴露在不幸中,这等于让它凌驾于我之上,所以我要对它的结果负责。

黑格尔的可归责性理论一个有趣的——而且,我相信是十分富有洞察力的——层面在于他将行为和后果(我们对他们最广义的“责任”)的可归责性视为道德能动性(“道德主体性”)的一部分,这种道德能动性先于我们对自身行为的判断或态度。它不同于康德的理论,我们已经注意到,可归责性判断并不直接与行为是否符合或违反义务,是否值得赞扬或应受谴责相关;也就是说,黑格尔认为某些事件或事实可以归责于施动者,它先于如下问题:行为人是否有过错,是否应该为此受到责备,是否应该受到赞扬,是否应该成为某种第一、第二、第三人称态度的恰当客体(如第一人称的负罪感、悔恨、或自负,第二人称的责备或感激,或第三人称的称赞或谴责的态度)。

例如,这将使黑格尔认识到威廉姆斯(Williams)所说的“行为者的懊悔”这一现象——行为者以一种独特的第一人称的方式,对自己所做的事情或负有因果责任的结果感到不舒服,虽然他们没有任何道德责任或过错——威廉姆斯(Williams)所举的例子是,一名卡车司机意外撞死了一名儿童,尽管这名司机完全没有过错(不是丝毫的疏忽或任何其他方式的罪过,也不是任何道德谴责的特有客体)(Williams,1981,pp.26-33)。换句话说,黑格尔的理论承认道德归责——我们称之为“责任”——远甚于错误或指责(或它们的对立面)。它不仅涉及值得赞扬或应受责备,而是追问作为道德主体我们究竟是*谁*。它认识到,这可能涉及我们与事件的关系,这是一种运气,而且,更普遍地说,它超出了我们自由意志的范围。

第八节　承担责任

当我们在这个世界上行动时,我们在不确定的条件下追求各种目标,而结果往往取决于我们无法控制的因素。如果我是一个理性的行动者,我在行动之前就知道这一切。黑格尔把这种认识及其所包含的责任,恰恰归属于道德主体性的概念。作为一个理性的行动者,我接受我的有限性,接受我的偶然性,把它们视为我行动的某种条件。如此行事,我就为我所做的事情的结果*担起责任*,即使这些结果在某种程度上超出了我的能力范围。选择在一个偶然性的世界中行动,我也*作了决定*要让自己置身于好运或厄运之中,而且我自由地假定好运气和坏运气都由于我的自由意志的存在,让它们凌驾于我之上,让自己对它们的结果负责。我的行为可能会遇到好运气,也可能会遭受坏运气,但在我选择恰好如此行事的时候,我向两种可能性都敞开了自己的大门:如果事情变得糟糕,我选择承担责任;就像如果事情变得好,我应该得到赞扬一样。这种勇敢面对命运的挑战只是我们行为的一个一般条件,所以,我们自由地假定它与任何行为相伴而生。

每一行动都是一种冒险:它可能会令人欢喜,也可能会让人大伤脑筋,通过采取行动,我们既能寻求一个好的结果,也能对一个坏的结果承担责任,因为我们从一开始就知道,事态究竟朝哪个方向发展取决于我们无法控制的因素。成熟和理性的人类知道这一切,坦然接受它,因此,不会试图通过区分好运气和坏运气来逃避造成坏结果的责任——例如,声称当事情出错时,我应该得到和事情正确时一样多的肯定,或者暗示说(羡慕地)某人在行善方面比我更成功并不值得更多的赞扬,因为这种成功是由于较好的运气。

并不是所有的行为都一样地面对好运气或坏运气。一个仅仅遵守严格义务的行为只是冒着极小的风险。它所面临的风险在于:我为履行义务所做的事情可能会失败,从而使我无法履行义务。但除此之外,在完成我的分内之事时,我对可能发生的结果几乎不负任何责任,相应地,我也不应因意外的好结果而受到赞扬,对灾难性的坏结果也不应承担责任。另一方面,如果我的行为本身更冒险,并不是一些严格要求我去实现一些美好目标的任务,或试图避免一些已经不是我职责所在的伤害,那么(用黑格尔的措辞来讲)在很大程度上,我"为自己的自由意志创造了好运或厄运"。

因此,黑格尔的理论暗示了某种与我们一开始所考察的康德的可归责性理论模糊地相似的东西。无论命运是好是坏,符合严格义务的行为所赋予我的自由要少于道德上由我决定是否去做的行为。我对它们的后果负有较少的责任,如果事情发展得很糟糕,我对其后果的责任就会少一些;如果事情出乎意料地好,归功于我之处也较少。因为我只是在做我必须做的事,因此没有冒那么大的风险。追求某种善的计划,类似于康德的功绩行为,会使自己更容易遭受好运或厄运;如果结果令人欢喜,我可以得到更多的赞誉,但如果结果不妙,我必须承担责任。错误的行为也是一种冒险——但它们是在罪恶中冒险,透过它们,我让自己为所造成的任何伤害承担责任,即使(像黑格尔的纵火犯一样)我所造成的伤害远远超出了我的本意。

一些哲学家,甚至更多的是一些关注刑法的政客,希望容纳这样的思想:如果它的后果是好的,那么某些错误的行为可能是正当的,或者至少在某种程度上可以得到弥补。黑格尔关于"世界历史性个体"行为的一些评论,甚至可以被看作对这一思想的支持。但我认为,试图让黑格尔支持这种彻底邪恶的思想是不正确的。他非常坚定地抵制任何试图为任何形式的不法行为提供某种道德上的辩解或借口的企图。在讨论"世界历史性个体精神"将背德行为作为达到更高的伦理秩序的手段时(VG 171/141),黑格尔根本没有提到道德(或伦理)正当性或责任。他采用了一种"绝对的"或"世界历史的"理由,它完全不属于道德和伦理生活的范畴(PR § 345)。这也不是任何个体(如恺撒)能为自己的行为所能给出的正当理由,而仅仅是哲学历史学家的思考。哲学历史学家力图把握精神在人类历史进程中实现自身本质的努力。

黑格尔的观点是,从抽象法权、道德和伦理的观点来看,世界历史性个体(正如所谓的“仆从道德家”所正确言说的那样)仅仅是罪犯和恶棍;黑格尔认为他们为自己的行为付出了代价,蒙受了损失——他们像亚历山大(Alexander)一样英年早逝,像恺撒(Caesar)一样遭到谋杀,或像拿破仑(Napoleon)一样被送到圣赫勒拿岛(VG 105/89)。黑格尔从来没有说他们受到了比他们应得的更坏的对待。如果我们(像那个仆从道德家一样)看不到他们罪行的超道德正当性,我们就不会对亚历山大(Alexander)、恺撒(Caesar)或波拿巴(Bonaparte)有任何道德上的不公正;我们只是剥夺了自己对历史事件的哲学理解,也没有领会到黑格尔所赋予他们的历史的理性神义论。这些辩护与行为或后果的道德可归责性无关。正如我们所观察到的,黑格尔把“目的正当,手段正当”这句口号列在了代表邪恶的态度和思维方式的清单上——它比坏良心、虚伪和或然性更坏,而且比弗莱斯(Fries)的“信念的伦理学”还差(一种腐坏的理论,它试图把一个客观错误的行为说成是正确的,如果行为者在错误地相信它是正确的情况下施行该行为)(PR § 140R)。

黑格尔会像康德一样,不愿意把功绩归于那些做了错事的人,尽管这些人的错误行为,通过命运的反讽,却产生了好的结果。与其这样做,黑格尔更倾向于重新审视行为是否真的是错误的问题,因为一个行为的外在结果是“实质性的”,它所表达的内在意志也同样如此:“意图的真相只是行动本身。”但是,正如我们前面所看到的,这种修正将以行动的性质为基础——对行动及其结果进行系统化考虑,并以这种行为的系统性结果为基础,而不是以某一特定行动在某一特定情况下的暂时的、偶然的后果为基础。

一个行为是对还是错,有时取决于归责于与这种性质的行为有关的行为主体的结果。这就是为什么黑格尔不能像康德和双重效应学说那样,把关于行为的对与错、尽责或是不尽责的判断作为其后果可归责性的前提和独立条件。但黑格尔可以在特定情况下判断可归责性部分取决于行为的对与错,因为当一个行为的错误属于它的本性，因而在行为者的目的和意图之内，因此，(如纵火犯的情况下)行为者对所有属于(即使只是偶然的)行为性质的不良后果承担责任。黑格尔的理论，主张我们接受行为的道德模糊性，这样的行为在道德上可能被证明是合理的，但若是造成可以预见的损害或者故意造成不良后果，则仍须扛起责任的重担。

第十一章　马克思论平等

第一节　当今的不平等

我们生活在一个财富、权力、资源和生活前景分配极不均衡的世界。从许多方面来看，今天的美国社会比 19 世纪中期卡尔·马克思（Karl Marx）在革命抗议中所论及与反对的资本主义秩序更加不平等。自 1980 年罗纳德·里根（Ronald Reagan）当选以来，美国最富有的 1%的人的收入增加了 275%，而在扣除通胀因素后，普通工人每小时的标准工资只增加了 1.23 美元。① 截至 2004 年，这 1%的特权阶层所拥有的财富，是处于财富分配底层的那一半人所拥有财富总和的五倍还多，而且这种不平等还在继续加剧：在 2009—2010 年。当我们开始从银行家制造的金融灾难（银行家们从中赚取了数十亿美元）中复苏时，美国收入增长的 93%被收入最高的 1%的人占据了。② 美国是所有发达国家中最不平等的，但它与较贫穷国家之间的不平等更大。不平等加剧的趋势始于 20 世纪 70 年代；它仍在加速，看不到尽头。

分配不均不能反映出任何可相信的衡量标准，以用来衡量应得的赏罚或分配的公正性。它不是来自某种"自由的"市场（不管它可能是什么），而是来自一个以垄断和寡头、勾结、收买政治影响力和任人唯亲为特征的市场，即使

---

① http://www.nationofchange.org/bill-moyers-essay-crony-capitalist-blowout-1358002477。

② 这是 2004 年由阿瑟·肯尼克尔（Arthur B.Kennickell）代表美国联邦储备委员会作出的估算：http://www.wealthandwant.com/issues/wealth/50-40-5-4-1.htm。由于这种不平等自那时以来一直在稳步增长，这是对目前情况的一个非常保守的估计。有关不平等的进一步统计资料，请查阅 http://inequality.org。

在我们极其宽松的法律和法规下,其中一些仍然可算是犯罪行为。这种不平等的体系不仅是自我延续的,而且是自我强化的。政治制度在很大程度上仍然掌握在那些从不平等中获益最多的人手中,它们不断被用来扩大、加强和倍数级放大特权阶层和弱势群体之间的差距。

因此,无可厚非的是,在我们这极少数不满的却在政治上无能为力的知识分子中,有些人对这种情况感到愤怒,因而应该已经忙着探求一些思想,这些思想认为社会、政治和经济上的平等是非常值得重视的东西,或者是为了平等本身,或者是因为平等对于获得其他社会福利是必不可少的,而我们的社会显然缺乏这些。二十多年前,杰拉尔德·阿兰·杰瑞·柯亨(G.A.Cohen)以这种方式表达了平等主义的直觉:"正义要求人们拥有相等数量的东西,不是无论什么,而是在与分配平等竞争的价值观所允许的任何程度上,我认为这是理所应当的"(Cohen, 1989, p. 906; cf. Arneson, 1989; Temkin, 1993; Dworkin, 2000)。许多人不会这样说,但他们仍然认为自己是平等主义者,认为平等应该被重视,要么是为了平等本身,要么是作为促进其他重要福利的一种方式,比如共同体、政治民主、个人自由和自尊(see Miller,1982,1997;Scanlon,1986;Sen,1992;O'Neill,2008;Hausman and Waldren,2011)。

卡尔·马克思(Karl Marx)反对他周遭社会的系统性不平等。他还明确主张,至少在不久的将来,许多平等主义者也会支持的社会措施:例如,累进所得税、废除继承权、人人都有同等的劳动责任、全民免费公共教育(CW 6:505)。所以,我们很自然地认为马克思是某种平等主义者。但马克思显然没有我刚才描述的那种平等主义的直觉。我在这里的任务,是试图理解为什么他没有。

第二节 马克思恩格斯论平等的意义

当平等和不平等的概念出现时,我们应该首先注意到马克思和恩格斯著作之间的细微差别。马克思经常提到"平等",但很少有例外,只是为了说明它是一种纯粹的*政治*观念,而且,作为一种政治价值,它是一种独特的*资产阶*

级的价值观（常与法国大革命口号“自由、平等、博爱”联系在一起）。马克思认为，平等并不是一种可以用来反对阶级压迫的价值，平等的思想实际上是资产阶级阶级压迫的工具，与共产主义废除阶级的目标截然不同（CW 3:79，163-4，312-13，4:39-41；5:60；6:228，511；*Capital* 1:280）。与之相对照的另一点是，恩格斯在重申这些主张的同时，有时对平等的态度更为积极些。此外，他将“政治平等”或“法权平等”与“社会平等”或“真正的平等”区分开来（CW 3:393-4；6:5-7，19，28-9，6:346；10:414；24:286-7；25:19-20，592）。有一些类似的段落，虽然很少，要么是马克思写的，要么是合著的（CW 3:79，163；5:479）。但是，当恩格斯进一步解释无产阶级对“社会”或“真正”平等的要求时，马克思和恩格斯之间的分歧就会缩小：

> 因此，无产阶级所提出的平等要求有双重意义。或者它是对明显的社会不平等，对富人和穷人之间、主人和奴隶之间、骄奢淫逸者和饥饿者之间的对立的自我反应——特别是在初期，例如在农民战争中，情况就是这样；它作为这种自发反应，只是革命本能的表现，它在这里，而且仅仅在这里找到自己被提出的理由。或者它是从对资产阶级平等要求的反应中产生的，它从这种平等要求中吸取了或多或少正当的、可以进一步发展的要求，成了用资本家本身的主张发动工人起来反对资本家的鼓动手段，在这种情况下，它是和资产阶级平等本身共存亡的。在上述两种情况下，无产阶级平等要求的实际内容都是*消灭阶级*的要求。任何超出这个范围的平等要求，都必然要流于荒谬（CW 25:99）。（参见《马克思恩格斯文集》第9卷，人民出版社2009年版，第112—113页。——译者注）

在这里，恩格斯把无产阶级的平等要求看作与资产阶级的平等要求是站在一条线上或是落在一条线上的，而当它超出了资产阶级的平等要求时，得出的是有效性值得怀疑的结论。他认为，这种要求的真正含义，就其有效性而言，是废除阶级的要求。事实上，恩格斯认为无产阶级对平等的要求，只有在他认为已经过去的发展阶段才是有效的：

> 把社会主义社会看做平等的王国，这是以“自由、平等、博爱”这一旧口号为根据的片面的法国人的看法，这种看法作为当时当地一定的发展

阶段的东西曾经是正确的,但是,像以前的各个社会主义学派的一切片面性一样,它现在也应当被克服,因为它只能引起思想混乱,而且因为这一问题已经有了更精确的叙述方法(CW 24:73)。(参见《马克思恩格斯选集》第3卷,人民出版社202年版,第349页。——译者注)

马克思在《国际工人协会共同章程》中,作为协会的宗旨之一,确实写了这样一句话:"……权利与义务的平等以及废除阶级统治"(CW 20:14;23:3)。很明显,他接受了"权利与义务的平等",因为其他人坚持这一点。他认为,如果紧接着"废除阶级统治",也没有什么坏处,他认为这是对这一目标更好的表达。

马克思、恩格斯把"阶级的废除"和"阶级平等"区别开来,认为"阶级平等"是"资本与劳动之和谐"的秘诀(当然,在资本的术语上,因为这些术语定义了生产和阶级关系)。基于这个理由,他们反对"阶级平等"(CW 23:88)。

在对待平等的观念上,恩格斯和马克思基本上持两种观点:第一,平等只是一个政治观念,甚至是一个特定的资产阶级的政治观念;第二,无产阶级所要求的平等的真正含义,就其意义而言,是要求废除阶级,这一要求是一种发展得更好、更精确的表达无产者愿望的方式。要理解马克思拒绝社会正义(在某种意义上,社会正义要求平等)这一常见直觉的原因,我们需要进一步探讨这两种观点。

第三节　作为一种政治概念的平等

马克思关于平等是政治概念的观点本身就是一个复杂的思想,就像马克思对政治本身的理解一样复杂。按照马克思的理解,最基本的资产阶级平等是一种"程序上的平等",即*法律面前的平等*:法律制度不能给予某些阶级比其他阶级更多的特权(在近代欧洲的封建贵族政治秩序仍然如此)(CW 6:228;24:286)。

正如约翰·罗尔斯(John Rawls)很久以前指出的那样,单纯的程序平等——"一视同仁原则"——在它所要求的方面是非常薄弱的。基于某种可能被用来为不平等辩护的理由，它与种姓制度甚至奴隶制是一致的（Rawls，1971，pp.507–8）。排除了基于种姓或财产特权，法律面前人人平等更为牢靠。但马克思清楚地认为，这种为资产阶级法律和政治制度量身定做的程序性平等的概念，只会支持与资产阶级制度相伴而生的阶级压迫。例如，我们由此在康德的著作中发现，平等与“不受众多他者约束的独立性反过来也会约束他们”之间的同一性（MS 6：237；cf.6：314；TP 8：291–4，297；EF 8：349–50）。康德说，这种平等“与在财产数量和程度上最大的不平等是一致的”（TP 8：291–2）。康德自己关于穷人有向富人征税以支持穷人们的法权的论点不是基于平等的考虑，而是基于他们作为自身的主人（sui iuris）所应有的自由和独立的法权（MS 6：325–6；TP 8：295）。费希特对经济再分配更深远的要求不是基于平等，而是基于能够独立于自己的财产生活的法权（NR 3：212–15；GH 3：402–3）。康德和费希特都在追随卢梭，后者认为，平等之所以必要，只是因为没有它，自由就无法存在：

> 如果我们确切地探究所有法律制度中最伟大的善是什么，而这正是每一种法律制度的目的所在，他就会发现，它可归结为两个主要的目标：自由和平等。自由，因为任何个体的依赖都是从国家手中夺走的力量；平等，因为没有它，自由就无法存在……至于财富，任何公民都不应富到可以买到他人的程度，也不应穷到不得不出卖自己的地步（Rousseau，1997，II，11［1，2］，p.78）。

因此，在这一传统中最明智的哲学家并不认为财产、利益或机会的不平等本身是坏的，而是认为有必要为了其他目的限制它，特别是为了自由（独立于他人独断的意志）的缘故。马克思在许多方面与这个资产阶级传统不一致，但在这一点上却从根本上同意它。

马克思认为平等是一个资产阶级的概念，这个概念还只是停留于法律面前人人平等。而我认为，契约交易中的形式平等是马克思在《资本论》中所提出的理论要求的基础，即剩余价值必须在形式上自由平等的经济主体之间交换等价价值的假设上才能得到解释（see *Capital* 1：271，301）。马克思批判性地认为，资本主义购买劳动力的领域是“一个名副其实的人类天赋权利的伊甸园……自由、平等、财产和边沁”(*Capital* 1:280)。无论马克思的批判多么具有讽刺意味,它的字面意思都是如此。

更一般地说,应该很难忽略这个事实——也不可能不加以解释——马克思不认为资本主义对劳动的剥削是不公正的,也不认为这是对劳动者权利的侵犯(see Wood,2004,Chapters 9-10,16)。在马克思看来,在这里所能引起争议的唯一权利是那些与资产阶级生产方式相对应的权利(*Capital* 1:301;cf. *Capital* 3:460-1)。权利——法权或所有权(*Recht*,*droit*),对马克思而言,如同对卢梭、康德和费希特而言,是一个在本质上与政治和法律制度相关的概念。而在马克思的历史唯物主义理论中,这些制度不过是在现有生产方式的真实基础上产生的法律—政治上层建筑(CW 29:263)。在资产阶级社会的条件下,除了与资本主义生产方式相适应的权利标准外,试图运用任何权利的标准,用上面所引用的恩格斯的话说,都是在提出“一种必然会变成荒谬的要求”。

我们可以在马克思对哥达纲领所要求的“公平分配”和“以平等的权利将劳动所得分配给社会所有成员”的批判中看到这种观点的运用。在哥达纲领所要求的“公平分配”的问题上,马克思提出了一系列尖锐的反问:

> 难道资产者不是断言今天的分配是“公平的”吗?难道它事实上不是在现今的生产方式基础上唯一“公平的”分配吗?难道经济关系是由法的概念来调节,而不是相反,从经济关系中产生出法的关系吗?(CW 24:85-86)。(参见《马克思恩格斯选集》第3卷,人民出版社2012年版,第361页。——译者注)

马克思把这些问题的答案说得很明白:资产阶级当然主张现在的分配是公正的——马克思也同意他们的看法,认为它是在当今生产方式基础上的唯一公正的分配。他同意,因为唯物史观认为经济关系不受权利概念的制约,而是恰恰相反,权利关系产生于经济关系。于是,马克思继续写道:

> 权利决不能超出社会的经济结构以及由经济结构制约的社会的文化发展。……消费资料的任何一种分配,都不过是生产条件本身分配的结果;而生产条件的分配,则表现生产方式本身的性质。……既然生产的要

素是这样分配的，那么自然就产生现在这样的消费资料的分配。（CW 24:87-8）。（参见《马克思恩格斯选集》第 3 卷，人民出版社 2012 年版，第 364—365 页。——译者注）

这意味着，在资本主义社会中唯一适用的分配标准，是那些导致资本主义财富分配的标准。正如马克思在“价值、价格和利润”之中所言：“在工资制度的基础上大声疾呼相等的或者甚至是公正的报酬，无异于在奴隶制的基础上强烈要求获得*自由*”（CW 20:129）。

第四节　所有平等标准中的缺憾

正如我们所看到的，柯亨（Cohen）认为不言而喻的是，正义要求某物被等额分配（抛开可能与平等竞争的价值观）。但是，平等主义者一旦问及平等究竟应该秉持什么样的标准，他们就会卷入争吵和困惑之中。一些人认为应该是福利，另一些人认为应该是财富或收入，还有一些人认为应该是机会或能力。另有哲学家认为，平等可以从多个方面来衡量。不平等，尤其是处于不利地位的不平等，往往会形成集群：低收入往往伴随着糟糕的教育、糟糕的健康状况、对个人境况缺乏控制、缺乏政治影响力等等。这里也有明显的因果联系，但它们是如何起作用的呢？然而，有时，这些糟糕的情况也要区别对待，如果我们在一个维度上实现平等，我们可能会担心我们不公平地忽视了那些在其他维度上处于劣势的人。这些考虑导致人们提出这样的问题：“在衡量不平等时，应该把这些形式的劣势中的哪一种包括进来？在决定哪个社会应该努力使其成员平等时，应该给每一种劣势多少权重？”还有一些哲学家认为，原本应该让个体对那些使他们比别人更好或更坏的行为负责，所以他们担心事关这类事态的均等化。他们认为，平等或许是件好事，但不宜采用这些方式。

难道我们真的知道正义所要求的人人平等究竟意味着什么吗？即使我们对自己的所作所为心存疑惑，人们似乎仍然普遍认为，如果我们能找到合适的平等标准，某些事物的平等仍然是正义的要求——或者至少是正义的要求之一。但是，如果对于某个 x，不管 x 是什么，正义确实要求每个人都拥有相等数量的 x，那么让任何其他的值允许我们分配更多的 x 给某些人而不是另外一些人，就已经是一种不公了。因此，柯亨（Cohen）最初的直觉给我留下了某种自相矛盾的印象。

马克思对所有这些困难的回应就是坦率地拒绝平等主义者的直觉，而且否认有任何平等的标准可以用来制定一些理想的正义要求。与此同时，马克思认识到，只要（在本质上依然是资产阶级的）权利和平等的概念还在发挥作用，就有可能在现实中实行某种平等的标准。他承认，这将只能产生一些不尽如人意的后果（马克思和罗尔斯不同，并不认为正义是社会各种制度的首要美德；这只是从某种法律和政治的角度来理解时，它们所显示出的某个特征）。

《哥达纲领批判》也涉及分配制度，马克思期望它能在后资本主义社会第一阶段下胜出："以共同占有生产资料为基础的合作型社会"。

> 所以，每一个生产者，在作了各项扣除以后，从社会领回的，正好是他给予社会的。他给予社会的，就是他个人的劳动量。……他从社会领得一张凭证，证明他提供了多少劳动……他根据这张凭证从社会储存中领得一份耗费同等劳动量的消费资料。……所以就它（平等的权利）的内容来讲，它像一切权利一样是一种不平等的权利（CW 24:86）。（参见《马克思恩格斯选集》第 3 卷，人民出版社 2012 年版，第 363—364 页。——译者注）

马克思进而强调，这仍然是"平等的权利"，只是在资产阶级意义上的术语，即使标准不再是资产阶级的。它之所以依旧不尽如人意，*正是*因为它采用了某种平等的标准：

> 权利，就它的本性来讲，只在于使用同一尺度；但是不同等的个人（而如果他们不是不同等的，他们就不成其为不同的个人）要用同一尺度去计量，就只有从同一个角度去看待他们，从一个特定的方面去对待他们，例如在现在所讲的这个场合，把他们只当做劳动者，再不把他们看做别的什么，把其他一切都撇开了。……一个劳动者已经结婚，另一个则没

有;一个劳动者的子女较多,另一个的子女较少,如此等等。因此,在提供的劳动相同,从而由社会消费基金中分得的份额相同的条件下,某一个事实上所得到的比另一个人多些,也就比另一个人富些,如此等等。要避免所有这些弊病,权利就不应当是平等的,而应当是不平等的。但是这些弊病,在……共产主义社会第一阶段,是不可避免的。(CW 24:86)。(参见《马克思恩格斯选集》第3卷,人民出版社2012年版,第364页。——译者注)

为了避免任何司法公正制度中不可避免的缺陷,马克思认为,权利不是平等的而必须是不平等的。他期待着一个更遥远的未来,他希望人们根本不用考虑权利或正义之类的措辞:

在共产主义社会高级阶段,在迫使个人奴隶般地服从分工的哥达纲领批判情形已经消失,从而脑力劳动和体力劳动的对立也随之消失之后;在劳动已经不仅仅是谋生的手段,而且本身成了生活的第一需要之后;在随着个人的全面发展,他们的(1891年发表时这里没有“他们的”。——编者注)生产力也增长起来,而集体财富的一切源泉都充分涌流之后,——只有在那个时候,才能完全超出资产阶级权利的狭隘眼界,社会才能在自己的旗帜上写上:*各尽所能*,*按需分配*!(CW 24:86-7)(参见《马克思恩格斯选集》第3卷,人民出版社2012年版,第364—365页。——译者注)

这最后一句口号,现在广泛地与马克思本人联系在一起。但在当时,对马克思的目标受众来说,这句话应该与路易斯·布兰科(Louis Blanc)联系在一起(Blanc,2012)。然而,这句口号更遥远的出处也可能是《新约全书》:“凡信的人都在一处,凡物公用,并且卖了田产、家业,照各人所需用的分给各人”(*Acts* 2:44-5)。因此,这句口号既可以归功于圣路克(St Luke),也可以归功于路易斯·布兰科或卡尔·马克思,同时也可以归功于相信《圣经》的基督徒,作为他们的信仰赋予他们的原则。

尽管如此,马克思在这里使用它,恰恰是因为它在任何意义上都不是平等权利的原则。人们的能力和他们的需要都是不均等的:两者在质量上有所不同,在某些方面可能无法衡量(或因此无法实现平等);即使在允许测量的范围内,它们也可能有很大的不同。人们对社会需求的贡献程度不同,他们的能力也不同,而且人们的需求可能会根据满足这些需求所需的社会资源的多少而有很大的不同。一个按照路易斯·布兰科(Louis Blanc)的口号生活的社会,在对个人的要求和分配上都不会采用平等的标准。

也许,路易斯·布兰科的口号在我们看来似乎是平等主义的,因为我们倾向于认为,它要求人们*同等地*贡献自己的能力,并将他们需要的东西*均等地*分配给人们。对《共产党宣言》中提出的社会主义社会是"每个人的自由发展是一切人的自由发展的条件的共同体",我们可能有同样的想法(CW 6:519)。因为它也为每个人的自由发展提供了*同等的*条件,尽管不同人的自由发展的条件可能会像他们的能力和需要一样,在质和量两方面都大有不同。但我们认为这就包含了真正的平等,这种想法是基于一种基本的混淆。这里唯一正确的是,对"每个人"的指称意味着有一些谓词将*均等地*(即普遍地或无差别地)适用于所有在代词"每个"所指称之下的个体。在这种情况下使用"平等的"或"均等地",并不意味着任何实质性的平等原则;因为所讨论的谓词可能涉及对这些个体的高度不平等的对待。因此,有人可能会说,在一种种姓制度中,一些种姓享有特权,另一些则处于严重的不利地位,在依照他们的种姓地位来分配与之相关之物时,它对每个人都是*一视同仁*的。正如我曾经说过的:"有人可能会说,死神是一个平等主义者,因为一旦我们死去,我们平等*地*失去生命"(Roemer,1986,p.296)。

当然,无论是路易斯·布兰科的口号,还是《共产党宣言》,都没有将个体划分为不同的等级。但这两个口号都包含了依据各自的能力、需要而采取的对个体的差别对待,而且自由发展的条件可能在质量上不同,在数量上也不相等。路易斯·布兰科的口号对马克思而言也不是一个关于权利的问题,因为它只适用于"整个资产阶级法权的狭隘视野被跨越之后"。如果权利是一个国家强制的问题,那么,国家强制要求每个人在其能力所能承受的范围内毫无保留地为社会作贡献,这是非常招人持有异议的(显然也不是路易斯·布兰科或卡尔·马克思的本意)。

第五节　平等法权与政治国家

最后一点让我们看到，平等主义，被视为平等法权，通常是一个在其他方面尚未完全明确的政治概念。当人们说正义需要从某种角度平等对待人民，或者人们有法权获得同等数量的东西时，他们的假设（不管是默认的还是明确的）是，这种对待或救济将涉及政治国家的行动。资产阶级平等的基本概念是法律面前的平等。在资产阶级社会里，这就是政治上的平等，这是符合资产阶级经济规律的。正如恩格斯所说："政治上的平等——不就是阶级差异与国家无关、资产阶级有权成为资产阶级、工人有权成为无产阶级的宣言吗？"（CW 23：418-19）

人们通常认为，通过税收政策、教育政策、土地改革和其他措施进行的经济再分配，将通过法律和行政手段进行。无论人们以何种方式被平等对待，他们都将被视为某种政治实体的公民，比如某个民族国家——只有在这种情况下，才能在国际上谈论平等。马克思质疑诸如"权利""正义""平等"等概念的最深层原因，在于这些概念只适用于具有特定政治身份的人。但自他早年的文章《论犹太人问题》发表以来，马克思对这种看待人类的方式就有了最深刻的保留（对这篇文章的政治主题的很好论述，请参阅 Wolff，2002，pp.40-7；cf.Wood，2004，pp.51-8，63-6）。

马克思的老师布鲁诺·鲍威尔（Bruno Bauer）认为，犹太人不应该寻求政治解放，除非他们首先将自己从宗教中解放出来（实际上，基督徒如果想真正获得解放，也必须这样做）。马克思在他的评论文章中指出，鲍威尔没有理解政治解放本身的本质，以及它与人类解放之间的关系（CW 3：149）。"我们不会像鲍威尔那样对犹太人说：你们不可能在政治上获得解放，除非你们从根本上脱离了犹太教。相反，我们告诉他们：因为你可以在不放弃犹太教的情况下获得政治上的解放，政治上的解放不是人类的解放"（CW 3：160）。

对马克思来说，人类解放必须属于黑格尔所称的"市民（或资产阶级）社会"（*bürgerliche Gesellschaft*）的范畴，这是人类真正过着人类生活的领域。

在政治国家真正形成的地方,人不仅在思想中,在意识中,而且在现实中,在生活中,都过着双重的生活——天国的生活和尘世的生活。前一种是*政治共同体*中的生活,在这个共同体中,人把自己看作*社会存在物*;后一种是市民社会中的生活,在这个社会中,人作为私人进行活动,把他人看作工具,把自己也降为工具,并成为异己力量的玩物。……在国家中,即在人被看作是类存在物地地方,人是想象的主权中虚构的成员;在这里,他被剥夺了自己现实的个人生活,却充满了非现实的普遍性(CW 3:154)。(参见《马克思恩格斯全集》第1卷,人民出版社2002年版,第172页。——译者注)

当人们根据法权和正义来看待他们共同体的生活时,他们会把他们的社会属性看作政治属性。正是这种政治属性将其在市民社会中真正的生活降格为私人的、原子式的和自私自利的生活,而这种生活实际上出现在资本主义社会中。他们作为国家成员的法权不是被视为一种积极的社会生活或类生活,而只是被视为他们拥有的抵制其他人的力量的组合,使他们能够摆脱其他人的控制,或者通过国家强制力从其他人那里获得他们有权索取的东西。

可见,任何一种所谓的人权都没有超出利己的人,没有超出作为市民社会成员的人,即没有超出作为退居于自身,退居于自己的私人利益和自己的私人任意,与共同体分隔开来的个体的人。在这些权利中,人绝对不是类存在物,相反,类生活本身,即社会,显现为诸个体的外部框架,显现为他们原有的独立性的限制。把他们连接起来的唯一纽带是自然的必然性,是需要和私人利益,是对他们的财产和他们的利己的人身的保护(CW 3:164)。(参见《马克思恩格斯全集》第1卷,人民出版社2002年版,第184页。——译者注)

因此,人类的政治生活并非他们真正的社会生活,政治解放也并非人类解放。平等连同法权、正义以及其他仅仅属于政治的概念,必然都不足以充分表达人类成为自由共同体成员的愿望。这就是“平等”等政治观念为何对通达真正的人类解放来说仍然不够充足的原因。正是在这一点上,我们应该转向上面提到的马克思有关平等思想的第二方面,即无产阶级所使用的“平等”的真实含义是要求*废除阶级*。

第六节　阶级社会

我们或许很自然地从平等主义的术语看待马克思设想的无阶级差别的社会。相应地，我们顺理成章地将马克思的阶级压迫或剥削观念解释为一种令人憎恶的不平等形式，并认为对这种不平等的补救方法（不管马克思选择对它进行何种命名）在实质内容上是平等主义的。本书余下的部分和下一节将致力于解释为什么这些自然而然的想法是极度错误的，至少作为对马克思的一种理解而言是个严重的错误。对于无阶级差别的社会究竟是什么样的，马克思谈论得不多。他蔑视“为未来的食堂开列食谱”（*Capital* 1:99）的做法，坚持认为共产主义“不是现实应当与之相适应的理想。我们所称之为共产主义的是那种消灭现存状况的现实的运动”（CW 5:49）。马克思之所以采取这种立场，是因为他赞成黑格尔的观点：“密涅瓦的猫头鹰要等黄昏到来，才会起飞”（Hegel，PR Preface，p.23）。——换句话说，尽管马克思认为我们可以从当前向未来的发展中感知那些趋势，并选择将自身置于那些我们所支持的走向中，但未来的人类历史对我们来说大体上必然是模糊不清的。我们从马克思那里获悉了当今的阶级社会，以及由社会各阶级和阶级对立所决定的人类生活的方方面面，透过这些内容来获知有关社会主义、共产主义或未来无阶级差别社会的情况。除此之外，我们几乎还没有从马克思那里获得更多的讯息。

马克思在《资本论》第3卷中有一章是以论述阶级开始的，但是草稿只写了几段就终止了。在此，马克思得出的唯一观点是否定性的，即阶级不是仅仅根据不同的收入来源来划分（例如，地主：租金、资本家：利润、工人：工资）。“从这个观点来看，例如，医生和官吏也将形成两个阶级……社会劳动分工将劳动者和资本家分割成无限分裂的利益和地位，也同样如此”（*Capital* 3:1025-6）。然而，在其他著作中可以看到马克思关于阶级的更多讨论。他认为，阶级产生于生产关系，因为这些生产关系“为民众创造了共同的处境，共同的利益”（CW 6:211）。但是，在马克思看来，有着对立利益的民众，只有参与某种共同的行动时才能变身为阶级,这种共同的行动足以使他们在历史进程中成为强大的力量——他们或者作为统治阶级或革命阶级起作用,或者至少参与到那些决定历史时代或时代间革命性转变的主要阶级之间的斗争之中。某一层级给予其成员共享利益的同等地位,使其潜在地成为阶级,或者本身就变为阶级;只有当它作为一个阶级通过共同的社会、政治或各种智力行动时,它才实际上或自为地变为一个阶级(CW 6:211;CW 11:187)。"直到那时,它所维护的利益才确实变成阶级的利益"(CW 6:211)。此外,阶级利益总是存在于与其他阶级的利益对立之中。"不同的个体之所以组成阶级,只是因为他们必须为反对另一个阶级而进行共同的斗争"(CW 5:77)。阶级的存在本身是通过阶级斗争来体现的(CW 6:482)。按照其概念来说,某种阶级社会是其中一些人的利益与另一些人的利益处于不可调和的对立的社会。在这样的社会中,任何有关普遍利益或者对所有社会成员来说是规范性权威的普遍价值或原则,必然是某种错误的幻象:通常是统治阶级的错误观念。这也是为何"法律、道德、宗教在他们[只对有远见的无产阶级而言]看来全都是资产阶级为数众多的偏见,隐藏在这些偏见后面的全都是资产阶级同样多的利益"(CW 6:494-5)。

某个阶级从一系列生产关系中产生出来的过程,必然是关系到人们的思想和意识的过程,也是一个参与属于社会上层建筑而非社会经济基础的活动(特别是政治活动)的过程。由此,认为马克思仅将经济活动视为决定人类历史的因素,而将政治、法律、道德、宗教等仅仅看作"附带的现象",这是一个根本性的误解。"上层建筑"这一术语,以及马克思的"社会存在决定社会意识"这一短语,说的并非这些术语所应用对象的有效性或无效性,而是说对于依据它们而行动的那些个体,这些术语是令人费解的。问题在于上层建筑通常不被那些受其限制的人所理解:阶级意识通常根本不会使用"阶级"这个概念。实际上,阶级意识所使用的最典型的概念,正是那些*一般的或普遍的*利益、原则、法律、规则或价值:例如,某个政治国家的权威栖息其上的那些法权、正义、道德或社会的共同利益。"某个特定阶级的利益总是无视人们的利益而发展为共同利益,后者脱离单独的个体而获得独立性,并在这样的独立性中乔装打扮成*普遍的*利益”(CW 5:245)。

> 在不同的财产形式上,在社会生存条件上,耸立着由各种不同的,表现独特的情感、幻想、思想方式和人生观构成的整个上层建筑。整个阶级在其物质条件和相应的社会关系的基础上创造和构成这一切。通过传统和教育承受了这些情感和观点的个人,会以为这些情感和观点就是他的行为的真实动机和出发点。(CW 11:128)(参见《马克思恩格斯选集》第1卷,人民出版社2012年版,第695页。)

就每一个体自身的心理动机来讲,他这样想或许是对的。但是,这不是说他在自己的动机方面自我欺骗,即好像他错误地将自私的阶级利益看作他所认为的促使其行动的真正价值。他之所以将“这些情感和观点”视为其行为的真实动机,是因为没有真正理解“这些情感和观点”的社会来源和力量,并将它们并不具备的客观意义和权威特点赋予它们——因为事实上,任何事物都不具备这种意义和权威。

认为资产阶级的正义、法权、道德观念,只不过是篡夺了真正或真实标准之位的阶级利益而已,这*并非*马克思的观点(对此,我们可能会认为,马克思会认同无产阶级的标准,或会认同废除阶级之后的某些未来的共产主义社会之中将会加以应用的那些标准)。相反,马克思认为,一般利益、普遍原则或价值观之类的纯粹概念,任何可能以某种共同利益或关于法权和道德的客观真理为名,声称凌驾于个体之上的权威,都不过是为了某个特殊阶级的利益而谎称的一种权威,决不是什么真正的权威。在马克思看来,普遍的道德权威这个概念恰恰是阶级社会的产物,若非因为它要在阶级斗争中起到蛊惑人心的和意识形态的作用,这个概念就没有用武之地。虚假地宣称具有普遍有效性或权威性的阶级利益,是或可能是最接近拥有这种有效性或权威的事物。

在马克思看来,这也正是个体会为了阶级利益(他们自己所属阶级的利益,有时甚至是与他们所属阶级敌对的某个阶级的利益)而牺牲个人自我利益的原因所在。这种情况对于无产阶级利益或者其他阶级利益来说都是一样的。不同之处在于——在这一点上,马克思对资本主义给予了许多褒奖——在现代资本主义社会中,“人们终于不得不用冷静的眼光来面对他们自己的真实生活状况以及自身与同类之间的相互关系”(CW 6:487)。由此,共产主义者接受下列事实就成为可能,即他们不是以任何普遍利益或有关法权正义的客观性原则为名进行斗争,或者甚至作出个人牺牲,而仅仅是为了某个革命阶级的阶级利益:“共产主义者清楚地知道,无论利己主义还是自我牺牲,都是确定的关系中个体之间相互作用的一种必要形式……二者都是个体能力发展的方面,这两个方面同样是个人生活的经验条件所产生的”(CW 5:246-7)。马克思并不认为利己主义比为了某个阶级利益而自我牺牲更合理或更不合理。无论是利己主义还是自我牺牲,都同样是社会生活条件的产物。一旦每个人理解了这一点,作为自由的个体,他们自己就可以决定究竟应该选择依据哪个来作为其行动的动机。

马克思认为,过去的社会关系——在现代世界之中,尤其是在资产阶级的社会关系之中——产生了这样的偏见或假象,即出于利己的考虑从事一项革命事业比为了革命事业而自我牺牲要合理得多;同样令人迷惑的假象还有:只有那些具有普遍性或客观性的利益或价值,才能合理地凌驾于自我利益之上。利己主义和阶级利益中的任何一方都不比对方具有更多天然的权威性——就此而言,可以说两者都根本没有任何*天然的*权威性。所有这些都是纯属于受历史条件限制的假象,阶级社会使我们很容易受到这些假象的影响。所有这些行为动机模式,无论是出于利己主义还是选择自我牺牲,都只有经过个人明察秋毫的思考才具有合理性。马克思在上述段落中所说的是,共产主义者一旦从唯物主义的角度来理解社会生活和历史,就不会受到那些假象的影响。也就是说,当我们以冷静的眼光看待我们与同类之间的真实关系时,我们的解放就变得可能了。

第七节　马克思和施蒂纳

尽管如此,人们还是禁不住要在马克思(或从他的思想中)寻找某种支配未来共产主义社会的公正分配制度的概念,即恩格斯曾经提到的“一种超越阶级对立的人类道德”(CW 25:88)。然而,马克思从来没有用过类似的措辞。针对那假想的指责,即"共产主义要废除……所有的宗教和道德,而不是在新的基础上建立它们,永恒真理,它要废除宗教、道德,而不是加以革新",《共产党宣言》只给出了这样的回答:共产主义革命就是同传统的所有制关系实行最彻底的决裂;毫不奇怪,它在自己的发展进程中要同传统的观念实行最彻底的决裂(CW 6:504)。换句话说,人们的反应是,"废除一切道德"是这种彻底决裂的一部分。

马克思和恩格斯情愿"交给老鼠牙齿去批判"(CW 29:263)(诚如马克思所言)的文献《德意志意识形态》,在马克思生前未能发表。它足足用了三百多页的篇幅批判麦克斯·施蒂纳(Max Stirner)1844 年的《唯一者及其所有物》(Stirner,1995)。《德意志意识形态》前面的部分章节(以及马克思此后的著作)在多大程度上部分接受了施蒂纳更为激进的观点,这一点很少受人重视。施蒂纳《自我与它自身》这本书的英文标题是"The Ego and Its Own"。这一翻译无疑抓住了他的"利己主义"(egoism)立场。但是,"唯一者"("Einzige")含有"独特的"("individual")或"稀罕的"("unique")之意。这一点对施蒂纳的下述观点不可或缺,即自由个体是绝对独一无二的、自我定义的,不受制于权利、道德或者乃至于人类自我实现、人类繁荣、人类福祉等任何普遍的标准。施蒂纳的著作批判了使个体的人格受到奴役的一切事物,包括使个体受制于"等级制度"或"思想统治"的任何一种形式,这些形式剥夺了真正属于个体人格的东西。这种批判始于宗教,但是扩展到所有的道德,甚至包含了所有有关人类繁荣的理想,而且还将凌驾于"唯一者"的利己主义之上的社会权威、家庭、共同体、国家或党派的所有形式都考虑在内。

马克思明确拒绝施蒂纳信条中的一些基本观点,例如,施蒂纳将"利己主义"视为对自由个体的定位,而且将那些他认为不能被利己主义者作为全然由其自身享有的所有社会关系都拒之门外。但是,马克思采用了施蒂纳如下观点:自由的个体不受普遍性标准的约束,在一个没有阶级的社会里,他们将如其所是地成为纯粹的(社会性的)个体。马克思赞成施蒂纳将所有那些声称具有普遍权威的利益、理想和原则拒斥为*意识形态*,在某种意义上等同于"思想统治",因此是错误地强加于人类自由之上的伪造之物(CW 5:24,

43-5,59-61)。这种虚假的普遍性被马克思和恩格斯阐释成某种分裂为敌对阶级的社会的表现形式,这是阶级利益将其自身视为具有某种超验的或神圣的权威性而强加于我们的途径(CW 5:46-7,61-3)。由此,一个已经超越阶级对抗的社会,不会是个人利益必须为之牺牲的某种所谓的"真实"的普遍利益最后在其中占据主导地位的社会。相反,超越阶级对抗的社会,将会是所有个体在其中可以作为真正的人类个体自由行动的社会。

> 只有在共同体中,个人才能获得全面发展才能的手段,也就是说,只有在共同体中才可能有个人自由。在过去的种种冒充的共同体中,如在国家等等中,个人自由只是对那些在统治阶级范围内发展的个人来说是存在的,他们之所以有个人自由,只是因为他们是这一阶级的个人(CW 5:78)。(参见《马克思恩格斯选集》第1卷,人民出版社2012年版,第199页。)

在真正的共同体中,自由个体的动机有可能被描述为利己的或利他的,诸如此类。正如马克思在《詹姆斯·穆勒政治经济学原理一书摘要》中指出的那样,这些动机可能是同时存在的,因为对社会性的个体来说,在那些"实现自我并满足自我需要"的事物与那些"实现他人并满足他人需要以及使属于我自己和他人的类存在同时得到实现"的事物之间,存在着一种自然的和谐或同一性:"在我个人的生命表现中,我直接创造了你的生命表现,因而在我个人的活动中,我直接证实和实现了我的真正的本质,即我的类本质,我的社会的本质"(CW 3:228)。

共产主义和所有过去的运动不同之处在于:它推翻了一切早期生产关系的基础,并且第一次把所有自然进化的前提都看作现存人类的创造,消除这些前提的自发性,使它们受联合起来的个体的支配(CW 5:81)。[它]是各个人的这样一种联合……这种联合把个人的自由发展和运动的条件置于他们的控制之下(CW 5:80)。

没有理由认为马克思会相信,阶级社会的废除将消除个人之间冲突的一切根源,或让他们就如何管理他们共同的未来达成全面一致的意见。对马克思来说,后阶级社会不是历史的终结,而是人类史前史的终结(CW 29:264)。

但是,马克思认为,在过去的所有社会(超越了最原始的经济发展阶段)中,人与人之间的冲突和分歧在内容和形式上都由阶级冲突这一无处不在的事实所决定。人们曾以"所有人反对所有人的战争"或"无法共处的社会性"来描述他们自身,并且认为这根源于人类的天性。对马克思而言,如同对卢梭而言,这不是一个自然事实,而是一种社会产物。但是,人类历史从更深层次上来说是人类合作的历史,而不是这种合作所呈现出来的对抗形式。马克思认为,人类有机会保留没有阶级冲突的社会合作,因为"过去的一切运动都是少数人的或者为少数人谋利益的运动。无产阶级的运动是绝大多数人的、为绝大多数人谋利益的独立的运动"(CW 6:495)。这也是他认为无产阶级有机会废除阶级社会并开创*人类的*历史的缘由。

第八节　与马克思达成共识

到目前为止,我的目标是展示*马克思的*观点,并从他对社会不平等的原因和社会平等的理想的理解中得出蕴含的思想。我甚至一直试图为这些观点辩护,至少是以一种有限的、有条件的方式,通过论证这些观点是有条理的,而且展示了马克思持有它们的理由。但既然我自己无法全盘接受马克思的说法,我想我应该对你(也对我自己)说一说我自己在这一切中的立场。自从我在20世纪60年代中期开始认真研究马克思以来,一直发现他对资本主义的基本批判是完全令人信服的。在过去的半个世纪里发生的任何事情,都没有改变我的信念。但吸引我的从未仅仅是马克思那令人信服的或可信的部分。我在研究马克思的作品中最关心和强调的马克思的一些主题,并不涉及我自己曾经接受过的思想。以下是我能想到的对这个奇怪事实的最好解释。

与之相对的是世界上盛行的对马克思思想的病态的、可恶的、不加思考的敌意,尤其是在我所身处其中的这个愚昧得无可救药的国家里,影响人们通情达理地接纳马克思思想的最可鄙的障碍,一直是在许多自封的马克思思想的追随者中,尤其是那些最好地组织起来并最为坚决的追随者中,发现的不加批判地全盘接受的、教条式的伪宗教态度。我认为,我被马克思最激进和最冒险的教导所吸引——那些明智的人最不愿意不加批判地全盘接纳——正是因为我想要远离马克思思想被滥用的第二种方式,就像远离第一种方式一样。

同样,马克思对法权和正义的批判性态度,以及他对所有普遍道德标准的彻底否定,如果不能说是一种直接的吸引力,至少对我而言,也是一种特殊的吸引力。我被这些彻底的想法所吸引,因为尽管我发现自己无法全盘接受它们,但在我看来,它们确实是有某些道理的。它们当然包含了某种形式的元伦理反现实主义——即使不是关于所有的价值观,那么也至少是关于那些与法权和道德相关的价值观。我发现,马克思坦率地、公开地承认了对一切与诸如此类的元伦理姿态相伴随的道德的彻底抛弃,这是令人精神振奋的。这里,对马克思非常有利,他与道德上的“情感主义者”“投射论者”“虚构者”“准现实主义者”等肮脏的不诚实行为形成了鲜明对比,同时,也与如下另一些人形成鲜明对比:这些人基本持同样不诚实的观点,却随后又继续诡辩和支吾,怯懦地回避明显源于他们凄凉的道德虚无主义的激进结论。

在我的记忆中,我一直认为,与马克思所批判的不同,法权和伦理是有客观标准的,这种客观标准绝非仅仅是阶级利益(或任何其他形式的主观意向、感觉或态度)所罩上的假面具。在这一点上,马克思自己的观点中有着一种未被公开承认的张力,因为他认为,在社会主义社会的早期阶段,必须要坚持某种法权的标准(分配正义),但他对这些标准的规范性没有提供确定的说明——只是表示它们将符合当时占主导方式的生产方式。他甚至指出了这些标准本身的缺陷。也许,这和一些后果论者给出的非后果主义道德规范没有什么不同,或者无异于“表现主义者”和“准现实主义者”对道德规范的描述。那些提出这种通货紧缩理论的人似乎认为,以一种会直接破坏道德标准的方式来捍卫道德标准,并没有什么不妥之处。不同之处在于,马克思很诚实地从通货紧缩的参数中得出了通货紧缩的结论,这使得马克思的观点自身处于某种内在紧张的状态。

尽管如此,几乎只要我相信法权有客观的标准,我就会认为马克思对资本主义关系和资本主义社会的正确描述,可以用来说明资本主义对劳动者的剥削侵犯了劳动者的法权——不是基于任何平等的理由,工人们有权在摆脱资本家在现存的资本主义中一直对他们施加的强制力的情况下生活。我同意人人拥有尊严的观点,这使得他们作为*人类的一员*而相互平等。这并不意味着他们必须同等的对待,也不意味着所有人都应得到相等的份额。

然而,接受这样一项原则,即所有人都应平等地相互对待,在他们之间不应有等级或自我价值的差别,这是一项里程碑式的进展。这主要属于德国古典传统,因为康德认为人性自身就是目的,而承认理论由费希特提出,在黑格尔那得到切实的发展。我认为,马克思倾向于把这种发展视为现代资产阶级社会的成就之一。他没有充分认识到,即使在资产阶级平等承认原则确立之后,在现代社会中,以诸如此类的平等为基础,仍然存在着非常重要的后续行动。这些后卫战围绕着种族、民族和性别等问题,其中一些甚至与那些最出色地确立了人类都具有基本平等的价值这一原则的哲学家所得出的(或合理化)具体结论不一致。我称这些为"后续行动",但其中许多是困难的,复杂的,甚至可能是无边无尽的(例如,现在被关在美国监狱里的非裔美国男性比19世纪中期被奴役的美国男性还要多)。马克思也很清楚,资产阶级的压迫也很容易产生新的不完善的承认形式,但他仍然把工人阶级纲领中关于人类平等的主张看作是资产阶级的原则,需要容忍而不是强调。

然而,重要的是要把承认意义上的平等——所有人的自我价值的平等——与人们对某件事都应该有均等的索求或应该人人均分某物的观念区分开来。路易斯·布兰科(Louis Blanc)的口号对我很有吸引力,就像它对马克思(Marx)的吸引力一样,这在很大程度上是因为它直接带有反平等主义的意味:归根到底,社会不应该毫无差别地对待人民。不言而喻,任何一个得当的社会都应该是能者多劳,而且为那些需求更大的人提供更多。资本主义已经腐化了人们,这并不是资本主义最坏的一面,这使得这个真理对许多人来说似乎不那么不言自明。对那些认为它不像太阳一样明亮的人来说,他们应该去荒野中生活,剥夺社会生活的一切好处,直到他们的视野清晰为止。剥夺所有社会生活的好处,直到他们的视野变得清晰。此外,为了保护人的尊严所需要的自由,同样明显的是,一个得当的社会应该积极保护弱势群体的自由。这就需要严格限制能够对弱势群体巧取豪夺的那些人的自由。①

但最后,让我们回到我与马克思之间的协议:我花了很长时间才意识到,我与他最大的分歧是在资本主义问题上,他对资本主义的态度过于温和。马克思认为资本主义是一种过渡性的经济形式,它的历史使命是提高人类的生产力——尽管以可怕的人力成本为代价——总有一天,高度发达的生产力能够在一个更高层次、更自由的社会中为所有人提供富裕的生活。马克思看到,资本主义制度会受到周期性的不稳定和危机的影响,他由此推断,资本主义制度可能只是一种暂时的社会组织形式。他还看到,它极大地浪费了供人们使用的资源,武断地给少数享有特权的人以极大的好处,却责难那些通过劳动创造社会财富的群众,使他们在物质和精神上都处于贫困的状态。他不能让自己相信人类会无限期地容忍这样的制度,而是相信这种制度很快就会不可避免地找到更好的生活方式。

在马克思去世后的很长一段时间里,他似乎是对的。19 世纪末和 20 世纪初的大多数有识之士都这么认为。但是,那些以马克思的名义试图创造如

① “一个美国佬来到英国,治安官阻止他鞭打自己的奴隶,他愤愤不平地嚷道:‘你们说这是一块自由的土地,在这里一个人不能自由地鞭打自己的黑奴吗?’”(CW 5:210)在美国南部,解放奴隶被认为是对奴隶主自由的剥夺。在今天的美国,就像上面引用的美国佬的推理一样,当工人们试图组织起来进行集体谈判,或者当国家试图规范工作条件以保护工人免受伤害时,经济上占主导地位的政党(企业和 1%最富阶层的政党)普遍认为它侵犯了天赋的自由(雇主的自由,或“自由市场”的自由)。但在政治世界里——马克思会说,在所有阶级社会中——总体而言,不可能有促进“自由”的事情。保护一个人的自由必然需要限制另一个人的自由。问题只是我们究竟选择解放哪些人或选择去剥夺哪些人的自由。我们这个极其不平等的社会,就像一个建立在奴隶制基础上的社会,系统地支持加害者的自由,而不是受害者的自由。有些平等主义者可能会试图通过通常被称为“运气平等主义”的方式,来考虑我所阐述的观点(例证,请参阅 Arneson,2004)。我确信“运气平等主义者”本意是好的,他们在实践中提倡的政策可能也是我喜欢的。但是,首先,这根本不是运气,而是现代资本主义的一种结构性需要,它让大多数工人处于无助状态,任由资本摆布(see G.A.Cohen in Roemer,1986)。因此,“运气平均主义”(字面意思)似乎致力于原封不动地保持资本主义压迫(因为这种压迫不是运气造成的)。然而,这种观点可能是运气决定了谁被分配到哪个阶级,而运气平等主义者想要以某种方式弥补这一点。但是,他们能在保持阶级社会完整的同时做到这一点吗?似乎运气平均主义中的“运气”被理解为“运气平均主义”要求社会以任何必要的方式不平等地对待人们以弥补“运气”的分配不均(无论运气平等主义者选择何种武断的方式来定义后一个术语)。在这种情况下,我认为运气平均主义根本不是平等主义的一种形式,而是一种开放式的邀请,让我们以比任何平等待遇更公正的方式对待他人。

此高级社会形态的人们，只是复制了他们国家和文化中传统的专制政治制度，甚至没有达到资本主义世界的繁荣程度。当然，这些从来都不是社会主义或后阶级社会受控的实验，因为它们总是在资本主义世界的无情压力下运作，资本主义世界需要它们失败，并尽其所能摧毁它们，或把它们变成落后的自我抹黑的机器。这可能是一个有利于马克思的观点，资本主义花了近四分之三世纪的时间来瓦解它们。但他们几乎没有给未来的后资本主义实验留下什么激励性的成果。人类目前在这种绝望的重担下备受煎熬。

马克思还认为，人类生产力增长所带来的世界历史机遇将永远存在，直到我们选择利用它们。但在这个极端不平等、面临气候破坏严重后果威胁的时代，我们或许有理由对此表示怀疑。因此，资本主义在我们看来可能不再是一种注定要让位于更好的社会形态的临时存在。现在看来，它只是一块泥淖之地，一把流沙，我们人类，无法或不愿解救自己，可能最终注定要悲惨地灭亡，或者至少遭受贫困、痛苦、生活水平大大降低，以及更大的经济和环境不稳定，这一切都是由于技术所产生的远期效应——不可持续的生活方式，马克思称这类技术是资本主义带给人类解放的伟大礼物。与此同时，资本主义严重削弱了我们的人性——使我们对路易斯·布兰科（Louis Blanc）（或《新约》）的洞察力视而不见，使我们沦为资本主义不人道的社会形式的奴隶——以至于我们对灭绝的前景可能不再有任何遗憾的理由——除非我们可以在威拉·凯瑟的安慰话语中找到它——“实际上，恶人遭受了远甚于其恶行的恶报”（Cather，2006，p.206）。

古老的方式、传统和遗产被我们视为值得珍惜和延续的事物，仅仅是因为它们古老而且人类还没有找到某种绕过它们的方法。但更多时候，正是因为这个原因，他们理应受到挑战、反对，然后被连根拔起、超越。当他在1762年写下如下文字时，凯撒·贝卡里亚（Cesare Beccaria）指的是他关于废除死刑的建议。但是，他所说的同样可以适用于许多古老的习俗和神圣的传统，无论是宗教的、道德的、政治的还是经济的：

> 如果有人要举出几乎所有时代和国家对某些罪行判处死刑的例子，我会回答说，在真理面前，这个例子已经被消灭了。因为真理开具的不是

一成不变的处方,而且人类历史留给我们的是谬误杂陈的汪洋大海,其中漂浮着一些令人困惑而散落四处的真理(Beccaria,1986,p.52)。

我们满怀希望的理由是,随着时间的推移,这些真理可能会逐渐占上风。例如,自 18 世纪以来,许多人都听取贝卡利亚反对死刑的理性论点,现在这种不人道的做法已在所有完全现代和得当的社会中被废除;它只存在于落后的国家(无论这样的国家有多么繁荣),在那里,顽固的偏见和野蛮的传统抵制着理性的进步。

尽管有新的理由质疑启蒙运动对人类美好未来的信念,但这种信念的理性基础并没有消失。资本主义是一个冷酷无情、剥削成性的社会制度,它奖励贪婪和不诚实,让多数人屈从于少数人的专断权力。它代表了一种超越奴隶制的进步,但仍与之相似之处在于如下事实:资本主义意识形态主要在最后一个奴隶制盛行的发达国家受到推崇。在这样的国家里,它经历了一场可怕的大屠杀,随后又经历了一个多世纪的艰苦斗争,才战胜了社会残余势力。过去顽固地支持奴隶制的习俗和态度,现在却在很大程度上致力于保护资本主义中所有最极端和最不人道的形式。1789 年的法国大革命导致了恐怖、镇压、帝王统治,并最终恢复了反动的保皇主义。在整个 19 世纪的大部分时间里,它被认为是最令人恐惧的例子,这并非没有道理。① 从建立人类平等和某种具有代表性的共和政体的目标来看,这是一个灾难性的失败。当被问及法国

---

① 康德对法国大革命的态度,经常被误解,这值得我们深思。当然,他原则上反对暴力起义,甚至反对专制政府,而且他承认(在 1798 年),“我们看到我们这个时代正在展开的天才民族的革命……也许充满了痛苦和暴行,以至于一个思维正常的人,如果他大胆地希望第二次成功地进行实验,就永远不会决心付出这样的代价来做这个实验。”但康德认为,启蒙观察者(整个欧洲有学问的受众的共识)最初的反应是有利的——他们“一厢情愿地近乎狂热的*同情参与*(*Teilnehmung*)纯然源于人类的道德倾向”(SF 7:85)。康德并不一定支持革命本身,但他让我们注意到 20 世纪愈来愈熟悉的现象——比如,世界各地有识之士对欧洲纳粹主义和法西斯主义的失败、南非种族隔离制度的废除和苏维埃帝国的解体、2008 年奥巴马总统的当选等这些事件的积极反应,以及他们对苏联入侵匈牙利和捷克斯洛伐克以及美国入侵越南和伊拉克的消极反应。康德对革命表示了自己的热情态度,这一点也得到了欧洲大多数进步知识分子的认同(尽管后来很多人的幻想破灭了),与之相伴随的是我们强烈谴责现代社会道德败坏的倾向,以及——在康德看来早已开始的一种缓慢而漫长的进程——人类可能在历史上进步的最有希望的迹象(SF 7:85-9;Anth 7:333;cf.MA 8:116-18)。

大革命的意义时，中国共产党领导人周恩来回答说："言之过早。"[①]对于20世纪早产的社会主义尝试而言，情况大抵也是如此。

因此，对渐进式改革和最终废除剥削性社会关系抱有希望的主要原因，对我们而言和对马克思而言都是一样的。我们这个被赋予了智慧和理性的物种，肯定不能总是那么邪恶和愚蠢，而这一思想是它能为自己做的最好的事情。我们人类仍然在一定程度上控制着我们自己、我们的世界和我们的未来，究竟我们的希望注定要失败还是它们注定要获得成功，我们还无法（我们不能）知晓。资本主义及其相伴随的弊病——主要附在其社会关系上的严重的不平等，它所预设和延续的无情态度，它所招致的环境灾难——这些仍然是我们实现希望的主要障碍。摆在我们面前的任务仍然是寻找通往更高远未来的道路，而且我们仍然需要理性的信念来提供指引。

① 这句话可能是杜撰的，也可能是误译，它可能指的不是1789年的法国大革命，而是1968年结束戴高乐统治的学生起义（McGregor，2011）。然而，这句关于1789年革命的猜测性评论是真实的。这也是它经常被引用的原因。

第十二章　强制、操纵、剥削

人类是社会性的生物。这意味着人们在生活中需要的所有东西几乎都依赖于他人。继而，这意味着他们经常要求别人完成合乎其心意而非违背其心意的事务（在下文中，当我在下面谈到需要、需求和让别人做某事时，也明了我们让他们不要做某事的情况）。

人们用各种方式让别人去做合乎其心意的事。其中一些在道德上是没有问题的，至少在大多数情况下是这样。比如，我们可以让他人去做某些事情，因为他们有法律义务去做这些事情。或者，他们可能有（非强制性的）道德义务，或者只是出于道德上的礼仪而为我们这样做。或者我们可以给他们一些足够的诱因，让他们做合乎我们心意的事：买卖，当买卖双方都是自由的，而且市场被认为是公平的，就归在这一类。即使他们不欠我们什么，我们也不能回报他们什么，我们也可以请人帮忙，有时他们会欣然同意我们的要求。

除上述情况之外，人们让别人按照他们的需要或愿望做事的其他方式则在道德上是有问题的。我的一个论点——我不会直接讨论这个问题，但我相信这个问题会在本章中出现——是当让别人做你想做的事是有道德问题的，这并不是因为你让他们的生活变得更糟（更不快乐，更不满足），相反，几乎总是因为你扰乱了他们的*自由*——无论是剥夺它、限制它、篡夺它还是破坏它。所谓“自由”，我指的是一个理性的成年人把控自己生活的能力，而不是让自己的生活受制于他人的意志。但现在我有点操之过急了。所以，让我们回顾一下并重新开始。

让人们做你想让他们做的事是有道德问题的，让人们做你想让他们做的事是有道德问题的。其中有两个概念，即“强制”和“操纵”。在被不当的强制的情况下，人们可以为别人做他们原本不想做的事，甚至是一些他们不应该做的事情（例如在黑暗的街道上遇到持枪抢劫犯，人们不得不把钱包或财物拱手相让）。他们可能被欺骗或误导，以为自己欠我们一些东西，其实他们并不欠。他们发现不同意接受建议或不帮我们的忙，他们就得落入一种尴尬的境地。或者我们可以利用他们的恐惧、欲望和弱点，让他们做我们想让他们做的事情。在这些情况下，他们并没有被强迫或强制去做我们希望他们做的事情，我们可能没有侵犯他们的任何法权（更不用说犯法了）。这些法权对我们不利，但我们对待他们的方式可能仍然在道德上是错误的。在下面的讨论中，我的目的是澄清*强制*和*操纵*的概念，并将它们与属于同一家族的第三个概念——*剥削*的概念联系起来。

第一节 道德化和非道德化的概念

我刚才谈到了强制、操纵和剥削的"概念"，但首先应该承认，人们可能有与这些词对应的不同概念，不同的哲学解释可能适用于这些概念，这取决于我们要解决的问题或难题。我在这里的目的是解释这些概念，以帮助我们批判性地思考让别人做非其所愿的事情在道德上是有问题的。

与这三个概念相关的一个问题是，是否要采用我称之为它们的"道德化"的某一版本。由此，我指的是对这个概念的理解。在这个概念中，"道德化"这一术语所指代的恰恰是不道德的。这就是对"谋杀"的理解方式，例如，当这个术语被视为等同于"*非法*杀人"时。有些杀人行为可能是正当的，但称一种行为为"谋杀"（当"谋杀"是一个道德概念时），已经是说它是错误的。将过失杀人称为"谋杀"是自相矛盾的，除非你理所当然地认为它是错误的，所以要证明一种行为是谋杀，你必须首先证明它是错误的。同样地，取其部分含义，"强迫""操纵""剥削"的道德化版本应该是将强迫、操纵或剥削行为视为错误或不道德的行为。

以一种道德化的方式来理解这些概念，当然是可能的。有些哲学家就是这样。例如，艾伦·沃什米（Alan Wertheimer），在他的《剥削》一书中使用了一个道德化的"剥削"概念(Wertheimer,1999)。如果他想研究被我们认为是不道德的案例,并在"剥削"一词下来解释我们之所以认为它是不道德的事实真相,这是可以的。这种"剥削"的用法甚至可能使我们能够通过试图判断它们是否真的是"剥削"的情况,来处理有问题或有争议的案例——例如,资本主义的雇佣劳动——(在这个词的意义上,把剥削定义为错误的或不道德的)。康德倾向于使用道德化的概念——例如,谋杀(*homocidium dolosum*)或说谎(*falsiloquium dolosum*)——来思考义务及其应用。并不是所有的杀人案或言语失当的案件都是非法的,但禁止某些类型行为的义务可以被认为是属于道德化的概念。道德主体的任务,是在特定的情况下恰当地作出实用的判断。因此,所有的杀人案或言语失当的案件都可以被认为是错误的,但*这么个*杀人案究竟是不是谋杀,或者*这么个*言语失当的案件究竟是不是谎骗,可能是争论的焦点。这是一种完全可辩护的思考一般责任和例外情况的方式(它还会允许哲学家赞同无可非议的道德规则,而不用为康德常被指责的缺失灵活性而感到内疚——这种指责有时是公*正的*,但只是在某些地方,而不是系统地或原则上)。

但我们可能想用另一种方式来看待道德上有问题的案例。我们可以先讨论资本主义的雇佣劳动是剥削性的,不管我们最初的道德立场是什么,然后提供论据来论证我们应该认为资本主义的雇佣劳动是错误的或令人反感的,*因为*它是剥削性的。如果我们认为道德论据应该不仅仅是通过调用我们的赞成或反对情绪,或诉诸我们不假思索的直觉,而是通过识别客观事实情况,给我们充分的理由谴责或赞许某些事务,那么,我们通常会更好地使用非道德意义的词语,比如"强迫""操纵""剥削"。在这种意义上,这些词指的是诸如此类的种种客观事实。

我还认为,在道德化的意义上使用这三个词,会在某些方面歪曲它们的常用用法,从而可能误导我们,因为这三个词通常都适用于我们不认为是错误或不道德的行为。因此,在我看来,人们可以(根据法律)*被合法地强制*不侵犯他人的人身或财产;公众集会上的演讲者可能会因为*巧妙地操控*一个蛮横的诘问者坐下来恭敬地听他讲话而受到钦佩;而一位棒球教练可能会因为*利用*

了他的带球手的盗垒能力而受到祝贺。然而,在非道德化的意义上使用“强制”“操纵(操控)”“剥削(利用)”这些词,并不意味着我们认为这些(或任何)强制、操纵或剥削的实际案例在道德上是正当的。我们可以在非道德化的意义上使用这些词,同时仍然认为强制、操纵和剥削总是错误的(甚至在刚刚提到的例子中也是错误的)。有些人认为堕胎永远是错误的,但他们并不认为仅仅因为“堕胎”的含义就能证明这一点。他们意识到,他们使用“堕胎”这个词的意义,与那些认为堕胎没有过错的人所使用的意义完全相同。事实上,正是这一点使我们能够使用“堕胎”一词,来表达关于堕胎是否总是错的、有时是错的或永远不会错的实质性分歧。出于同样的原因,如果我们想要批判性地思考关于强制、操纵或剥削的疑难案例,我们可以更好地使用非道德化的概念。

具体地说,如果我们正在考虑一些确信可以适用诸种非道德化概念的情况,但不确定我们是否认为该行为在道德上令人反感,或者如果我们想证明一项行为在道德上是令人反感的,因为它具有强迫性、操纵性或剥削性的属性,那么,我们对这些概念会有更好的理解和把握。如果我们在道德意义上使用这些术语,那么我们所能做的,就是声称一个行为是错误的,因为它是强制性的,操纵性的,或剥削性的,我们所能做的就是把这种主张看作对我们已经决定该行为所属的(根据我们的态度、直觉或独立的论据)那种错误进行分类。但这并不是“……错在于……”这类声明的唯一意义,也不是最令人关注的意义。最令人关注是这样的说法,即行为具有错误的道德属性因为它具有客观的、如此这般非道德的属性,而且它具有这样那样的属性。在这种情况下,我们有理由谴责它是错误的。

第二节　强　制

关于什么是强制,有许多不同的哲学解释。斯科特·安德森(Scott Anderson,2011)对这些问题进行了很好的调查和讨论。他指明了路径,不同的分析被设计用来处理特定的问题的——比如,关于行为者对强制行为缺乏责任的问题、强制行为假定的不法性问题、强制剥夺了人们的自由或自治(在这些术语的一些较为显明的意义上)的方式问题,或者强制与政治制度和法律之间的关系问题。无论如何,与这些论述中的大多数相比,我的方法可能显得非常简单和质朴。它毫不掩饰地站在被强制或感觉被强制的人的立场上,而且它的阐述试图说明这种感觉何时、为何是正确的。因此,应该事先声明,我对强制的阐释并不能很好地解决什么时候强制可以免除行为人的责任的问题。它也不总是能帮助我们把责任归咎于强制者(因为在我看来,即使没有人强制你,你也可能被强制)。然而,这一阐述所做的是,将强制的情况定义为你的自由选择在某种程度上被限制、移除、干扰、夺取或抢占的情况。在我看来,这些都是最基本和最重要的问题,决定了什么时候有人被强制,以及在什么情况下这个人受到强制。诸如强制行为的责任、谁(如果有的话)是强制者等问题,可以在这个框架下考虑,但这些问题涉及它没有强调的事项。

依照在这里展开的论述,我被迫去做一件与我是否意愿无关的事,因为我*别无选择*。我将交替使用“*被强制*”“*被强迫*”或“*被强令*”,把这些术语,不管它们的用法有多么细微的不同,都和同一个基本概念联系起来(我认为*强制*接近于强迫,但我认为即使你仍然有许多可接受的选择,你的行为或选择也可以受到*强制*)考虑一些人被强制的情况。如果我被锁在一个房间里,我被迫(“被强迫”或“被强令”)留在那里,因为我不能选择离开。如果我把钱包给你,是因为你拿枪指着我,威胁说如果我不给你,就开枪,那么我就是被迫把钱包给你的,因为让自己中弹不是一个可以接受的选择。登山者可能被迫尝试艰难地爬上岩石表面,因为,由于天气的突然变化或意外的山体滑坡,他正确地认为采取他能采取的任何其他路线都是不可接受的冒险。如果你给我一份危险的、有辱人格的、工资极低的工作,而我唯一可替代的选择就是看着我的家人挨饿,那么我就是被迫接受它,因为让我的家人挨饿不是一个可接受的选择。我无法开走您的车,因为它是锁着的,我不能进入,或者因为我担心会被逮捕和被起诉盗窃,或(即使我有信心我可以侥幸成功)因为我认为偷窃是错误的,因此不能接受。如果法官裁定被告胜诉是因为他发现案件的事实使他在法律上没有选择的余地,那么他就是被法律所迫如此去裁决的。他可能会说“我别无选择，只能作出有利于被告的裁决”，意思是说，如果作出任何其他裁决，他的裁决都将与法律相悖，这是不可接受的。

可以说，如果我们所有的行为都是因果决定的，那么我们就根本别无选择；如果我们缺乏自由意志，那么我们的每一个行为都是被强制的、受强制的或被强令的。我赞同这一说法，但不愿在本章中展开这一大堆问题。有些人认为，即使我们的行为是因果决定的，我们仍然可以在强制或被强迫的情况与我们可以被称为“自由”（称之为“兼容性自由”）的情况之间做出区分。出于本章的目的，我不想对这种说法所引起的问题采取任何立场。与此同时，我对强制的描述并不是为了帮助我们决定究竟在什么情况下被强迫或强制做某事的人们要为他们的行为负责，什么情况下他们可以无须担责。即使是那些认为我们的行为是因果决定的人，而且没有一个行为是不受约束的，通常也愿意说有时人们被冤枉了，因为他们的*自由*（从这个词的某种意义上理解）被错解了。我对强制的讨论应该与任何愿意考虑这种可能性的人有关，无论他们如何看待自由意志和责任的问题。如果有人认为对与错的概念是虚幻的，那么他们无论如何也不会对这些问题感兴趣。

第三节 什么是可接受的替代方案？

正如这些情况所要说明的，我在这里所解释的强制的概念，并不比什么是*可接受的替代方案*的概念更清楚。我可以想象，有人会认为这使得强制的概念变得如此模糊，以至于毫无用处，或者至少在作出道德判断方面是有问题的。但我们应该早已知道这个概念是有问题的，我们也应该接受这样的事实，即虽然如此，判断某人被强制在道德上是重要的，甚至在决定某些行为是否错误或某人的权利是否被侵犯时也是至关重要的。有些人认为，这样的决定总是可以避免使用有问题的概念，或者认为哲学的任务是使所有的道德概念在用来作出重要判断之前完全没有问题，最好停止追求难以企及的事物，开始脚踏实地生活在现实的世界之中。

由于各种原因，替代方案既可以是可接受的，也可以是不可接受的。有些替代方案可能是不可接受的,因为它们带来的威胁是如此极端的邪恶,以至于我不能或不会考虑它(被枪杀,让我的家人饿死),而另一些可能是出于道德或法律原因而不可接受的。在我看来,在所有这些情况下,标准不仅仅是主观的。有些人只是觉得某种替代方案是不可接受的,这并不足以使它不可接受。相反,我假设有时存在这样一个客观事实,即在特定情况下,某些替代方案是(或不)为某一特定主体所接受的。"强制"一词的应用通常取决于那样一种事实。主体想象着某种替代方案是可接受的或不可接受的,这种想法可能是错误的。

康德在"法权"(*Recht*)的义务和"伦理"(*Ethik*)的义务之间作了区分,认为前者承认外在强制(*Zwang*),而后者的义务只承认"内在"(或自我)强制(或约束)。在这种情况下,行动者出于义务的思想强迫自己做他们应该做的事(MS 6:219-20,379)。道德义务有时会对我们施加压力,在这里我指的是,即使没有任何外在权力机构有权利或有能力对我们的违规行为进行惩罚。在康德的狭义义务或完美义务的情况下,这些都是*自律*的情况。在宽泛的或有功绩的义务的情况下,也有自我*约束*——即使有很多可接受的选择,也只选择在道德基础上行动(理性的欲望和情感、尊重、良心、人类之爱),甚至在面对冲突的倾向,或者至少在缺乏任何可能促使你做有价值的事情的倾向时,也是如此。它们是康德在《道德形而上学原理》(G 4:397-9)中使用的"出于义务而行动"的例子,我已经在第一章中解释过了(康德的道义德行是一种性格的力量,在你的行为中,优先考虑这种道德基础,因此,即使在不需要自我约束的时候,它们也不会仅仅在你的行动选择中起到"后备"的作用)。在外在强制的情况下,通过威胁如果行动者接受这些其他的替代方案将会发生可怕的后果,因而除了一种选择之外,其他所有的替代方案都是不可接受的。即使在这种情况下,也可以通过使行动者选择唯一可接受的替代方案而不是其他方案来实施强制。康德的区分可能大致(但是忽略了康德的价值理论的一些更微妙的特征)相当于我们在日常生活中对"(道德上)应该做的正确的事"和"(道德上)应该做的好事"之间的区别。当我们说某件事是"应该做的*正确*的事"时,我们是在暗示,其他所有的替代方案在道德上都是*不可接受的*。然而,如果它只是"应该做的一件好事",那么可能会有其他同样好的行为,其中一些甚至更好。在第一种情况下,我们需要强制(或强迫)自己去做这件事,至少,如果这是唯一的方法的话。但无论在哪一种情况下,我们都可能出于道德考虑(或如康德所言,"出于对道德法则的尊重")而*强迫*自己采取这种行动。

关于一个人是否被强制的争论,可能会取决于我们所作的决定对人们来说是否是可以接受的情况。有人入室抢劫,可能会说:"如果你不告诉我你保险箱的密码,你就会逼我杀了你的孩子。"我没有别的选择。在这里,强盗声称,我在他的蛮横要求面前的不妥协,实际上是我对他的一种强制行为。当然,这种说法大错特错。一个正派人当然会认为,除了杀死我的孩子,他至少还有一个完全可以接受的选择,那就是离开我的房子,放弃抢劫我的犯罪计划。正如这个例子所显示的那样,道德判断有时可能在决定什么是可以接受的和什么是不可接受的方面起重要作用,以决定某人是否被强制。但我没有理由认为它们总能奏效。例如,认为自己被杀是不可接受的,通常不涉及某种道德判断。

在我看来,相对于某些"基准线"(一种在某些强制案例中使用的标准),判断什么会让你的情况变得更糟,并不能很好地解决什么时候有人被强制或没有被强制的真正问题(最广为人知的相关论述,请参阅 Nozick,1969)。不仅基准线总是可以争取的(例如,它是否涉及道德判断或只是正常的期望);而且,总会有这样的问题:"你现在的处境离基准线还差了*多少*?"相对于基准线而言,如果行为者的境况变得更糟,这可能导致他或她没有可接受的替代方案,但也可能情况不至于糟糕若此。并不是施加在行为者身上的每一个伤害或不利条件——甚至是错误或不公平的——都会导致他或她被迫采取必要的措施来加以避免。

用"相对于基准线而言,情况更糟"来描述强制的基本问题在于,"更糟"是一个事关*福利*的概念,而强制是关乎*自由*的。也许,更糟的情况有时意味着对自由的剥夺,但不是每一种更糟的情况都是更不自由的情况,也不是每一种更不自由的情况都是被强制的情况。

我把“强制”理解为某种动词:我不认为一个人被强制、强迫或强令去做某事,除非他们真的去做,而且他们别无选择——要么因为他们没有可替代的方案,要么因为他们只有无法接受的替代方案。如果你威胁我,例如,除非我满足你不公正的要求,否则你就要对我发起某种无聊的诉讼,对我来说,就你的诉讼进行抗辩是一个可以接受的选择(这可能是令人厌烦的做法,但也并非那么棘手)。在这种情况下,你实际上并没有强制我以满足你的要求。这可能是一个可以接受的另一种让我参加你们的诉讼(这可能是讨厌的,但并不是所有的困难)。事实上,在这种情况下,你没有强迫我来满足你的需求。至多,可以说你对我施加了不公正的压力——甚至是*强制*的压力。从这个意义上说,当然可以说你是在*试图*强制我。但你不可能成功,除非我屈服于你的威胁——并判定另一种替代方案是不可接受的。即便如此,其他人也可能正确地判断出,我并没有真的被强制,如果他们正确地判断出,对你那无关痛痒的诉讼提出异议也是可以接受的。

缩小替代方案的选择范围,有时确实会引起关于自由的问题——当这一切涉及选择被移除或变得不可接受时。但这里的问题也总是存在或不存在可接受的替代方案,而不是相对于基准线而言的好与坏。如果你有很多备用的选择,它仍然不构成强制。如果你的替代方案受到了*不利的*影响,那么在那些情况下,你的法权就会受到影响,替代方案的恶化剥夺了你有权拥有的事物。但它本身并不限制你的自由,更谈不上构成强制。我们将在后面看到,使一个选项变得不那么有吸引力(既不删除它,也不使它变得不可接受)是影响另一个选项的方式之一,它属于*操纵*,这是与强制相对的。

行为者有时会——不明智地甚至是灾难性地——选择一个不可接受的替代方案,而不是一个可以接受的。一些行为者也面临着选择(通常被称为“悲剧性的”选择),在这种选择中,他们没有其他可接受的替代方案。我们可以用强制之类的语词来描述这些情况:我们可以说某人“遭受了强制的压力”,即使他们没有做这一强制所迫使他们做的事情;然后,我们就说处于悲惨境地的人“被迫作出了一个难于忍受的选择”。但是,当行为者只有一个可接受的替代方案并接受它时,谈论强制是最合适的。它特别适用于以下情况:由于环境或人为的原因，有其他可以想象到的替代方案被删除或使行为者无法接受。当人们用某人相对于想象的“基准线”“变得更糟”来描述强制时，人们真正想到的恰恰是大多数强制情境的最后一个特征。但是基于已经给出的理由，我不认为这是正确的思考方式：这不是真正的强制，除非除了一种替代方案之外，其他的都是*不可接受的*。

可能有不同类型的强制（道义上的强制、身体上的强制、风险上的强制等），但我认为它们都是强制的一种，因为它们限制、消除或妨碍了行为者的*自由*。我认为强制最根本的意义在于，为你自己而作选择的自由，而不是让别人已经替你作出选择。

第四节　强制、失当行为和责任

显然，强制行为（把一个人置于被强迫、被强令、被约束、被强制境地的行为）常常是错误的。抢劫犯威胁要杀了我的孩子，以此强制我告诉他我的保险箱的密码，这是错误的。但据我所知，强制也可以是正当的，甚至是道德上的要求。如果一名警察意识到在我家发生的抢劫案，那么他就会强迫或强制（因为作为一名执法人员，这是他的严格职责）逮捕抢劫犯，然后进一步强制他停止犯罪行为；警察可能会用枪指着他，让他没有选择——没有可接受的替代方案——除了进警车并被送进监狱。我们通常认为，警察因反制强盗之强制行为而采取的强制行为在这里是完全恰当的和合理的。在这种情况下，如果没有人强制（强迫、强令）强盗这样做，就会发生恶行（警察的行为将会失当，抢劫犯的恶行却被容许）。

卢梭主义者可能会补充说，法官和警察在遵守法律和履行职责时，实际上只是在遵循他们自己的意志，而这种理性的强制或自我约束最终并不是对他们自由的剥夺。这可能是正确的，但我不认为卢梭更深层的观点可以在不包括他们是真正地（直接和字面意义上的术语）被强迫或约束的观点的情况下被提出。这是因为更深层次的观点是，尽管强制总是一种对自由的限制，但也有可能某些自由没有强制是不可能存在的。毕竟，卢梭的意思是，有些重要的自由，你*只能通过被强迫的方式*才能奏效——获得自由。还有一些自由只有通过限制他人才能得到实现。这是一个深刻的真理，如果我们拒绝或忽视它，就会有危险。

强制需要强制者吗？在讨论中，马西娅·巴伦(Marcia Baron)曾向我暗示，“强制”暗含着一个强制者，在我认为属于强制的许多情况下，更自然的说法是我是被强迫的，而不是被强制的。关于这些日常用法，她可能是对的。但在这种情况下，更有趣的概念是更广泛的——被强迫的——而更狭隘的概念，被某人强制的，不应该得到那么多的关注。我的行动者是受限的，被抢先占有或被占据的，正如她所说，我如此被强迫的境遇和我被某人强制的境地一样多。出于这个原因，我还将谈到(我承认可能有点通用)一个人被环境“强制”，意味着他们为环境所迫(被强迫)。

在许多情况下，我被迫作出选择，因为我没有其他可接受的选择，但也有人因此可以强制我(在某种意义上，巴伦更愿意使用“强制”)。这是显而易见的事实，例如，当我被迫接受你给我的工作时，因为要不然我唯一的替代方案就是眼睁睁看着我的家人挨饿。这让你可以用各种方式强制我，只需威胁要解雇我。巴伦认为，我们还应该以一种道德化的方式使用“强制”一词，既可以用来暗示不公正，也可以用来暗示一个人是否被强制的某种道德“基准线”。我以前述理由拒绝这项提议。我再说一遍，我认为处理像强制这样的概念不止于一种合适的方法。出于某些目的，一个涉及强制行为者的道德化概念可能优于我正在使用的这个概念。我已经说过为什么我认为我的方法是正确的，如果我们要提出关于强制的基本问题，作为对自由行为者的限制或先发制人。

此外，由于这些原因，我认为这是一个重要的论点，与我在这里发展的强制的概念有关，*你可以被迫做某事，而没有人强制你*。如果警察不逮捕抢劫犯，他可能会担心上级的不满，而法官可能会担心上诉法院会推翻他的决定。但是，无论是恐惧，还是与之相关的可能的行为者，都不会在他们的正确决定中发挥作用，他们别无选择，只能按法律的要求行事。假设我被迫接受你们提供给我的低薪、危险的工作，也并非因为是你和任何人非要把它变成这样：如果我不接受,那么我的家人就会挨饿。当然,雇用我的那些条款将允许你(随后)以各种方式强制我,比如威胁我,如果我不遵从你的要求,就解雇我。或者总体上服从于你的强制可能是劳动合同的一部分,就像抵押劳动一样。但我选择接受你的最初的提议可能是被迫的选择,因为我没有可接受的替代方案,即使没有人强制我作出那种选择。

在我看来,如果我们认为在某些方面人们有权不受强制,那么在没有强制者的情况下也会有强制的情况,这是很重要的。也许,国家有某种义务防止任何人被置于这样一种境地:除了从事某些有辱人格的、危险的或报酬过低的工作外,他们别无选择。在这种情况下,要紧的不是是否有人把他们置于这样一种境地。此外,你的家人面临饥饿的前景可能被视为一个纯属*他们自身的福祉*的问题;但是,以我所建议的方式来看待事物,使我们能够看到,这同样是一个事关*你的自由*的问题。我认为,这种看待事物的方式是正确的。关于强制和自由的假设蒙蔽了我们,让我们对一些常见的和有害的错误负责——例如,除非有某个可发号施令的人强制你,否则你不可能处于被强制的境地。

康德持有的一些学说,在这一点上有帮助,但却很少得到人们的赏识。他认为你可以在不侵犯任何可让渡的个人法权的情况下,侵犯"人类的法权"。这就是那个臭名昭著的"门边的杀人犯"的例子。康德在这里所考虑的是一类命题(他称之为"声明"),一般说来,人类有资格信赖这种命题的真实性。如果你向意图谋杀的人作了撒谎的声明,你并没有侵犯他的法权(因为他的错误意图已经使他丧失了这种法权),但是你仍然可能在犯错[我已经在2008年的著作详细讨论过这个问题(Wood,2008,Chapter 14,section 2)]。但反过来,康德也认为即使没有可指定的个体侵犯你的法权,你的法权也可以被侵犯。这是"普遍不公正"的范畴。例如,当穷人的贫困本身构成一种错误时,国家可能有义务向富人征税以支持他们,即使没有人做过任何不正当的事情来剥夺他们理应享有的东西[请参阅我2008年的著作(Wood,2008,Chapter 11,sections 1-2)]。为了让你自己熟悉一些情况,这些情况让我想谈谈没有可指定的人类强制者的强制,也可参阅萨慈2010年著作的第4—10章(Satz,2010,Chapters 4-10)。不利的处境可能迫使极度贫困的妇女卖淫,在这种情况下,她们可能被皮条客或嫖客强奸、伤害,甚至杀害;环境迫使极度贫困的父母让他们的孩子在凄惨的条件下做童工;他们还强迫人们签订劳动合同,有时甚至强迫他们的后代终身为奴。我想把这些看作强制的例子,即使我们找不到任何人,是他的故意行为导致人们极度贫困,被迫做这些事情。一个重要的事实,尤其是在美国社会,没有得到足够的重视,那就是极端的贫富分化不仅会引发福利或繁荣的议题,更重要的是,它们会带来自由和奴役的问题。

我正在拓展的强制的概念,可能会把自由和权力混为一谈,把被强制和缺乏权力混为一谈。只要我不是万能的,就会有无穷无尽的行为过程在我的视野之外。众所周知,即使是无所不能的存在,也不能选择既保持全能又创造一块它无法举起的石头。似乎我正在拓展的强制性的叙述,会要求我们说这样的话:我被*强制*不可跃入月球,不可化方为圆,也不得长生不老。在这里似乎也没有强制,但许多事情我不能选择去做。我们真的想说我被迫(或被强制)不去做那些数不胜数的、我力所不能及的事情吗?恐或因我没有权柄做这些事而可能不得不受委屈。

当然不是。但是,我*确实*想说的事情如下:在这些问题中的任何一个上,我都*别无选择*,我作为人的身份意味着终将一死,(将宇宙飞船、飞机和热气球从故事中剔除)万有引力定律*迫使*我总是离地面相当近,几何定律既*限制了*我们所能构造的图形也*限制了*我们所能进行的几何运算。我谈论这些情况的方式和谈论被迫待在锁着的房间里的方式差不多。但我们要记住,当我有很多选择的时候,谈论强制、约束、强令或被强迫是最自然的,然而,我不能接受,因为它们是*不可接受的*。纯属我力所不及的事物并不适用于此——跳跃到月球上,化方为圆,或者免于死亡。因为这些从来都作为选择项,故而它们也不是我不能选择的选项,因为它们是不可接受的。至于全能的存在,我认为,如果这个存在认为它不再全能是不可接受的,那么它被强迫(被强制、被强令)不得制造出它不能搬动的岩石。但是,除非它确实创造了这块岩石,否则它仍然是全能的,它的全能部分是由创造它所选择不创造的那块无法移动的岩石的力量构成的。

有些被强制的选择(例如,警察选择逮捕抢劫犯,法官选择为被告作出裁决，甚至是我选择接受你提供给我的工作）显然是行为者应该负责的选择。但是，有些形式的强制剥夺了选择（如被锁在房间里，假设我没有选择被锁在里面），同样地，有些被迫的选择无论如何都不会让行为者为此担责（如被迫向抢劫者泄露保险箱密码的选择——我们假设这次是别人的保险箱）。正如我说过的，我对强制的分析不是为了处理在强制情况下的责任。例如，关于胁迫的问题非常复杂。比如，在什么时候，人们可能因为某一行为是他们无法接受的，而被免除或不能免除其责任等。为了解决这个问题，需要说的要比我在这里能说的多得多。

第五节　操　纵

被操纵去做某事与被强制去做是不同的。在我看来，这两者似乎形成了一种连续统一体，操纵占据了较为精细的一端，强制占据了较为沉重的一端。它们似乎重合或重叠的情况实际上是临界情况，在这种情况下，我们不确定如何才能最恰当地描述行为者在何种影响下做某件事。一般来说，我是在以下范围内思考的：我不认为你被操纵去做某事，如果你不选择去做，你也不会被强制去做，如果你有其他可接受的选择。“操纵”指的是妨碍或盗用某人的自由意志的一种方式，这种方式不限制或破坏自由选择，而是以某种方式影响它，以促成操纵者所寻求的结果。问题是，哪些影响选择的方式构成了操纵？

这是一个很难回答的问题，因为在我看来，操纵的形式千差万别，甚至可能不如强制那样自然地归入某一类。这是马西娅·巴伦（Marcia Baron）在美国心理协会（APA）的演讲“操纵性”的优势之一，它让我们领略到各种各样的操纵，它们采取的微妙的不同形式，以及各种形式之间同样微妙的相互作用（Baron，2003）。我以巴伦的文章为例来区分三种基本的操纵形式：

1.*欺骗*。这包括对那些被操纵的人直接撒谎，既包括对他们作出虚假的承诺，也包括虽然没有歪曲任何东西，实际上却误导了他们，比如通过鼓励错误的假设，或者培养有利于操纵者目的的自我欺骗，或者让被操纵的人“从不同的角度看问题”，实际上却是从有利于操纵者目的的角度来看待各种情况

(Baron,2003,pp.40,43-4)。

2.*迫于压力而默许*。这包括恫吓、削弱对方的抵抗,以及为了避免进一步的不适或尴尬而让某人同意某事。我认为威胁,当他们威胁的伤害不是强制性的,应该被归类为这种类型的操纵。压力也可以采取提供诱因的形式,在如下的情况(如巴伦所言),即他们给被操纵者“错误的理由”以选择支持操纵者的建议(Baron,2003,pp.40-3)。

3.*利用情绪、情感需求或性格弱点*。这包括激发一种情感,目的是利用它。这包括为了利用情感而激发情感。被操纵的典型情绪是恐惧、同情、对操纵者的感激之情,以及如果被操纵的人不同意操纵者的要求时的内疚感。被用来操纵的性格的典型弱点是虚荣心和认可的需要——尤其是需要操纵者的认可(Baron,2003,pp.44-5)。尽管巴伦没有提及,但贪婪是另一个可以操纵人们的共性,它使人们夸大某些潜在利益的价值或重要性,并使人们在受到引诱时自愿承担过度的风险。

有些操纵利用了大多数人的共有的特性或性情,甚至不一定是弱点,再加上环境因素,使这些特性看起来像是弱点。著名的米尔格拉姆(Milgram)实验中,受试者被操纵使其对某人(实验对象所相信的)施加严重的电击,利用的是我们服从权威人士以及我们不愿招致他们的反对之类看似正常的倾向(Milgram,1974)。这些特性都是通过一些技巧来操纵的,比如,让实验对象掠过主题。不提供时间或机会对正在发生的事情进行反思,以及让实验对象有跌入“滑坡”的倾向(这种冲击是逐渐增加的,因此,人们很难看到事情的发展方向,直到为时已晚)(参阅 Sabini and Silver,2005)。另一个明显的情境因素是*突发性*,我不认为我们需要等待更多的实验结果来获知结果,会有很大的不同。如果受试者被提前告知,即将测试是他们是否意愿违背自己的道德原则或出于对权威的遵从而实行各种残忍的行为。

所有这些战术、策略、诉求和谋略究竟有什么样的共同点,使得我们认为它们是各种形式的操纵?这并不是巴伦直接回答的问题,但她将操纵性描述为一种恶习(亚里士多德意义上的),可能为我们提供了一条线索。她认为,这种坏习惯的根本错误在于“*在多大程度上诱导他人——*哪些他人、以何种方式、在什么时间以及朝向哪个目标；更广泛地说，如何、何时、向谁、为了什么目的去影响他人的行为……控制欲强的人太容易认为操纵性是恰当的——或者对他来说是恰当的——精心安排以引导他人按照他的意愿行事；而且在那些例子中，试图策划这样一种全新的体验并不是不合适的，控制欲强的人太容易使用不应该使用的手段”（Baron，2003，p.48）。在巴伦看来，操纵性是一种傲慢的表现，表现在一个人试图对他人的选择施加控制的种类和程度上——我想补充一点，为了与强制性形成对比——当他们有其他可接受的替代方案时，他们会作出这样的选择。然而，操纵可以通过降低这些选项的吸引力来运作，而不会完全删除它们或使它们无法被接受。考虑到关于什么是可接受的以及什么是不可接受的之间固有的模糊性和依情境而定的问题，这就是为什么我们会无法确定某个人是否被强制或仅仅是被操纵的临界情况的原因。我认为，那样的结果恰到好处；我们应该区分被强制和仅仅被操纵之间的区别，这取决于我们是否认为另一种选择已经变得不可接受，或者仅仅是变得不那么有吸引力。控制欲强的人“操纵”另一个人，就像司机操控一辆汽车那样。汽车已经在通过它自己的内燃机和动力前进了，但是它前进的方向受制于驾驶者。当然，汽车不会作出选择，操纵者通过寻求影响这些选择来操纵他人——然而（正如巴伦所言）用的却是“错误的方式”。

我认为，我们不应该因为误解了最后这句话而将我们的操纵概念本身变成一个道德化的概念；也就是说，我们应该考虑到操纵对行为的影响方式在某种程度上是与众不同的——这种方式可能使我们*倾向于*认为它们在道德上是可疑的——但仍然不把这些方式定义为道德上错误或坏的。因为我认为，即便我们综合考虑所有因素，有些操纵行为也可能是我们在道德上认可的。巴伦确实声称“以一种道德化的方式”去考虑操纵性。（因为她认为这是一种道德败坏：Baron，2003，pp.39-40）但她至少接受了另一种观点，即“我们应该能够说”，这是操纵，但“它难道在道德上有任何令人反感之处吗？”。尽管她采用的是亚里士多德式的方法，这似乎需要一种道德化的操纵性的概念，但她也对一些人［尤其是萨拉·巴斯（Sarah Buss）］所引发的争议感兴趣。这些人认为，用巴伦的话来说，“被人操纵并不像人们想象的那么糟糕”（Baron，

2003,p.39;see Buss,2005)。这种兴趣吸引着她,它确实应当吸引着她,就像我说过的那样,把她引向一种非道德化的操纵概念。但是,后来巴伦把使这种行为成为可接受的特性描述为那些“使原本来是操纵的事物变成不再成其为操纵的事物”(Baron,2003,p.45)。

这里,有两个相互独立的问题:特定类型的行为是否引发异议,以及“操纵”是否是一个道德概念。巴伦会发现令人反感的行为,因为它是操纵性的。但某些人赞成或至少宽恕这种行为,这些人或者可以说这是操纵,但以非道德的方式使用这个概念,进而可能会争辩说它并不令人反感,尽管它是操纵性的,或者他们可以接受“操纵”的道德用法,并否认这种有争议的行为应该被称为“操纵”。我已经给出了我更喜欢前一种替代方案的理由,至少就我当前的目的而言。

操纵行为的特性是什么?我认为,是它影响人们的选择方式。这种方式规避或颠覆了人们的理性决策过程,而且削弱或破坏了他们自己的选择方式。如果他们以明确无误的方式思考这个问题,会非常赞同自己的选择方式。后者,他们会非常认可,如果他们认为在某种程度上是清醒和自由的错误。*竭尽全力说谎*的骗术,明目张胆地做到这一点。它给人提供了错误的信息,根据这些信息,人们作出了在知道真相的情况下不可能会作出的选择。其他更微妙的欺骗形式——误导、鼓励错误的预设、助长自欺欺人——则以更迂回的方式进行。

压力让人们作出如果没有被施压他们就不会作出的选择,即他们以后可能会说不应该作出的选择(即使他们不这么说,他们也可能会说,被迫如此行事是令人反感的)。这里很重要的是,在“压力”的标题下考虑的“诱因”给了这个人“错误的动因”——如果这个人的行为是理性的,并且动机是正常的、健康无损的,那么稍加反省就会否弃这样的动因。

诉诸情绪、情感需求或性格缺陷也可算作操纵,因为它们也会破坏人的理性自治。正如比利·霍利迪(Billie Holiday)在谈到爱情时说的那样,这种吸引力就像水龙头一样,可以(被操纵者)关闭或打开,而且它还“让你做你明知道是错误的事情”。“有道德的人,”巴伦说,“会尝试与他人讲理,而不是劝诱或哄骗他作出不端的行为”(Baron,2003,p.48)。

但我们不应误解这种关于理性的说法,把它看得过于简单或片面。我们理性主义者几乎总是小心翼翼地避免这样做,但反理性主义者经常这样做,因为这似乎有助于他们(不公正)的事业。并非所有的情感都提供了“错误的动机”:尽管比利·霍利迪(Billie Holiday)在谈到爱情时有许多真知灼见,出于爱而做的事情不一定是操纵的结果,却往往是一个人最充分、最理性地选择去做的事情(爱是一种非常复杂和多面的情感)。我们应该避免一个道德上的操纵概念的主要原因,实际上是,人们也可以被操纵去做符合客观理性的事情,去做他们应该做的事情。与此同时,这可能是一种操纵行为,当他人是否理性行为或做他们应该做的事与操纵者完全无关时,这种操纵行为在道德上就是不可取的。并不是所有的情感诉求,甚至是对性格缺陷的利用,都必然涉及操纵,只有那些导致被操控者有充分理由后悔却被操控者鼓励和利用以达到其目的行为才牵涉操纵。

操纵似乎总是涉及对一个人的自我治理能力的陷害或破坏。这似乎触及了它在道德上令人反感的核心。但这也解释了为什么操纵在某些情况下,在道德上是可以接受的。正如巴伦所指出的那样,针对儿童的操纵行为经常被用在父母教育中,甚至可能是教育中不可缺少的一部分,也是文学风格和其他艺术形式中不可缺少的一部分(Baron,2003,pp.45-6)。在与儿童打交道时,操纵是可以接受的,因为儿童还不是能进行完全自我治理的存在,因此,还没有多少理性会被削弱或破坏。操纵可以被接受,甚至是令人钦佩的,当它被用来训练孩子养成良好的习惯,或鼓励有助于获得健康成年人的理性和情感能力的情感反应(*理性和情感不是*对立的:情感——即使是非理性的情感——总是有一定程度的理性内容,而健康的情感是理性不可或缺的载体。我们理性主义者一直都知道这一点;对于那些拒绝理性主义的人来说,这种令人厌烦的可预见的否认是可悲的错误之一)。我们反对操纵人们的情感,主要是当我们认为操纵不是为了他们的利益,或者当我们认为它可能会阻碍他们获得或行使理性管理自我的能力。然而,即使是在可以接受的情况下,我们也可以看到为什么操纵技术规避或破坏了理性自治。他们给人们提供了“*错误类别*

的动机”,即使这些动机旨在引导他们知晓如何进退,让他们按照“*正确类别的动机*”管理自己。

我可能不同意巴伦的观点,她认为有一个因素可以证明操纵行为是正确的,那就是“目的的价值”——至少无论何时她都声称,任何目的自身的价值都足以证明操纵是实现目的的一种手段(Baron,2003,p.46);但我不认为我所反对的完全是巴伦的本意。这是因为她所举的有价值的目的的例子是,操纵可以让一个人更好的——至少是更健康的——眼光看待事物(对个人损失的悲痛)。目的是使被操纵者得益,甚至使他得益,帮助他重新获得能力,掌握自己的生活,并以健康快乐的方式生活。一个有价值的结果可能证明操纵是合理的,如果它引导一个孩子走向自治的方向,或者帮助一个已经离开健康自治道路的成年人找到回归之路。论及公众演说家能巧妙地把那个吵吵闹闹的起哄者弄得毕恭毕敬地保持沉默一事时,这就是它可能令人钦佩的原因。激烈质问者的行为可能已经不那么理性了;如果他的行为是欠考虑的,那么甚至它对他自己也是不可信的,那么,演说家的操纵可能会引导质问者回到一个深思熟虑的、理性的自我治理的人无须被引导也会走上的道路。

我也不认为我同意巴伦如下的观点,即如果操纵的目的不是出于操纵者的私利,操纵行为就一定不会那么令人反感(再一次地,我在冲破封锁线。巴伦并没有说这样做一定会减少人们的反感。我怀疑她的观点是,*有时*它可以变得不那么令人反感,这一点我并不反对)(Baron,2003,p.47)。傲慢的操纵者会以非常令人反感的方式操纵人们,以达到对操纵者本人根本毫无用处的目的。人们甚至可以被多管闲事的道德家操纵,去做在道德上正确的事情。这种傲慢的操纵行为,可能比他们在其他方面所犯的任何微小的道德错误更应受到谴责。我会说,最重要的是,通过侵犯和不尊重被操纵者为自己选择生活方式的理性能力,操纵行为削弱和贬低了被操纵者。

第六节　广告——无操纵者的操纵

操纵在现代社会以广告的形式普遍存在着(see Baron,2003,p.44)。广告经常使用巴伦所描述的许多操纵技巧:他们公然撒谎,以至于只要人们信以为真,或者人们甚至还乐在其中,哪怕违背自身的意愿,就几乎肯定会被误导(仔细想想,没有人真的相信广告里的自说自话)。但是广告并不是通过让我们相信他们所说的来起作用。广告旨在鼓励各种形式的自我欺骗;它们以精心设计的方式来框定人们的认知,为的是广告商的利益。广告用不断的重复来消磨我们的抵抗力,在亚理性的层次上强化联想,呈现给我们各式各样虚幻的或"错误类型的"诱惑。众所周知,广告迎合了我们的情感需求、我们的虚荣心、我们的认同需要,还有我们的自我怀疑。他们把我们弄得像个婴儿,好让我们听他们的。甚至那些操纵人们去做我们认为是好事的广告——给正确的候选人投票,或者戒烟——都用的是各种不太妥当的方式。广告的目的从来不是*使人信服*,而只是*说服*。它破坏了理性交流的基础,排除了任何自的人类共同体的可能性。

我在巴伦如下的论述中已经得到暗示:广告不如被朋友和熟人操纵那样令人反感,因为:首先,没有人真的被它欺骗了,因为我们不指望广告商说真话;其次,因为我们与广告商没有关系,所以我们不会背叛信任,也不会破坏一段有价值的关系,就像我们被熟人、同事、朋友或所爱的人操纵时那样。

只有当广告不起作用时,她的第一个观点才有意义。当然,它确实是可行的。这是广告最显著的特点之一,它经常成功地操纵我们,即使我们告诉自己我们不要相信它(也许——谁知道呢?——即使我们如此告诉自己是对的)。也许广告不是依靠欺骗,而是通过使用其他方法操纵我们(更像是施加压力或利用我们的弱点),或许真有上当受骗那一回事,或者显得好像你是被欺骗了一样(从广告商的角度看来恰恰都是一样的),实际上是被你不自觉地或不理智地相信的事物所欺骗。我发现,我们被操纵,甚至没有被欺骗。这一事实更令人震惊,而不是让人安心。

关于第二点,广告确实不涉及在个人关系中对信任的背叛,但我发现,我们的整个社会生活竟然如此充斥着大规模的、完全没有人情味的大规模操纵,这简直令人震惊。在我看来,这甚至比被朋友或熟人操纵还要糟糕。人们经常让自己被完全陌生的人以这种方式操纵,而不进行任何有组织的反抗,意识到这一点是可怕的。巴伦的反应本身就证明,我们甚至想当然地认为,人们会对我们进行这种控制,而不会觉得有任何不妥之处(或至少不会觉得有太多的不妥之处)。这可能是我最无法忍受的层面。

几十年来(如果不是几个世纪以来),广告商们已经知道,如果我们不鼓励人们独立思考——事实上,根本不去思考——而是鼓励他们按照不假思索的冲动行事,这种冲动产生于他们天性中最可鄙的东西,那么人们就更容易被控制。广告承认我们的缺点和弱点,鼓励和强化它们。就像我说过的,我认为即使它操纵我们去做我们应该做的事情——比如,投票给最好的候选人或者戒烟——也还是在鼓励和强化我们的缺点和弱点。经过精心计算,广告让我们变得更坏,以便占我们的便宜。广告是操纵最纯粹的(也就是说,最糟糕的)的可能形式。一个完全没有广告的世界,就像一个没有战争的世界一样,将会是一个比现在无限地更好的世界。

我认为强制不需要强制者。人们可能会被一些情况所强迫,而这些情况没有任何可指定的人去负责。人们可能想知道,这种事情是否也会发生在操纵上。我认为它同样奏效。广告就是一个恰当的例子,因为它不仅是特定广告商从事的一种实践,而且是一种社会制度,随着时间的推移,它以我刚才描述的可悲方式塑造了人们的习惯和偏好。

此外,所谓的"自由"市场本身就是这样一种制度。市场上作出的决定通常会对整个社会和其他人产生重要影响(经济学家称之为"外在性")。但市场参与者通常对这些情况缺乏了解和控制,而他们所处的决策环境鼓励他们不去考虑这些后果所引发的问题。因此,市场本身作为一种社会制度,鼓励人们只关注眼前的选择,往往是他们的一时冲动和反复无常,而不是他们的长期利益,更不用说社会或未来几代人的利益。我认为,市场本身就像广告一样,在操纵他人方面起着系统的作用,它鼓励人们狭隘地关注自己的生活,甚至只关注现在和不久的将来。它鼓励人们这样一种想法:他们不欠其他人任何东西,除了那些与他们有直接利益关系的人(比如他们的家人)。通过它使财富和权力的不平等变得可能和加剧的方式,市场不仅影响他人的利益,也影响他人的自由,同时也使得人们很难看清是它正在兴风作浪,并在没有自由的地方创造了自由的假象。我认为，它做这一切的方式相当于某种操纵的形式，不针对任何特定的个体或没有任何一位个体需要承担责任。

这是亚当·斯密政治经济学理论的伟大成就之一，它展示了在现代社会中，市场塑造那样一些个体的方式，这些个体认为自己是独立的行为者，能够自主地管理自己的生活；这些个体与其他市场参与者的关系是基于形式上的平等和自身利益，而不是基于人身依附关系（On this, see Satz, 2010, Chapters 1-2）。因此，他帮助我们看到他所称的"商业社会"如何教育人们追求自由。但是，市场对人类自由也有其不利的影响，我担心人们不太了解这一点，因为市场本身就是在操纵我们，从而掩盖那些不利的影响。当我们考虑市场塑造我们的方式的这一方面时，"自由市场"这个术语应该总是被当作某种矛盾修饰法，而不是一种冗言法。只有一个以市场为基础，被广告操纵的社会，才可能使许多人把"购物"看作是一种愉快的甚至有价值的活动——让自己接触到他们知道自己并不需要的商品（在商店里，或者在网上），但却清楚地预期望自己会渴求这些商品，愿意为它们付出金钱。我觉得这样做令人恶心和反感，难道这只是我的一个癖好吗？还是说，这种病态已经变得如此普遍，以至于一种理智的态度现在看起来反而像是某个哲学家的癖好？

现代市场经济与人的自由之间的矛盾关系，得到了黑格尔的高度评价（PR § § 189-98, 241-6）。他接受从亚当·斯密和其他政治经济学家的一些观点，认为市场特别是参与市场经济的劳动纪律，涉及解放和教育（*Bildung*）的某个出奇地有价值的环节，构成了他认为是现代公民社会最大之荣耀的那种主观自由。但黑格尔也非常清楚地看到了如下情况：被市场经济转换了的需求和偏好、与现代公民社会有关的各种劳动、由市场造成或强化的社会不平等，倾向于腐化人们的品味，降低他们的能力，并导致社会错误地卷入极端的贫富悬殊。这是对人类自由，甚至对文明社会本身的伦理价值的威胁。

第七节　作为独立于他人意志的自由

我希望我们现在能够看到，这里有一个共同的主题，将强制和操纵结合起来,使它们成为一个连续统一体的不同两端。两者都涉及你可以让别人做你想做的事,或者你认为对行为者或他人有益的事,利用这个机会,窃取他人的理性自治,代以你自己的选择。从这个角度来看,两者我们都应该反对,反对两者的名义而提出的价值,就是我们所说的“*非支配的自由*”。这可以与纯粹作为*不干涉的自由*区别开来,不干涉的自由意指某个人或某些人在做某些行为时没有障碍(未必是人为制造的障碍)。作为非支配的自由是最近一些作家——菲利普·佩蒂特(Philip Pettit)和昆廷·斯金纳(Quentin Skinner)——所称的“共和”(或“新共和主义”)的自由(see Skinner,1990;Pettit,1997)。这一价值在现代道德和政治哲学的许多传统中都得到了强调,特别是在洛克、卢梭、康德和费希特的思想中。

这是隐藏在洛克关于人类拥有自由的自然权利的概念背后的想法:“人的自由和按自己意愿行事的自主,建立在他的理性的基础之上,它教导他进行自我治理的法则,让他知道自己还有多少自由的余地”(Locke,*Second Treatise*, Chapter VI, § 63)。这是卢梭坚持平等自由作为社会契约基础的依据(Rousseau,1997,pp.49-51)。迄今最为明确的陈述可能出现在康德的主张里。康德声称,我们唯一的与生俱来的法权就是自由——“不受他人选择约束的独立性”,以及他的“法权的普遍性原则”:“任何行动都是正确的,只要它能按照普遍法则与每个人的自由共存,或者按照其准则,每个人的选择自由都能与依照普遍法则的每个人的自由共存”(MS 6:237,230)。在费希特关于“法权关系”的概念中,我们还发现了另一种富有戏剧性的说法,这种关系涉及人与人之间相互承认,以及我们每一个人对另一个人发出的召唤,为我们留下一个自由行动的外在空间(Fichte,NR 3:41-7)。这一价值观背后的基本思想是,作为理性的行为者,我们有理由希望我们的行为为我们的种种目的服务,而不是我们无法分享的、被他人选中的各种目的。不与他人分享而被他人选择的目的。刚刚提到的哲学家们认为,我们甚至有自由的法权不受他人控制,至少在他人与我们拥有同样的自由法权这一事实的约束下,我们可以如此。

正如我所拓展的概念,被强制并不一定意味着失去这一类别的自由,因为没有可接受的选择并不一定意味着别人有权力剥夺你对自己行为的控制。

这种强制的概念太笼统、太宽泛了。但在现实世界中,被强制确实会让别人处于控制你的位置,剥夺你需要自我治理的选择。如果一个工人必须接受雇主的任何雇佣条件,或者眼睁睁地看着自己的家人挨饿,那么他的雇主就有能力控制他的生活。更普遍地说,那些有能力强制别人的人也有能力剥夺别人自我治理的自由。

操纵的情况也是如此。它更直接(尽管更微妙)地威胁剥夺我们同样的自由。它不会剥夺我们选择的自由,但是却是会破坏它。因为它在强制的范围之外运作,让我们拥有为自己作出选择的形式上的自由,它逃避了许多我们可能试图通过强制来实现的补救措施。例如,我们可以设法阻止广告太过公开和危险地撒谎,也许我们甚至可以禁止那些旨在向儿童推销尼古丁癖嗜的广告。电视广告播放的时间,被限制在正式节目播出前或播出后的某些相当长的时段内(美国也是如此),因此,它们不要求节目本身经过专门设计,以便有规律地进行商业中断。

然而,操纵通常是通过交流行为进行的,而这种交流行为对于行使自由是必不可少的,因此,试图通过强制阻止操纵来促进不受约束的自我治理,将会产生灾难性的反效果。即使在原则上,如果不同时禁止或干涉传播和自我治理行为本身,那么我们禁止或强制阻止广告最令人反感之处(即广告的操纵性)的能力是相当有限的。也许有一天会有一种教育方式,可以教会人们如何保护自己不受广告或其他形式的操纵,而人们现在已无可救药地成了这些操纵的受害者。可是,现代世界却似乎并没有在这方面取得任何真正的进展。有时,现代社会似乎使人们比在前现代社会秩序中更容易遭受蓄意的大规模操纵。

第八节 剥 削

关于第三个概念——*剥削*,我还需要(简要地)谈一下,我想把它与*强制*和*操纵*联系起来(若想获得更完整的内容,请参阅 Wood 1995, 1997, and 2004, Chapter 16)。从最基本的意义上讲,剥削某种东西就是*利用*它。然而,剥削不同于单纯的利用之处在于，被剥削的之物是被剥削者为了达到某种目的而实施的计划的一部分，在这种目的中，剥削者对被剥削之物实行某种支配或控制。在人类既是剥削者又是被剥削者的这种情况中，剥削是指剥削者利用（为了剥削者的一些目的）被剥削者可得到的某物——较为典型的，是被剥削者的一些能力或被剥削者所拥有的一些资源——剥削者通过困扰被剥削者的某种脆弱性来获得控制权，剥削者借此控制被剥削者的利益，进而达到自己的目的。因此，"人对人"的剥削有两个要素：一是，剥削者利用被剥削者的脆弱性来获取控制权；二是，剥削者通过对被剥削者行使这种控制而利用后者的能力或其他利益。

有时，我们不是把这种能力或利益当作剥削的对象，而是把特定的人（他或她自己）作为正被剥削的对象。我想，我们是这样做的。当我们判断剥削者对被剥削者的控制是充分全球化的，或者剥削的对象与被剥削者的人格特征密切相关时，我们就可以认为被剥削者的整个地都被剥削者所控制和利用。我怀疑，是否有任何精确的方法可以用来确定在什么情况下会发生上述事例，尽管有一些明显的例子，而且，任何反对一种人对人的剥削形式的人，都倾向于把这种剥削描述为对整个人的剥削。

我也怀疑，我们能否确定一个人容易受到另一个人伤害的确切条件——这与说某一人称只是想从另一个人那里得到一些东西，因而前者非常自由地、自愿地按照后者的要求去做事之类的说法不同。根据事例的性质，被剥削者的脆弱性通常使他们更渴望被剥削，从这个意义上说，这种剥削对他们来说更具有自愿的性质，甚于对剥削者而言。因此，不能把自愿性当作非脆弱性的标准。

但也有明显的脆弱性事例。一个成功的勒索者的受害者显然是脆弱的，很明显，后者对前者而言很脆弱。急需某种药物或其他暂时稀缺资源的人，显然很容易受到哄抬价格者的侵害。如果接受你们提供给我的危险、有辱人格和低薪的工作是让我的家人免于挨饿的唯一途径，那么，我在你们面前显然是脆弱的，你们是在剥削我的劳动。我认为，这是资本主义制度的一个普遍的经验主义事实——在经济学家对雇主和雇员之间的市场关系的正式表述中，这一事实通常被完全忽视了——工人阶级在这种情况下很容易受到资产阶级的伤害。这并不是偶然的，那些拥有物主身份的人利用他们拥有财产的事实，来剥削那些一无所有的人：这就是资本主义社会中*所有权*的主要意义；这就是为什么马克思用对私有财产的攻击来攻击资本主义剥削。然而，这种关系也有例外情况——例如，体育明星受雇于运动队——在这种情况下，雇主是弱势一方，雇员是强势一方。因此，工人的脆弱性并不是雇主的正式财产——雇佣关系也是如此；它仅仅是一种系统的经验的必然性，制约着这种被视为普遍性的关系。

勒索和哄抬物价等做法是剥削的形式，几乎人人都认为它们是令人反感的（尽管它们也有自己的捍卫者—— 请参阅 Mack，1982，pp.273-84，and Zwolinski，2008，pp.347-78）。但显然在其他情况下，剥削并不总是坏事。一些脆弱性（例如，一个法律案件中的薄弱环节，缺乏任何值得赞扬之处而且应该被废弃）是可以*很好地*加以利用的。在一场竞争性的比赛中，我们试图利用对手的弱点，我们也预期他们会利用我们的弱点。良好的体育精神包括接受这些事实；如果你没有预料到，甚至不想让你的对手利用你的错误或失败，你一开始就不应该选择参加比赛。但是，如果剥削是通过强制或操纵进行的，而这些也是不好的，那么剥削往往是不好的，因为它分享了（或骑墙式坐享）使剥削成为可能的强制或操纵的坏处。

剥削的最糟糕的一面在于，在大多数情况下，利用别人的脆弱性来达到自己的目的是可耻的，应该受到谴责的，而且让你的能力和资源，尤其是让你自己，以这种方式被利用是可耻的。特别是当剥削涉及——通常如此——剥削者对被剥削者行使强制权力，剥夺被剥削者的自由时——他们不受他人意志约束的独立性。资本主义的捍卫者通常把它描绘成一个自由的体系，但他们对自由的看法是一边倒的。许多年前，伯特兰·罗素（Bertrand Russell）曾相当准确地描述过这句话："资本主义的鼓吹者非常倾向于诉诸神圣的自由原则，这体现在一条格言中：*不能把幸运的人局限于对不幸的人施行暴政之中*"（Russell，1926）。

事实上，雇主，在购买雇员的劳动力时，从根本上来说，购买的是一种支配雇员的权力,对他们行使强制权力的假定法权,剥夺他们免受他人选择约束的独立性,康德称之为“每个人因其人性而固有的自由法权”(MS 6:237)。他们在工人的整个工作生涯中行使这一权力——而且就他们所能做的而言,在工作之外也是如此。

工人组成工会的最重要的原因,并不是为了获得经济优势(更高的工资,购买力)以增强他们与雇主讨价还价的能力,而是为了保护他们的自由,限制雇主对他们生活的掌控。卡尔·马克思认为,这是工人组织起来的根本原因。

仅靠更好的衣服、食物和待遇以及更大的私产很少能消除对奴隶的剥削,雇主对雇佣工人的剥削的情况也是如此。由于资本积累而导致的劳动力价格上涨,实际上只是意味着,工薪劳动者已经为自己锻造的那条金链的长度和重量,仍然还有延长和加重的余地(*Capital* 1:618)。

《共产党宣言》宣告的不仅是工人阶级物质生活的改善,更重要的是宣告了工人阶级的*解放*。剥削是对被剥削者的侮辱,因为它剥夺了他们的自由,而自由是他们人类尊严的根本所在。

人们不应该把别人的弱势看作可被利用的机会,而应该把别人的弱点看作帮助他们的机会。有时,这种帮助会很自然地采取帮助他们消除弱势的形式。那些在别人面前太弱势的人,或者以错误的方式示弱的人,缺乏我们认为人们应该拥有的尊严。当我们看到许多人由于贫困或其他形式的劣势(往往伴随着、导致或源于贫困)而极度脆弱时,如果我们尊重人类和人类的权利,我们就会希望看到这种脆弱性被彻底消除。那些不这样做的人是人类的耻辱,他们认为他人的脆弱性与自己无关,甚至认为可以利用他人的脆弱性。

然而,人类的脆弱性也不总是一件坏事。善良和正派的人常常欢迎某些类型的脆弱性,无论是在他们自己身上还是在别人身上。对于他人的某种脆弱性,正确的反应不是寻求消除它,而是让弱势的人不为自己的脆弱性感到遗憾。例如,爱一个人,就是在他们面前示弱;如果我们真爱,我们不希望这个脆弱性被消除,而是希望被爱的人将它视为一个对我们表现慷慨并回报我们之爱的机会,而不是一个盘剥我们的机会。那些错待他人的人,那些被错待的人,以及那些扮演这些角色的人之间的人际关系的动态变化,是一个明显的例子,说明人类的脆弱可以被视为一件好事。如果我错待了你,这表明你在我面前是多么脆弱。这样,我就任凭你们责备我、非难我,这说明了我的过错是如何让我在你面前变得脆弱。但是,犯错者的忏悔和对犯错者的原谅,以一种方式展示了这些脆弱性,最终,让我们珍惜而不是愧疚。这就是不当行为、责备、内疚、忏悔、同情、怜悯和宽恕相互作用的方式,成为所有伟大宗教的道德和情感内容的基础的缘由,它代表了它们最深刻和最吸引人之处。

一旦我们识别了某种剥削正在发生的事例,对此应做些什么,始终是一个单独的实质性问题。如果剥削是脆弱性的一个几乎不可避免的结果,而脆弱性不是可辨别的人类选择的直接结果,那么可能就没有明显的办法来消除它。我们的第一反应,尤其是当我们开始理解这最后一点时,可能是直接责备或怨恨剥削者。但这往往并不像看上去那么合适,有时甚至根本就不合适。

我认为,马克思没有对资本主义剥削作出这样的反应是很重要的。例如,在《资本论》的序言中,他写道:

> 为了避免可能产生的误解,要说明一下。我决不用玫瑰色描绘资本家和地主的面貌。不过这里涉及的人,只是经济范畴的人格化,是一定的阶级关系和利益的承担者。我的观点是:社会经济形态的发展是一种自然历史过程。不管个人的主观上怎样超脱各种关系,他在社会意义上总是这些关系的产物。同其他任何观点比起来,我的观点是更不能要个人对这些关系负责的(Capital 1:92)。

如果在这篇文章中看到任何关于自由意志或道德责任这一普遍问题的立场,那将是对这篇文章的完全误读。马克思的观点是,对资本家和地主而言,无论他们的自由意志或道德主体性如何,只要他们保持这种状态,停止他们的剥削就不可能是一个可接受的期权(用实际的经济学术语来说)。用我们一直在讨论的术语来说,他们是被强迫或被强令成为剥削者的。正因为如此,马克思认为责备他们是风马牛不相及的。

尽管剥削者比被剥削者拥有更大的权力,但只要他们无法避免与被剥削者发生互动,就不容易单方面地停止剥削。期望那些处于有利地位的人利用脆弱性放弃剥削机会并不总是合理的。如果他们只是为了让弱势群体受益而牺牲自己的资源(不管是通过消除其脆弱性还是慷慨地对待它),这不仅可能被视为似乎不切实际的圣洁,而且在被剥削者看来很容易体会到一种居高临下的感觉:这可能只是另一种凌驾于弱势群体之上的方式,使他们遭受不同的羞辱,甚至以不同的方式利用(利用)他们的脆弱性。在大多数情况下,我们有理由希望剥削者不会继续利用,甚至加强受害者的脆弱性。但他们可能不知道该怎么做;找到这样一条道路可能需要道德创造力,而他们的社会角色既没有赋予他们这样的天资,也没有给予他们这样的激励。

因此,与我们可能想到的相反,如果把与剥削作斗争的任务交给较弱的一方,即易受伤害的人、受剥削的人,这可能是一种更有效的方式。这也许就是为什么卡尔·马克思考虑把工人从资本主义剥削中解放出来的方法时,采取的不是针对资本家而是针对工人的忠告和劝诫:"所有国家的工人们,联合起来!"(CW 6:539)。自己组织起来,自己强大起来,这样你们就再也不会那么脆弱了。接受这个建议,就与剥削阶级屈尊于弱势群体无涉[基于这些理由,马克思是第一批明确支持建立工会的社会主义者之一。其他人——罗伯特·欧文(Robert Owen)、皮埃尔·蒲鲁东(Pierre Proudhon)、费迪南德·拉萨尔(Ferdinand Lassalle)——要么反对它们,要么认为它们没有什么价值]。我们想强加给剥削者的唯一负担就是他们不会出面阻挠,他们不会把组织和赋予被剥削者权力视为对他们特权的非法侵犯。当马克思把他的劝诫指向资本家或他们的政治代表时,这通常是他们所采取的形式——不反对工人阶级的发展——他认为这甚至符合剥削阶级的长远利益。无须更高的动机,他们自身当前的利益也能促使统治阶级为工人阶级的发展消除一切法律上可控的障碍。这就是我把英国工厂立法的历史、内容和结果放在这卷书中一个显要位置的原因,因为一个国家应该而且可以向另一个国家学习(*Capital* 1:92)。

但是,马克思并不希望统治阶级会听从他的意见,他预料到他们会害怕并抵制工人的自我赋权。我们非常清楚,这些悲观预期是正确的。

马克思更遥远的希望是,工人阶级运动将改变社会,这样,一个阶级对另一个阶级的剥削就不会成为构成其经济结构的社会关系的一部分。人类的道德进步主要在于努力消除人类的某些脆弱性——那些威胁到人类尊严的脆弱性——并珍视另外一些脆弱性，那些让弱者乐于示弱的脆弱性。这两项努力的目的都是消灭剥削。基于这些原因，它是衡量一个社会道德水平的一个重要指标，无论这个社会是否容忍甚至鼓励剥削，或者它是否向剥削宣战，并努力消除所有的剥削形式（最微不足道和最无害的剥削形式除外）。按照这个标准，我们所生活的现代资本主义社会，尤其是美国社会，就其促进和颂扬资本主义剥削而言，是一个非常令人反感的社会秩序。

第九节　关　联

显然，并不是所有的剥削事例都涉及强制或操纵。人们在他人面前是脆弱的，他们的脆弱被利用了，而那些脆弱的人除了被利用之外没有其他可接受的替代方案。在很多情况下（如果饥饿是唯一的另一个选择，这是不可接受的），人们被迫受剥削。但在其他情况下，可能只是因为，考虑到他们的脆弱性，在可接受的选择中，被剥削是最不令人反感的。尽管如此，剥削仍然是实实在在的。剥削也未必通过操纵来实现。剥削者有时确实会欺骗、施加压力或破坏受害者的理性选择，或者利用其性格弱点。并不是所有的脆弱性都遵循这些模式，那些在谈判中具有决定性优势的人，可能会利用别人的脆弱性，而不需要使用操纵者的任何诡计。通过欺骗进行的大多数操作都与脆弱性无涉——一个熟练的说谎者可以创造一种只有缺乏认知美德的人才不会被欺骗的局面。然而，强制和操纵的事例与剥削的事例以清晰而且值得注意的方式相互重叠。人们有时别无选择，只能被剥削。恐惧、轻信、贪婪或虚荣心，可能是可以被操纵者利用的弱点。

当这三个概念都适用的时候，一个共同的主题——不过，在这种情况下，没有什么是一成不变的——是对非支配性自由的剥夺：一个人剥夺、抢占或微妙地削弱了另一个人对自己的选择和行为的理性控制。强制、操纵和剥削也可能威胁到人类的福祉或幸福。但我相信——并试图在这里证明这一点——强制、操纵和剥削所引发的最严重的道德问题，是事关*自由*的问题。

结　语

中国古代儒家伦理认为统治者有四大美德:(1)禮[*礼*(*lee*)]:贵贱尊卑的礼节;(2)義[*义*(*yee*)]:作为行动准绳的正义;(3)廉[*廉*(*lian*)]:廉洁方正;以及(4)恥[*耻 chǐ*(*tche*),第三声]:有知耻之心,有人告诉我,最好把它翻译成"对羞愧的敏感性"。第四种美德是最重要的,没有它,其他的几种将不可避免地是空洞的、虚假的和伪善的。

美国,它自诩有统治世界的权利——无论在什么地方,只要它自己觉得合适,就可以进行强制、入侵和杀戮——这第四种美德在美国人身上普遍存在着一种明显的缺失,尤其是在其政治领导人身上。在政治光谱的右翼,这种美德不仅缺乏;至少在这种美德原本可能适用的范围内,或者在这个国家的历史中,它们的政策原本会因此永垂不朽,但它却被欢呼雀跃的狂怒所否定。就其本身而言,政治上的左翼是懦弱和腐化的,他们不愿坚定不移地为他们认为正确的东西挺身而出,他们愿意向贪婪、谎言和偏执妥协,他们愿意为了政治目的而佯装在那些厚颜无耻的谎言中可能存在着某种真理。究竟哪一方最有理由感到羞愧?

在这个国家的历史中,有应该感到羞耻的理由数不胜数。一个最狂热地认同资本主义的国家,不仅是发达国家中最不平等的国家,也是监禁其人口比例最大的国家——从这个明显的意义上说,也是地球上最不自由的社会,这并非偶然。美国是建立在对整个美洲大陆的原住民进行暴力掠夺的基础之上的。它的经济在很长一段时间里都是建立在奴隶制的基础上的,而奴隶制是通过一场可怕的大屠杀才被废除的。当时,奴隶制的种族主义基础在一个多世纪中仍然发挥其充分的威力,特别是在那个不得不被残酷地强制接受废除奴隶制的地区。种族偏见,包括在每一波新的外国移民开始对国家作出贡献时,对他们进行无知和短视的仇外迫害,即使是现在和将来也继续对我们的政治和经济生活产生重大影响。甚至在奴隶制被废除后,许多奴隶制压迫所带来的自愿接受的传统,也很容易地转变为对资本主义,最具压迫性的东西的普遍接受,而资本主义仍然监禁着不成比例的黑皮肤公民。美国社会持续的结构性种族主义最可耻的不限于它所发挥的多样的政治影响,还包括人们为了说服自己这是另一回事而采取的荒谬做法("国家的权利""法律与秩序""自由企业""过度政府"……)——假面舞会的名单会随时间而变化,但基本的政治立场、后果、投票模式以及它们的持续重要性并没有改变。谎言、伪装、愤怒的否认和自我欺骗所造成的伤害,要比谋杀、种族主义和压迫所造成的伤害要小,但它们可能更可耻。

至少在发达世界,现代国家更普遍自鸣得意地认为,它们是基本的——如果不是完全的——自由和公正的社会,是民主的社会,它们以其成员的名义行事,而这些成员也参与治理它们。也许这是不可避免的,人们(至少是许多人——那些享受特权的人,以及那些害怕想象变化的人)应该为他们所生活的社会感到骄傲,沾沾自喜于它的种种故障,而不是感到羞耻,即使他们意识到这些故障是如此地严重。在这里,儒家的第四种美德的智慧似乎特别适用。因为问题的关键不在于是否有理由为你的传统感到自豪。总有这样的理由:我相信我的同胞们将迅速提供这些理由,会立即谴责我在前一段所提出的美国的耻辱,认为它是片面的、不公正的。

然而,把这些骄傲的理由当作使自己*免于*羞愧的理由,是一种堕落。我们不能把这些原因加在一块记分牌上,如果我们的净得分是正数,而不是负数,就不会感到羞愧。我并不是说人们不可以为他们文化传统中的优点感到骄傲,而是说他们对过去不应该发生的事情怀有一种体面的羞耻感,并决心改变他们的社会,使同样的错误不再继续下去。儒家的智慧并没有说皇帝、他的大臣、他的地方官员不可以为他们的统治感到骄傲——只要它恪守礼、义、廉、耻,表现出它的得体、公正和完整。对羞耻的敏感性是统治者不可或缺的美德,因为对于那些行使权力和承担责任的人来说,羞耻与作出改变的决心是分不开的。“羞耻之心,”马克思说,“就已经是一种革命了”(CW 3:133)。①

我不愿敦促来自其他国家和文化的人感到羞耻,但确实觉得自己的国家和文化有理由这样做。这是因为它是我的国家,而且因为它以我的名义呈现在我面前。这使我有权利和义务不抱幻想地看待我的社会对它自己的人民和对别人所犯下的错误,然后,批评、谴责和设法纠正它过去所犯的和现在仍在犯的错误。

人类倾向于对自己的文化采取一种片面的积极态度,使自己和社会免于耻辱。本书中讨论的18世纪和19世纪的德国哲学家,对人类的这种倾向持不同的态度。黑格尔试图通过证明现代国家的核心(其“现实性”)是理性的,即使其表面的、短暂的外壳必然包含偶然的缺陷,使我们与现代国家的社会世界保持一致。黑格尔的论据包括对现代人的需要和愿望的深刻描述,但他试图用这些需要和愿望来捍卫现代国家,这一努力却更加值得怀疑。当我们审视黑格尔赖以构成现代社会所谓的合乎理性的价值时——承认人的抽象法权、道德主体的主观自由、个性与普遍性的和谐,以及在伦理角色中的特殊的利己和社会善、所有个人都参与一个比每个人自己的私人个性更大的社会利益——然后,将这些价值观与现有的现代性制度相比较。我认为,我们很可能会为现代资本主义民族国家系统地背叛这些价值观,而且对黑格尔试图将19世纪早期的民族国家描述为实现它们的尝试不以为然而感到羞耻。因此,黑格尔的遗产更多地属于现代社会的批评家,属于那些容易感到羞耻的人,而不是(如他所打算的那样)属于那些想要捍卫现代社会本质合理性的人。

---

① 马克思所说的羞耻,以及儒家伦理的意图,是一种*自我强加*的羞愧[“羞耻,”马克思说,“是一种指向内心的愤怒”(CW 3:133)]。它是通过对你所做的错事或你作为同谋的错误的正确认识而强加给你的。你不仅要对你感到羞耻的事情负重大的责任,而且更重要的是,你有能力去做一些事情,去改善你的责任范围内的事情,从而消除或减轻自我强加的羞愧感。儒家伦理认为,统治者有权纠正和改善他们理应感到羞耻的不公正或滥用的统治;马克思认为,一旦人们意识到社会的不人道和压迫性,他们就有能力改变社会。这种羞耻与其他形式的羞耻完全不同,这些羞耻是由机构、权威、传统习俗或公众舆论*莫须有地*强加给弱势群体的——他们完全无能为力的一种羞耻——例如,遭受迫害的少数民族、社会贱民、替罪羊,或被强奸的妇女,甚至(在某些文化中)经期妇女所遭受的耻辱(这包括穷人因犯罪行为、资不抵债或仅仅因为贫穷而受到的羞辱)。后一种形式的羞耻,在所有文化中,都是社会受害的主要机制之一;对它敏感不是一种美德,而是一种可怕的不幸,也是一种不公正的表现。

赫尔德也可以被看作现有社会秩序的捍卫者和辩护者，因为他认为，作为一个原则，每一个民族和时代都应该以自己的思维方式，来判断它自身是否品行高尚和令人幸福——在他看来，这是适用于任何时代或文化的唯一合适的标准。但赫尔德却将自己所处时代的思维方式视为一个例外，特别是当它把自己当作法官和他人的*终极目的*时（赫尔德对美国人所能认同的那种文化傲慢态度的抵制，肯定自有其缘由）。赫尔德似乎把18世纪末的欧洲社会看作一个老龄化和衰败的社会；他期待着未来出现一个新的更高类型的社会。他认为，人类历史的漫长弧线是朝着*人性*（*Humanität*）的方向发展的——全人类的理性和公正；他认为，不同的时代和不同的社会对这个终极目标作出了不同的贡献（尽管总是不完美）。

与赫尔德一样，康德认为，人性在实现其人类使命的漫长、缓慢和踌躇的过程中尚处于早期阶段。在他看来，如果人类不辜负其道德使命，那么，过去和现在的政治、宗教和道德态度都与它们可能有的、应有的样子相去甚远，远远超出了人们的普遍认知。康德追随卢梭的观点，认为现代社会及其"文明"（至少到目前为止）更多地导致了苦难和腐败，而不是那种圆满。因此，除了"文明"之外，康德还向我们指出了一个"道德化"的历史过程，它与人性的道德败坏和现代社会生活的不公正和冲突作斗争。但康德也对过于迅猛社会变革速度和暴力企图保持警惕，担心它们会导致专制，甚至野蛮；他为他那个时代存在的许多道德判断和社会制度进行辩护（基于各种理由，其中一些在我们现在看来令人震惊和不光彩）。我们大多数人现在认为，这些判断和制度与他所阐述的法权和伦理的基本原则不相容。

费希特有时遵循康德的最后一种倾向（特别是在妇女和家庭方面，尽管他的观点是某种十足的不光彩和令人钦佩的远见混合而成的万花筒）。费希特也像康德一样承认，人类还有很长的路要走，而且，似乎对一个他自己（或任何现在活着的人）可能无法领会到的未来持开放态度。在他那个时代，他被视为雅各宾派的一员和一个危险的政治激进分子而受到谴责和迫害。尽管他找到了一种与当前政治秩序和平相处的方法，但他这么做只是基于以下非常可疑的条件："国家的任何宪法都是与法权相一致的，只要它不妨碍向更好的方向发展……*只有那*个以维持一切事物目前的状态为目的的宪法,才是与法权相悖的”(SL 4:361)。这与马克思“对一切现存事物的无情批判”相去不远(CW 3:142)。

正如我在引言中所说,作为一名学者和哲学家,我的首要职责就是用他们自己的语言来描述这些历史哲学家。因此,除了少数例外,我主要是在导言和这些结语中从他们的思想中得出自己的结论。现在,陈述一些与我们时代相关的结论,我相信,这些结论来自于对本书第十二章所讨论的哲学的合理思考。重复一下我在前言中说过的话:这些结论并没有被本书中所讨论的哲学家们全部接受。我还重申对此的解释:这些哲学家过于接受他们那个时代的习俗和实践,以至于无法从他们自己的学说中得出一致的结论;从更长远的历史角度来看,我们能够更好地理解他们的哲学所指向的观点。

我并不认为下列建议是切实可行的政治建议,而是本着费希特在耶拿向他的听众所提出的、关于可能的人类未来的设想的同样精神而倡导如下:

> 我并不是说事情像我所描述的那样。但根据我们的实际概念……事情应该是这样的,我们能够而且应该努力使之成为这样……我们至少可以在自己之外瞥见一种联合,在这种联合中,一个人如果不同时为每个人工作,就不能为自己工作;如果不为自己工作,就不能为他人工作(VBG 6:321)。

一、所有人都应该拥有支配自己生活的外在自由

个人应该不受他人选择的约束,不受外在的强制、家长式的干涉、压力和操纵——当他们做一些只影响自己的事情时,当他们与他人交往时,被认为是自由平等的,完全是自愿的。这包括他们的信仰:关于道德、宗教、哲学、科学;他们如何选择自我娱乐——他们读什么书,看什么戏剧、电影或电视。它还包括他们摄入身体的物质;他们选择和谁交朋友,或者爱谁(包括性);以及他们如何选择处理自己的身体(生命、死亡和生殖的问题)。

同样的自由,应该属于所有成人。把女性体内的胚胎或胎儿当作已经存

在的人（值得实施外在强制来加以保护的）来对待的决定，只是简单地假定（就好像这是一种已经确定的形而上学事实，甚至不允许出现争论的问题）女性不是自由的人。并不是女性自己对身体有真正的发言权，而是那些自称是胎儿的监护人的其他人，那些碰巧相信胚胎或胎儿人格的人，他们傲慢地要求把自己介入另一个人的生活中，作为那些想象中法权的保护者。然而，不言自明的事实恰恰相反：每一个成年人，仅仅作为一个自由的人，对他或她自己身体内正在进行的生命过程，都具有不容置疑的合法权威。如果妇女身体内的潜在或未出生的人类生命需要监护，她是唯一能够正确行使监护权的人，任何其他个人、任何爱管闲事的牧师或侵入性的宗教团体都无权干涉。任何人的良心或宗教信仰的权利，都不可能扩大到给予他们对另一个成年人身体的权威。至于国家，它的主要任务是以其一切强制力量捍卫所有人对自己身体的权利，它绝不应让自己成为剥夺他们权利的同谋或代理人。

长期以来，女性一直被视为动产、家庭劳动力、性服务提供者和婴儿制造者。她们服从于他人的权威，尤其是男性的权威，特别是在他们的性生活和生殖生活中。与堕胎有关的唯一问题，是这些不公平现象是否会最终结束。把延续人权的落后政策说成实际上是把人权的范围扩大到一个新的（未出生的）阶层，就像解放奴隶一样，这是一种病态的诡辩。这个问题与奴隶制之间的类比是完全恰当的，但它起作用的方式完全是不同的。

所有属于私人事务范围内的事项，联合起来都构成一个领域。在这个领域内，应保护所有成年人的外在自由，不受他人的私人干涉，也不受政治国家的强制权力的影响。事实上，国家的主要职责就是保护这种自由，防止其他个人和国家自己的代表干涉这种自由。然而，关于这些问题，可能存在严重的*伦理*问题——要求理性主体自我约束的非强制性伦理义务。我们可能不喜欢康德在18世纪提出的“义务”一词——这听起来很乏味，而且具有不属于康德理论的外在制度内涵——但我们承认自我约束的非强制性伦理义务，不管他人或道德原则是否对我们提出这样的要求。

从这个意义上说，我们有依据事实、相信理性的道德义务，而不是通过自我欺骗、一厢情愿、社会整合或盲目地坚持某些政治或宗教教条来形成我们的信仰。在服用药物,是否吃肉,我们在何时、与谁进行自愿的性行为方面,可能存在伦理约束。可以说,妇女有一种非强制的道德义务,那就是重视她体内未出生的人的生命,并在作出完全属于她自己的决定时考虑到这一价值。更广泛地说,可能有关于生命和死亡的道德问题,关于我们身体内部的生命过程,以及我们在这方面的义务。

在这些道德问题上,我们可以征求他人的意见,或者通过与他们论理而告知。他们甚至可能有一种非强制性的倾听的道德义务,我们甚至可能同样如此,去和他们讨论他们的道德义务,只要他们愿意倾听。但是我们不能强迫他们,要么履行他们的道德义务,要么倾听我们的论述和道德说教(例如,如果有人试图剥夺一个女性对自己身体的权利,那么她就不需要听他们说她应该如何选择行使这项权利。如果他们想说服她选择一种方式而不是另一种方式,他们必须首先通过捍卫她作出选择的权利来建立他们自身的信誉)。

我们在试图说服他们时,可能使用的手段在道义上也是值得怀疑的:我们必须始终以自由理性行为者的身份尊重他们,他们有权拒绝任何可能破坏其理性自治的压力或操纵。最重要的是,国家绝不应在任何纯粹的伦理和以自我为中心的问题上对人民施加强制,或强制要求人民象征性地向大多数人或当权者的宗教或道德信仰表示敬意。因为国家的任务是代表所有人说话;当它表现出对独立于法权的强制保护的信仰或价值观的忠诚时,它的行为是失当的。

二、仅为了所有人的自由才必须限制他人的外在自由

无论任何时候,只要人们的行为威胁到他人的合法自由时,*非*私人的事务必须通过合法的强制加以约束,当且仅当以*自由*的名义,这种约束才被证明是正当的。这一问题绝不应直接涉及增进他人福利的利益,而应始终只涉及他们的自由。然而,当人们缺乏足够的自由生活方式所需的资源时——足够的食物、干净的水、衣服、生活场所、足够的医疗保健和社会服务——他们的自由就处于危险之中。这些物资的缺乏,使它们容易受到他人的强制和剥削。

作为合法自由的保护者，国家的任务是确保没有人如此贫困，以至于缺乏自由生活所必需的东西。

问题从来不是我们是否应该“信任”那些我们赋予政府权力的人。当然不应该。但是，当人们坚持认为“我们的”自由受到“太大”政府的威胁时，他们真正的意思是，如果政府有足够的权力（和适当的权力）来保护所有人的自由，那么享有特权的人对我们其余人施暴的自由将被剥夺。他们反对的总是“太大”的政府。事实上，保护任何人的自由总是社会的首要任务，因为他们的自由受到了他人的强制权力的威胁。威胁正当自由的权力主要有三种形式——*直接暴力*的权力、*欺骗*他人或蒙蔽他人的*权力*、*财富*和*财产*的权力。

必须保护人民免受直接暴力威胁。公民个人不应被允许轻易杀害他人。他们不应该拥有枪支，尤其是能隐藏的枪支，以及能在短时间内杀死许多人的枪支。至少，他们获得枪支的机会应该受到严格限制，这样才能保证不会对他人造成不当暴力威胁。这不是一个难以捉摸或复杂的问题。与医疗保健一样，它早已被除美国以外的几乎所有发达国家所解决。只有野蛮残暴的人才能把不受限制地使用枪支视为属于人民的正当自由。相反，所有人都应享有的法权是，不会遭受其他私人拥有枪支的强制权的危害，也不会遭受国家任意使用暴力的危险。在任何一个理智而文明的社会里，人们都会普遍认为，每个人都享有尽可能自由的权利，因为合法的国家强制手段能够使他们免受私人拥有枪支对每个人构成的致命威胁。因此，与来自其他国家的人相比，我们真是百口难辩，他们对我们对致命武器的奇怪痴迷不停摇头，说在美国，人类的生命是廉价的，因为对美国来说，杀戮的权力优先于不被杀戮的权利。

政治言论自由所要求的，远不止是正式禁止国家或私人干涉我们表达自己想法的权利。它还要求保护公众不受系统性歪曲真相的和被操纵的政治进程的侵害，这是财富和权力的巨大不平等，加上大众媒体控制着事实、意见和论点的传播所造成的不可避免的后果。最重要的是，有些个体不可避免地置身于某种经济制度之中。在这个制度中，他们工作的机会，从而获得生存和活动的手段的机会，只能通过对他们施压和对他们不利的另一些个体的选择方能获得。应该保护这些弱势个体的自由不受侵犯。

在私人交易中,人们也应该避免欺诈和欺骗。广告,在第十二章中讨论过,被系统地用来欺骗人们,使他们处于一种无知或在非理性冲动的影响下作出市场决定的境地。抽象的经济理论(自由市场理论)通常假定市场代理人具有同等的知识。在现实世界中,这种假设是错误的,那些有权使其犯错的人故意使其犯错,因为他们从这些错误中获益。美国的大部分金融体系——信贷、投资、保险——都是建立在保密和欺诈的基础上的,企业控制的消费领域也是如此。国家对经济体系的监管失灵,导致投资者、借款人和消费者的权益受到系统性侵犯。在一个基本由"自由市场"原则管理的体系中,这不仅仅是一种"百密一疏"。它恰恰是现实的资本主义制度的基础。

从上文关于个人在自我照料方面的法权的论述中,我们可以得出结论:"将自愿的成年人之间出于私人和非商业目的的亲密性行为合法化"是完全正确的(依据 1968 年弗吉尼亚州众议院法案第 1468 号文件的措辞)。然而,有一个众所周知的经济论证与此构成对照(当然是无效的,甚至是开玩笑的)。它认为,国家不能规范"法定的成年人之间的资本主义行为"(Nozick, 1974,p.163)。这种对照是基于一种可笑的误传。只要性行为的同意受到通常发生在资本和雇佣劳工之间——例如,女性被迫从事性活动的原因恰恰是"出于商业目的"——同样的强制性经济压力,国家就可以正当地干预这些性行为(但它应该总是这样做,以保护弱势群体的自由,而不是像通常发生在道德或宗教激励下惩罚卖淫的强制性法律那样迫害他们)。这种对照通常也会失效,因为在资本主义的现实世界中(与经济学家的理想化理论和资本主义辩护者的有害幻想截然不同),只是作为例外,资本主义行为才真正发生在自愿的成年人之间。资本主义市场现在是,而且一直是,本质上是这样一个市场:在这个市场上,资本所有者比劳动者拥有决定性的谈判优势。劳动者系统性地脆弱,而雇主也能系统地利用这种脆弱。资本主义劳动一直是,也将永远是,一种本质上不自由的劳动形式。如果劳动合同的形式能够在真正自由和平等的经济主体之间发生,就需要一场彻底的革命来实现这一点。资本主义的捍卫者从未表现出这种倾向。

只有大幅度地限制剥削者的剥削自由,才能保护被剥削者的自由。人人享有正当的自由要求社会的运转方式无论如何（通常是通过国家强制）应该与它的经济组织方式有很大的不同。它应调整经济条件，防止剥削，既通过干预那些有剥削能力的人来保护弱势群体，又通过使那些被剥削的人通过自己的努力来巩固自己的地位，以及通过重新分配权力（包括财富）来保护弱势群体，以防止人们处于被他人剥削的脆弱境地。

所有这些都没有得到普遍承认，因为它让我们乐于通过理想化的、赎罪式的形式主义来误读我们的政治和经济体制：我们的政治制度是民主的，理想情况下，给予每个公民自己的一票，给予每个公民平等获得政治权力和政治职位的机会。我们的市场经济是自由的，理想的运作方式是通过双方同意的合同以及自由主体之间平等对话来实现。只有在实践中，这些表现都不是世界的真实面貌。无论什么时候，只要人们努力使现实世界离他们更近，这些努力就会遭到直接来自体制本身的强大利益集团和意识形态的成功反对。而这些利益集团和意识形态，往往正是通过这些错误的理想化和形式主义而使自己合理化。

那些安逸、听天由命、害怕改变、害怕自由的人，都被“自由市场”的形式主义所说服，即人们拥有的财富总是他们所赚取的，而不管人们遭受什么困难或贫穷，他们都理当如此。资本家把自己描绘成富有创造力和进取心的人，是所有社会财富和共同利益的源泉。于是，有人认为，对财富征税，至少在它支持向他人提供服务的情况下，是一种盗窃形式，甚至是一种非自愿的奴役。①他们不知道他们创造的物质有多少是由其他人的生命组成的，他们之所以轻而易举获得别人的劳动，是因为别人的脆弱性。这种脆弱性源于社会的麻木不仁或故意的拒绝，拒绝为这些劳动者提供所需的东西，拒绝使这些劳动者的劳动成为一种选择，而不是某种形式的奴役。这种表现也忽视了我们社会的

---

① 诺齐克（Nozick）把对收入征税等同于强迫劳动或奴役（Nozick，1974，pp.169－72）。然而，税收是货币支付，与强迫服务完全不同。在合同法中，这一区别得到了明确的承认：未按合同约定提供服务的可以通过损害赔偿金来予以补偿，但绝不能强制履行，这将使服务合同变成一种非自愿的奴役形式。然而，诺齐克本人始终坚持将金钱等同于人的自由，并认为人的自由可以用金钱来换取。因此，诺齐克关于自由社会的概念（甚至是他的“乌托邦”）包含了人们出卖自己成为奴隶的可能性（Nozick，1974，p.331）。

财富在多大程度上不是有益的创造力的结果,而是那些对公共利益毫无贡献,反而欺骗投资者和消费者,破坏自然环境的玩意儿,这种自然环境原本应该属于每一个人。这玩意儿甚至掠夺自我保护条例不充分的国家,于是剥削者们将其描述为限制他们应有的自由。与此同时,越来越少的人拥有了越来越多的财富,越来越多的人受制于超级富豪和企业的权力,"……捎上所有人的自由和正义。"

任何人都不能*挣得*对他人的生命行使专断的权力;更不用说他们能够合法地继承或通过他们的投资积累来获得它。没有人*有权*以任何方式获得财富和特权,而正是这些财富和特权,赋予了资本主义公司目前对工人、消费者甚至国家的支配地位。另外,无论是由于缺乏天赋或是缺乏志向,无论是由于缺乏家庭支持或是教育水平低下,或是仅仅是因为运气不好,尤其是由于不利于他们的社会秩序的运作,任何人都不*应该*因为经济上的脆弱性而失去自由。

保障所有人的自由,从而防止不可避免地威胁自由的极端不平等,不仅是法权,甚至是公共权力的责任。这不是"政府对我们生活的干涉"——似乎国家保护弱势群体的合法自由,等于家长式地篡夺了它保护的那些不受他人强制的人的决定。毫无疑问,国家保护弱势群体的法权,将涉及政府对那些错误利用弱势群体的人的生活进行干预,但这不是家长作风。那些要求得到他们应得法权的人不应该被描述为靠"慈善"生活,就像他们的"法权"(通常通过一生的劳动由法律获得)不应该被描述为非法的贪婪。贪婪的人是那些习惯于为了自己的利益而使用国家权力的人,他们习惯于在极其恶劣的程度上,免除监管、税收或任何其他保护他人免受其掠夺的国家行为。

我们的社会在实现其理想化的形式主义自我表征方面的系统性失败,以及它这样做的虚假借口——这些不仅仅是基本公正的社会和政治制度的"百密一疏"——仿佛理想化的事物是根本的现实,而对它们的背离只不过是不幸的偶然事件。相反,我们的社会,在一个又一个问题上,故意地和原则上完全颠倒过来:国家受道德偏见和宗教迷信的驱使,试图规范个人的利己行为,然而,它将侵犯人权的行为——如欺诈、经济剥削,甚至直接致命的暴力威胁——视为一项基本法权,应该完全不受国家干预。此外,任何试图弥补这些“疏漏”的尝试都被谴责为“社会主义”或“共产主义”。但是,惊恐地拒绝这些称谓,甚至拒绝承认它们背后的理想是有可能的——一个如此行事的世界在未来不会得到任何益处。

三、当未来仍有疑问时的希望

正如康德所言:“这并不全是我在什么法权下得到的东西。真正属于我的东西,绝不能仅仅作为我乞求的东西而给予我……”(Ak19:145)“除了正义什么都不需要的人,无须偿还(不公正的特权者)债务,无须俯首听命”(Ak 20:140-1)。康德写下了这些话之后大约 80 年——但距现在是 170 多年前——《共产党宣言》总结了工人阶级运动的主要目标:

> “代替那存在着阶级和阶级对立的资产阶级旧社会的,将是这样一个联合体,在那里,每个人的自由发展是一切人的自由发展的条件”(CW 6:506)。

马克思和恩格斯表现出自信的革命勇气,向他们的读者保证,通向这样一个社会的道路是明确的,也是不可避免的。但是,今天还没有一个诚实的人能在这两方面都有这样的信心。那些人,至少在马克思去世后的一代,假装以他的名义要求实现他的希望,现在普遍被认为已经惨遭失败;他们不是适合模仿的对象。但如果他们未能找到一条超越资本主义的道路,这并不意味着他们什么也找不到,更不意味着资本主义是一种令人满意的社会制度。

无论斯大林主义犯下了什么罪行,我们都有(现在仍然有)充分的理由寻求一种超越资本主义的生产方式,让人们以一种更自由、更人性化的方式进行生产和合作。这一真理是如此明显,以至于要想否认它,恰恰成了极其顽固的、教条主义的刚愎自用。美国所谓的(误称的)“保守主义”的精神——无情的极端主义、对温和或谨慎的憎恨、偏执的教条主义、拒绝妥协、盲目坚持宗派意识形态、排斥基于事实的信仰——所有这些都不太像一个世纪前布尔什维克教条主义的精神。这种(在教条主义指引下的)运动不可能最终获胜,但它们可以持续很长时间,并且只要持续下去就会造成严重的伤害。

无论是自封的“马克思主义者”,还是他们的敌人,都以这种精神来诠释马克思,也许是因为这种精神是他们共有的。但值得怀疑的是,马克思本人是否也有同感。他的作品中最永恒的主题之一,就是人性以及工人阶级的运动必须处于一个不断发展的过程中。他不厌其烦地说,如果工人阶级运动犯了错误,就要敢于承认,决不退缩;如果要完成它的历史使命,就必须不断地从中吸取教训。当然他是对的,他说的话至少对我们的时代和对他的时代同样适用。

对于最终目标还没有达成共识;在 19 世纪 40 年代也几乎没有。马克思说,“每个人都必须承认,他不知道未来应该是什么样子”(CW 3:142)。但马克思至少感到了一种必然性,即我们将找到一条通往更人性化世界的道路。然而,我们仍然非常清楚,我们的社会中的一些事情是非常不适当的,是不可接受的,需要改变。纠正错误的第一步应该足够明确,即使最终目标还不够明确。我们不应该仅仅因为还不知道如何纠正它们就认为邪恶是可以接受的,也不应该仅仅因为我们还不知道如何实现它们就允许自己放弃希望。

希腊哲学的目标是心神宁静或无忧无虑(*ataraxia*)。许多宗教的目的就是要达到类似的完全满足的状态。我希望到目前为止,我们已经学到了足够多的知识,认识到心神宁静或无忧无虑(*ataraxia*)与任何对人类状况的诚实评估都是不相容的,尤其是我们社会制度的状况。这样的状态只会是密尔(Mill)论及的“满足的傻瓜”中可怜的、可鄙的甚至应受谴责的状态。心神宁静和无忧无虑不是哲学或宗教的一个值得追求的目标,而是一种反人类的罪行。

看到这一点,是现代文化遗产的一部分。我们已经在康德、赫尔德、费希特和马克思身上看到过,就像我们在密尔身上看到的一样。歌德在他的《浮士德》中正确地描述了他的英雄的救赎,即通过一场永无止境的、充满希望的但从未完全成功(且始终不满)的斗争而实现的救赎,这种斗争以死亡告终。他的英雄与邪恶作斗争,正是通过这种邪恶,他获得了斗争的力量和意志。在这首诗的结尾,浮士德在永恒中得救:在天堂,他在尘世的斗争中的不足之处被视为一个圆满的成就。

万象皆俄顷(*Alles Vergängliche*)

无非是映影。(*ist nur ein Gleichnis.*)

事凡不充分(*Das Unzulängliche*)

至此始发生……(hier wird Ereignis...)

歌德:《浮士德》(II),12104-7

浮士德现世的挣扎——他的不安宁,正是通过这种不安宁,他获得了救赎——不过是一种应该过的简单生活。在人的一生中,没有任何一个时间点能让我们体面地接受"心神安宁"(*ataraxia*)这样的目标。浮士德在临终遗言中承认了这一点。

这是智慧的终极结论:

(Das ist der Weisheit letzter Schluß:)

唯有这样才配得上自由和生命,

(Nur der verdient sich Freiheit wie das Leben,)

必须每天重新征服它们。

(Der täglich sie erobern muß.)

歌德:《浮士德》(II),11574-6

同样的现代智慧也没有宗教诗歌的镀金:"毫无疑问,"波伏娃(Beauvoir)说,"屈服于盲目的奴役总比为自己的解放而工作要舒服;就这一点而言,死人比活人更能适应地球"(Beauvoir,1952,p.263)。今后,我们将不缺时间与现存的社会世界和谐相处,彻底摆脱所有令人不安的情绪:愤怒、羞耻、忧虑、怀疑、担心、恐惧和希望。但是,我们都会尽可能地推迟这种自然的、不可避免的、安息式的心神安宁(*ataraxia*);提前预料到它只是自满,或是听天由命——一种糟糕的生活方式。

马克思的希望,连同他对现代社会的批判,远没有因为那些以他的名义自吹自擂的运动的失败而受到怀疑。我认为,对这些希望的普遍摒弃——接受这些希望已经不被信任的想法——在很大程度上要对我们在一生的大部分时间里,一直走的完全错误的倒退道路负责。马克思越是被摒弃和遗忘,这个世界就越像他所写的那个不稳定的、不人道的体系。他希望人类会彻底变革它。

如果要有一个真正的人类未来,历史必须恢复本书中所论述的思想家们共同为之设想的道路,趋向于康德和费希特的更完善的法权和道德进步的条件,趋向于赫尔德的人性(*Humanität*),趋向于黑格尔所试图(以不可思议的壮观)用来描述为他所处时代的现实现代性的自由社会。这种自由社会,马克思(更准确地说)认为,只有在革命性的社会变革之后才会出现。如果我们要找到一种方法期待一个更自由的人类的未来,我们不能忽视德国古典哲学传统的思想已经为我们提供了背景的思想:“将有这样一个联合体,在那里,每个人的自由发展是一切人的自由发展的条件。”将有一个社会,在那里,“每个人为自己工作的就是为别人工作,同时为别人工作就是为自己工作”。这本书的章节,尽管处理不同的思想家和各种各样的主题,应该被看作一个试图为这个命题辩护的集合体。

参考文献

康德、赫尔德、费希特、黑格尔和马克思的著作都在缩略表中。

其他参考文献如下：

Adams, Robert M., *Finite and Infinite Goods*, Oxford: Oxford University Press, 1999.

Allison, Henry, *Kant's Theory of Freedom*, Cambridge: Cambridge University Press, 1990.

——, *Kant's Groundwork for the Metaphysics of Morals: A Commentary*, Oxford: Oxford University Press, 2011.

Anderson, Scott, "Coercion," in Edward N. Zalta (ed.), *The Stanford Encyclopedia of Philosophy*, 2011. URL: <http://plato.stanford.edu/archives/win2011/entries/coercion/ >.

(accessed June 21, 2013).

Anscombe, G.E.M., *Intention*, 2nd edition, Oxford: Blackwell, 1963[1957].

Aquinas, St Thomas, *On Law, Morality, and Politics*, ed. William P. BaumgarThand Richard J. Regan, S.J., Indianapolis: Hackett, 1988.

Arendt, Hannah, *Lectures on Kant's Political Philosophy*, ed. Ronald Beiner, Chicago, IL: University of Chicago Press, 1982.

Aristotle, *Nicomachean Ethics*, tr. and ed. Terence Irwin, 2nd edition, Indianapolis: Hackett, 1999. [Cited by Becker number.]

Arneson, Richard, "Equality and Equal Opportunity for Welfare," *Philosophical Studies*, Vol. 56 (1989), pp.77-93.

——, "Luck Egalitarianism Interpreted and Defended," *Philosophical Topics*, Vol. 32 (2004), pp.339-49.

Baiasu, Sorin and Timmons, Mark (eds), *Kant on Practical Justification: Interpretive Essays*, Oxford: Oxford University Press, 2012.

Baron, Marcia, "Acting from Duty", in Allen W. Wood (tr. and ed.), *Kant: Groundwork for the Metaphysics of Morals*, New Haven: Yale University Press, 2002, pp.92-210.

——, "*Manipulativeness*," Proceedings and Addresses of the American Philosophical Association, Vol.77, No.2 (2003), pp.37-54. URL: http://www.jstor.org/ stable/3219740.

——, Pettit, Philip, and Slote, Michael, *Three Methods of Ethics*, Oxford: Blackwell, 1997.

Beauvoir, Simone de., *The Second Sex*, tr. H.M. Parshley, New York: Knopf, 1952 [1949].

Beccaria, Cesare, *On Crimes and Punishments*, tr. David Young, Indianapolis: Hackett, 1986 [1762].

Beiser, Frederick C., *The Fate of Reason*, Cambridge, MA: Harvard University Press, 1987.

——, *Enlightenment, Revolution and Romanticism*, Cambridge, MA: Harvard University Press, 1992.

——, *German Idealism: The Struggle Against Subjectivism*, Cambridge, MA: Harvard University Press, 2002.

Bentham, Jeremy, *The Principles of Morals and Legislation*, New York: Hafner, 1948 [1789].

Berlin, Isaiah, *Three Critics of the Enlightenment: Vico, Hamann, Herder*, ed. Henry Hardy, Princeton: Princeton University Press, 1997.

Bernstein, Alyssa, "Kant on Rights and Coercion in International Law: The Implications for Humanitarian Intervention", *Jahrbuch für Recht und Ethik/International Yearbook for Right and Ethics*, Vol.16 (2008), pp.57-100.

Blanc, Louis, *Plus de Girondins*, Boston: General Books, 2012 [1851].

Broome, John, "Does Rationality Give Us Reasons?", *Philosophical Issues*, Vol.15 (2005), pp.321-337.

Buss, Sarah, "Valuing Autonomy and Respecting Persons: Manipulation, Seduction, and the Basis of Moral Constraints", *Ethics*, Vol.115 (2005), pp.195-235.

Byrd, B.Sharon and Hruschka, Joachim, *Kant's Doctrine of Right: A Commentary*, Cambridge: Cambridge University Press, 2010.

Cather, Willa, *One of Ours*, West Valley, UT: Waking Lion Press, 2006 [1922].

Churchland, Paul M., "Eliminative Materialism and the Propositional Attitudes", *Journal of Philosophy*, Vol.78 (1981), pp.67-90.

——, *Matter and Consciousness, revised edition*, Cambridge, MA: MIT Press, 1988.

Cohen, G.A., "The Structure of Proletarian Unfreedom", in John Roemer (ed.), *Analytical Marxism*, Cambridge: Cambridge University Press, 1986, pp.237-59.

——, "On the Currency of Egalitarian Justice", *Ethics*, Vol.99 (1989), pp.906-44.

Collins, Randall, *The Sociology of Philosophies: A Global Theory of Intellectual Change*, Cambridge, MA: Harvard University Press, 1998.

Connell, Francis Joseph, "Double Effect, Principle of", *New Catholic Encyclopedia*, Vol.4 (1967), New York: McGraw-Hill.

Constant, Benjamin, *Des réactions politiques, sixième cahier, No.1, Écrits et Discours politiques*, ed. O.Pozzo, Borgo: Pauvert, 1964 [1795].

Damasio, Antonio, *Descartes' Error: Emotion, Reason, and the Human Brain*, New York: Harper-Collins Avon, 1994.

Darwall, Stephen, *The Second Person Standpoint*, Cambridge, MA: Harvard University

Press,2006.

Descartes,René*Oeuvres*,ed.Charles Adam and Paul Tannery,Paris:Vrin,1964-1976.[Cited by volume:page number.]

Dennett,Daniel,"Review of Searle,Rediscovery of the Mind",*Journal of Philosophy*,Vol. 60, No.4(1993), pp.193-205.

Denis,Lara(ed.),*Kant's Metaphysics of Morals:A Critical Guide*,Cambridge:Cambridge University Press,2010.

Dietrichson,Paul,"What Does Kant Mean by 'Acting from Duty'?",*Kant-Studien*,Vol.53 (1962),pp.277-88.

Dupré,Louis, "Kant's Theory of History and Progress," *Review of Metaphysics*, Vol. 52 (1998),pp.813-28.

Dworkin,Ronald,*Sovereign Virtue:The Theory and Practice of Equality*, Cambridge,MA: Harvard University Press,2000.

Formosa,Paul,"'All Politics Must Bend Its Knee Before Right':Kant on the Relation of Morals to Politics,"*Social Theory and Practice*,Vol.34,No.2(2008),pp.365-88.

——,Goldman, Avery, and Patrone, Tatiana (eds.), *Politics and Technology in Kant*, Cardiff:University of Wales Press,2014.

Forster,Michael,"Johann Gottfried Herder,"in Edward N.Zalta(ed.),*The Stanford Encyclopedia of Philosophy*, (2007). URL: http://plato. stanford. edu/entries/herder/(accessed June 23,2013).

Galston,William, *Kant and the Problem of History*, Chicago, IL: University of Chicago Press,1975.

Gazzaniga,Michael,*Who's in Charge? Free Will and the Science of the Brain*.New York:Harper-Collins,2011.

Ginet,Carl, "The Conditional Analysis of Freedom", in P.van Inwagen(ed.), *Time and Cause:Essays Presented to Richard Taylor*,Dordrecht:Kluwer,1980.

Goethe,Johann Wolfgang von, *Faust. Werke*, Hamburger Ausgabe, 14th edition, Vol.3(1989 [1832]),ed.Erich Trunz,Munich:C.H.Beck.[Cited by line number.]

Gregor,Mary,*Laws of Freedom*,New York:Barnes and Noble,1963.

Guyer, Paul, *Kant on Freedom, Law and Happiness*, New York: Cambridge University Press,2000.

——,*Kant's System of Nature and Freedom:Selected Essays*,Oxford:Clarendon Press,2005.

——,*The Cambridge Companion to Kant and Modern Philosophy*.Cambridge:Cambridge University Press,2006.

Hahn,Songsuk,Susan(ed.),"Fichte's Intersubjective I",*Inquiry*,Vol.49,No.(1)(2006). URL: <http://www.tandfonline.com/[ArticleDOI]>(accessed June 21, 2013).

Hausman,Daniel M.and Matt S.Waldren,"Egalitarianism Reconsidered",*Journal of Moral*

Philosophy, No.8(2011), pp.567–86.

Hayek, Frederick A., *The Road to Serfdom*, London: Routledge, 1944.

——, *Law, Legislation and Liberty*, Chicago, IL: University of Chicago Press, 1976.

Heidegger, Martin, *Sein und Zeit*. Tübingen: Mohr, 1953 [1927]. Cf. *Being and Time*, tr. Edward Robinson and John Macquarrie, New York: Harper and Row, 1962.

Herman, Barbara, *The Practice of Moral Judgment*, Cambridge, MA: Harvard University Press, 1992.

Hill, Thomas, Jr, *Human Welfare and Moral Worth*, Oxford: Oxford University Press, 2002.

Honneth, Axel, *The Struggle for Recognition: The Moral Grammar of Social Conflicts*, tr. Joel Anderson, Cambridge, MA: MIT Press, 1995.

——, *The Pathologies of Individual Freedom: Hegel's Social Theory*, tr. Ladislaus Löb, Princeton: Princeton University Press, 2010.

Hume, David, *A Treatise on Human Nature*, ed. Lewis Amherst Selby-Bigge, Oxford: Clarendon Press, 1967 [1739].

Hursthouse, Rosalind, *On Virtue Ethics*, Oxford: Oxford University Press, 1999.

Husserl, Edmund, *Cartesian Meditations*, tr. Dorion Cairns, The Hague: Nijhoff, 1960[1929].

Hutcheson, Francis, *An Essay on the Nature and Conduct of the Passions and Affections, With Illustrations on the Moral Sense*, ed. Bernard Peach, Cambridge, MA: Harvard University Press, 1971[1742].

James, David, *Fichte's Social and Political Philosophy: Property and Virtue*, Cambridge: Cambridge University Press, 2011.

Joerden, Jan "From Anarchy to Republic: Kant's History of State Consitutions", in Hoke Robinson(ed.), *Proceedings of the Eighth International Kant Congress*, Vol.1\1. Milwaukee: Marquette University Press, 1995, pp.139–56.

Johnson, Robert, "Kant's Conception of Merit," *Pacific Philosophical Quarterly*, Vol. 77 (1996), pp.313–37.

Jorgensen, J. and Newlands, S. (eds), *Metaphysics and the Good: Themes from the Philosophy of Robert Merrihew Adams*, Oxford: Oxford University Press, 2009.

Kain, Patrick, "Prudential Reasons in Kant's Anthropology," in Brian Jacobs and Patrick Kain(eds), *Essays on Kant's Anthropology*, Cambridge: Cambridge University Press, 2003, pp. 230–51.

Kaufman, Alexander, *Welfare in the Kantian State*, Oxford: Clarendon Press, 1999.

Kaufmann, Walter(ed.), *The Portable Nietzsche*, New York: Viking, 1954.

——, *Existentialism from Dostoevsky to Sartre*, New York: Meridian, 1956.

Kersting, Wolfgang, "Politics, Freedom and Order", in P. Guyer(ed.), *The Cambridge Companion to Kant*, New York: Cambridge University Press, 1992, pp.342–66.

Kisilevsky, Sari and Stone, Martin(eds), *Freedom and Force: Essays on Kant's Legal Philoso-*

phy, Oxford: Hart Publishing, 2018.

Kolodny, Niko, "Why Be Rational?", *Mind*, Vol.114(2005), pp.509–63.

Korsgaard, Christine, "The Normativity of Instrumental Reason", in Garrett Cullity and Beryls Gaut (eds), *Ethics and Practical Reason*, Oxford: Oxford University Press, 2007, pp. 215–54.

——, "The Activity of Reason", *Proceedings and Addresses of the American Philosophical Association*, Vol.83(2009), pp.23–43.

Ladd, John(ed.), *Ethical Relativism*, Belmont, CA: Wadsworth, 1973.

Laitinnen, Arto and Sandis, Konstantin(eds), *Hegel in Action*, Houndmills: Palgrave Macmillan, 2010.

Locke, John, "Two Treatises of Government", in *The Works of John Locke, A New Edition, Corrected*, Vol. V. London: Printed for Thomas Tegg; W. Sharpe and Son; G. Offor; G. and J. Robinson; J. Evans and Co. Also R. Griffin and Co. Glasgow and J. Gumming, Dublin, 1823 [1689]). [Cited as *Second Treatise*, by Chapter and Section(§) number.]

——, *Essay Concerning Human Understanding*, ed. Peter Nidditch, Oxford: Oxford University Press, 1975 [1690].

MacIntyre, Alison, "Doctrine of Double Effect", in Edward N. Zalta(ed.), *The Stanford Encyclopedia of Philosophy*, 2011 (Fall edition). URL: <http://plato. stanford. edu/archives/fall2011/entries/double-effect/>(accessed June 23, 2013).

Mack, Eric, "In Defense of Blackmail", *Philosophical Studies*, Vol.41(1982), pp.273–84.

Mangan, Joseph, "An Historical Analysis of the Principle of Double Effect," *Theological Studies*, Vol.10(1949), pp.41–61.

McGregor, Richard, "Zhou's Cryptic Caution Lost in Translation", *Financial Times*, No.10 (2011).

Milgram, Stanley, *Obedience to Authority: An Experimental View*, New York: Harper & Row, 1974.

Mill, John Stuart, *Utilitarianism*, 2nd edition, ed. George Sher, Indianapolis: Hackett, 2001 [1862].

Miller, David, "Arguments for Equality", *Midwest Studies in Philosophy*, Vol.8(1982), pp. 73–83.

——, "Equality and Justice", *Ratio*, Vol.10(1997), pp.222–37.

Moyar, Dean, "Kantian Right and the Realization of Free Agency," in Oliver Thorndike (ed.), *Rethinking Kant*, Vol.3. Newcastle: Cambridge Scholars, 2011, pp.124–57.

Mueller-Vollmer, Kurt, "Language Theory and the Art of Understanding", in Marshall Brown (ed.) *The Cambridge History of Literary Criticism*, Vol.5. Cambridge: Cambridge University Press, 1989, pp.162–84.

Mulholland, Leslie, *Kant's System of Rights*, New York: Columbia University Press, 1990.

Nagel, Thomas, *The Possibility of Altruism*, Princeton: Princeton University Press, 1970.

——, *The View from Nowhere*, New York: Oxford University Press, 1989.

——, "Moral Luck", in Daniel Statman (ed.), *Moral Luck*, Albany: State Universityof New York Press, 1993.

Neuhouser, Frederick, *Fichte's Theory of Subjectivity*, New York: Cambridge University Press, 1990.

——, *Rousseau's Theodicy of Self-Love*, Oxford: Oxford University Press, 2008.

Nietzsche, Friedrich, *The Will to Power*, tr. Walter Kaufmann and R.J. Hollingdale, New York: Random House, 1967.

——, *The Gay Science*, tr. Walter Kaufmann, New York: Random House, 1974.

Nozick, Robert, "Coercion", in Sidney Morgenbesser, Patrick Suppes, and Morton White (eds), *Philosophy, Science, and Method: Essays in Honor of Ernest Nagel*, New York: St. Martin's Press, 1969, pp.440-72.

——, *Anarchy, State and Utopia*, New York: Basic Books, 1974.

O'Neill, Martin, "What Should Egalitarians Believe?", *Philosophy and Public Affairs*, Vol.36 (2008), pp.119-56.

Parfit, Derek, *On What Matters*, Oxford: Oxford University Press, 2011.

Pettit, Philip, *Republicanism: A Theory of Freedom and Government*, Oxford: Oxford University Press, 1997.

Pippin, Robert, "Mine and Thine: The Kantian State", in Guyer (ed.), *The Cambridge Companion to Kant and Modern Philosophy*, Cambridge: Cambridge University Press, 2006, pp. 416-46.

Quante, Michael, *Hegel's Concept of Action*, tr. Dean Moyar, Cambridge: Cambridge University Press, 2004.

Ramachandran, V.S., *A Brief Tour of Human Consciousness*, New York: Pi Press, 2004.

Rawls, John, *A Theory of Justice*, Cambridge, MA: Harvard University Press, 1971.

——, *Lectures on the History of Moral Philosophy*, ed. Barbara Herman, Cambridge, MA: Harvard University Press, 2000.

Rendón, Carlos (ed.), *Figure and Experience: Lessons about Hegel's Phenomenology of Mind*, Medellin, (forthcoming).

Ripstein, Arthur, *Force and Freedom: Kant's Legal and Political Philosophy*, Cambridge, MA: Harvard University Press, 2009.

Roemer, John (ed.), *Analytical Marxism*, Cambridge: Cambridge University Press, 1986.

Rosen, Allen, *Kant's Theory of Justice*, Ithaca, IL: Cornell University Press, 1993.

Ross, W.D., *The Right and the Good*, Oxford: Clarendon Press, 1930.

Rousseau, Jean-Jacques, *On the Social Contract and Other Later Political Writings*, ed. and tr. Victor Gourevitch, Cambridge: Cambridge University Press, 1997 [1762].

Rush, Fred (ed.), *Yearbook for German Idealism*, vol. IX, Autumn. Berlin: Walter de Gruyter, 2013.

Russell, Bertrand, "Freedom in Society", *Harper's Magazine*, 1926(April).

Sabini, John and Silver, Maury, "Lack of Character? Situationism Critiqued," *Ethics*, Vol. 115(2005), pp.535-62.

Sartre, Jean Paul, *Being and Nothingness*, tr. Hazel Barnes, New York: Philosophical Library, 1956 [1943].

——, *Nausea*, tr. Lloyd Alexander, New York: New Directions, 1964 [1938].

Satz, Debra, *Why Some Things Should Not Be For Sale*, Oxford: Oxford University Press, 2010.

Schmitt, Carl, *The Concept of the Political*, tr. George Schwab, Chicago, IL: University of Chicago Press, 1996 [1927].

Scanlon, T. M., "Equality of Resources and Equality of Welfare: A Forced Marriage?", *Ethics*, Vol.97(1986), pp.111-18.

——, *What We Owe to Each Other*, Cambridge, MA: Harvard University Press, 1998.

——, *Moral Dimensions: Permissibility, Meaning, Blame*, Cambridge, MA: Harvard University Press, 2008.

——, "Reasons and Rationality", *Philosophy*, (forthcoming).

Schick, Theodore and Vaughn, Lewis, *How to Think About Weird Things: Critical Thinking for a New Age*, 3rd edition, Boston, MA: McGraw-Hill, 2002.

Schopenhauer, Arthur, *The World as Will and Representation*, tr. E. J. F. Payne, New York: Dover Books, 1958. Cited by volume and section(§).

Searle, John, *Rediscovery of the Mind*, Cambridge, MA: MIT Press, 1992.

——, "Reasons and Rationality," *Philosophy*, (forthcoming).

Sen, Amartya, *Inequality Reexamined*, Cambridge, MA: Harvard University Press, 1992.

Setiya, Kieran, *Reasons without Rationalism*, Princeton: Princeton University Press, 2007.

Skinner, Quentin, "The Republican Idea of Political Liberty," in Gisela Bock et al. (eds), *Machiavelli and Republicanism*, Cambridge: Cambridge University Press, 1990, pp.293-309.

Smith, Adam, *The Theory of Moral Sentiments*, Amherst, NY: Prometheus Books, 2000 [1759].

Spinoza, Baruch (Benedict), *The Ethics and Selected Letters*, tr. Samuel Shirley, Indianapolis: Hackett, 1982. [Cited by Part, Proposition etc.]

Stern, Paul, "The Problem of History and the Temporality of Kant's Ethics," *Review of Metaphysics*, Vol.39(1986), pp.505-45.

Stern, Robert, *Understanding Moral Obligation: Kant, Hegel, Kierkegaard*, Cambridge: Cambridge University Press, 2012.

Stirner, Max, *The Ego and Its Own*, tr. David Leopold, Cambridge: Cambridge University

Press,1995 [1844].

Temkin,Larry,*Inequality*, Oxford:Oxford University Press,1993.

Thorndike,Oliver,*Rethinking Kant*,Vol.3.Newcastle:Cambridge Scholars,2011.

Timmons,Mark(ed.),*Kant's Metaphysics of Morals:Interpretive Essays*,Oxford:Oxford University Press,2002.

United Nations Universal Declaration of Human Rights (1950). URL: < http://www.un.org/en/documents/udhr/index.shtml >(accessed June 23,2013).

Weber,Max,"Politics as a Vocation," in H.H.GerThand C.Wright Mills(eds),*From Max Weber:Essays in Sociology*,Oxford:Galaxy Books,1958 [1921],pp.77-128.

Wertheimer,Alan,*Exploitation*,Princeton:Princeton University Press,1999.

Wilcox,William H.,"Egoists,Consequentialists,and Their Friends," *Philosophy and Public Affairs*,Vol.16(1987),pp.73-84.

Williams,Bernard,*Moral Luck*,Cambridge:Cambridge University Press,1981.

Wolff,Jonathan,*Why Read Marx Today?* Oxford:Oxford University Press,2002.

Wood,Allen,*Hegel's Ethical Thought*,New York:Cambridge University Press,1990.

——,"Exploitation",*Social Philosophy and Policy*,Vol.12,No.2(1995),136-58.

——,"Exploitation",in Kai Nielsen and Robert Ware(eds.),*Exploitation*,New York:Humanities Press,1997,pp.1-22.

——,*Kant's Ethical Thought*,New York:Cambridge University Press,1999.

——,*Unsettling Obligations:Essays on Reason,Reality and the Ethics of Belief*,Stanford:CSLI Publications,2002.

——,*Karl Marx*,2nd edition,London:Taylor and Francis,2004.

——,*Kantian Ethics*,New York:Cambridge University Press,2008.

Zwolinski,Matt,"The Ethics of Price Gouging",*Business Ethics Quarterly*,Vol.18,No.3(2008),pp.347-78.

术语索引

（依汉语拼音排列）

F

G

H

J

K

N

P

Q

R

S

T

W

X

Y

Z